INDUSTRIAL POLICY
Summary, reflection and Prospect

。 。 。

产业政策
总结、反思与展望

。 。 。

林毅夫　张　军　王　勇　寇宗来　

图书在版编目(CIP)数据

产业政策:总结、反思与展望/林毅夫等主编.—北京:北京大学出版社,2018.3
ISBN 978-7-301-26543-7

Ⅰ.①产… Ⅱ.①林… Ⅲ.①产业政策—研究—中国 Ⅳ.①F121

中国版本图书馆 CIP 数据核字(2018)第 006508 号

书　　　名	产业政策:总结、反思与展望 CHANYE ZHENGCE: ZONGJIE, FANSI YU ZHANWANG
著作责任者	林毅夫　张军　王勇　寇宗来　主编
责 任 编 辑	郝小楠
标 准 书 号	ISBN 978-7-301-26543-7
出 版 发 行	北京大学出版社
地　　　址	北京市海淀区成府路 205 号　100871
网　　　址	http://www.pup.cn
电 子 邮 箱	编辑部 em@pup.cn　总编室 zpup@pup.cn
新 浪 微 博	@北京大学出版社　@北京大学出版社经管图书
电　　　话	邮购部 62752015　发行部 62750672　编辑部 62752926
印 刷 者	北京中科印刷有限公司
经 销 者	新华书店
	730 毫米×1020 毫米　16 开本　26 印张　382 千字 2018 年 3 月第 1 版　2023 年 11 月第 5 次印刷
定　　　价	85.00 元

未经许可,不得以任何方式复制或抄袭本书之部分或全部内容。
版权所有,侵权必究

举报电话: 010-62752024　电子邮箱: fd@pup.cn
图书如有印装质量问题,请与出版部联系,电话: 010-62756370

序　言

2016年8月21—22日在复旦大学举办了一场主题为"产业政策：总结、反思与展望"的学术研讨会，由北京大学新结构经济学研究中心与复旦大学经济学院联合主办。这次会议，从在"货殖365经济社"微信群中酝酿发起，再到"产业升级与经济发展"微信群的嘉宾邀请与组织，直至会议的顺利闭幕，前后总共不到一个月，但是有将近300人从全国各地赶来参会，说明这个议题非常重要，很多人都感兴趣。

现代社会中，支撑宏观经济增长的微观基础是技术进步、要素积累与产业升级。尤其是对于一个发展中国家而言，经济增长速度变快，通常意味着它的经济结构的转型和产业结构的升级也在加快。在这个过程中，政府应该发挥怎样的作用？在实际中又扮演了怎样的角色？要回答这两个问题，显然，产业政策就是一个绕不过去的重要问题。特别是对于中国而言，自改革开放以来，经历了将近40年的高速增长，造就了举世瞩目的"中国奇迹"。在此过程中，从中央到地方，各级政府为了推动经济发展，都普遍而广泛地采用了各种产业政策。所以，要说产业政策对中国经济发展产生了广泛而重要的影响，大概不会有太多的异议，但对于如何认识与评价这些产业政策，不同的学者则可能会持有完全不同的看法。事实上，面对"低收入陷阱"与"中等收入陷阱"这些真实的现象，再对照世界上不同国家的经济政策与现有的主流理论，国际发展经济学界都在普遍进行总结与反思。而对于中国而言，我们已经由改革开放初期的低收入国家转变为经济总量位居世界第二的中等收入国家，经济结构与所面临的发展挑战都发生了巨大的变化，同时我们国家从计划经济向市场经济的转轨与改革依然没有完成，所以面对"中等收入陷阱"问题，我们非常有必要对我国近四十年的产业政策进行比较全面的总结、反思与展望，同时也需要参考借鉴其他经济体的相关经验。

有鉴于此，我们组织这次产业政策会议的出发点是，给定人们对产业政策有不同的认识，是否可以通过公开的讨论乃至辩论，进而帮助厘清有关分歧、澄清相关误解、尽可能充分明确地展示各方观点的内部逻辑与外部证据，从而从总体上提高全社会对于产业政策的认识，为将来进一步的研究与实践打下更好的基础。而在学术圈内部，我们也希望这次会议与这本会议专辑能够使得论辩各方至少达到"和而不同"(agree to disagree)的状态：尽管我不同意你的看法，但我比较全面清楚地知道你在说什么，知道你为什么这么说，知道你举出的现实证据是什么。由此，对于每一种不同的观点，我们学术界同行就能够更好地从内部逻辑自洽性以及内部逻辑推论与外部现实之间的一致性这两个方面来检视其科学性与合理性。所以，作为这次会议的组织者与这本专辑的主编人员，我们觉得，这次产业政策的会议与这本专辑的真正贡献在于"抛砖引玉"，吸引更多的中国学者就产业政策问题进行一系列更加深入的科学分析，不仅要构建理论模型，对产业政策的作用机理进行抽象刻画，也要面对现实，对各级政府的各种产业政策进行扎实的经验分析。

在此次研讨会上，林毅夫教授从新结构经济学的角度对产业政策问题进行了一次系统性的论述，也是在新结构经济学的框架中，对于"有为政府"与"有效市场"应该如何相互促进的一个具体运用。从学理的角度看，"有效市场"与"有为政府"两者都是应尽量争取达到的目标，而不是指现实中政府总是有为的，市场总是有效的。同时，新结构经济学主张，"市场的有效"以"政府的有为"作为前提，而"政府的有为"则以"市场的有效"作为依归。若是具体到当下中国的情形，如果强调"有效市场"的重要性，即如何进一步完善市场，如何增强市场在资源配置中的主导作用，如何进一步推进市场化改革，那么学术界基本上对此共识超过分歧。但如果强调"有为政府"的必要性，包括产业政策的重要性，那么各种争议就要大得多。事实上，林毅夫教授在这次会议上关于产业政策的重要性与必要性的发言没有过多久，他在北京大学的同事张维迎教授就在另一个企业家论坛上明确表示反对一切形式的产业政策,之后引发了全国性的持久大辩论,英国《经济学家》等世界级媒体都对此争论做了报道。

从会议讨论以及后续的辩论可知,人们关于产业政策的认识分歧,首先体现在产业政策的定义和范围界定上。对照文献,有些人偏好于狭义的产业政策定义,即强调政府干预的"选择性",不管是"选优"还是"汰劣";而另外一些人则偏好于广义的产业政策定义,认为凡是政府采取的旨在促进产业发展的政策都可以纳入到产业政策的范畴。所以,有些分歧只是讨论对象的不同所引起的。但是,即使对于特定的、具体的产业政策,学者之间也常常有不同的看法。不管采取何种定义,绩效评估都是评价产业政策好坏的基本前提。但和大部分自然科学不同,社会科学基本上很难进行可控实验,因而如何科学地评估产业政策的绩效就成为最大的挑战。如果无法科学地"识别"产业政策的效果,关于产业政策得失成败的讨论,就更多地是基于哲学理念的争论,反映出来的只是不同学者的先验信念与偏好的差异,而在这种情况下,我们相信,任何一方都是很难说服另外一方的。因此,如何用科学的方法去论证与评估现有的产业政策,从制定到落地的各个步骤都需要认真去研究。政策本身的逻辑与初衷、现实发展的动态不确定性、执行过程中的具体落地过程,所有这些环节的某一个纰漏都有可能导致整个产业政策最终效果不理想。所以,我们首先需要对于相关事实有深入的了解与正确的把握。因此,我们也邀请了一些政策研究机构的学者、产业中的实践者参加这次研讨会,帮助我们更好地了解真实的情况。我们知道,中国经济取得的巨大成就全球瞩目,但不是完全照搬西方教科书开出的药方而获得的,很多时候都是摸着石头过河在实践中走出来的。这就造成了一个非常有趣的现象。对照西方发达国家成熟的市场体制,中国的许多措施看起来都离经叛道,因而受到了广泛的批评,以至于中国经济崩溃的说法一直不绝于耳。但正如张五常先生所譬喻的,中国经济就好像一个奇怪的跳高运动员,尽管姿势看起来很怪异,但更怪异的是他却能屡创新高。所以,建议他采取"正确"的跳高姿势是一回事,而讨论他为什么能够以奇怪的姿势屡创新高则是另一回事。

中国经济发展的过程中,产业政策可能就是一个很奇怪的跳高姿势。

实际上，在主流的西方经济学教科书中，你几乎看不到"产业政策"这个概念，即便有人提到产业政策，比如在国际贸易教科书中，也大都是持批评的态度。但有趣的是，2008年国际金融危机以后，西方国家有越来越多的机构与学者在批评"华盛顿共识"的同时，也开始了新一轮对新自由主义政策主张的反思。对于"产业政策"持有肯定态度的回归思潮再次涌现，包括诺贝尔经济学奖获得者约瑟夫·斯蒂格利茨以及哈佛大学教授丹尼·罗德里克都开始明确倡导产业政策的研究，在世界顶尖期刊上发表的关于产业政策的经济学学术论文近年来也逐渐增多。

当然，产业政策的有效性还依赖于制度环境。"华盛顿共识"的政策菜单在发展中国家"水土不服"的事实表明，只有"适宜制度"才是最有利于经济发展的。我们相信，中国快速变化的制度环境，为研究产业政策与制度环境之间的互动关系提供了很好的土壤。对许多发展中国家而言，忽略制度环境与政策措施之间的互动关系而照搬他国（包括中国）的"成功经验"，最终都有可能落得"南橘北枳"的结果。

许多人在批评产业政策时，认为这是政府选择替代了市场选择，而由于信息不对称和激励问题，其在根本上必然是无效的。我们认为，就产业政策而言，政府与市场的角色并不总是"非此即彼"互相替代的，而是可以"相辅相成"互相补充的。也就是说，"有效的市场"和"有为的政府"不但是可以兼容的，而且是互为补充、互相增进的。没有市场机制，政府的政策就会回归计划经济从而失去效率的基础；没有政府干预，市场的许多外部性也难以自我纠正。

有趣的是，这次讨论产业政策的会议的召开，就颇有点"顺应市场、因势利导"的味道。如果将北京大学新结构经济学研究中心和复旦大学经济学院比作政府，那么，这次研讨会的召开并不是政府设计的。起初，是一些年轻人在"货殖365经济社"的微信群中聊起产业政策，大家各抒己见，讨论很热烈，但又意犹未尽，觉得有许多值得深究的地方，于是商定由复旦大学产业发展研究中心（FIND）负责组织召开一次小型研讨会（seminar），邀请一些对此话题感兴趣的年轻人，一起面对面来进行研讨。但后来，或许是因为这个问题的重要性，北京大学新结构经济学研究中心和复旦大学经济学院也都参与进来,对会议提供了从资金到人员等各方面的支持,最终会议的规模和规格都越来越高,成了近年来国内关于产业政策的一次名家云集的大型学术会议(conference),而且会议取得了巨大的成功。从民间到官方,从seminar到conference,这次学术活动从酝酿到完成的整个过程,既需要社会各界尤其是学术界同行的自发支持与响应,也需要学术机构与人员的组织及安排,换句话说,这个过程本身也在一定程度上生动地反映了产业政策以及其他政策在现实中的出台与实施过程。

本次会议举办期间,各位参会专家都发表了精彩的观点,同时也进行了热烈的互动。此次会议之后,各家媒体进行了深入的报道,社会各界也对产业政策展开了热烈的讨论。尤其是,北京大学国家发展研究院进一步举行了林毅夫教授与张维迎教授之间的产业政策世纪大辩论并进行现场直播,引起了社会各界的极大关注。作为产业政策的"坚定"批评者,张维迎教授也很支持我们的工作,授权将他的演讲稿收入本书。这是真正的"和而不同"的"君子之辩"。

不过需要指出的是,依照我们的理解,只要是认真思考过产业政策的学者,他们对产业政策认识的分歧,实际上远没有新闻媒体所贴的标签那么明显,那么极端。比如说,尽管新结构经济学强调政府在经济发展中应该发挥积极作用,但那只是强调"有为的政府",而不是要无限放大政府的作用,让其变成"乱为的政府",也不是所有的产业政策都支持。同样,很多反对产业政策的学者也不是主张无政府主义。

本次在复旦大学举办的学术会议的联合主办方是北京大学新结构经济学研究中心、复旦大学经济学院和复旦大学产业发展研究中心,并得到了货殖365经济社、上海市人民政府政策研究室、《世界经济》和《世界经济文汇》的协办支持。具体来说,本次会议得到了几个基金项目的支持,其中包括张军教授主持的国家自然科学重点项目"推动经济发达地区产业转型升级的机制与政策研究"(批准号:7133002)和"中国的产业转型与就业变化:理论与经验研究",以及寇宗来教授主持的自然科学基金项目"基于中国专利更新数据的专利权市场价值评估"(批准号:71373050)。

这次会议以后,各地高校与其他研究机构也陆续召开了产业政策研讨会。比如,2016年10月30日,北京交通大学经济管理学院举办了多家单位联合组织的产业政策学术研讨会,本书也收录了参加此次研讨会的数位专家的发言。为了增加全面性,我们还定向地邀请了几位在这个领域颇有建树的学界同仁为本书撰稿。在观点上,我们也基本涵盖了整个谱系,所以我们相信,这本书对于读者总结、反思与展望未来的产业政策会起到积极的作用。

本书的顺利出版,得到了北京大学出版社林君秀主任与郝小楠编辑的大力支持。北京大学新结构经济学研究中心的博士后汤学敏也提供了大量的帮助。在此一并致谢。

编　者

2017年12月

目录

第一章 产业政策的林张之辩

产业政策与国家发展
　　——新结构经济学的视角　林毅夫　003
我为什么反对产业政策？
　　——与林毅夫辩　张维迎　016
对于张维迎教授的若干回应　林毅夫　037

第二章 对现行产业政策的总结与反思

制度在产业政策中的作用　许成钢　047
怎样才算好的产业政策　黄益平　051
从共识出发
　　——"特惠"视角下产业政策的关键问题　寇宗来　058
全球产业政策的历史实践　华秀萍　王雅丽　071

产业政策理论与实践研究述评　任继球　　091

直接干预市场与限制竞争
　　　　——中国产业政策的取向与根本缺陷　江飞涛　李晓萍　　117

美国产业政策的政治经济学
　　　　——从产业技术政策到产业组织政策　周建军　　137

观点讨论　芮明杰　史晋川　　157

第三章　产业政策中政府与市场的关系

产业政策与政府和市场的边界　赵昌文　　165

论有效市场与有为政府
　　　　——新结构经济学视角下的产业政策　王　勇　　168

产业政策的竞争转型　戚聿东　　174

政府在经济结构转型升级过程中的作用
　　　　——基于新结构经济学视角对产业政策的边界及其作用
　　　方式的界定　付才辉　　182

"发展型国家"的兴衰及其对中国转型的启示　耿　曙　陈　玮　　196

政府"不越位"比"有为"重要　郭　强　　211

第四章　产能过剩、产业升级与技术创新

产业政策与供给侧改革　贾　康　　219

提高产品复杂度与中国产业升级路径　刘守英　肖庆文　田　禾　　233

产能过剩与产业政策转型　刘学军　　242

观点讨论　陈斌开　鞠建东　潘士远　权　衡　傅蔚冈　胡伟俊　　253

第五章 产业政策的实践

我国关于转售价格维持的立法与执法实践　蒋传海　267
最低工资标准提高对就业正规化的影响
　　　张　军　赵　达　周龙飞　270
新结构经济学视角下开发性金融研究的回顾与展望　徐佳君　290
建章建制型产业政策的一个实例
　　　——加工"贸易"政策　马晓野　307
结合能源环境问题谈产业政策　张中祥　324
中国物联网产业政策研究综述　肖　龙　侯景新　肖叶甜　334
产业政策与长三角区域协调发展研究
　　　——从长三角城市群形成、崛起的角度　熊世伟　杨　政　352
观点讨论　孙明春　张　春　左学金　364

第六章 产业政策未来的发展

关于产业政策的若干理论问题　平新乔　371
发展主义的岔路口
　　　——产业政策治理的政治经济学　顾　昕　380
观点讨论　华　民　石　磊　张　杰　朱　天　王　勇　393

第一章

产业政策的林张之辩

产业政策与国家发展
——新结构经济学的视角

林毅夫　北京大学新结构经济学研究院教授

在对话开始之时,有必要对产业政策做个清晰的定义,否则很容易各说各话,没有交集。新结构经济学根据学界普遍接受的定义,认为凡是中央或地方政府为促进某种产业在该国或该地发展而有意识地采取的政策措施就是产业政策,包括关税和贸易保护政策,税收优惠,土地、信贷等补贴,工业园、出口加工区,R&D中的科研补助,经营特许权,政府采购,强制规定(比如美国政府规定的在某个特定期限前汽油中必须包含多少比例的生物燃料)等。但不是每个产业政策都把这些措施全部囊括其中,有的产业政策只涉及其中的一个,有的涉及两个或更多。只要针对特定产业会影响该产业发展的政策都叫产业政策。

根据在国际上非常有影响的剑桥大学张夏准教授在其获得多个奖项的名著《富国陷阱:发达国家为何踢开梯子》(*Kicking away the Ladder: Development Strategy in Historical Perspective*)一书中的研究,从16、17世纪英国追赶荷兰,19世纪中叶以后美国、德国、法国追赶英国,到二战后日本、亚洲"四小龙"等成功跨越低收入、中等收入进入到高收入经济体的行列,政府在追赶过程中都用了关税保护、补贴等产业政策来扶持国内幼稚产业的发展,他认为现在有些发达国家反对发展中国家使用产业政策来支持新产业的发展是一种过河拆桥的行为。

同样,由斯宾塞和索洛两位诺奖获得者领衔的经济增长委员会在2008年发表的《增长报告》(*The Growth Report*)中,对13个在第二次世界大战以后取得了年均7%以上、持续25年或更长时间发展的经济体的研究发现,这13个经济体的共同特征是:开放,宏观稳定,高储蓄率,高投资率,有效市场,积极有为的政府,也就是这些经济体都采用了产业政策来促进经济的发展。

实际上,不仅成功追赶的经济体使用了产业政策,发达国家也还在继续使用产业政策。以美国为例,作为高收入国家,其产业、技术是在世界最前沿,因此美国要想拥有新技术、新产业,必须靠自己研究和发明(R&D)。根据马祖卡托(Marinna Mazzucato)在《企业家型政府》(*The Entrepreneurial State*)一书中细致的经验研究发现,现在美国在世界上领先的航天、信息、生化、纳米、医药产业,以及早期的新产品、新技术开发所需的基础科研都是政府支持的。以大家津津乐道的乔布斯为例,1976年推出的苹果Ⅰ型计算机是建立在20世纪六七十年代以美国政府的公共资金支持的计算技术研发成果的基础上,2001年推出的iPod和其后的iPhone也是建立在政府资金支持而研发出来的卫星定位、声控和大规模储存等新技术基础上的,乔布斯的天才在于把这些新技术组合开发成消费者喜爱的新产品。值得一提的是苹果公司在上市之前,除了得到风险投资的资金之外,也得到美国小企业局50万美元的风险股本投资。同样,谷歌核心的计算技术也是来自于政府资助的研究项目。并且,美国直到现在也还继续支持研发,2013年美国的R&D投入中,来自政府的资金接近40%,来自企业的占60%。OECD的其他发达国家也是这样,多的达到80%,少的也有25%的R&D投入来自于政府。企业的R&D投入主要用于开发新产品、新技术,因为新产品、新技术可以申请专利。但是开发新产品、新技术所依据的基础科研由于投入大、周期长、风险高,企业家不愿意投入,如果政府不投入,企业新产品、新技术的开发也就成了无源之水无本之木,就不会有像比尔·盖茨或乔布斯那样的车库创新企业家。

政府能用于支持R&D的钱是有限的,不能什么基础科研都支持,政府对基础科研资金的配置,就决定了这个国家会发展那种新产业和新技术,这种选择性配置也是一种产业政策。所以,只看到企业家发明新产品、新技术的贡献,而没有看到政府在企业新产品、新技术开发之前所投入的基础科研资金的作用,这是只看到冰山露出水面的一角,而没有看到冰山在水面下厚厚的冰层,认为在现代市场经济中技术创新和产业升级只要企业家,不需要政府发挥作用的观点是对现代新技术、新产业创新特性的无知。

但是,因为二战后许多发展中国家使用了产业政策,经济发展绩效却很差,即便在成功的经济体中,包括美国、日本和亚洲"四小龙"等,也有许多产业政策是失败的,因此,很多经济学家反对产业政策。可是,从上面引用的研究中可发现:尚未见不用产业政策而成功追赶发达国家的发展中国家,也尚未见不使用产业政策而能继续保持领先的发达国家。因此,不能因为大多数产业政策是失败的,就反对所有的产业政策。如果这样做,就是把婴儿跟洗澡水一起倒掉。

由于没有产业政策的国家经济发展必然不成功,而许多产业政策也不成功,因此,作为经济学家的责任不是因为怕产业政策失败而凡产业政策都一概反对,或是因为产业政策是经济发展的必要条件就无条件地支持一切产业政策,而是要研究清楚产业政策成功和失败的道理,以帮助政府在使用产业政策时,减少失败,提高成功的概率。

为何需要产业政策

一个国家经济发展的本质是人均收入和生活水平的不断提高,其前提则是越来越高的劳动生产率水平。劳动生产率水平的提高有两个途径:一是通过技术创新,提高现有产业中产品的质量和生产效率;二是通过产业升级,将现有劳动力、土地、资本等生产要素配置到附加价值更高的产业。根据新结构经济学的分析,这两者的实现需要有"有效市场"和"有为政府"的共同作用。

"有效市场"的重要性在于,引导企业家按照要素禀赋的比较优势来选择技术和产业,生产出来的产品在国内国际市场的同类产品中,要素生产成本才会最低,才会最有竞争力,企业才可能获得最大的利润,整个经济才有机会创造最大的剩余和资本积累,使得比较优势从劳动或自然资源密集逐渐向资本密集提升,为现有产业、技术升级到资本更为密集、附加价值更高的新产业、新技术提供物质基础。企业家会按照要素禀赋所决定的比较优势来选择产业和技术的前提,则是有一个能够很好地反映各种要素相对稀缺性的价格体系。如果有这样的价格体系,企业为了自己的利润和竞争力就会按照要素禀赋所决定的比较优势来选择合适的技术和产业,这种价格体系只有在充分竞争的市场中才会存在。所以,新结构经济学主张,一个经济体要发展好必须有一个"有效的市场"。因此,需要有建立有效市场所需的产权界定清楚和各种要素市场发育良好等制度安排。

然而,在经济发展过程中,"有为政府"也不可或缺。首先,这是因为经济发展是一个资源必须随着要素积累、比较优势变化,不断从现有技术和产业配置到新的效率更高的技术和附加价值更大的产业的结构变迁过程。在技术创新和产业升级过程中,必须要有"第一个吃螃蟹的企业家",如果没有其他必要的安排,第一个吃螃蟹的企业家倘若失败,将承担所有成本,并让后来者知道螃蟹不可吃,不去犯同样的错误;倘若成功了,后来者将会随之涌进,第一个吃螃蟹的企业家不会有垄断利润。也就是说,如果没有其他必要的安排,对于第一个吃螃蟹的企业家而言,失败的成本和成功的收益是不对称的;而从社会的角度看,不管失败还是成功都给后来者提供了有用的信息。因此,政府需要给第一个吃螃蟹的企业家一定的激励,企业家才会有积极性去冒这个风险。发达国家的专利制度发挥的就是这种功能。在18世纪,英国如果没有专利制度给新发明获得丰富的垄断利润的机会,也就不会有罗巴克和博尔顿等人出资支持瓦特发明蒸汽机。发展中国家的技术创新和产业升级一般是在国际技术和产业链内部进行,多数情况下不能给予专利,但是,仍然需要给第一个吃螃蟹的企业家以必要的激励。当然,这种激励需要找到其他合适的替代方式。

其次,第一个吃螃蟹的企业家成功与否,并不完全决定于企业家个人的勇气、智慧和才能。例如,要进入一个新的产业,其所要求的从业人员的技能和以往的产业不尽相同,第一个吃螃蟹的企业家如果完全靠自己培训员工,后来的企业可以以稍高的工资聘走拥有新技术的员工,而使第一个吃螃蟹的企业家蒙受损失。新产业所需的资本规模和风险也通常会比原有的产业大,需要有新的能够动员更多资本、有效分散风险的金融制度安排与其匹配,这也不是第一个吃螃蟹的企业家自己可以解决的问题。随着技术创新、产业升级、资本密集度和规模经济的提高,市场的范围和交易的价值会不断扩大,交通、电力、港口等硬的基础设施和法律、法规等软的制度环境也必须随之不断完善,这些完善显然超出第一个吃螃蟹的企业家的能力之所及。随着一个国家的发展,技术和产业会越来越接近国际前沿,新的技术创新和产业升级需要与这些新技术和新产业相关的基础科学的突破,基础科学的研发属于公共产品范畴,其发现不能申请专利,企业家不会有积极性从事这方面研究。凡此种种困难都属于市场失灵的范畴,需要一个"有为政府"来协调不同的企业加以克服,或是由政府自己直接提供相应的服务。只有这样才能随着要素积累、比较优势变化,使具有潜在比较优势的产业转变成新的具有竞争优势的产业。

在经济发展过程中,发展中国家的政府可动员和配置的资源有限,不可能满足各种可能的技术创新和产业升级所需的外部性补偿,以及完善所有可能的相应软硬基础设施的要求。因此,和企业家一样,发展中国家的政府也必须对可能的技术创新和产业升级的经济与社会回报做出甄别,按"集中优势兵力打歼灭战"的精神,以产业政策集中有限资源,协助企业家从事那些回报最高的技术创新和产业升级,只有这样才能促进经济最好最快地发展,避免陷入"低收入陷阱"或"中等收入陷阱"。同样,发达国家的政府也必须对其企业家所要从事的新一轮的技术创新和新产业发展所需要的基础科研给予支持,才能促进经济的继续发展。由于发达国家可以用来支持基础科研的经费并非无限,因此,也和发展中国家一样必须根据可能的回报来配置有限的科研资源。所以,马祖卡托才根据对美国经济产业技术创新的研究,而把美国和其他发达国家的政府称为"企业家型政府"。

有效市场与有为政府在经济发展中缺一不可,这是我的一贯主张。现在国内经济学家中讲政府作用的人比较少,所以媒体报道上就卡通化,突出我重视政府作用的观点,结果以讹传讹,张维迎教授就成了"市场派",我变成了"政府派",认为张维迎教授主张经济发展要靠市场,我则主张经济发展要靠政府。这种看法其实是不正确、不全面的。

刚才提到,增长委员会总结了13个快速发展经济体的五大特征。斯宾塞教授在发表了《增长报告》以后常讲这五种特征只是经济发展成功的药材,不是药方。其实是有药方的,药方就是按照新结构经济学的建议,按照要素禀赋结构所决定的比较优势来发展经济。按照比较优势发展有两个制度前提:有效的市场和有为的政府。这两个就是《增长报告》中所总结的成功经济体的第四个和第五个特征。如果按照比较优势来发展,结果会怎么样?当然是开放经济,符合比较优势的就多生产并出口,不符合比较优势的就少生产并进口,而且在产业升级、技术创新的过程当中,后发国家还有后发优势,可以靠模仿、引进、消化来取得新技术、发展新产业。这就是《增长报告》成功经济体的第一项开放的特征。按照比较优势发展的话,宏观经济也会相对稳定,为什么?因为产品有竞争力,而且不需要政府补贴。在这种状况之下,经济有竞争力,内生的危机就会比较少。并且,如果遭遇到国际危机的冲击,因为政府的财政状况好,外汇储备比较多,所以进行反周期政策的能力也比较强。因此,宏观会比较稳定。这是《增长报告》中成功经济体第二项宏观稳定的特征。第三项高储蓄、高投资的特征前面已经讨论过了,如果按照比较优势发展,能够创造最大的剩余,而且投资的回报率会最高,因此,资本的积累会最快,储蓄最高,投资最大。所以,实际上经济发展成功是有药方的,这个药方就是按照要素禀赋决定的比较优势发展经济。

按照新结构经济学的理论,在有效市场中,政府必须发挥有为的作用,来克服在经济转型升级中的外部性和协调的问题。政府的资源和执行能力是有限的。按照"华盛顿共识"的新自由主义观点,政府应该把全国的基础设施都建设好,把全国的各种法制、营商环境都完善好,不应该对任何地区或产业有偏向,把这些工作做好了,新产业和新技术就会自发地涌现。这种观点意愿是好的,但是有一个问题,发展中国家基础设施普遍不好,要把全国的基础设施都完善,有那么多资源吗?如果没有那么多资源,就必须按毛主席所讲的,"集中优势兵力打歼灭战",按产业发展的需要把一个局部区域搞好,降低其交易费用,那个区域经济就能够快速发展,然后,"星星之火可以燎原",从一点发展,带动全面发展,这是一种很实事求是的哲学思想。

要策略性地使用资源,必须了解要发展什么产业,这些产业所需要的软硬基础设施有哪些,在哪里建立工业园合适。这种针对特定产业在特定地区提供因势利导措施的举措就是所谓的产业政策。从历史经验来看,我没有发现不用产业政策而取得成功的国家,当然更多的是实行产业政策失败的国家。为什么?我发现绝大多数产业政策失败是因为违反了比较优势,这有两种可能性:发展中国家违反比较优势,通常是因为过度赶超,想在资本极端短缺的情况下去和发达国家直接竞争发展资本技术密集的产业;发达国家产业政策失败的原因则正好相反,有些产业已经失掉了比较优势,比如农业或是一些加工业,但是为了维持就业,政府还给它很多支持,像在欧盟,每头奶牛每天可以得到2欧元的补贴。这两者都是违反比较优势的。其结果是,企业在开放竞争的市场中没有自生能力,政府就必须给予保护补贴,这又导致了两个结果:一个是资源错误配置,一个是寻租腐败。在这种状况下,产业政策当然会失败。

从新结构经济学的视角来看,产业政策若想取得成功,就要帮助企业进入一个要素生产成本比较低的产业,也就是从要素禀赋结构来看具有比较优势的产业。但国际上的竞争是总成本的竞争,总成本还包括交易费用。交易费用取决于交通基础设施、法制环境、金融服务等是不是合适。如果不合适,交易费用会特别高。因此,即使这个产业是符合比较优势的,要素生产成本低,但交易费用太高,总成本也就太高,还是没有竞争力。这样的产业在新结构经济学中称为具有潜在比较优势的产业。产业政策的目的就是把那些具有潜在比较优势,但因为交易费用太高,在国内外市场中还不具有竞争优势的产业,经由政府帮助改善基础设施和金融法制环境,从而降低交易费用。交易费用一降低,这个产业马上就从具有潜在比较优势变为具有竞争优势。

中等收入国家的产业政策

产业政策要成功,关键是要甄别出具有潜在比较优势的产业以及限制其发展的软硬基础设施的瓶颈,政府才能对症下药,因势利导促进其发展。对于像中国这样的中等发达国家,怎样来界定潜在比较优势?新结构经济学把中等发达国家的产业分成五大类:

第一类是追赶型产业。这类产业的技术水平跟国际上发达国家的产业还有差距。以中国为例,中国是按照联合国标准唯一的一个产业部类齐全的国家。但是,中国在2015年人均GDP是8 154美元,代表人均劳动生产率是8 154美元的水平。美国是56 421美元,德国是41 955美元,日本是33 223美元,韩国是28 338美元。它们所有的行业我国都有,但是我国相同行业的劳动生产率水平比较低,代表技术和附加值水平比较低。我国的产业实际上还处于追赶的阶段。这类产业就是追赶型产业。

第二类是领先型产业。对于有些产业,发达国家已经失掉比较优势而退出,我们的这些产业在国际上已经处于领先或接近领先地位,像家电、摩托车等产业就是如此。

第三类是转进型产业。这些产业过去符合比较优势,现在由于资本积累、工资上涨而失去比较优势,像劳动力密集的出口加工产业,对于这些产业需要将生产转移到附加价值较高的微笑曲线两端,或转移到工资水平较低的国家或地区。

第四类是弯道超车型产业。由于现代科技的特性,有些产业的新产品、新技术研发周期短,以人力资本投入为主,比如互联网、移动通信设备的研发就是以人力资本为主,而且周期特别短,像雷军的小米手机,一百多人的团队半年到一年就研发出来了。我国具有创新才能的人力资本跟发达国家其实没有大的差距,我们跟发达国家的差距主要是在物质资本上。而且,我国有13亿人口,具有齐全的产业类别和广大的国内市场,对这一类型的产业,我国可以实现弯道超车,跟发达国家直接去竞争。

第五类是战略型产业,包括战略型新兴产业和国防安全产业。这类产业跟弯道超车型产业正好相反,资本投入特别大,研发周期特别长,不符合我国的比较优势,其存在是为了国家长远发展或出于国防安全的需要。

这五大类产业所需要的产业政策是不一样的。对于第一大类,历史上所有成功的国家在追赶期都有产业政策,且其产业政策有一个共同特性,就是以要素禀赋结构相似、人均收入水平差距为一二倍、发展快速的国家的成熟产业作为追赶对象。产业政策基本上是帮助国内企业进入这些作为参照系的国家的成熟产业。反过来讲,发展中国家失败的产业政策,是以人均收入水平与本国差距太大的国家的产业为追赶目标。为什么要找一个要素禀赋结构接近、收入水平差距不大、发展快速的国家的产业作为参照?要素禀赋结构相似,发展程度差距不大,比较优势也就会相近。这里有几点需要注意,第一点,如果要发展资源土地密集型产业,就必须有对应的那种自然资源;如果是一般制造业,自然资源不重要,只要看资本跟劳动的比例就可以了。第二点,如果一个国家能够维持二三十年的快速发展,那么这个国家的产业基本就是符合比较优势的,如果不符合比较优势,就不能维持这么长时间的快速发展。那么,如果它的产业在发展过程当中符合比较优势,但经过二三十年的发展,资本积累得很快,原来符合比较优势的产业逐渐失掉了比较优势,那么这些产业就正好成为与其要素禀赋结构相似的追赶国家的潜在比较优势产业。

新结构经济学根据上述思路提出了"增长甄别与因势利导"的两轨六步法。第一轨,甄别出什么是具有潜在比较优势的产业;第二轨,根据这个产业中企业降低交易费用的需要进行因势利导,改善软硬基础设施,使其成为具有竞争优势的产业。

第一步,找到那些高速增长、要素禀赋结构相似、人均 GDP 比国内高一二倍,或是 20 年前人均 GDP 与本国处于同一水平的经济体,看一看它们的成熟的可贸易产品是什么,那些成熟的可贸易产品很可能就是这个国家具有潜在比较优势的产业。这一点非常重要,可以避免两种错误:第一种是政府太冒进,第二种是政府被国内的企业所绑架,因为有的企业为了寻租,就跟政府讲,这个产业非常重要,没有它就没有现代化,但其实它是违反比较优势的。违反比较优势,政府就必须提供大量的保护补贴,即使有了保护补贴,把产业建立起来,企业在开放竞争的市场中还是没有自生能力,那些保护补贴就必须一直存在。所以,要避免这两种错误。

第二步,如果已经有了一个具有潜在比较优势的产业的列表,那再来看国内有没有一些企业已经发现了这个机会,自发进入了这些产业。如果国内已经有企业进入了,照理说,要素生产成本应该比作为参照系的国家低,但为什么在国际上不能跟作为参照系的国家竞争?如果是因为技术水平较低,可以帮助企业到海外并购有高技术的企业,或到海外设立研发中心,雇用具有高技术的人才开发新技术、新产品。如果是因为交易费用太高,政府就应该分析,为什么交易费用高,然后把造成高交易费用的一些软硬基础设施瓶颈消除掉,帮助企业克服交易成本问题。

第三步,如果国内没有企业进入这些产业,或是从事出口的企业很少,那么政府可以通过招商引资,把作为参照系的国家的企业吸引过来。照理说,来这里生产要素成本会比较低,作为参照系的国家的企业会有积极性来,但现在为什么不来呢?很可能是因为不了解这个国家,或者这个国家的交通基础设施、营商环境不好,交易费用太高,在这种情况下,政府要做的就是在招商引资的同时,改善交通运输、营商环境等,把交易费用降下来。另外,也可以在国内设立孵化器来培育这些产业。

第四步,每个国家都可能有一些特殊的禀赋,这些禀赋可能生产出作为参照系的国家没有但在市场上有需求的产品,例如我国的中药和一些农副产品。另外,现在的技术变化太快,有很多技术、产业在20年前根本不存在,如果国内的企业发现了新技术、新产业带来的机会,并且表现出获利的能力,那么政府就应该针对这些产业帮助企业把交易费用降下来,让它能够发展得更好。这方面最明显的例子是20世纪80年代印度的信息服务业。80年代之前,印度是没有信息外包服务业的,但在80年代的时候,印度的一些企业家发现可以帮美国的企业作信息外包。刚开始是用卫星通信,所以交易费用很高,后来印度政府发展光纤通信,交易费用大幅下降,印度的信息服务业就变成了印度最大、最有竞争力的产业。

第五步，发展中国家一般交通基础设施和营商环境不好。如果有能力把全国都改善好当然最理想，但实际上，政府的资源有限，做不到这一点。在有限资源的约束下，政府可以"集中力量办大事"，设立工业园或者经济特区，集中力量把工业园、经济特区做好，让具有潜在比较优势的产业可以很快地在这里发展起来，成为具有竞争优势的产业，并且很快地形成产业集群，进一步降低交易费用。

第六步，就是对先行企业的外部性的补偿。外部性补偿可以是给予税收优惠；在有资本管制的国家，可以让先行企业优先得到外汇以进口机器设备；在有金融抑制的国家，可以让先行企业优先得到贷款。这种优惠和20世纪五六十年代许多发展中国家在结构主义的进口替代产业政策下的保护补贴有何差异？结构主义的产业政策想要发展的产业是违背比较优势的，企业因为没有自生能力，需要很大力度的保护补贴，而且，即使把这些产业建立起来，还要长期提供保护补贴。新结构经济学的因势利导产业政策所要帮助的企业是有自生能力的，政策优惠只是解决外部性问题，这种优惠通常数额少，而且是一次性或者短期的。以上是针对追赶型产业的产业政策。

对于国际领先型产业，政府应该采取什么样的产业政策？国际领先型产业的新产品、新技术必须自己研发，发达国家因为所有的产业、技术都是国际领先的，所以所有的产业都必须自己研发才能获得技术创新、产业升级。发达国家的研发是怎样做的？研究的产出基本上是一个公共产品，所以发达国家的研究基本上是由国家支持的，像美国的国家科学基金、国家健康研究院，由它们提供资金来支持基础研究，研究出来的成果属于公共知识，各个企业再根据这些知识，去开发新产品、新技术。发达国家能够用来支持研究的资源是有限的，所以，也必须对要支持的基础研究有所选择。也就是说，在配置这些基础研究资金的时候，必须根据这些基础知识的突破对新技术、新产品的开发有多大的帮助，这些新技术、新产品对经济发展有多大的贡献，来决定基础科研资金的配置。所以，发达国家并不是没有产业政策，只不过它的产业政策和追赶型产业政策中政府发挥作用的地方不同。我们作为发展中国家，有些产业在国际上已经处于领先地位了，这些产业同样必须有产业政策的支持，政府要做的是支持这些产业与新产品、新技术开发有关的基础研究,来帮助企业更好地开发新产品和新技术,另外,也可以跟发达国家一样,以专利、政府采购等方式保护知识产权并帮助企业迅速扩大新产品生产的规模。国际领先型的产业其产品的市场是全世界,我国政府也可以像发达国家那样,给予企业在开拓国际市场上必要的帮助,如利用高层访问推销产品、提高产品认知度,提供企业在海外设厂和开拓销售渠道时所需的人才培训、资金支持、领事保护等。

对于转进型产业,这个产业现有的生产已经不符合比较优势,应该转进。怎么转进？一方面,可以提供人才培训的职业教育,帮助一些有条件的企业进入到附加价值较高的经营品牌、产品设计、市场渠道管理的微笑曲线的两端；另一方面,对于绝大多数的加工企业,可以帮助它们转移到海外生产成本更低的地方,也就是现在常说的"抱团出海",也可以帮助接受国筑巢引凤、招商引资,使这些加工企业迅速创造第二春,将国内的 GDP 变为 GNP。另外,对于退出去的工人,可以给予再培训,让他们有能力转移到其他行业去。

对于弯道超车型产业,政府可以设立一些"梦想小镇"、"孵化基地",把人才引进来,并且引进风险资本,加强知识产权保护,以支持"大众创业、万众创新"。

对于战略型新兴产业和国防安全产业,因为这些产业通常资本非常密集,研发周期长,投入巨大,我国尚不具有比较优势。战略型新兴产业是发展方向已经清晰,对未来的经济发展至关重要,像新能源、新材料、人工智能、生物制药等产业,如果我国现在不研发,其专利为发达国家所垄断,将来我国要进入这类产业可能会受到发达国家的阻碍或是要付出极高的代价才能取得所需的技术,现在我们自己从事研发,虽然要付出极高的成本、承担巨大的风险,但是,从长期动态发展的角度来看,总成本可能反而较低。国防安全产业的发展则关系到我国的国家安全,例如大飞机、航天、超级计算机产业即属于此类。战略型产业有一个特性,即它不能完全依靠市场,需要有政府的保护补贴才能发展起来。在计划经济时代,由于赶超力度太大,财政上没有办法直接补贴,因此只能靠扭曲各种价格信号来给予间接性补贴。现在战略型产业在整个国民经济中的比重其实已经很小,应该由财政直接给予补贴。补贴的方式可以是财政直接拨款支持投资和生产,或是用政府采购产品的方式来提供支持。

总之,新结构经济学根据一个国家或地区现有产业与世界产业前沿的差距,给政府在产业政策的制定上提供了一个分析框架,帮助政府甄别出具有潜在比较优势的产业,发挥因势利导的作用,助推经济的快速发展。除了战略型新兴产业和国防安全产业外,新结构经济学的产业政策不是政府主导,而是因势利导,也就是企业自己已经发现了机会,自愿进入了这些产业,政府只是帮助这些企业家克服外部性和软硬基础设施完善的协调问题,以使具有潜在比较优势的产业迅速变为具有竞争优势。新结构经济学产业政策中政府对特定产业软硬基础设施的相应完善,理应推向全国,但因资源和执行能力有限,只能像毛主席所说的"集中优势兵力打歼灭战",其目的则是像邓小平所说的"让一部分地区、一部分人先富起来,以带动全面富裕"。

我为什么反对产业政策?
——与林毅夫辩[①]

张维迎　北京大学国家发展研究院教授

首先澄清两个基本概念。

第一个是关于产业政策的含义。我理解的产业政策,是指政府出于经济发展或其他目的,对私人产品生产领域进行的选择性干预和歧视性对待,其手段包括市场准入限制、投资规模控制、信贷资金配给、税收优惠和财政补贴、进出口关税和非关税壁垒、土地价格优惠等。

这里的关键词是"私人产品"和"选择性干预"。政府在公共产品上的投资不属于产业政策,尽管对什么是公共产品,经济学家之间存在意见分歧。普遍性的政策也不属于产业政策,如统一的公司所得税不是产业政策,但扶持性的所得税减免属于产业政策。专利保护是知识产权问题,不属于产业

---

① 本文根据作者于2016年11月9日在北京大学国家发展研究院"产业政策思辨会"的主题发言整理,作者补充了必要的参考文献。文章原载于《比较》2016年第6期。

政策。地区政策也不属于产业政策，尽管经常与产业政策伴随。①

林毅夫对产业政策的定义太宽。按林毅夫的定义，几乎政府做的所有事情都是产业政策。在他的文章和著作里，诸如政府在公共产品、基础设施、教育和科研方面的投资，甚至专利保护、法治建设，都包含在产业政策中。按照他的定义，批评产业政策就等于否定政府的作用，就是无政府主义者。这不利于问题的讨论。

第二个是目标模式和改革过程的区别。林毅夫经常把有关政府与市场关系的定位与从计划经济到市场经济的转轨路径混淆在一起。在他看来，主张市场主导、赞同新自由主义就是主张"休克疗法"，主张渐进主义改革等同于政府主导。所以他把"休克疗法"的恶名戴在新自由主义头上。这是完全错误的。

在林毅夫眼里，我大概属于"新自由主义者"，这一点我不会否认，尽管我更愿意称自己为"古典自由主义者"。但我也是改革的渐进主义者。1984年春我提出的双轨制价格改革思路，就是一个渐进主义的改革思路（林毅夫也经常强调双轨制的渐进性质）；1994年我和易纲合写了"中国渐进式改革的历史视角"一文，分析为什么渐进改革在中国是一种必然②；2008年我也写过渐进改革的文章。我的渐进主义观点一直没有改变，它不仅与我的自由市场理论不矛盾，而且正是我的自由市场理论的延伸。

事实上，绝大部分古典自由主义者和新自由主义者是不赞同"休克疗法"的。因为，按照哈耶克的观点，制度是自发演化的结果，不是人为设计出来的。演化一定是一个渐变的过程。

尽管我不赞成休克疗法，但我觉得林毅夫对苏联国家改革路径的否定还是太武断了。他完全忽视苏联1990年前的历史事实，没有认识到实行了70年计划经济的苏联和只有20多年计划经济的中国相比，改革的初始条件有很大不同。苏联解体之前戈尔巴乔夫并没有选择休克疗法，叶利钦时期

---

① 尽管不同的经济学家对产业政策的定义有所不同，但"选择性干预"是产业政策的基本特征。见 Howard Pack and Kamal Saggi, "Is There a Case for Industrial Policy? A Critical Survey", *World Bank Research Observer*, 2006, 21(21), pp.267—297.

② Weiying Zhang and Gang Yi, "China's Gradual Reform: A Historical Perspective", in *The Logic of the Market*, Washington DC: The Cato Institute Press, 2015.

的改革更像是抢救式治疗,因为叶利钦主政前,苏联已经"休克"了,已经没有走渐进改革路径的可能。

历史不是一块白板,我不认为一个模式可以适用于所有国家。

下面,我讲五个点:第一点,我和林毅夫关于市场理论范式的分歧;第二点,我为什么反对产业政策;第三点,外部性和协调失灵不构成产业政策的正当性理由;第四点,林毅夫"比较优势战略理论"在逻辑上是不能自洽的;第五点,林毅夫"增长甄别法"的谬误。

我和林毅夫关于市场理论范式的分歧

我和林毅夫有关产业政策的分歧,其实是有关市场理论的两个不同范式的分歧。林毅夫信奉的是"新古典经济学范式",我信奉的是"米塞斯-哈耶克范式"。新古典范式是"设计范式",米塞斯-哈耶克范式是"演化范式"。

新古典经济学把市场理解为资源配置的工具。为了证明市场的有效性,它需要做出一些非常强但不现实的假设。反过来,当这些假设不满足时,就出现了所谓的"市场失灵",包括外部性导致的市场失灵,不完全竞争导致的市场失灵和信息不对称导致的市场失灵。

林毅夫所有的理论都是以新古典经济学的市场失灵为基础的。这一点他自己也不否认。针对剑桥学者张夏准说他"太忠实于新古典经济学"、"不能把自己从新古典经济学的桎梏中解放出来"的批评,林毅夫辩护道:"新古典经济学针对这一切来说是一个有用的工具,而不是一个制约因素。它很灵活,足以用模型分析外部性、动态性和协调失灵这些让政府扮演着重要角色的要素;同时还提供了一个标准,来判断政府是否过于偏离比较优势产业。没有前者,发展中国家可能会缺乏应有的智慧去抓住发展优势产业的机遇,并为可能的产业升级和发展奠定基础。但是,如果没有后者,如历史记录所强调的,政府可能会犯下许多代价高昂的错误,……"[①]

[①] 林毅夫:《新结构经济学:反思经济发展与政策的理论框架》,北京大学出版社2012年,第130页。本文引用的林毅夫的观点,主要来自这本书。

显然，在林毅夫看来，新古典经济学简直是万能的灵丹妙药，既能告诉政府应该做什么，又能告诉政府不能做什么！

我不理解的是，一方面，林毅夫把自己的理论建立在西方主流经济学市场失灵理论的基础上；另一方面，他又公开高调地批评别人"照搬西方主流经济学是行不通的"。① 为什么别人信奉新古典理论是"照搬"，他自己信奉新古典理论就是"创新"？为什么新古典理论在他手里是战无不胜的"神器"，在别人手里就变成了不堪一击的"神话"？我不理解林毅夫讲的"照搬"是什么意思，但在我看来，如果有谁在"照搬"的话，他本人一定是其中之一。

我本人对新古典主流经济学的评价没有林毅夫那么高，我认为，新古典经济学并不是一个好的市场理论，至少不像林毅夫说的那么好。新古典经济学家所谓的市场失灵，其实是市场理论的失灵，不是市场本身的失灵。② 我认为米塞斯和哈耶克发展的市场理论，是一个更好的分析范式。

根据米塞斯-哈耶克市场理论范式，市场是人类自愿合作的制度，是一个认知工具，市场竞争是人们发现和创造新的交易机会、新的合作机会的过程；市场最重要的特征是变化，而不是均衡。市场的有效性不需要新古典经济学的假设，恰恰相反，这些假设与市场竞争是不相容的。比如说，在新古典经济学里，最好的市场是"完全竞争市场"，但"完全竞争"与创新根本不相容，因为创新一定会导致竞争的不完全，甚至所谓的"垄断"；新古典经济学里，信息不对称会导致市场失灵，但根据米塞斯-哈耶克范式，市场的优越性正是来自不完全信息，因为市场以分工和专业化为基础，分工和专业化的价值就来自信息不对称。正是由于信息不对称，由于信息的分散性和主观性，我们才需要市场。

新古典范式和米塞斯-哈耶克范式的区别突出地表现在对企业家作用的认知上。新古典经济学的市场是没有企业家的市场，因为新古典的假设使得企业家根本没有存在的价值。如果偏好给定、资源给定、技术给定，信

---

① 林毅夫："照搬西方主流经济理论是行不通的"，《求实》，2016年10月16日。
② 张维迎："反思经济学：市场失灵还是市场理论失灵？"，载《市场与政府》，西北大学出版社，2014年。英文版：Weiying Zhang, "Reflections on Economics: Market Failure or Market Theory Failure?", *China Economic Journal*, 2015, 8(2), pp. 109—121.

息是完全的,没有不确定性,每个人同等聪明,当然也就没有企业家的用武之地。

在米塞斯-哈耶克范式里,企业家是市场的主角,发现和创造交易机会是企业家的基本功能;正是通过企业家发现不均衡和套利,市场才趋向均衡;正是企业家的创新,使得市场不断创造出新的产品、新的技术,并由此推动消费结构和产业结构的不断升级。

信奉新古典范式的经济学家有时也使用"企业家"这个词,但他们说的"企业家"不过是一个计算器:给定目标和手段,按照"边际收入等于边际成本"的规则计算出最优投入和产量。制定这样的决策不需要想象力,不需要机敏,不需要判断力。但对真正的企业家来说,想象力、机敏和判断力才是最重要的。

我和林毅夫有关产业政策的争论,与我们对企业家精神的不同理解有关。

我应该为新古典经济学说句公道话。尽管新古典经济学并不是一个好的市场理论,容易误导我们对真实市场的理解,但仍然是一个有用的分析工具。特别是,20世纪70年代公共选择学派用新古典经济学范式发展出来的政府失灵理论,在一定程度上矫正了市场失灵理论的谬误,从而使得市场失灵不再构成政府干预经济的充足理由。

林毅夫一方面对市场失灵浓墨重彩,另一方面对政府失灵轻描淡写。在他的理论里,政府官员是无所不知、无所不能、毫不利己专门利人的人!他没有告诉我们,为什么政府官员比企业家更有能力和激励判断未来。

为什么产业政策注定会失败

我对产业政策的思考由来已久。20世纪80年代中期,日本的产业政策很受一些中国经济学家和政府官员的推崇。1987年夏天,我随中国经济体制改革研究所代表团对日本做了为期半个月的访问,我得出的一个基本结论是:国内流行的观点至少有两点不切实际之处:一是对日本产业政策的作用估计过高;二是对其作用的方式估计错误。日本早期的产业政策之所以没有产生灾难性的后果,是因为错误的产业政策总会受到企业家的抵制。①汽车产业就是一个典型的例子,如果没有本田宗一郎等人的抵制,也就没有日本汽车产业的今天。

尽管许多早期的研究把日本的产业政策塑造为成功的典范,90年代之后有大量关于日本产业政策更为详尽的研究,得出的一个基本结论是:日本产业政策总体上来讲是失败的。②迈克尔·波特等人用翔实资料证明:在日本最成功的20个产业基本没有产业政策的作用,即使有,作用也微乎其微,反倒是最失败的7个产业都受产业政策的严重影响。③ 80年代之后,日本产业政策的失误比比皆是,包括第五代计算机的研发、模拟技术、移动通信等方面,都被产业政策带入歧途。通产省神话由此破灭。

改革前中国实行的是计划经济。改革后,产业政策代替了计划指标,是"穿着马甲的计划经济"。正如刘鹤和杨伟民在《中国产业政策:理论与实践》一书的序言中讲到的:"计划就是产业政策,产业政策就是计划,二者都体现了政府对经济生活、资源配置的干预。"④

自20世纪80年代以来,中国产业政策失败的例子比比皆是,成功的例子凤毛麟角,这一点连林毅夫本人也不否认。中国经济持续存在的结构失调、产能过剩,哪一个不是政府产业政策主导的结果?

我一直试图从理论上寻找产业政策失败的原因。我发现,产业政策失败的原因和计划经济失败的原因完全一样。概言之,产业政策之所以失败,一是由于人类认知能力的限制;二是因为激励机制扭曲。⑤更通俗地讲,一是由于人的无知;二是由于人的无耻。认知能力的限制比激励机制更根本。

---

① 张维迎:"市场经济中的政府行为:日本的经验",载《价格、市场与企业家》,北京大学出版社,2006年,第133—154页;张维迎:《市场与政府》,西北大学出版社,2014年。
② 关于日本产业政策的评价综述,参阅任云:"日本产业政策再评价及其对我国的启示",载《现代日本经济》,2006年第4期,第11—16页。
③ 迈克尔·波特、竹内广高、榊原磨理子:《日本还有竞争力吗?》,中信出版社,2002年。英文版:Michael Porter, Hirotaka Takeuchi and Mariko Sakakibara, *Can Japan Compete*? Basic Books, 2002.
④ 刘鹤、杨伟民:《中国产业政策:理论与实践》,中国经济出版社,1999年,第31页。
⑤ 笔者于2016年8月24日在亚布力中国企业家论坛西安峰会上做的主题演讲"为什么产业政策注定会失败"中系统地表达了这一观点,http://www.yicai.com/news/5153303.html。

先讲认知能力的限制。① 拥护产业政策的人的一个基本假设是：技术进步和新产业是可以预见的，因而是可以计划的。这个假设是完全错误的。新产业总是来自创新。历史证明：创新和新产业是不可预见的。这是因为创新过程充满了一系列的不确定性，创新没有统计规律可循。创新的不确定性使得我们没有办法预见求索的结果并预先制定一条通往特定目标的路径；我们既不知道目标在哪里，也不知道道路在哪里，只能在不断的错误修正中前行。人们对创新和产业发展的分析都是"事后诸葛亮"。如果能提前预测创新，那它就不是创新了！30 年前没有人预见到了今天的主导产业（互联网、新能源、生物制药等），今天的人也预测不了 30 年后的事情。

创新的不可预见性意味着，实现创新的唯一途径是经济试验的自由，即哈耶克讲的具有不同知识和不同见解的"众人的独立努力"，而不是将自己锁定在预定的路径上。②

这就是分散化决策的优点：每个企业家按照自己的警觉、想象力、判断决定做什么、不做什么。市场竞争决定成败：成功的创新带来利润，不断得到复制和扩散，成为新的增长点；失败的试验停止。

产业政策是集中化决策，意味着将社会资源集中投入到政府选定的目标，这是一种豪赌！成功的可能性很小，失败的代价巨大。如果每个人有 90％ 的可能性犯错误，10 个人分别决策的话，同时犯错误的概率只有 34.9％，至少一个人成功的概率是 65.1％，只要有一个人成功了，社会就有了这个产品。相反，如果集中做一个决策，成功的概率就只有 10％。

---

① 无知对政府制定产业政策能力的限制是哈耶克知识理论的一个应用，参阅 Friedrich A. Hayek, *Individualism and Economic Order*, London and Henley: Routledge and Kegan Paul, 1976, Chapter II, IV and VII—IX. 关于政府难以获得制定产业政策所需要的信息的质疑，参阅 Sanjaya Lall, "Reinventing Industrial Strategy: the Role of Government Policy in Building Industrial Competitiveness", *Annals of Economics & Finance*, 2004, 14(2), pp. 661—692; Howard Pack and Kamal Saggi, "Is There a Case for Industrial Policy? A Critical Survey", *World Bank Research Observer*, 2006, 21(21), pp. 267—297.

② 内森·罗森伯格：《探索黑箱：技术、经济学和历史》，商务印书馆，2004 年，第 5 章。英文版：Nathan Rosenberg, *Exploring the Black Box: Technology, Economics and History*, Cambridge University Press, 1994. 威廉·伊斯特利：《威权政治：经济学家、政策专家和那些被遗忘的穷人的权利》，中信出版社，2016 年，第 322 页。英文版：William Easterly, *The Tyranny of Experts: Economists, Dictators, and the Forgotten Rights of the Poor*, Basic Books, 2013, Chapter 11.

还有一个不争的事实是,政府官员并不具有企业家的警觉性和判断力;即使有,也没有企业家那样的激励。专家也没有能力制定产业政策。专家不是企业家,他们也许有创新所必需的硬知识,但并没有创新所必需的软知识。靠企业家制定产业政策也不可能成功,因为过去的成功不是未来的指路灯,对经济发展产生重要影响的创新通常来自名不见经传的创业者,而不是功成名就的商界领袖。许多辉煌的企业破产了,就是因为新的、更具创新力的企业家的破坏性创新。

让我引用江小涓20世纪90年代的一项研究说明一下专家决策的问题。20世纪80年代初期,鉴于当时电风扇生产"一哄而上"的局面,机电部约请了若干国内有名的生产技术、市场分析和经济管理方面的专家一起来商讨对策。在大量调研和分析的基础上,专家们认为,中国电风扇行业的年生产能力在今后若干年保持在1 000万台左右为宜,主张选择若干实力雄厚的企业"定点"生产。主管部门据此制定了相应的政策。然而实践证明,专家们的预测与实际状况有很大差距,电风扇的市场容量和生产规模不断迅速扩张,80年代初中期的实际产销量与预测就有1倍以上的差异;到80年代后期,电风扇的年产量和销售量均达到5 000万台左右,仅出口就达1 000万台。在数年激烈竞争优胜劣汰的过程中,电风扇行业的组织结构也趋于合理,生产集中于几个名牌企业集团,但并不是原来设想的布局模式。江小涓总结说,这种使用了"科学"的程序与方法,却没有得到"科学结论"的情形,在许多产业政策的制定过程中都出现过。①

说到电风扇,我不由得想起林毅夫曾讲过的他自己的故事。当年回国时他用配额买了四台电风扇,全家每人一台,因为当时根本想不到以后能用上空调。

管理大师克莱顿·克里斯坦森说:"当我们看到专家对新兴市场未来发展规模的预测时,我们唯一可以确定的是:他们的预测都是错的。"②

---

① 江小涓:"中国推行产业政策中的公共选择问题",《经济研究》,1993年第6期,第3—18页。
② 克莱顿·克里斯坦森:《创新者的窘境》,中信出版社,2014年,第XXII页。英文版:Clayton Christensen, *The Innovator's Dilemma: When New Technologies Cause Great Firms to Fail*, Boston: Harvard Business School Press, 1997.

接下来讲一下产业政策失败的第二个原因,即激励机制的扭曲。产业政策通过对不同产业、不同企业在市场准入、税收和补贴、融资和信贷、土地优惠、进出口许可等方面的区别对待,创造出权力租金,这必然导致企业家和政府官员的寻租行为。从实际看,无论是产业政策的制定过程,还是产业政策的执行过程,都充满了一系列的寻租活动。① 一项特定产业政策的出台,与其说是科学和认知的结果,不如说是利益博弈的结果。结果是,得到政策扶植的企业家通常并不是真正的创新企业家,而是套利者和寻租者。新能源汽车骗补就是一个典型的例子。② 不难理解,大笔从政府拿钱的企业并没有做出像样的创新来!

创新的不可预见性意味着产业政策一定会出现失误。但政府官员和专家们一般不愿承认自己的错误,因为错误会暴露自己的无知;掩盖错误的一个办法是对失败的项目提供更多的支持。结果是,错误一个接着一个! 自由市场上的企业家没有办法掩盖自己的错误,他们也没有权力阻止别人证明自己错了!

让我以电信业为例说明这一点。3G 通信有三个国际标准,分别是 CDMA 2000、WCDMA 和 TD-CDMA,在 TD-SCDMA 作为 3G 标准上马之前,三大电信运营商的老总和两任信息产业部部长吴基传和王旭东都反对,因为 TD 在技术上根本不成熟。应该说,他们的判断是正确的。但 2006 年十几个院士联名上书最高领导,最高领导拍板,中国移动被要求采用 TD 标准。在 TD 成为"创新型国家"样板后,所有的反对意见一律封杀,直到 2014 年,《财新》才发表"TD 式创新"一组文章,开始揭露真相。掩盖 TD 决策错误的办法是加快上 4G,其实中国电信的 CDMA 2000 和联通 WCDMA 刚刚投入使用,远没有饱和,根本不需要马上替换成 4G。因为错上 TD 和过早淘汰

---

① 关于产业政策中寻租行为的例子,参阅 Anne Krueger, "Political Economy of Rent-seeking Society", *American Economic Review*, 1974, 64, pp. 291—303; K. S. Jomo, *Growth and Structural Change in the Malaysian Economy*, London: Macmillam, 1990; 杨东进, "从政府扶植到政府庇荫:过程、原因及其危害——基于中国轿车产业的探索性研究",《产业经济研究》,2013 年第 5 期,第 1—9 页。

② 关于新能源汽车骗补的调查结果,参阅 http://news.sohu.com/20160516/n449605709.shtml。

3G浪费了数千上万亿元资金,但不会有人对此承担责任。①

概而言之,由于人类认知的局限和激励机制的扭曲,产业政策注定会失败。事实上,产业政策只会阻碍创新,因为产业政策会误导企业家,使他们将资源投入不该投入的领域和不该投入的项目。中国光伏产业的发展就是一个典型的例子;日本企业在模拟技术上的投入也是一个例子。企业家如果跟着政府的产业政策走,不可能有真正的创新。为了创新,中国企业家需要的是自由和公平竞争的法治环境,而不是产业政策的扶植。

所以我主张废除任何形式的产业政策。政府不应该给任何产业、任何企业吃偏饭!

林毅夫等人认为,尽管许多产业政策是失败的,但不能由此就认为政府不能制定正确的产业政策;关键不是要不要产业政策,而是制定什么样的产业政策。这种观点很类似20世纪80年代有人捍卫计划经济的观点:不是计划经济本身不好,而是我们没有把计划经济搞好!只要尊重价值规律、尊重科学,计划经济是可以搞好的。我希望我有关产业政策失败的两个原因已经证明,林毅夫等人所希望的"正确的产业政策",过去没有过,现在没有,今后也不会有。

尽管如此,还是有必要就政府官员的激励机制再讲几句。

林毅夫似乎认为,政府官员的寻租行为是可以通过激励机制的设计解决的。这种认识如果说不是过于天真,也是对激励理论的误读。

政府官员是多任务、多目标的代理人。如果我们能够获得所有行为后果的有关信息,当然可以设计一个激励机制,使得他们没有寻租的空间。但无论是在理论上还是实际上看,获取这样的信息都是不可能的。没有办法对政府官员的投入和产出进行有效的度量,也就没有办法对他们进行有效的激励。对政府官员,我们只能进行程序性的监督和控制,尽量让他们管的事情少一点,明确只能做什么不能做什么。这就是"有限政府"的含义。

就产业政策而言,激励机制的设计还有特殊的困难:一项政策的后果需要很长时间才能展现出来,短期内看上去好的政策,长期看可能是坏的;政

---

① 阚凯力:"中国须反思TD决策错误的制度根源",FT中文网,2014年12月18日。

策后果的好坏不仅依赖于政策的制定,也依赖于政策的执行。但政府官员像走马灯似的换来换去,要界定每个官员的个人责任是不可能的。每个官员都有充足的理由为自己的决策辩护,我们很难区分究竟是"经"错了还是"和尚"念错了！3G 的错误谁应该负责？光伏产业政策呢？

我能想到的唯一有效的激励机制是：如果政府要实现某个产业政策,就应该让赞成该产业政策的政府官员和专家把自己的一部分家产拿出来投入,或者做抵押物。既然你认为这个投资是好的,那就给你个赚大钱的机会吧！拿纳税人的钱搞投资,总会有严重的逆向选择和道德风险。

最好的激励机制也只能缓解人的无耻,不能解决人的无知。

外部性和协调失灵不构成产业政策的理由

林毅夫为产业政策辩护的主要理由是"外部性"和市场的"协调失灵"。但这两个理由都是站不住脚的。

林毅夫认为,由于技术的外部性,如果没有政府的资助,企业家没有积极性从事创新。这种说法在理论上是不成立的,也与经验不符。理论上讲,林毅夫错误地理解了企业家如何做决策,这与他信奉的新古典范式有关。在新古典范式中,所有决策都是基于边际分析。边际分析对日常管理决策是重要的,但在真实市场中,创新不是边际上的问题,而是生与死的问题,或者如杨小凯讲的"超边际问题";企业家有关创新的决策,主要不是基于边际收益和边际成本的比较,而是基于对市场前景和技术前景的判断,基于竞争的压力和垄断利润的诱惑。当年比尔·盖茨预见"每个家庭、每个办公桌上会有一台电脑"的时候,他是通过边际收益和边际成本计算出来的吗？

越是大的技术创新,越不可能是边际上的决策。一个创新给企业家带来 10 的预期回报,给社会带来 100 的回报,不意味着企业家就不会从事这样的创新。只要预期成本不超过 10,企业家就会从事这样的创新。当博尔顿投资瓦特发明蒸汽机的时候,他想的是如何把蒸汽机卖给全世界,而不是他能否获得蒸汽机带来的全部的正外部性；当比尔·盖茨创办软件产业的时候,他想的是每个人桌子上的电脑安装的都是他的软件,而不是他能否获得软件带来的所有好处。

外部性辩护也与事实不符。按照外部性导致的市场失灵理论,技术进步在自由市场一定是最慢的,如果不是完全不可能的话。但过去两百多年的经验证明,自由市场下的技术进步是最快的。

没有政府的资助,瓦特和博尔顿仍然发明和生产出了蒸汽机;没有政府的资助,斯蒂文森父子也发明和生产了火车;没有政府的资助,卡尔·本茨和戴姆勒发明了汽车,莱特兄弟发明了飞机,爱迪生发明了电灯,亚历山大·贝尔发明了电话;没有政府的资助,IBM发明了计算机,比尔·盖茨生产了视窗平台软件;没有政府的资助,马化腾仍然给我们提供了免费的微信系统,马云给我们提供了淘宝交易平台;如此等等,不胜枚举。

林毅夫大概不会否定这些都是最具社会外部性的创新吧。这样重大外部性的创新企业家都愿意自己做,我不知道还有哪些创新没有政府补贴就没有人做。

林毅夫栩栩如生地把创新者比喻为"第一个吃螃蟹的人",认为政府应该补贴第一个吃螃蟹者。我没有考察过人类吃螃蟹的历史,但我相信,第一个吃螃蟹的人一定是因为自己想品尝美味佳肴的冒险冲动,而不是因为政府和其他什么人补贴才吃螃蟹的。林毅夫完全低估了企业家的冒险精神。

企业家承担风险,是出于信念和愿景,而非计算。凡要靠政府补贴才愿意去创新的人,充其量只是个寻租者,根本就算不上企业家!补贴这样的人会导致南郭先生们"滥竽充数",这一点我在《企业的企业家:契约理论》中已经证明了。[①] 为了激励创新,我们需要的是专利制度和知识产权的有效保护,而不是政府补贴!

进一步,创新的不可预测性意味着,政府根本不知道谁是第一个吃"螃蟹"的人,因为你连螃蟹长什么样都不知道。政府不应该阻止任何人吃螃蟹,但也没有必要为吃螃蟹埋单,因为那会诱使许多人假装吃螃蟹,但实际上不过是拿出吃螃蟹的姿势啃馒头。从啃馒头中得到的经验对吃螃蟹没有什么意义!

---

① 张维迎:《企业的企业家:契约理论》,上海人民出版社,1995年。

林毅夫为产业政策辩护的另一个理由是:如果没有政府协调,市场会出现协调失灵。这里也表现出他对市场机制和企业家精神的误解。

所谓的协调失灵,不过是市场不均衡的表现。但不均衡意味着存在套利机会;越是大的协调失灵,纠正它带来的利润越大。企业家的重要功能之一就是发现市场中的不均衡,然后进行套利,使得市场趋于均衡。也就是说,协调是企业家的职能。① 现实中,成千上万的企业家做的就是协调供给和需求,协调能力决定企业家的赚钱能力!让我举几个例子。

马云的阿里巴巴协调了数以亿计的买方和卖方,所以才能赚大钱;当我在地摊上买西瓜的时候,居然可以用微信支付,这是马化腾的功劳;弗里德里克·史密斯当年创办联邦快递公司就是因为邮递由政府的邮政公司主导,存在协调失灵,尽管受到美国政府邮政公司的阻碍,他还是取得了成功,并且创造了新的物流模式;顺丰快递也是企业家解决协调问题的一个例子。

计划经济的历史证明,政府是最差的协调者。计划经济下国家计委和国家经委整天忙得团团转,仍然是生产企业时时告急,消费品到处短缺,市场经济下我们要什么有什么,我不知道林毅夫为什么认为政府比市场更有能力协调经济活动。以我的观察,凡是协调失灵严重的市场,一定是企业家精神受到了体制和政策的抑制!

林毅夫论证产业政策的逻辑是有问题的。他说:"至今还没有看见一个成功追赶的发展中国家,或者持续发展的发达国家,不用产业政策的。"②他讲的这个命题或许为真,这也不奇怪,因为在任何国家,总有雄心勃勃的政府官员和专家想指导甚至主导经济发展,政府官员也要为自己创造寻租机会,也有既得利益者需要产业政策保护。但由此引申说"没有产业政策,经济就不可能成功",则是个伪命题。"没有一个长寿的人不曾得过病",难道由此就能推论说得病是长寿的原因吗?为什么不看看那么多病死的人?难

---

① 伊斯雷尔·柯兹纳:《市场过程的含义》,中国社会科学出版社2012年版,第1章。Israel M. Kirzner, 2002(1992). *The Meaning of Market Process: Essays in the Development of Modern Austrian Economics*. London: Routledge.

② 林毅夫:"产业政策与我国的经济发展——新结构经济学的视角",http://money.163.com/16/0914/09/C0TO53P1002580S6.html。

道产业政策导致失败的国家还不够多吗？所有现在的发达国家都曾实行过专制政体，现在仍然有不少国家实行专制政体，难道由此就可以证明专制是发展的前提条件，专制是正当的吗？

林毅夫说："作为经济学家的责任不是因为怕产业政策失败而凡产业政策都一概反对，而是要研究清楚产业政策成功和失败的道理，……"[①]我按照林毅夫的建议研究了产业政策，得出产业政策必然失败的结论，但林毅夫没有能告诉我们为什么产业政策不会失败。

林毅夫"比较优势战略理论"的自相矛盾

"比较优势战略"是林毅夫新结构经济学的核心，也是他的产业政策的理论基础。但它在逻辑上是不能自洽的，在经验上是不符合事实的。

哈佛大学教授丹尼·罗德里克评论道："林毅夫似乎希望同时支持和反对比较优势。"[②]在我看来，林毅夫是想用李嘉图的自由贸易理论证明李斯特的国家主义。

在亚当·斯密和李嘉图时代，英国政府实行的是重商主义的贸易保护政策。无论是斯密的绝对优势理论，还是李嘉图的比较优势理论，其目的都是证明，不受政府管制的自由贸易将使得各自的优势得到发挥，对交易双方都是有好处的，贸易保护政策损人不利己。从此，比较优势理论成为自由贸易的理论基石。

但李嘉图把国家作为分析单位带来的一个不好的后果是，似乎比较优势是国家的事情。其实比较优势是个人的事情、企业的事情，不是国家的事情。国际贸易本质上是个人之间的贸易、企业之间的贸易，因为国家不会做交易，除非是计划经济国家。因此，分析比较优势的好处完全没有必要涉及

[①] 林毅夫："产业政策与我国的经济发展——新结构经济学的视角"，http://money.163.com/16/0914/09/C0TO53P1002580S6.html。

[②] 丹尼·罗德里克的评论，参阅林毅夫《新结构经济学：反思经济发展与政策的理论框架》，北京大学出版社，2012年，第51页。

国家。①

比较优势实际上就是管理学家讲的"核心竞争力",遵循比较优势是市场交易者的一个基本行为准则,根本不需要国家的战略。如亚当·斯密所言,市场竞争意味着每个人都专门从事自己最擅长的工作以使收益最大化,同时让他人去完成他们自己更擅长的工作。任何企业家,如果不按照比较优势选择生产和交易,一定会失败。甚至普通人也知道利用自己的比较优势,只有傻子才会违反比较优势。瞎子说书、盲人按摩,就是利用比较优势的典范。

林毅夫认为比较优势是由要素禀赋决定的。但看看各国的进出口结构,绝大部分具有比较优势的产业与要素禀赋没有关系。要素禀赋决定论假定资本和劳动力(包括人才)在国家之间是不流动的。在资本和人才流动的情况下,要素禀赋的重要性即使不会消除,也会大大降低。

按照要素禀赋决定比较优势的理论,18世纪的英国绝对不应该发展棉纺织业,因为英国的土地不适合生产棉花,英国种植的棉花质量很差;20世纪50年代的日本不应该发展钢铁业、汽车和电子产业,60年代的韩国不应该发展汽车产业;高科技和农业不会成为以色列的优势产业,浙江的义乌也不会成为世界小商品集散地。

要素禀赋之所以不重要,是因为现实中的比较优势是动态的,是一个学习和实践的过程。这就像林毅夫和我今天被称为经济学家,并不是我们的先天禀赋决定的,而是我们自身学习的结果,至少对我是这样。动态比较优势主要是企业家创造的。或者说,企业家才是最重要、最稀缺的资源。但林毅夫完全忽略了企业家在决定比较优势上的重要性。让我举两个例子说明这一点。

第一个例子是英国的棉纺织业。英国没有棉纺织业的资源禀赋,但棉纺织业成为英国工业革命的主导产业,这是英国企业家从无到有创造出来的,这些企业家包括发明飞梭的约翰·凯,发明纺纱机的约翰·怀亚特,发

---

① 路德维希·冯·米塞斯:《人的行动》,上海社会科学院出版社,2015年,第8章。英文版:Ludwig von Mises, *Human Action*, Indianapolis: Liberty Fund, 2007, Chapter 8.

明多轴纺纱机的哈尔格里,发明走锭精纺机的塞缪尔·克朗普顿,发明机械纺纱机和现代工厂的理查德·阿克赖特,等等。当然,这里确实应该给英国政府记上一"功"。英国政府1700年颁布禁令,禁止从印度、中国和波斯进口棉纺织品;1719年又颁布禁令,进一步禁止一切住在英国的人买卖、穿戴或拥有棉纺织品,如有违犯,对私人课以5英镑罚款,对商人课以20英镑罚金。禁令的目的是保护毛纺织业,不是保护棉纺织业!但歪打正着,保护出一个强大的棉纺织业!①

第二个例子是美国和韩国的汽车业。汽车不是美国人发明的,在1920年之前,汽车市场的领头羊是德国和法国,但1933年全球汽车产量的73%来自美国,德国和法国分别仅占4%和8%。② 美国之所以能超越德国和法国,很大程度上要归功于亨利·福特发明的自动化生产流水线,与美国的要素禀赋没有关系。

韩国汽车业的比较优势是现代汽车创始人郑周永这样的企业家创造的,郑周永原来是个汽车修理工。③ 林毅夫认为,韩国发展汽车是违反了比较优势,因为韩国当时的要素禀赋结构不适合发展汽车产业。他的结论是韩国由此失败了。④ 他的文章写于2001年,当时东亚金融危机后韩国的汽车业处于困难时期。但韩国现在是世界第四大汽车出口国,汽车出口占到总出口收入的8%,不知林毅夫现在又如何解释?他的基本论证方法是:如果成功了,就是因为利用了比较优势;如果失败了,就是因为违反了比较优势。但他没有预料到的是,那些在他写文章的时候看起来失败的例子后来又成功了。

---

① 保尔·芒图:《十八世纪产业革命》,商务印书馆,1983年,第二篇第1—2章。英文版:Paul Mantoux, *The Industrial Revolution in the Eighteenth Century: An outline of the beginnings of the modern factory system in England*, London: Routledge, 2006, Chapters 1—2, Part II.

② 威廉·伊斯特利:《威权政治:经济学家、政策专家和那些被遗忘的穷人的权利》,中信出版社,2016年,第324页。英文版:William Easterly, *The Tyranny of Experts: Economists, Dictators, and the Forgotten Rights of the Poor*, Basic Books, 2013, Chapter 11.

③ 威廉·伊斯特利:《威权政治:经济学家、政策专家和那些被遗忘的穷人的权利》,中信出版社,2016年,第10页。英文版:William Easterly, *The Tyranny of Experts: Economists, Dictators, and the Forgotten Rights of the Poor*, Basic Books, 2013, Chapter 10.

④ 林毅夫于2001年5月14日在芝加哥大学的演讲中表达了这样的观点,演讲论文改编后构成他的《新结构经济学》第6章,见该书第275页。

林毅夫认为,中国过去30年的经济成功是因为中国从赶超战略转变为"比较优势战略"的结果。这与事实不符。

中国过去30年的发展确实与利用比较优势有关,但这是经济自由化、市场化、民营化和国际化的过程中,企业家自发行动的结果,与政府发展战略无关。但林毅夫似乎并不赞同自由化、市场化和私有化。他最近发表文章说:"中国道路的成功秘诀,就在于打破新自由主义所谓自由化、私有化、市场化的神话。"①

就我所知,自20世纪80年代以来,中国政府制定了许多产业政策,但并没有制定过什么"比较优势战略"。乡镇企业是利用比较优势的典型例子。到90年代初,乡镇企业生产的劳动密集型产品就成为重要的出口产品。但至1992年前,中央政府部门一直在打压乡镇企业,因为乡镇企业"高耗能、高污染、低效率"。原国家计委曾明令禁止把重要生产资料卖给乡镇企业,禁止给乡镇企业发放贷款。1989年开始的经济调整,也把乡镇企业作为主要的整治对象。

外资出口占到中国出口的一半。外资来中国就是利用比较优势,这只需要开放,不需要产业政策。

以上这些以及许多许多例子都证明:比较优势是市场中的企业家创造的。天然的比较优势几乎可以忽略不计,因为只有地理是不可改变的,其他随时都在发展变化。如果想利用比较优势,自由市场加企业家就足够了。利用比较优势不需要国家战略,除非每个人都是傻子。但如果每个人都是傻子,那制定战略的官员怎么会聪明呢?事实证明:凡是政府能看得清楚的,自由市场上的企业家早就看清了;凡是自由市场上企业家看不清楚的,政府更不可能看清。产业政策一是迷糊企业家的眼睛,二是勾引企业家寻租,弊大于利。

如果想违反比较优势,那倒需要国家战略。看一下历史,政府制定的政策大部分都是违反比较优势的。日本的产业政策是备受推崇的,但日本政府是把具有较高收入弹性的产业作为目标,如机械、电子和汽车,而不是日

---

① 林毅夫:"照搬西方主流经济理论是行不通的",《求实》,2016年10月16日。

本具有相对优势的产业,如纺织业。在20世纪70年代,日本政府开始把高科技产业作为目标以保证日本在技术发展中处于前列,与日本的要素禀赋无关。①

解决"比较优势战略理论"逻辑矛盾的唯一办法是,林毅夫讲的比较优势不是市场上表现出来的比较优势,而是按他自己判断的比较优势。他理论中的比较优势是由要素禀赋决定的。但他又说要素禀赋和比较优势是通过市场价格表现出来的。如果不是他自己判断的比较优势,而是市场上表现出来的比较优势,那他的战略就是跟随市场走。他既要政府引领市场,又要政府跟随市场。林毅夫原话是这样的:"要想使企业自发进入和选择符合要素禀赋结构的产业和技术,该经济的价格体系就必须反映要素的相对稀缺性,而只有竞争性市场才能做到这一点。"②除了政府有权力扭曲价格,还有谁有能力扭曲价格呢?既然竞争性市场决定的价格体系就能反映比较优势,为什么还要政府告诉企业家比较优势是什么?林毅夫是不是认为,在市场中的企业家读不懂市场价格信号,只有政府官员和专家能读懂价格信号?

林毅夫"增长甄别法"的谬误

为了制定产业政策,林毅夫提出一个六步骤的"增长甄别法"。③ 其中第一步,也是最关键的一步:发展中国家的政府应该确定一份贸易商品和服务的清单。这些商品和服务应满足如下条件:在具有与本国相似的要素禀赋结构,且人均收入高于本国约100%的高速增长国家中,这些商品和服务生产已超过20年。

我按照林毅夫的标准找出了不同年份值得中国模仿的候选国家,让我们看看是怎样一个情况。

根据世界银行提供的数据,按照当年汇率计算比中国人均GDP高

---

① 迈克·波特等:《日本还有竞争力吗?》,第33页。
② 林毅夫:《新结构经济学》,第23页。
③ 林毅夫:《新结构经济学》,第154—156页。

80%—120%的国家,1980年有科摩罗(400.3美元),贝宁(378.0美元),尼日尔(420.7美元),塞拉利昂(356.6美元),中非共和国(350.5美元),苏丹(398.4美元),冈比亚(398.9美元),多哥(417.7美元),加纳(411.5美元);1990年有印度尼西亚(630.7美元),亚美尼亚(636.7美元),阿尔巴尼亚(636.7美元),乌兹别克斯坦(651.4美元),科摩罗(602.3美元),吉尔吉斯(608.9美元);2000年有汤加(1 926.7美元),秘鲁(1 967.2美元),赤道几内亚(1 979.3美元),阿尔及利亚(1 757.0美元),约旦(1 774.1美元),苏里南(1 855.8美元),马其顿(1 875.1美元),泰国(2 016.0美元),纳米比亚(2 059.4美元);2010年有哈萨克斯坦(9 070.7美元),马来西亚(9 069.0美元),苏里南(8 430.9美元),帕劳(8 979.0美元),墨西哥(8 861.5美元),加蓬(9 312.0美元),罗马尼亚(9 069.0美元),黎巴嫩(8 763.8美元)。

按照购买力平价计算比中国人均GDP高80%—120%的国家,1990年有巴基斯坦(3 057.0美元),尼加拉瓜(3 019.9美元),喀麦隆(2 768.3美元),洪都拉斯(3 205.3美元),马其顿(2 763.1美元),哥斯达黎加(3 220.5美元),马绍尔群岛(3 020.6美元),乌兹别克斯坦(3 031.5美元),吉布提(3 112.4美元),尼日利亚(3 030.5美元),毛里塔尼亚(2 815.7美元);2000年有厄瓜多尔(7 387.6美元),斯威士兰(6 853.4美元),多米尼加(8 048.6美元),约旦(7 742.5美元),白俄罗斯(7 299.6美元),埃及(7 556.7美元),秘鲁(6 506.6美元),斐济(7 070.1美元),突尼斯(7 727.9美元),伯利兹(6 953.8美元),萨尔瓦多(6 424.9美元);2010年有智利(19 357.5美元),安提瓜和巴布达(20 567.4美元),乌拉圭(17 082美元),圣基茨和尼维斯联邦(20 478.7美元),拉脱维亚(17 983.1美元),罗马尼亚(17 354.8美元),伊朗(17 354.8美元),克罗地亚(19 988.8美元),塞舌尔(20 365.1美元),古巴(18 433.9美元)。

设想我们分别在1980年、1990年、2000年和2010年为中国制定产业政策,林毅夫能否告诉我们,这些候选名单中有哪些国家值得效仿?

林毅夫可能会辩解说这些国家与中国的要素禀赋结构不同。按照要素禀赋结构的标准,中国的人口规模与印度最接近,但印度的人均GDP比中国还低,当然不值得学;中国的土地面积与美国、加拿大和俄罗斯最接近,但美国和加拿大的人均 GDP 比中国高得太多，没有办法学，而俄罗斯在林毅夫眼里已经是失败的典范；按照文化禀赋的相似性，中国应该向日本和韩国学，但这两个国家的人均 GDP 又比中国高太多了。

林毅夫说中国经济应该"沿着新结构经济学所指出的路线增长"。我不知道新结构经济学给我们指出了什么路线！

事实上，像中国这么大的国家，各地差别很大，谈某个地区的比较优势也许有意义，但谈整个国家的比较优势没有什么意义。中国各地之间的差异甚至远大于某些地区与外国的差异。即使一个省内，各地之间的差别也很大。如陕西省的陕南、关中和陕北就完全不同。中国土地稀缺？那你去西部看看，那里大片土地荒无人烟。中国劳动力过剩？人口最密集的东南沿海地区劳动力不足，需要从内地招募。这就显示了企业家的重要性。离开企业家谈比较优势，是没有意义的。

进一步，一个国家的要素禀赋决定的比较优势并不能告诉这个国家应该做什么产业，说一个国家在"劳动密集型产业"有比较优势能告诉我们什么呢？什么也不能！因为劳动密集型产业太多了，做什么不做什么需要企业家自己判断。或许劳动密集程度最高的产业是政府，按照要素禀赋决定的比较优势理论，人口多的国家应该把政府部门做大？事实上同一个国家、同一个地区，既有劳动密集型的，也资本密集型的，同样都可以成功。纺织业是劳动密集型产业，但 20 世纪 80 年代陕西咸阳六大国营纺织企业被沿海地区的乡镇纺织企业打垮了，这与要素禀赋有什么关系呢？没有！只与企业家精神有关！

林毅夫六步骤"增长甄别法"的错误在于，他把经济增长和产业结构变化看成是一个完全线性的演化，每个国家的发展都只能沿着同样的轨迹行进，不可能超越。就像一个人读完小学读初中，读完初中读高中，然后再上大学。基于这样的认识，林毅夫认为后发国家的政府有能力制定产业政策也就不奇怪了！

但全球化和技术进步决定了产业发展不是线性的，在任何时点上，一个国家究竟发展什么产业，取决于企业家的判断。甚至落后地区的一些产业也值得先进地区学。比如，当哥伦布发现美洲时，美洲大陆整体上比欧亚大陆要落后得多,但欧亚大陆还是从美洲大陆引进了玉米和土豆种植。

　　幸运的是,企业家不会按照林毅夫提出的"增长甄别法"决定该做什么。当然,如果政府一定要用产业政策主导发展过程,林毅夫的六步骤甄别法也许是有用的指南,尽管其后果可能是灾难性的!

对于张维迎教授的若干回应

林毅夫　北京大学新结构经济学研究院教授

（1）转型经验。中国改革转型成功的原因确实是往市场方向走，中国的产权确实越来越清晰，经济越来越自由，跟国际经济接轨越来越紧密。但是，不能像张维迎教授那样，把中国转型取得的稳定和快速发展简单归结为推行了市场化、私有化、自由化、国际化。在20世纪90年代的时候，不少前社会主义国家跟我们同样处于转型阶段，它们在这四化方面推行的比我们彻底，但是它们遭遇了经济崩溃、停滞和危机不断。我国的成功是因为推行了务实的渐进双轨的改革，在20世纪八九十年代，西方主流学界主张社会主义国家要从计划经济向市场经济转型应该采用"休克疗法"，同时推行市场化、私有化、自由化、国际化，认为"休克疗法"会给转型国家带来"J"形的增长，也就是在初始阶段经济稍微下滑后会迅速地反弹并高速增长。他们同时认为渐进双轨的转型是最糟糕的转型方式，对这种转型绩效的差异我在《中国的奇迹》《经济发展与转型》《解读中国经济》等书中，以及最近的"华盛顿共识的再审视"、"不能简单照搬西方理论"等文章中进行了分析。

另外，我对新自由主义的批评主要有两点：一是新自由主义经常把目标当手段,忽视了问题存在的原因,只看到转型中国家政府对市场有各种干预和扭曲,以为把这种扭曲取消掉,经济就会发展好。其实,许多干预和扭曲是为了保护补贴计划经济时代遗留下来的因违反比较优势而不具有自生能力的大型国有企业的生存需要,在自生能力问题未解决的情况下,取消保护补贴,不仅会造成大量破产、失业、社会不稳定的问题,而且,这些大型企业许多和国防产业有关,这些企业倒闭会影响到国防安全。于是,在取消原来的保护补贴后,为了社会稳定和国防安全而需要给予更为隐蔽的、更没有效率的保护补贴,这实际上是俄罗斯和东欧在转型中发生的问题。二是新自由主义只重视市场的作用,而忽视了政府的作用,实际经济转型要成功,要发展好,市场和政府两者不能偏废,这也就是我提出"有效市场"和"有为政府"的原因。

最后,我同意维迎所说的"历史不是一块白板",不可能一个模式可以适用于所有国家。但是,他认为苏联的计划经济实行了 70 年,我国的计划经济实行了 20 多年,所以苏联只能使用"休克疗法"的看法是说不通的。计划经济推行的历史越长,扭曲越深,越需要的是一种渐进的改革,而非"休克疗法"的改革。就像病人病得越沉,身体越虚弱,越需要温和渐进的方法来治疗,而不是"休克疗法"。

(2)新古典。张维迎教授认为新结构经济学是新古典理论的运用,这是他混淆了新古典的理论和新古典的分析方法。新古典的分析方法是假定所有的决策者,包括政府、企业家等,在需要做选择的时候会根据所要达到的目标、给定的资源下可能有的选择方案,来选择该决策者认为最好的方案的一种分析社会经济现象的方法。新古典的理论,包括新结构经济学的理论,都是经济学家使用这种方法来分析所观察到的社会经济现象背后的因果逻辑而得到的结果。但是,任何理论都是"刻舟求剑",只有在给定条件下才成立。目前的新古典经济学理论,尤其是教科书上的理论,绝大多数是总结于发达国家的经验,以发达国家的发展阶段和条件为暗含的前提,发展中、转型中的国家的条件与此不同,而且,现有的新古典经济学理论缺乏"结构"的概念,或更准确地说,是把发达国家的结构作为唯一的结构。因此,运用于发展中国家经常会有"淮南为橘、淮北为枳"的局限性。所以,我反对直接搬用现有的新古典经济学理论,而主张根据发展中国家、转型中国家的条件,自己来观察现象,了解其背后的因果逻辑,提出新的理论来解释现象,新结构经济学是这种努力的初步成果。

(3)比较优势战略理论。张维迎教授认为新结构经济学主张政府根据比较优势来因势利导产业升级是逻辑不自洽的。他认为:"其实比较优势是个人的事情、企业的事情,不是国家的事情。国际贸易本质上是个人之间的贸易、企业之间的贸易,因为国家不会做交易,除非是计划经济国家。因此,分析比较优势的好处完全没有必要涉及国家。"这是张维迎教授对理论的片面理解,企业按照比较优势选择产业只能使其要素生产成本在国内国际市场中具有优势,但是,市场的竞争不是要素生产成本的竞争,而是包括交易费用在内的总成本的竞争。交易费用决定于企业组织生产所需的软硬基础设施是否合适,后者的完善超出企业自己的能力范围,需要政府来帮助解决,否则比较优势只能成为潜在的比较优势,不能使该产业成为在国内国际市场上具有竞争力的产业。例如,在劳动密集型的加工业中最重要的要素生产成本是工人的工资,非洲国家的工资水平低的只有我国的十分之一,高的也只有我国的五分之一,但是,非洲国家在劳动力密集型加工业上无法和我国竞争,就是因为软硬基础设施不完善,交易成本太高。所以,不能因为提倡比较优势的李嘉图在其理论模型中没有提到交易费用,就认为在现实经济中不存在交易费用,政府就无须为具有比较优势的产业解决软硬基础设施来降低交易费用,使其变成具有竞争优势的产业。显然,张维迎教授认为新结构经济学所提倡的按比较优势来发展产业的战略"在逻辑上是不能自洽的,在经验上是不符合事实的"这一论断,是他生搬硬套理论的结果。

张维迎教授还认为新结构经济学的增长甄别与因势利导的六步法错误在于,"把经济增长和产业结构变化看成是一个完全线性的演化,每个国家的发展都只能沿着同样的轨迹行进,不可能超越"。显然这也是张维迎教授没有完全理解六步法的结果,在上面介绍的六步法中第四步是企业发现了新技术、新产业所带来的机会,这种产业是作为参照系的国家中不存在的,所以,不是只能沿着作为参照系国家的产业发展轨迹行进而不能超越。

（4）人的无知。张维迎教授强调，未来是看不清楚的。对于发达国家来说，技术和产业已经是世界最前沿的，下一个新的产业和技术会是什么，我同意确实是难以预先料定的。但是，对于发展中国家而言，技术创新和产业升级，例如前面五种产业划分中的追赶产业，是有许多信息可以参考的。最近华为的老总任正非说过，过去华为的发展相对容易，因为是在追赶，有参照系；现在华为的手机和电信设备已经是世界最好的，下一步怎么走就不清楚。但是，对于世界最前沿的产业和技术下一步如何发展，也不能因为充满不确定性，政府就撒手不对R&D中的"R"提供支持，如果不支持"R"，也就不会有企业的"D"。这样的经济就不会有持续的技术创新和产业升级。所以，即使95%以上的基础科研投入是没有任何成果的，政府也不能停止对基础科研的支持。

（5）企业家精神。张维迎教授认为只有企业家才有企业家精神，其实熊彼特讨论的企业家精神指的是发现各种新机会的能力并以创新的方式来掌握这种新机会的精神，不仅企业家可以有，学者、官员也可以有。如果我们没有企业家精神，就不会到北大来办中国经济研究中心；如果我们没有企业家精神，也不会设法把中国经济研究中心升格为国家发展研究院。当然，政府官员也可以发挥企业家精神，给产业转型升级提供因势利导的支持。

（6）政府选择产业和补贴。维迎老是说我主张政府选择产业，不让企业家选择。我再次强调，在我的两轨六步法以及五种产业的划分当中，只有一种产业是政府选择的，那就是涉及国防安全的战略型产业，其他产业都是企业家主动选择进入的，然后政府帮着解决他们自己解决不了的软硬基础设施完善的问题。他批评的那种靠补贴来发展产业的产业政策，也是新结构经济学所反对的产业政策，把新结构经济学所反对的产业政策加在新结构经济学身上，然后来批评新结构经济学，不是没有好好读新结构经济学，就是故意"栽赃"。他认为我的产业政策含义太广了，我倒觉得是非常窄的，因为除了国防安全产业外，新结构经济学所主张的政府因势利导措施旨在给先行者提供激励补偿和解决软硬基础设施完善问题，既不需要财政补贴，也不需要高关税保护或限制市场准入。

（7）政府失灵。在谈为什么要有产业政策的时候，我确实谈到市场失灵，但是我同意也会有政府失灵，因此才会研究根据什么样的原则，可以减少政府失灵。尽管存在市场失灵，但我们不能因此说不要市场。同样，也不能因为会有政府失灵，就说不需要政府。张维迎教授说新结构经济学假设政府是全知全能的，实际上新结构经济学没有这样假设。

（8）官员的激励。有为政府是一个理想的目标，但政府是不是一定有为是没有保障的，不排除政府的作为变成乱为。新结构经济学采用新古典的分析方法，假定每个人都是理性的。所谓理性就是追求自己的目标，而不是无私的仁爱型政府（benevolent state）。新结构经济学认为政府官员基本上追求两个目标：第一个目标是希望能够继续执政或是能够得到升迁；第二个目标是希望青史留名，让大家记住他是个好官。新结构经济学也进一步论证用什么方式能够让政府官员同时满足这两个目标，那就是给他所管的地区带来经济繁荣、社会稳定、人民生活幸福安康。倘若如此，老百姓会支持他，继续执政或升官没问题，也能青史留名。这种状况下政府官员的个人利益跟国家利益、社会利益是一致的。遗憾的是，尽管从亚当·斯密出版了《国富论》以来两百多年，许多经济学家做了大量研究，现有的西方经济学理论尚未能够给予发展中国家的政府官员提供遵循就能给他管辖的地区或国家带来经济繁荣的理论。新结构经济学希望能提供一个分析框架，让政府官员在追求自己目标的时候，能够给国家、给社会带来进步、繁荣。当然现在还只是初步的框架，我希望跟大家一起努力把它做得更丰富、更深入、更实用。

（9）专利保护。张维迎教授认为，企业家的创新是为了垄断利润，但是垄断利润能存在是因为有专利保护。如果没有专利保护，就不会有垄断利润，企业家就普遍缺乏创新的动力。强调企业家的作用是很重要的，但是也要把企业家精神发挥作用的制度条件研究清楚。张维迎教授认为我把专利保护定义为产业政策，其实我没有这样定义，因为专利制度不是针对特定产业。但是，企业家开发新产品、新技术拿到专利之前所依据的基础科研需要政府支持，我认为那种政府支持是针对特定产业的，是产业政策。

（10）税收优惠。我主张发展中国家针对技术创新和产业升级，以及招商引资出台税收优惠政策，因为发展中国家大部分处于追赶阶段的技术创新、产业升级对发展中国家来说是新的，但是，在世界范围内都是成熟的技术和产业，没办法给予专利。税收优惠不仅在发展中国家可以用，中国的企业如果到美国或其他国家投资，当地的政府也同样会提供各种税收优惠，力度不会比中国差。

（11）基础设施。20世纪80年代新自由主义盛行以后，国际上有一股思潮，认为企业家和市场能解决一切问题，包括基础设施也完全可以由企业来做，不需要政府插手。世界银行在1947年成立以后最大的部门是基础设施部，到2008年我到世界银行当高级副行长、首席经济学家时这一部门已经被撤销了。但是基础设施的初始投入非常大，回收周期非常长，很多因素是企业家控制不了的。在这样一个思潮的推动下，结果发现企业家只对一种基础设施有兴趣，那就是移动通信，因为移动通信收费很容易，并且有自然垄断的利润。对于其他的基础设施，像道路、电力、港口，企业家普遍不愿意投，导致整个八十年代以后在发展中国家基础设施投资严重不足。直到现在，大部分发展中国家仍然到处面临基础设施的瓶颈，发达国家的基础设施也普遍老旧。张维迎教授认为市场失灵的理论是新古典范式的失灵，在他秉持的重视企业家作用的米塞斯—哈耶克范式中是没有市场失灵的。显然，张维迎教授是以理论来看世界，而不是以真实世界的现象来构建理论。

（12）产业集群。张维迎教授认为产业政策必然失败，反对中国政府采用任何产业政策。中国政府有很多的产业政策，照此推论，中国经济发展必然失败。但是怎么解释中国能够维持这么长时间的稳定和高速发展？如果抛开书本到各个地方去走走看，会发现各地都有产业集群。在产业集群形成的过程中，企业家的作用当然是重要的，但是政府的因势利导作用也绝对不能忽视。我院张晓波教授研究了我国各个地方产业集群的形成，发现在产业集群形成过程当中有很多企业家解决不了的协调问题是靠当地政府来解决，产业集群才能够发展和壮大。所以，虽然有很多失败的产业政策，但是，产业政策并不必然失败。

（13）汽车产业。张维迎教授想用日本汽车产业来证明产业政策的无效。我想张维迎教授可能对日本经济历史不够了解。日本从二战以后对汽车产业一直是采用高关税保护的，而且有根据日本特殊国情而制定的各种很严格的技术标准。一个消费者即使愿意支付高关税来进口汽车，也难以拿到行车执照，这些都是产业政策。韩国也是这样的，20世纪八九十年代，在韩国很难看到外国车，也是因为有关税保护和准入限制。

张维迎教授指出我在2001年的文章中认为日本的汽车产业是成功的，而韩国的汽车产业政策是失败的，但现在韩国的现代汽车却风行全世界。其实，他没有仔细了解我那篇文章的分析，在那篇文章中我指出日本进入汽车产业的时候，日本的人均GDP已经差不多是美国的一半；韩国进入汽车产业的时候，人均GDP只有美国的20%、日本的30%。这种情况下韩国所需要的保护和支持措施就比日本多很多。这是为何日本的汽车产业有十多家都很成功，而韩国的汽车产业本来有三家公司，后来倒闭了两家，只剩下现代汽车一家。我在这篇文章中也指出，为什么中国跟印度从20世纪50年代就开始有汽车产业政策但最终失败了，因为当时中国和印度的人均GDP只有美国的5%。

就像张维迎教授指出的，美国汽车产业的成功亨利·福特居功甚伟，但是美国的汽车产业也受到关税的高度保护。一直到20世纪60年代，美国进口汽车的关税税率仍高达50%。在这样的产业政策之下，企业家克服了早期的困难，从而发展起来。美国汽车产业成功的另一个原因是19世纪末的时候美国的人均GDP已经达到英国的85%，实际上跟英国是同一发展阶段的国家，美国学习英国发展汽车产业是经济发展和产业结构升级的需要。

上述这些国家汽车产业成功和失败背后的原因都符合新结构经济学的道理。

（14）要素流动。张维迎教授认为要素可以流动之后，要素禀赋就不重要了。中国吸引了大量外资，但外资在投资中所占的比重并不高，最多的时候也就在10%到15%之间，中国的绝大多数投资来自国内的资本。此外，发达国家虽然资本相对丰富，但是发达国家的资本流动到发展中国家来是要利用发展中国家的比较优势，来获取更大的利润，他们不会把资本流动到使发展中国家的人均资本达到发达国家一样高的水平。所以资本流动并不改变一个发展中国家劳动力相对丰富的比较优势。

（15）地区差异。张维迎教授提到，中国有些地区实际上已成为高收入经济体，有些还是中低收入经济体。我同意这样的观点。在这种状况下，我们不能实行全国"一刀切"的产业政策，而是应该根据各地不同的情形制定不同的产业政策。我讲的五种产业的划分实际上就能满足这样的需要。

（16）对标国家。张维迎教授列出了人均收入水平比中国高一倍或两倍的国家名单，但他忘了因势利导框架中选择参照系国家的另一个条件，那就是维持二三十年的快速发展。他列出的那些国家很多都是失败的国家。为什么要选择维持二三十年快速发展的国家作为参照系？有两个原因。一是如果能够快速发展二三十年，那么，这个国家大部分的产业必然是符合其比较优势的。二是如果能维持长时间的快速发展，资本积累一定非常快，有一些原来有比较优势的可贸易产业就会失掉比较优势，这些产业就会成为后来者具有潜在比较优势的产业。

（17）辩论的方式。我跟张夏准教授的辩论进行了四轮，每一轮都是写出来在杂志上发表。我很希望我跟张维迎教授的辩论不是口头的，因为口头辩论不容易聚焦于逻辑和经验事实。写出来最好，通过文章，大家可以刀对刀、枪对枪、逻辑对逻辑、事实对事实，这样才能使真理越辩越清楚。

第二章

对现行产业政策的总结与反思

制度在产业政策中的作用

许成钢　长江商学院教授

产业政策的有效性

　　实际上最基本的问题不是政策,而是制度,产业政策只是许多与经济相关的政策中的一种,比如说财政政策。为什么世界上许多国家的产业政策没有见到好的效果?背后最重要的问题是这个国家的制度。因为所谓的政策只是相关的一些政府官员根据他们的愿望和见解计划出来的。这里首先就有两个基本问题:一是这些政策和计划这些政策的人有无利益相关;二是即便这些人都像天使一样只关心国家利益,仍然存在制定出来的政策由谁来执行、怎样执行的问题。因此,无论政策在纸上是怎么写的,最后一定是在社会中、在经济中起作用,一定是通过已有的制度来执行的。当政策和制度所产生的人的动力一致时,政策就是有效的;反之则无效。制度给人创造的动力是多样的,可以是促进经济发展的,也可以是破坏经济的。这些内容是制度决定的,所以离开制度去讨论产业政策就会有些悬空。

中国产业政策的特点和问题

自从改革以来,中国政府始终重视产业政策,但是离开了合适的制度而强调产业政策则很难奏效。中国改革的三十多年里制度上的改革很少,早期制度上的改革还有一些,到了后面就没有了,甚至还倒退了。当制度不改革甚至还倒退了的时候,去强调政策,哪怕那些政策都是好政策,也没有办法执行下去。举一个具体的例子,有一个提法叫作"腾笼换鸟",这个提法已经有十年之久,以为能够改变中国的经济结构,而不去和制度放在一起,不看在实际中会发生什么,想象把落后的产业关闭了,把笼子腾出来了,把高技术的、科学的、高端的产业引进来,就可以改变产业结构了。这是一个很美妙的想法,但是这一政策在多数地方相当不成功,同时也可以看到在某些地方,高技术真的发展了起来。比如说最早推出"腾笼换鸟"政策的是广东东莞,但是从相邻的两个地区深圳和东莞可以看出,东莞的"腾笼换鸟"政策没有起到作用,而深圳这边没有多少笼子需要腾,鸟就飞了过去。原因是相比而言,深圳的制度比东莞的制度要好。其实北京和上海,尤其是北京,集中了很多高技术和研发型的企业,但是高技术企业为什么在深圳发展如此之快?北京、上海和深圳都有产业政策,希望猛烈地推动产业的升级换代,但是深圳的地方政府更支持民营企业,给民营企业创造了更好的条件,此时再去实施产业政策则容易奏效。当基本制度问题不解决的时候,光是有产业政策是难以奏效的。

产业政策的评估

产业政策面对的是两个约束条件:一是政策是由谁设计的,二是政策能否执行。因此,好的产业政策一定是这两个条件都能够得到较好满足的产业政策,这就是最简单的评判标准。第一,设计者一定是站在全社会的利益之上考虑产业政策,这一问题直接与制度相关;第二,能够执行的产业政策才是好的产业政策。为什么新加坡的产业政策非常见效?韩国的产业政策在一段时间内也相当有力？一个基本的背景是它们都是市场经济，以民营企业为主，产业政策是在大量民企存在的背景下给予一定的帮助。如果要问产业政策谁是最成功的，我可能会认为是美国加州的硅谷。硅谷的发展的确是与加州的地方政府有关，这是不能否认的。但是也不能够过于片面地说就是因为加州政府，而是与一系列事情相关，是一系列事情的一个部分。当地方政府设计产业政策时，针对的完全是在市场上操作的民营企业，地方政府的目标是把大量的企业从波士顿地区吸引过来，所实施的产业政策完全是建立在市场制度之下的。地方政府是选举产生的，具有约束性，设计的政策要对地方的全体民众有好处。

产业政策在化解产能过剩中应当发挥怎样的作用

化解产能过剩，首先要解决的是制度问题。这是一个老问题的新形式，这个老问题叫作"软预算约束"，说的就是在国有制下，由于政府没有办法不保护国有企业，而一定会挽救它们，所以这些受保护的企业更加敢于冒险，敢于大笔花钱投资，因为这样可以直接分享通过投资赚来的好处。即使面临严重的亏损，这些企业也不会破产，因为政府会去挽救。所以，无论是国企高管还是地方政府的领导，他们的动力是扭曲的，这是因为有人去保护，而不是在市场经济体制下去操作。在这样的情况下，这些企业就会过度扩张。我们今天遇到的如此严重的过剩问题，不是通常的市场经济中遇到的过剩问题，而是另一个性质的问题，这个问题只要不从制度入手就无法解决。这个问题决定了当讨论到对产业的升级换代时产业政策能不能执行，当有大量的过剩产能时，过剩产业已经把精力拖住了，制定政策也不会起到应有的作用。因为这样的产能涉及如此多的人员和企业，怎能不维持下去？在维持它们的时候，哪里还有精力去推动产业结构的转型升级？所以，所有这些都不是用技术来判断的，最后的判断是市场上要有人去购买产品，在如此大的过剩的条件下，有多少新东西会有人去买呢？因此，不解决严重的产能过剩就讨论产业的升级换代是不可能的。一个国家可以有个别的好企业和好产品，但是我们讨论的不是个别的企业和产品，我们讨论的是整个经济,当整个经济有如此巨大的过剩产能时,升级换代从整个经济的角度讲无法实现。整体的现象一定是由整体的制度决定的,我们可以看到,中国最好的企业华为是民营企业,另一个最好的企业阿里巴巴也是民营企业。

产业政策在理论层面深入研究的建议

在学术上关于产业政策有讨论,但是讨论的深度不足,比如目前普林斯顿大学的丹尼·罗德里克(Dani Rodrik)就是讨论产业政策的一个主要的学者,关于政策和制度的关系在学术界也曾有过辩论,重要的是一定要清楚政策怎么能够起作用,也就是刚才谈到的两个问题:一是政策是由谁制定的,为什么制定;二是政策怎么能够起作用。这两个问题都是紧密地和制度相关,在这两个问题不解决的情况下讨论政策实际上是空泛的。我自己并没有花大量的时间研究产业政策,所以在谈论到文献时,我的知识可能稍微有点老,我知道的几年前的文献包括丹尼·罗德里克的文章,从他的文献中可以找到他引用的其他更多的学者。罗德里克与达龙·阿西莫格鲁(Daron Acemoglu)有过对产业政策的辩论,阿西莫格鲁强调制度,罗德里克强调制度的同时也强调政策。

对我国产业政策的展望

中国的产业政策,我想说的是,第一重要的一定是制度。我并不是说产业政策不重要,政府的政策一定是重要的,但是在离开了制度的情况下讨论政策容易把政策悬在空中。我在许多地方是能够同意罗德里克对产业政策的相关观点的。我刚才谈到的两条好的产业政策的评判标准是比较抽象的,它们可以具体地表述为:好的政策必须是能帮助中国改革其制度的政策。制度一定是帮助产业政策一步步进行下去的,好的政策一定是有意识地帮助推动中国的制度改革的政策。更具体地讲,国内好的产业政策更多地产生于深圳,所以要想学习好的政策应当多看深圳。

怎样才算好的产业政策

黄益平　北京大学国家发展研究院教授

政府是否应该采取产业政策,尤其是应该采取什么样的产业政策?这是关注经济发展的学者经常思考的一个重要问题。产业政策问题的提出,最初可能跟"市场失灵"问题有关。比如,创新成本高、风险大,收益却无法完全内部化,所以发展新兴产业比较难。这样,如果政府采取一些政策措施,也许可以帮助克服市场失灵。但这种干预到底是否有效,学界并无明确的结论。成功的案例当然有,但绝大部分产业政策不成功。二战后一些发展中国家支持的"幼稚产业",历经几十年还没有成长起来。因此有学者质疑产业政策的价值:难道政府比市场更聪明?

所谓产业政策,是指政府对特定产业的形成和发展所采取的政策干预,这种干预,既可以是各种形式的补贴,也可以是特定的行政与监管手段,总之是要帮助消除新兴产业发展的瓶颈。我不是研究产业政策问题的专家,不过最近一直在思考我国如何实现产业升级、跨越中等收入陷阱的问题。我是从克服市场失灵的角度来理解产业政策的逻辑的,市场能做的还是尽量留给市场。但有效的产业政策究竟长什么样?可能见仁见智。我关注的是如下五个方面：顺应市场、不限制竞争、谨慎干预、有退出机制和做事后评估。如果做不到这些，实行产业政策很可能会事倍功半甚至弊大于利。

产业政策的必要性

对产业政策的作用有争议，原因是多方面的，有理念的因素，也有执行的问题。有时候对同样的产业政策和结果，评价也不一致。比如对于产业政策对"东亚奇迹"贡献的评价，就存在分歧。查默斯·约翰逊（Chalmers Johnson）认为主要是产业政策提升了日本经济的劳动生产率和经济增长率，而希瑟·史密斯（Heather Smith）通过对韩国和中国台湾的研究，却发现主要是市场开放而非产业政策的贡献。另外，中国香港崇尚自由市场，而新加坡强调政府干预。到底哪一种更好？好像也没有共识。甚至在不同的时期，大家的结论也不一样。

国内一些学者对产业政策抱持怀疑的态度，这比较容易理解。我国每年都有产业政策，比如在2016年，政府决定要继续扶持节能环保、软件、云计算、装备制造和光伏等产业。但回顾一下历史，我们就会发现，成功的产业政策很少。最早的产业政策可能是计划经济年代以钢铁产业为核心的重工业化战略，林毅夫、蔡昉和李周认为这个政策的问题在于违背了比较优势的原则。当时我国人多、资本少，发展重工业很难。即便以举国之力建立起来了，也无法在成本和质量两个方面实现可持续的竞争优势。

改革开放以来，我国经济取得了惊人的成就，但产业政策似乎依然乏善可陈。要么浪费很多资源，不了了之；要么一窝蜂，在短时间内造成全行业过剩。前者的例子是现在各地方政府响应中央倡导的"大众创新、万众创业"，纷纷开办创业孵化器、高新技术产业园区和产业引导基金。各地的要素禀赋和比较优势千差万别，却要走同一条独木桥，运动式地搞创新，很难避免资源浪费。后者的例子是光伏产业，产能过剩问题已经十分突出。现在中国已成全球最大的光伏生产国和使用国。但如果没有政府补贴，绝大多数光伏企业仍然无法自负盈亏。我现在有点担心新能源汽车可能会重蹈光伏的覆辙。

产业政策容易导致两极化的结果,可能跟我国的经济体制有关。中央出一个政策,上上下下都跟着跑。产业政策的边界不清晰,实际上变成了举国体制的产物。不光地方政府很上心,银行也非常积极。很多银行根本不认真做尽职调查,看国家的产业目录放贷款。更重要的是,官员考虑的,是要有看得见、摸得到的举措,效果如何反而变得不那么重要。产业政策很少做事后评估,成功也好,失败也罢,决策官员不需要承担责任。

我关心产业政策问题,主要是因为当前我国经济面临产业升级的挑战。近年经济增速持续下行,背后有周期性和趋势性因素的作用,但最大的变化是过去长期支持经济增长的劳动密集型制造业和资源型重工业失去了活力,现在迫切需要培养和发展新的有竞争力的制造业和服务业,支持下一个阶段的经济增长。所以,现在迫切需要做的,一方面是让已经失去竞争力的旧的产业转型、升级或者退出,另一方面是让新兴产业更快地形成并发展。但世界上绝大部分中等收入国家无法跻身高收入经济的现实,也表明产业升级之路十分艰难。

产业政策能不能发挥一些积极的作用?我理解产业政策的目的,主要还是通过克服"市场失灵",帮助化解新兴产业发展的瓶颈。当前我国新兴产业发展的障碍有很多:一是技术门槛。无论是新能源还是大数据,新技术研发的成本非常高,单个企业突破的难度很大。二是行业门槛。我国政府对很多产业实行严格的准入标准,特别是在医疗、文化和教育等领域,一般企业很难进入。三是退出门槛。有很多企业已经失去了竞争力,甚至已经沦为僵尸企业,但由于各种各样的原因,退不出。僵尸企业不退出,继续占用大量的资源,也是遏制新兴产业发展的重要因素。产业政策要从降低这些门槛入手,不同的新兴产业所需要的产业政策可能也不一样。

目前全国有四个城市的创新、创业做得有特色:北京、杭州、贵阳和深圳,在这些地方的创新产业的发展过程中,政府所发挥的作用各不相同。在北京的中关村,高校、科研机构云集,发展高新产业有先天优势,政府主要是鼓励科技成果转化。杭州的创新、创业热潮主要是阿里巴巴的成功带动起来的,形成了一个良性循环的创新生态圈。贵阳发展大数据产业则主要是贵阳市政府推动的结果,贵阳除了电价便宜,本身并不具备突出的优势。到目前为止最成功的应该数深圳,已经从一个小渔村成长为中国的创新重镇,成就了一批诸如腾讯、华为和华大基因等全球领先的公司,靠的主要是有效的市场机制。

互联网金融的经历

近年来,我国的一些新兴产业发展很快,比如生物医药和智能机器,个别企业甚至达到了国际前沿水平。但如果要说已经全球领先的新兴行业,可能只有互联网金融。雷蒙德·弗农(Raymond Vernon)曾经提出产品生命周期理论,一个产品通常都会经历研发、生产、成熟、退出这样几个阶段。我国企业生产的大多数产品都是从发达国家引进来的,互联网金融可能是个例外。2004年支付宝上线,2005年宜信成立,我国的互联网金融迄今已经走过了十几个年头。从机构数量、业务种类、交易规模和客户群体看,我国的互联网金融已经在全球占绝对领先的地位。可以说,互联网金融给中国提供了第一次引领全球行业发展的机会。

如今蚂蚁金服已经成为全球最大的互联网金融公司,支付宝不仅有三亿用户,而且已经在120个国家落地。在互联网金融的各个领域都涌现出了一批有一定影响力的企业,比如,第三方支付领域除了支付宝,还有微信支付;网络贷款领域有个体网络贷款(P2P)形式的拍拍贷、宜人贷和人人贷,有微贷形式的蚂蚁微贷和微粒贷;网络投资领域有投资理财平台陆金所、招财宝和铜宝街,还有众筹平台点名时间和天使汇。唯独在网络货币领域尚未出现有影响力的公司,但从央行到企业,大家都在积极探索区块链的实际应用,包括创造新型数字货币的可能性。

北京大学互联网金融发展指数表明,自2013年1月以来,全国的互联网金融业务一直保持环比接近6%的增长速度,大致一年翻一番。目前看,互联网金融发展的地区性差异十分明显,沿海地区比内陆地区发达许多。地级市的数据显示,杭州是我国互联网金融的中心城市,离杭州越远,发展水平越低,但这两年趋同的势头也很明显,即发展水平低的地区增长更快。另外,从年龄段看,推动互联网金融增长的主要是年轻人,特别是出生在20世纪八九十年代的群体。

互联网金融并不是在政府的主动扶持下形成和发展起来的，而是市场自发行为的结果。关于互联网金融究竟是真实的创新还是虚假的泡沫的争论还远未结束，不过互联网金融快速发展，得到了两个逻辑因素的支持。一是解决了市场的一个痛点。支付宝横空出世，是因为当时淘宝使用银行的支付系统，但费事、耗力，还容易出差错。而 P2P 平台受到热烈追捧，一方面是因为老百姓缺乏好的投资机会，另一方面是因为一些人根本不可能从银行获得贷款。我国大约有 60%—70% 的中小企业和个人没有获得良好的金融服务。互联网金融就弥补了这一块市场空白。

二是互联网为解决金融难题提供了一种可能性。金融的本质是资金的融通，最大的困难是风险定价。互联网技术的核心工具是移动终端和大数据分析，前者可以帮助获客，后者能够协助尽职调查。而且互联网技术具有长尾效应的特征，一旦系统建立，服务新客户的边际成本几乎为零。所以，与传统金融形态相比，互联网在推广数字普惠金融方面的优势更加突出。

互联网金融行业为我们思考产业政策提供了一个案例。政府没有为这个行业的发展提供补贴，但监管部门相对容忍的立场提供了宽松的发展环境，否则互联网金融也不会有今天的局面。但反过来，近年来，互联网金融特别是 P2P 行业风险频发，也跟监管缺位有关。P2P 行业发展近十年，至今还没有一个监管框架，导致很多平台或者在黑暗中摸索，或者浑水摸鱼，甚至劣币驱逐良币，好公司反而活不下去。假如有监管的话，像 e 租宝这样的高风险平台应该是可以被剔除出去的。而现在监管部门突然要求所有 P2P 平台在短期内从信用中介转为信息中介，这给行业发展造成了很大的困扰。所以，加强新兴产业的行业规范与健康发展，特别是平衡创新与风险，也应该成为产业政策的重要内容。

有效产业政策的条件

我国在改革开放期间其实有一项非常成功的产业政策，那就是支持劳动密集型制造业发展的政策。在 20 世纪 80 年代初期，农业改革的成功不仅提高了农民的收入,还产生了许多农村剩余劳动力。为了发展劳动密集型制造业,政府首先在南方开设了经济特区,对外国投资企业提供税收、资金、能源和土地方面的优惠,后来还一度把这样的政策推广到内资企业和全国各地。这项政策非常成功,20世纪90年代中,我国在全球劳动密集型出口市场上的份额已经达到四分之一。在加入WTO之后,中国很快就变成了全球制造业中心。因此,说这项产业政策成就了"中国奇迹"也并不为过。

但既然绝大部分的产业政策都不成功,如果过去的做法不改变,新的产业政策获得好的结果的可能性也不大,甚至有产业政策还不如没有产业政策。所以,无论是学者还是官员,在考虑制定新的产业政策之前,都应该对过去的不成功的做法进行很好的总结和反思,提出一些切实有效的改进办法,把小概率事件变成大概率事件。那么产业政策怎样做才能变得有效?我想到五个方面的要素:

第一,顺应市场。产业政策应该顺势而为,而不应逆水行舟。如果新兴产业不能符合比较优势或者不能解决市场的痛点,即便把产业建立起来了,也无法发展。我国在改革开放之前建立的重工业,就不符合当时的比较优势。但这可能是很多发展中国家产业政策的一个通病,既然是发展新兴产业,都想一步迈到世界前列去。林毅夫、鞠建东和王勇在最近的研究中提出发展新兴产业也必须顺应比较优势,是一个非常重要的政策思想。支持劳动密集型制造业的政策为什么成功?归根到底还是因为它符合当时的比较优势。当然,如何适当超前地选择符合比较优势的产业作为扶持对象,仍然是说起来容易、做起来难。

第二,不限制竞争。国家扶持的是特定的产业,而不应是特定的企业,政府补贴某一个创新环节,应该让任何做得好的企业都有机会获得。更重要的是,这些企业仍然应该在同一个市场上公平竞争,优胜劣汰。过去国家采取产业政策支持家电和汽车等行业的发展,不但选定重点支持企业,还不许其他企业进入,是很糟糕的做法。政府选择优胜者,自然容易引发对公平性的怀疑。现实中也有不少企业为了获得政府政策的支持,把工作的重点放在了政府公关而不是研发创新上。张晓波和合作者的研究就发现,我国政府的大部分创新补贴流向了创新比较少的国有企业,这就说明关系比创新重要。

第三，谨慎干预。干预的目的只有一个，就是消解产业形成和发展的瓶颈。政府干预一个产业的手段有很多，可以选择补贴，也可以选择管理准入门槛，补贴也可以选择不同的环节。比如现在支持新能源汽车，政府的选择是撒胡椒面式地补贴后端的消费者。这当然可以让生产商有利可图，继续投入研发活动。但这可能不是最佳的政策选择。新能源汽车的技术瓶颈在电池，一是成本，二是寿命，三是安全性。我国的新能源汽车能不能形成国际竞争力，关键还是看电池技术能否获得突破性的进展。国家应该把资金和科研力量集中起来支持前端的电池研发，也许这比分散地支持所有的汽车企业各自为政搞开发更加有效。

第四，有退出机制。我国支持劳动密集型制造业的政策能够获得成功，除了符合比较优势和不限制竞争之外，就是及时退出。产业政策是临时帮助新兴产业形成的，不是长期支持它们发展的。很多国家的"幼稚产业"一直成长不起来，就是因为政府把这些重点企业保护了起来。保护政策一直不退出，这些所谓的"创新企业"也就变成了一个特殊的利益群体，可以躺在国家政策的身上讨生活，哪里还会有创新的动力和能力？所以，在制定任何一个产业政策的时候，都必须同时设计一个退出机制。过了一段时期，如果新兴产业还是没能发展起来，就应该果断放弃，不应该让它变成国家长期的负担。

第五，做事后评估。地方执行产业政策，要么大家都跟着中央跑，中央倡导发展新技术产业，各地不顾当地的实际情况，全国都下同一盘棋；要么换一茬官员就改一套思路，没有一套方案能够坚持到底。说到底，还是干部评价体系出了问题，虽然政绩至上，但做的都是表面化的文章，决策者并不承担政策后果。以工信部出台政策支持婴儿奶粉为例，最后国家的钱是产生了预期的目的、打了水漂还是进了特定个人或是机构的腰包，反正我是完全无从得知。所以，要执行产业政策，首先应该设立评估制度，特别是请第三方机构对每一项产业政策的效果做独立评估。决策官员必须承担相应的责任。

从共识出发
——"特惠"视角下产业政策的关键问题[①]

寇宗来　复旦大学中国社会主义市场经济研究中心教授

近期,国内学界就产业政策展开了激烈的辩论。尤其受人关注的是所谓的"林张之争"。林毅夫指出,尽管绝大多数产业政策在实践中是失败的,但跨国比较却表明,尚未见国家不使用产业政策而取得产业发展的成功案例。张维迎则对产业政策进行了尖锐的批评。在他看来,"产业政策就是穿着马甲的计划经济",如果没有产业政策的干扰,中国经济会发展得更好,所以应该"废除一切形式的产业政策"。

之所以会出现这种大相径庭的认识,除了争论各方的基本哲学理念不同以外,一个很重要的原因就是,迄今为止学界仍然没有对产业政策的概念和范围达成共识。一旦不同人在谈到产业政策时所指对象实际不同,相关争论就成了没有共同基础的"各说各话",由此可能产生两种形式的认知差异。一方面,产业政策的支持者认为,批评者将本不是产业政策的过错算作

[①] 本文原载于《探索与争鸣》2017年第2期。

产业政策的过错；另一方面，产业政策的批评者则认为，支持者将本不是产业政策的功劳算成是产业政策的功劳。

关于产业政策，本文采用一种相对"现实主义"的态度。既然产业政策在中国无所不在，而人们对产业政策的作用乃至存废又存巨大争议，笼统地肯定或者否定产业政策都没有什么意义。现阶段最为迫切也最有价值的工作，是对产业政策做出科学细致的分类，考察各种产业政策是如何影响产业发展的，进而讨论如何才能提高产业政策的成功率，或者在何种情况下何种形式的产业政策才更有可能对产业发展起到促进作用而非抑制作用。

产业政策并非政府干预产业发展的唯一选择，现实中产业政策也是与其他政策共同发挥作用的。产业发展必然有其空间载体，故两类政策，即产业政策和区域政策，对产业发展具有极其重要的影响。为了厘清概念和进行政策比较，笔者提供了一个基于"特惠"视角的分析框架，其中产业政策是针对特定产业、产品和企业维度的优惠政策，而区域政策则是针对特定地区的优惠政策，并从决策难度和可考核性等角度对两类政策的制定和实施加以深入分析。

特惠视角下的产业政策和区域政策

"特惠"对应于所谓的非平衡发展战略，其核心是政府按照某些标准对产业主体进行区分并进行差异化对待，即对符合条件的、优先发展的产业主体提供优惠政策，目的就是在有限的资源约束下，通过"集中力量办大事"而实现快速的产业赶超。

产业必然有其空间载体，故有两类政策对产业发展具有至关重要的影响，即产业政策和区域政策。据此分析框架，产业政策是政府按照某些标准遴选出某些优先发展的产业并对其提供特惠的政策，而区域政策则是政府按照某些标准遴选出某些优先发展的地区并对其提供特惠的政策。

产业政策之所以容易引起歧义，一个重要原因是产业本身并没有明确统一的界限。这里主要牵涉到产品、产业和企业之间的复杂对应关系。在现行统计口径下，产业是按照产品代码来进行分类的，但问题是单个企业可以生产不同产业代码的产品，或者多个企业可以生产相同产业代码的产品；

随着时间推移或环境变化,有些企业还会改变其生产的产品种类,或者不断研究开发出新的产品。由此,每个产业通常都包含了多个企业,许多企业又同时牵涉到多个产业,而且这种交叉对应关系也是动态演化的。以发改委历次颁布实施的《产业指导目录》为例,其中产业政策分为鼓励类、限制类和淘汰类三种,有些明确针对某些 4 位码产品,其他一些则对应于那些应用界限模糊不清的生产技术。

既然产业本身的界限是模糊的,产业政策的界限也必然是模糊不清的。鉴于此,本文将任何针对于特定产品、产业和企业的优惠政策统称为"产业政策"。此定义强调了选择性,排除了没有明确目标指向的公共政策,也避免将产业政策与政府作用完全等同起来,否则就会陷入反对产业政策等于认同无政府主义的困境。

相比而言,区域范围界定比较清楚,区域政策的定义也没有什么争议。比如说,改革开放初期,中国政府实施了"经济特区"政策,让深圳、珠海、汕头和厦门享有其他地区所没有的各种优惠政策。之后,国家又挑选了大连、秦皇岛、天津、烟台、青岛、连云港、南通、上海、宁波、温州、福州、广州、湛江和北海 14 个城市作为沿海开放城市,让它们在对外贸易等方面比其他城市享有更多的自主权。再之后,诸如西部大开发、东北老工业基地振兴计划、上海浦东新区、天津滨海新区等都可以视为区域政策的典型例子。

产业政策与区域政策并不排斥,两者可以有相同的产业主体。典型的例子就是自由贸易试验区。一方面,这些政策只对上海、天津、福建、广东等地的特定区域开放,故应该被视为区域政策;但另一方面,这些政策也对试验区内部的产业做出了限定,因而也属于产业政策。

我们对产业政策和区域政策的定义,有助于厘清一些认识误区,特别值得讨论的是"产业开发区"。尽管许多人将其视为产业政策的成功典范,但实际上它是否属于产业政策,需视情况而定。如果政府所设立的产业开发区只对某些特定企业或者产业开放,其的确是产业政策;但如果政府设立产业开发区时,只是笼统地规定要对园区内企业提供某些优惠措施却没有规定哪些企业可以进入园区,其在本质上就是一种区域政策。同样,尽管基础设施建设对产业发展有重大影响,但也不能笼统地将其归结为产业政策。如果某些基础设施是政府为吸引特定企业而做的配套措施,那么它们应该归类为产业政策。比如,郑州市政府为吸引富士康到当地投资,不但向其提供了15亿美元资助,帮助建设工厂和员工宿舍,还为其专门修建了公路和电厂。尽管修建公路和电厂看起来像是公共品投资,但因为其主要是为特定企业服务的,故应该被视为产业政策。但在通常情况下,城市为改善市内交通而做的地铁、高架投资,则应归入公共政策的范畴。

产业发展难题与特惠政策的合理性

按照新古典增长理论,发展中国家因为享有后发优势而具有更高的经济增长率,进而最终会与发达国家实现经济收敛。但历史经验和现实情况表明,除了少数东亚国家实现了经济赶超以外,绝大多数发展中国家要么没有实现经济起飞,要么最终掉入了中等收入陷阱,与发达国家的收入差距并未缩小,反而越来越大。这表明,发展中国家必然面临着某些产业发展难题。东亚经济体的成功实践就在于,以产业政策和区域政策为代表的特惠政策常常被用作促进产业发展、实现持续经济增长的重要手段。

培育初始的产业能力

既有文献主要从市场失灵的角度,论证政府干预的合理性。这种论证的隐含假设是,"无形之手"是存在的,只不过难以发挥最佳作用。通常情况下此假设是合理的,但对于产业化初期的发展中国家而言,真正的问题可能不是"无形之手"不能有效发挥作用,而是根本就不存在"无形之手"发挥作用的产业主体。的确,对那些落后的农业国而言,产业化初期几乎是"什么都缺",缺乏物质资本,缺乏人力资本,缺乏基础设施,缺乏有竞争力的企业,也缺乏支持产业发展的政府治理能力。在这种情况下,完全依靠"自发市场"来实现产业化,若非不可能,至少也是极其缓慢的。面对"什么都缺"的窘境,许多发展中国家都采取了"非平衡发展战略",即将有限的资源集中到某些特定的产业或地区,以求获得快速产业化;日本、韩国、中国等东亚经济体的成功实践也表明,产业政策或特区政策的确可以构成快速产业化的强力推手。

在产业化初期,"政府主导"与"自发市场"相比有诸多优势。首先,政府具有征税的强制力量,有更强的信用从其他国家或世界银行等国际机构获得贷款,因而更容易筹措产业化必需的稀缺资本,也更有能力抵御相关的各种风险。其次,政府具有更强的产业配套能力。作为产业化主体,企业中业绩好坏不但依赖于自身努力,还依赖于诸如基础设施等外部环境。政府可以通过"关税"等手段对某些"幼稚产业"进行贸易保护,让它们至少在一定时间内免遭发达国家企业的竞争威胁,进而更加从容地积累产业能力。

消除官员索贿的"反公共地悲剧"

产业政策的反对者认为,为促进产业发展,政府要保护私有产权,官员要做到廉洁自律,然后让市场自由发展。这个建议看起来合理,实际上却没有太多的可操作性。最主要的原因是,经济制度与经济发展水平互为因果,并不存在脱离经济发展水平的"良好"制度。若将建立类似于发达国家的"先进"制度作为经济发展的前提,本质上就陷入了循环论证:正是因为没有经济发展,才没有良好的经济制度!产业发展的第一步就是要打破这个低水平循环陷阱。

在许多发展中国家,官员腐败、政府治理能力低下,产业化因此陷入了"反公共地悲剧"(The tragedy of the anticommons)而难以实现。反公共地悲剧是美国学者迈克尔·黑勒(Michael Heller)在研究苏联经济时提出的一个概念,刻画的是因为太多人拥有排斥权而导致社会资源被低效使用的情形。设想人们创办企业必须从各主管部门申请各种许可证,此时每个官员的排斥权体现在,缺乏任何一个许可证企业都无法经营。通常,官员们"非合作地"决定索贿额度,而由于"多重加价"(multi-marginalization),这会导致总体索贿额度太高,进而导致企业产量太低,甚至让创办企业无利可图。相对于非合作索贿,各官员组成"卡特尔"向企业一次性索贿,将是一个帕累托改进。这样做由于内化了多重加价的外部性,不但可以提高官员们的整体索贿额,也会提高企业的产量和利润。

基于上述分析,产业政策的一个合理性就是"以毒攻毒":如果新办企业是由政府或某个强势领导鼎力支持的,虽然它仍然需要支付贿金,却可以避免同时应付众多官员索贿的巨大困境。由此可见,评价产业政策的好坏,在很大程度上依赖于选取何种"比较基准"。在刚才的例子中,若与无索贿的理想状态相比,产业政策下的结果更差,因为此时仍然存在索贿。但若与众多官员非合作索贿相比,产业政策将是一个明显改进。

防止"协调失败"

从产业链角度看,产业发展需要上下游企业之间的有机联动。上游企业的生产率越高,竞争越是充分,下游企业就越能获得物美价廉的中间品;反过来,下游企业的竞争力越强,市场需求就越大,其对上游企业的中间品需求和拉动作用也就越大。正是因为这种相互依存关系,产业发展通常都展示出很强的产业和空间集聚特性。然而,一旦某个企业的成功与否依赖于其他企业的决策,协调失败就有可能发生。比如说,上(下)游企业是否决定投资,依赖于下(上)游企业是否投资,尽管上下游同时投资效率更高,但任何一方都可能因为害怕对方不投资被"搁浅"而选择不投资。

面对协调失败问题,产业政策和区域政策往往大有可为。在"大推动"(big-push)方案中,政府可以对上下游企业同时提供诸如补贴之类的各种优惠政策,通过补偿它们可能被"搁浅"的风险来协调其投资行为。实际上,如果产业发展只是面临协调问题,政府可能只需要对企业提供一个协调失败时进行补贴的"可置信承诺"就够了,最终并不一定真正需要支付可观的补贴成本。因为一旦上下游企业同时投资了,每个企业就能够在市场竞争中自我生存下来了。如果协调失败与上下游企业的选址有关,政府可以对某些地区提供优惠政策而将相关企业都吸引到该地区,进而大幅度降低交通费用并提高整个产业链的竞争力。

补偿"信息外部性"

创新是产业长久发展的基础。但站在企业角度看,永远存在着创新与模仿之间的两难问题。创新可以获得先动优势,但面临着很大的失败风险;模仿者可能会丧失先机,却可以学习创新者的成功经验,也可以从创新者失败的前车之鉴中汲取经验并降低失败风险。由此可见,不管成功与否,创新者都会对模仿者产生一种正的信息外部性,故市场的创新激励通常是不足的。特惠政策的一个合理性就是,政府需要对"第一个吃螃蟹"的产业主体提供补偿。

改革开放初期,中国拥有大量的剩余劳动力。根据比较优势理论,中国应该生产劳动密集型产品。在抽象的理论层面,这的确没有什么问题。但落实到企业家层面,最直接的问题就是到底要进入哪个产业,具体生产哪种产品。在进入某个产业或者生产某个产品之前,企业家对它们的了解是不充分的,他们必须冒险选择,这将是一个不断试错的过程。不断试错意味着,一旦失败了,其他企业不会模仿,并因此避免了试错成本,而一旦成功,其他企业将一哄而上进行模仿,激烈的市场竞争会使创新者所获利润无法补偿其试错成本。不解决这种信息外部性问题,企业家不断试错的积极性乃至产业发展的原动力就会消失。与专利保护类似,按照进入市场的先后次序,对先进入者进行选择性支持,让他们至少在一段时间内对模仿者享有一定的竞争优势将是有利于产业发展的。如果政府对某些地区提供诸如税收优惠等手段以鼓励当地的企业家进行创新,这将对应于区域政策;而如果政府对特定的企业提供优惠政策以鼓励其进行创新,这将对应于产业政策。

企业家精神、央地分权与特惠政策的实施效果

自熊彼特以来,人们日益认识到"企业家精神"(entrepreneurship)在经济发展中的核心作用。通常人们提到企业家精神时,都对其充满褒扬之词,但鲍莫尔的分析表明,企业家精神并不必然对社会是有好处的,它可以是生产性的、非生产性的,甚至是破坏性的。企业家精神也不是通常所谓的企业家所特有的。究其本质,社会中的任何个体,只要愿意通过承担风险而获得超额回报,都可以认为是有企业家精神的。按此逻辑,笔者将通常所谓的企业家称为"经济企业家",而将具有企业家精神的政府官员称为"政治企业家"。两者的显著差异是,经济企业家掌控的主要是其私人资源,而政治企业家则支配着社会的公共资源。

特惠政策对产业发展的影响,主要取决于政治企业家与经济企业家之

间的分工与互动。如果政治企业家与经济企业家能够分工协作、相互补充，特别是政治企业家所制定和实施的政策措施，能够让经济企业家更加有效地从事生产性活动，这些政策是有利于产业发展的；反之，如果政治企业家所制定和实施的政策措施，只是简单地替代或者扭曲了经济企业家的市场决策，或者鼓励各种并不产生社会价值的寻租活动，这些政策则将是阻碍产业发展的。

不妨考虑 N 地区（$D_1, D_2, \cdots, D_N$）—M 产业（$C_1, C_2, \cdots, C_M$）的一般情形。如果没有政府干预，每个经济企业家都会根据自己所掌握的信息，决定在哪个产业以及哪个地区进行投资生产并自负盈亏。从事前角度看，由于经济企业家可以在各地区各产业之间自由选择，因而自由竞争的结果是，任何流动要素在各地区各产业的预期边际回报都必须是相等的。由于事前预期与事后实现（realization）之间总是存在差异，自由市场竞争下总是有一些投资被证明是失败的。那些决策与未来实现结果更加符合的经济企业家可以在竞争中存活、胜出和壮大起来，而那些决策不符合实际的经济企业家，则会遭受亏损，甚至被淘汰。

引入特惠政策视角之后，整个决策过程可以理解成一个两阶段的博弈：首先是政治企业家进行特惠政策选择；然后，给定这些特惠政策，经济企业家再进行经营选择。产业政策或区域政策的含义将是，政治企业家选择其中的某个产业（比如说 C_i）或者某个地区（比如说 D_j）提供优惠政策（如税收优惠或者研发补贴）。与没有政府干预的基准情况相比，引入特惠政策提高了经济企业家将要素投在产业 C_i 或地区 D_j 上的边际回报率，进而会将更多的资源引入该产业或地区。

评估特惠政策是否促进了产业发展，关键要看它是否降低了基于事前预期的最优决策与基于事后实现的最优决策之间的差异。比如说，从事前角度看，投资于 C_1 和 C_2 的预期回报率是一样的，但根据事后实现来看，投资于 C_1 的回报要远远高于 C_2。因此，如果政治企业家事前对 C_1 实施了优惠政策，进而引导更多资源投资于 C_1，就是促进效率的；但反过来，如果政治企业家事前是对 C_2 实施了优惠政策，最终结果就是降低了资源配置效率。

许多政策分析都采取了"仁慈政府"（benevolent government）的假设，认为政府制定政策的目标是社会福利最大化,但实际上,政治企业家作为政策制定者,也是追求个人利益的,只不过他们的目标函数可能比经济企业家更加复杂,其中不仅包括经济利益,也包括政治利益(比如政治晋升等)。政治企业家能否采取正确决策主要取决于两个因素:一是他们必须有足够的能力;二是他们必须具有正确的激励。

首先看激励问题。因为政治企业家支配的是公共资源而非其私人资源,首要的挑战是防止他们的道德风险,即借助特惠政策而损公肥私的行为。类似于企业中普遍采用的股权激励方案,解决政治企业家道德风险的关键,在于让他们的私人利益与公共利益相互一致。当特惠政策取得好的绩效时,他们应该获得奖励,而取得差的绩效时,他们将获得惩罚;奖励和惩罚的力度越大,他们采取损公肥私行为的可能性或积极性将越低。

这个奖惩规则貌似简单合理,但实际上却面临着严重的可实施性问题。本质性的难题是,一旦引入特惠政策,我们就无法得到没有特惠政策的"反事实"(counter factual),因而也就无法真正知道特惠政策的效果是好是坏。权宜之计是,找到比较合理的替代性反事实,即针对某个特惠政策,找到特惠政策实施前足够相似的两个产业主体,然后以没有实施特惠政策的产业主体作为实施特惠政策的产业主体业绩考核的反事实。这样做的好处是,可以把一些趋势性的因素剔除掉,进而得到比较"干净"的政策效果。

一旦我们能够比较准确地评估特惠政策的绩效,也就能够比较准确地遴选出那些能力更高的政治企业家。然后,只要据此晋升机制对政治企业家实行"优胜劣汰",在动态上就可以逐渐解决政策制定中的能力约束问题。

基于上面的理论分析,我们认为,要正确分析产业政策和区域政策,必须区分中央政府和地方政府,因为各种政策的制定、实施,以及考核都与此密切相关。区域政策的制定只能是中央政府,而产业政策既可以是中央政府层面的,也可以是地方政府层面的。下面分别对三种基本政策进行描述和分析。

区域政策

中央政府选择某些地区并为其提供优惠政策,而每个地区内部却再无任何特惠政策。此类政策将产生两个层面的效果：一方面，这扭曲了要素在不同地区的边际回报，进而导致区域间的"虹吸效应"，即鼓励经济企业家将更多要素配置到享受优惠政策的地区。另一方面，在任何一个区域内部，这不会扭曲要素在各个产业之间的相对回报，即不会改变经济企业家在各个产业之间的配置决策。

从政治企业家的决策难度看，区域政策的信息要求相对较低。因为在每个国家内部，不但地区数量，而且每个地区的资源禀赋都是相对稳定的，因而按照产业发展需求，就能比较容易确定应该对哪些地区提供优惠政策。

从政策评估角度看，如果区域政策主要是吸引了外国投资，则没有优惠政策的地区将是评估区域政策效果的良好的替代性反事实；而如果区域间虹吸效应很强，这样做将会高估特区政策的实施效果。进一步，由于区域政策并不扭曲要素在不同产业之间的配置比例，因此，一旦某个产业在特区内被证明是最具有比较优势或发展前景的，这种经验将容易移植到其他地区。

在此意义上，区域间虹吸效应可以视为对信息外部性的一种补偿。这与中国渐进式改革的精神是一致的。的确，中国政府在设立经济特区时，一个重要的考量就是充分发挥市场机制，让特区内部的经济企业家先行先试，找到最符合中国比较优势的产业或产品，然后再将其成功经验推广到全国其他地方。

中央层面的产业政策

中央政府选择某些产业并为其提供优惠政策（比如太阳能板等），而对所有地区一视同仁。此类政策扭曲了要素在各个产业之间的边际回报，诱导经济企业家将更多资源配置到享有优惠政策的产业上面。中央政府之所以采取此类政策，是因为政治企业家认为某些产业是通过短期保护就能获得自我生存能力（viable）的"幼稚产业"，或者是对国计民生具有重要影响的"战略性新兴产业"。这些行业通常被认为是具有很强的规模经济的，如果选对了方向，国家就会因此获得巨大的竞争优势；但如果选错了方向，国家则会因此遭受很大的损失。

从政治企业家的决策难度看，此类政策的信息要求非常高。一方面，如前所述，产业本身的边界是模糊不清的，而且还会随着经济形势和技术发展而不断演变。但是，政治企业家在选择特惠产业时必须对未来的经济形势以及各个产业的技术前景都有充分而准确的预期，这显然是极其困难的。另一方面，对于中国这样的大国，各个地区之间具有很大的禀赋差异，因而是否存在同时符合各地区比较优势的产业也是非常令人怀疑的。

从政策评估的角度看，此类政策几乎找不到合适的替代性反事实，因而无法科学地评估其真实效果。因为这是中央层面的政策，故不可能以任何一个地区作为对照组，只能寻找没有实施此产业政策而其他条件都非常类似的其他国家作为替代性反事实；但对于中国这样的大国而言，世界上并不存在这样的国家作为替代性反事实。

地区层面的产业政策

中央政府层面没有特惠政策，但各地方政府则选择某些产业并对其提供优惠政策。与中央层面的产业政策相比，此类政策只会扭曲要素在每个地区内部各产业之间的要素回报率，进而影响每个地区内部经济企业家的产业选择。

从政治企业家的决策难度看，这比中央层面的产业政策低很多。因为每个地区不但范围小了很多，而且地区内部的差异性也相对较小。

进一步，此时每个地区可以因地制宜，制定不同的产业政策，故从政策评估的角度看，各个地区可以相互构成替代性反事实，进而比较容易评估政策实施的真实效果。

而现实情况是上述三种基本政策的组合。其中，区域政策的稳定性相对较高，产业政策则频频发生调整。在政策组合中，每种基本政策都会如前所述影响产业发展。不过，需要特别说明的是中央与地方产业政策的互动。在多数情况下，地方层面的产业政策需要与中央保持一致，结果是政策效果层层加码；但也有时候，如果地方认为中央政策非常不符合地方利益，他们就会采取"阳奉阴违"的策略来削弱中央政策的效果。比如说，尽管地方无法公开反对中央政策，但可以选择一些与中央不同的产业进行大力支持，这在一定程度上会降低投资于中央特惠产业的相对回报。

基于共识的产业政策和经济发展的基本结论

近期的"林张之争"表明，人们对产业政策的作用乃至存废远未达成共识。考虑到产业发展总是与区域发展联系在一起，笔者从特惠视角提出了一个具有足够包容性的分析框架，将产业政策和区域政策分别定义为政府从产业和区域维度实行的优惠政策，并从企业家精神、决策难度以及可考核性的角度，分别考察了不同政策的实施效果。

按照我们的理论分析和经验观察，笼统地肯定或否定产业政策皆不可取。因为产业政策的绩效与其制定和实施的政府层级密切相关。正如张五常在《中国的经济制度》中所论述的，区域竞争是改革开放以来中国经济取得巨大成就的关键因素，而以招商引资等为代表的产业政策则是地方政府相互竞争的主要手段。借助于中国独特的 GDP 锦标赛，地方官员（作为政治企业家）制定和实施产业政策的绩效是受到严格考核的，因为那些 GDP 表现相对较好的地区，其政府官员获得政治晋升的概率更高。与之相比，中央层面的产业政策则鲜见成功的案例。一方面，这是因为各地区、各产业差异巨大，进而正确决策的信息要求极高，难度极大。另一方面，此类政策在本质上缺乏合适的替代性反事实，进而无法对政策制定者进行科学合理的考核。

产业政策对产业发展的影响还与经济发展阶段密切相关。改革开放初期，中国经济发展水平比较低，整个社会的主要矛盾是"人民群众日益增长的物质文化需求与落后的社会生产"之间的矛盾。在这种短缺经济下，"量就是质"，任何东西只要生产出来，就可以卖掉，GDP 基本上就是社会福利的"充分统计量"，各级官员在制定产业政策时面临的经济复杂性和技术不确定性都比较低，由 GDP 锦标赛所驱动的招商引资等产业政策往往都能取得很好的效果。但经过近四十年的高速经济增长，人们的收入水平大幅提高，需求层次日益高级化和分散化。此时要制定合理的产业政策就会面临难以克服的信息问题，因为官员已经很难了解市场的真正需求在哪里，也难以对日益复杂的技术前景做出准确的判断。

与产业政策相比,区域政策在概念界定上没有太大争议,在实际效果上也成就非凡。其中的原因是,区域政策(特区政策)通过制造虹吸效应为产业创新提供了巨大动力,同时又不改变要素在不同产业之间的相对回报,进而能够充分发挥市场企业家的产业选择功能。最成功也最典型的例子就是深圳。凭借特区政策,深圳已经从一个名不见经传的小渔村发展成为一个超级大都市,不但孕育了包括华为、腾讯、中兴、大疆、华大基因等在内的超级明星企业,而且深圳作为"世界之窗"也为中国其他地区提供了赖以借鉴的宝贵经验。

总体而言,产业政策会扭曲要素的产业间配置,要求决策者对各产业的发展前景都有准确把握,而决策层级越高,难度越大。区域政策尽管会导致区域间发展不平衡,却不会扭曲要素的产业间配置,故对决策者的信息要求比较低。区域政策和地区层面的产业政策具有较好的替代性反事实,绩效比较容易考核;而中央层面的产业政策则难以考核。区域政策和地方层面的产业政策在政府引导和市场机制之间取得了良好的平衡,对经济发展起到了巨大的推动作用,即便现在也依然如此。而中央层面的产业政策则因为决策信息要求太高以及难以进行绩效评估,鲜见成功的案例,因此必须再认真深入研究。

全球产业政策的历史实践

华秀萍　诺丁汉大学商学院副教授
王雅丽　诺丁汉大学商学院博士研究生

2016年8月21—22日,"产业政策:总结、反思与展望"研讨会在复旦大学经济学院大金报告厅召开。此后,林毅夫、张维迎、黄益平、路风、王勇等北京大学教授开展了一场关于产业政策的大辩论,在学术界与政策界早就争议颇大的产业政策再一次被推上了媒体报道的风口浪尖。产业政策虽然引发了不少讨论群里的数场口水大战,却鲜少有人去认真钻研它的定义、理论与实践。张维迎老师甚至将之等同于"穿着马甲的计划经济"。这个观点忽略了世界经济知识体系之中对这个题目数十年来的理论研究,以及过去百年来的全球产业政策的实践积累。

本文旨在回顾部分全球产业政策历史实践等方面的相关中英文文献。试图拨开笼罩在产业政策之上的意识形态面纱,梳理产业政策的理论争论,并总结一些历史实践与最新发展。首先解释产业政策的定义,其次介绍世界各地相关的历史实践,再次梳理产业政策的争论与问题,最后介绍中国政府产业政策方面的一些研究。

产业政策的定义与逻辑

在任何争议之前,首先需要界定一下定义。美国早期拥护产业政策的Reich(1982)给出的产业政策定义是:鼓励朝阳产业发展、创造技术工人、支持相关产业基础设施建设、地区扶持的政策为产业政策。英国早期的产业政策支持者Pinder(1982)在同一年拓展了Reich的定义,使之成为广义的支持产业发展的政策,包括所有相关的人力资源、财政与金融方面的扶持政策,比如公共投资、政府采购、研发投入支持、贸易保护、劳动力密集型企业的产品升级,甚至是为扶持特殊产业的并购政策,以及挽救颓败产业的组织与管理等方面的努力。反对产业政策的Donges(1980)给出的定义则是政府在扶持产业发展方面所做的所有行为。

而后来的学者们给出的定义要更狭义、更聚焦。Landesmann(1992)提出的定义则非常具体化,认为产业政策就是专门为了特定产业、企业、地区与劳动力团体而设计的政策。英国剑桥大学的Chang(1994)也强调了狭义的产业政策,将之定义为政府为了影响特定产业、实现更有效率的整体经济目标而制定的相关政策,包含选择性地控制行业进入、建立超出市场机制的协调机制、加强政府监管、约束或补充利润动机等。

美国芝加哥大学教授詹姆斯·罗宾逊(Robinson,2009)给出的定义是:政府有意识地促进工业发展的相关政策,具体办法包括关税和外贸政策(保护)、税收优惠、补贴、出口加工区、国有制等。而根据几位学者(Liu et al.,2011;Du et al.,2014)在国际学术期刊《研究政策》(Research Policy)与《世界发展》(World Development)发表的文章中的总结,则把优先贷款、优先外汇安排、特殊经济开放区与高科技园区等地区性政策,以及针对特殊行业的研发支持与技术培训、人才计划等,均纳入产业政策的范畴。

Chang(1994)进一步梳理了产业政策背后的逻辑。基于完全竞争这一假设的主流产业经济学认为,不同部门对产量和价格的决策进行事前协调是没有必要的(Pagano,1985)。然而,马克思提出将自由市场作为协调工具是有缺陷的。协调机制失灵会造成大量资源的浪费,因此,他提倡通过中央计划或者其他形式的中央协调机制,将早已存在于企业中的事前协调机制推广到国家经济层面(Marx,1976)。如果市场不能解决协调问题或者一旦失败会造成浪费,那么非市场的事前协调不失为一种解决方式(Pagano,1985)。新制度经济学也提出,企业是非市场协调机制中的重要组成部分,但是也有其他的非市场协调机制的存在。中央计划与产业政策就是解决协调问题的制度工具(Richardson,1971)。

产业政策的历史实践

产业政策的历史实践在19世纪的美国就已然开始。美国海军当时与美国钢铁行业密切合作,采取各种方法去获取欧洲高端钢铁制造技术,并大力扶持美国钢铁制造厂商加工制造高质量钢铁的能力。待到第一次世界大战期间,就涉及更多的产业。比如,美国军队采用各种扶持手段去培育自己的航天产业。当时美国并没有飞机产业,美国军队几乎是一夜之间创造了这个产业。而当时的雷达技术也是美国海军的重点扶持对象。第二次世界大战的时候,更多的产业开始在政府与军队扶持下发展起来,比如电子计算机产业、雷达、核技术、医药等(Nagaoka et al.,2009)。

第二次世界大战之后,欧洲产业政策的实践也是非常广泛。1945年以后,欧洲各国政府面临的首要任务就是修复并重建在二战中受到重创的本国经济。为此,各国政府都试图通过长期、全面、直接的干预政策,来推进企业发展、促进产业转型升级、实现经济的快速复苏。

欧洲产业政策的发展大致经历了三个阶段:第一阶段始于20世纪60年代,英国和法国都是产业政策的积极执行者。它们试图通过采取一系列措施,打造能带动国家经济健康发展和引领产业走向的大型领军企业。这一期间,高技术产业中的航天、计算机、核能等行业被列为重点扶持产业。政府采用了不同的政策工具,比如税收激励,为研究与开发提供直接的政府补贴、有选择的政府购买,以及促进企业兼并等(Owen,2012)。

第二阶段始于20世纪80年代,以英国为代表的欧洲政府从"重点扶植"的纵向产业政策转向"一视同仁"的横向产业政策。无论是国家层面还是整个欧洲的层面,都不再局限于仅针对某一特定部门、产业进行补贴,而是致力于改善所有企业的经营环境,强调市场竞争,激发企业创新,从而促进产业发展。因此,政府对于产业的扶持力度明显削弱,电信和电力等国家曾大力扶持的行业都进行了部分的私有化(Owen,2012)。

第三阶段始于2008—2009年的经济危机之后。全球性的经济危机使得自由贸易主义受到质疑,政府干预再次受到学者、政府的重视。因此,欧洲各国政府不仅对受灾严重的银行业进行救助,也对汽车制造业等受到波及的重要行业给予财政支持。同时,政府积极参与到知识密集型产业中,以应对低人工成本国家带来的压力。

英国

英国是欧洲各国中产业政策的积极实施者(Owen,2012;Chick,2014)。1945—1951年,执政的工党政府开始积极寻求可以在短期内提高生产率的途径,以提升产业的业绩水平、促进产业结构的转型升级,弥补之前市场失灵带来的损失。除了对航空、核能和计算机三大高科技行业高度关注外,工党政府还对电力、煤炭、天然气、铁路和钢铁等重要行业中的企业进行国有化,实现了政府对经济控制力的大规模扩张。因此1951—1975年,工党出台的产业政策主要针对没有被国有化的制造业。

由于受到来自新兴市场低劳动力成本国的影响,英国的纺织和造船业等传统优势行业受到重创。政府试图通过实施国家资助的精简计划,尽可能放缓这些夕阳产业下行的速度。1973—1974年,世界石油价格大涨,英国的钢铁以及化工行业的一些分支领域出现了严重的产能过剩,英国政府通过财政补贴的形式缓解了这些行业的产能过剩现象。

英国政府还特别设立了多个部门、机构服务于产业重建。比如,1945年,工商金融公司(ICFC)和产业金融公司(FFI)成立,分别为中小企业和大型企业提供长期的发展基金。1962年,国家经济发展办公室成立,下设各行业经济发展委员会,邀请企业家、学者、外部专家和政府官员共同商议重要产业的发展方向。这一部门的设立代表着英国经济向供给侧改革的方向迈出了重要一步。1966年,工业重组公司(IRC)成立,主要协助一些企业在行业内进行重组；1974年，国家企业委员会（NEB）成立，旨在对中小企业进行投资，为科技研发提供资金支持，为战略新兴产业进行风险管理（Chick，2014）。

70年代后期，全球经济形势异常艰难。在这样的大环境下，工党的产业政策在振兴英国工业上也收效甚微。工党组建了国家领军企业，对这些企业的能力抱有不切实际的幻想，高估了规模经济对获取竞争优势的重要性，未能让技术落后的行业焕发生机活力。整个工业公有化，导致决策制定的政治化，也延误了企业对市场变化的及时调整。公共财政的无限支持让企业高管和员工与真实的市场隔绝（Owen，2012）。因此，英国的产业政策并没有为英国带来经济的飞速发展，当工党在1979年的大选中败给了保守党后，"去工业化"浪潮兴起，自由贸易主义迅速取代国家干预政策，产业政策的重要性也日益下降。

保守党在1979年上台之后，以去国有化的产业政策为主，一度给英国经济注入一定的活力。然而，近年来，英国的工业与制造业发展面临越来越严重的结构型困境，整体水平落后于美国与德国。英国虽然在学术方面的基础研究能力很强，涌现了各种研究成果，但这些研究成果的商业化与产业化能力远比美国逊色。仔细探究，可以发现以下这些原因导致了这个现象。在宏观层面，英国政府在资金支持、政策支持、设计创新生态系统以及促进创新环境的形成方面，要比美国政府滞后与低效得多。美国现有技术创新体系缺乏国家政府层面统一战略的协调，而地方政府的扶持措施也远远不够。在微观层面，英国虽然是对外直接投资大国，也是被投资大国，但本国经济中，接受投资的产业主要在房地产、商业服务等传统行业，而对高新技术行业的投资比较缺乏，并没有美国数量众多的风险投资（VC）、私募股权基金（PE）、天使投资基金等，而相关的中介服务机构的数量与规模也发展不足。许多研究成果只停留在学术机构等"象牙塔"，或者个人发明者的手上，不能成功地传递到企业家与商业界环节。

全球金融危机后，英国经济大幅衰退。2009年英国GDP下降4.9%，是自1968年以来的最大跌幅。为尽快从被重创的经济环境中复苏，英国政府效仿其他欧洲国家采纳产业政策推动技术创新。在2011—2014年期间，英国政府陆续投资 2 亿多英镑用于打造一个国家级的产学研技术创新平台,并称之为"弹射计划",初步建立七个弹射中心(catapult center),涉及细胞疗法、数字化、未来城市、高价值制造、海上可再生能源、卫星应用和运输系统等领域。2015 年,英国政府还在能源系统和精确医疗领域增开两个中心。"弹射中心"的建设激发了创新活力,为英国经济发展注入了驱动力,并在英国创新体系中发挥了特定的补充作用。其已经与研究界和产业界建立了清晰的接口,与其他的研究和技术组织、独立实验室、创新中心以及某些高校的技术转移部门共同构成了更广泛的中介部门。

法国

在运用国家力量扶持特定产业和企业方面,法国的产业政策最具连续性,并且持续关注基础设施和国防等相关产业、企业的发展(Owen,2012;Adam,2014)。二战后,法国工业经历了长达 20 年的投资不足,亟须实现现代化,但私有部门无意为工业注入资本。为解决这一问题,二战后的法国政府主要采取两种途径:国有化和经济计划。国有化是把煤炭、电力和天然气等基础行业变为公有。经济计划则主要是通过国有银行的资金支持新的投资项目,确保重点行业资金充足。同时,法国政府加大科研力度,投资建立多个国家级科研机构、实验室,大量补充高校研究力量。

20 世纪 50 年代初期,尽管动荡的政局和长期的通货膨胀导致法郎几次贬值,但法国经济保持了良好的增速。法国工业结构几乎没有发生任何变化,工业大部分仍由小型家族公司构成,这些公司的顺利发展得益于高关税的保护。1958 年,戴高乐再次出任总统后,决心通过推动国家领军企业(National Champions)和"宏伟计划"(Grands Project)使法国跻身工业强国的前列,实现军事、经济独立和技术革命。这一期间,法国政府投入大量的资金用于飞机和导弹的研发支出,加快原子弹研发进度,尽快实现法国的军事独立。政府还通过公共采购、科研经费、出口补贴和工业外交等多种方式支持军工发展。

与英国不同的是,20 世纪 50 年代的法国既没有走在计算机技术的前列,也没有认识到计算机行业的重要性(Owen,2012)。然而,美国通用电气收购法国最大的计算机公司的举动,唤醒了法国对计算机行业的关注。法国政府立即建立本土计算机公司以对抗美国企业的竞争。政府机构也通过补贴和倾向性采购的方式支持计算机行业的发展。

1974年,德斯坦就任后,决意减少政府对市场的干预,降低法国工业对国家财政支持的依赖度。产业政策的目标减少了,转而把重点放在发展有潜力的市场上,即寻找法国公司有希望在全球市场上占领相当份额的领域。但当法国的钢铁行业、造船业出现产能过剩的问题时,法国政府依然进行有效干预,将企业从破产的边缘解救回来。

联邦德国

总体来说,在二战结束的头30年中,相较于英国、法国,德国政府参与到产业中的情况要少很多。同纳粹时代的国家控制政策不同,在1949年第一次联邦选举后上台的基督教民主党,遵循"Ordo-liberalism"的原则,即信奉自由贸易主义、倡导富有活力的竞争政策,以及对政府干预的限制。比如联邦德国并没有像英、法两国一样,通过国有化来扩大对经济的控制能力,相反,那些从纳粹手中接管过来的国有企业,如大众公司,很快就全部或部分被私有化(Owen,2012)。德国联邦铁路和德意志联邦邮局的部分业务、电力公司和石油公司也大多掌握在私有企业的手中(Grüner,2014)。

然而,即使在1948年经济改革和货币改革后,联邦德国政府也有违背自由贸易主义的时候。最典型的例子是1952年德国政府募集100亿马克,为基础性行业和核心行业提供资金。受益的行业包括煤炭行业、钢铁行业、能源行业和铁路行业。这一措施起到了稳定价格、防止产能过剩和保护本国企业免受国际竞争的作用(Grüner,2014)。

德国政府支持科技研究有着很长的历史渊源。于1949年创建的弗劳恩霍夫协会(FhG)建立起了德国基础研究与产业应用研究之间的桥梁,培养了大批科技专业人才,并且降低了中小企业使用新技术的成本。另外,20世纪中叶后,联邦政府资助的领域都变成了日后德国经济中的支柱产业和创新系统中的中流砥柱(Owen,2012)。

值得强调的是,德国作为二战的战败国,其各地区的经济和社会发展在战时都遭受了不同程度的重创。因此,德国政府很早就提出政府应该干预原材料和劳动力的分布,使其直接、有效地进入结构性薄弱的地区。另外,由于战后国际社会对德国的限制,联邦德国被禁止在航空航天和计算机等同国防相关的产业进行发展。但在限令消除后,联邦德国政府投入大量人力、财力发展飞机制造业、航空制造业,使其有了空前的发展。因此,飞机制造业也成为德国有政府补贴最多的产业(Grüner,2014)。

瑞典

在瑞典社会民主党执政时期(1930—1976年),政府积极推行自由贸易主义的财政政策,反对国有化,支持私营部门的发展(Bohlin,2014)。因此在1970年之前,除了通信、铁路和电力三大公用事业生产部门和铁矿石采掘业,瑞典的其他行业中几乎没有大型国有企业的身影。

二战结束后,为使经济快速回归正轨,瑞典政府决定对经济进行适当的干预。首先,政府建立了战后计划经济委员会,专门预测经济走势并为产业发展制定政策。其次,瑞典政府开始大力投资基础设施建设来促进产业发展。比如,在战后,大量汽车和电动交通工具的广泛使用得益于政府给予公路、铁路的投资。最后,瑞典政府也深知科学研究对经济发展的重要作用。1950—1960年,瑞典高等教育的入学率明显提高,大学生人数从1950年的2万增加至12万。

20世纪60年代,瑞典遵循"横向"产业政策的原则,对各行业中的所有企业进行扶持,帮助中小企业发展,刺激创新活动的投入,进而促进地区产业的发展。区别于其他欧洲大国,瑞典的经济从二战以来就转向出口导向型经济,其出口额占到了整个GDP的20%。为了增加本土市场的竞争,政府通过颁布一系列关税贸易协定、降低关税来推动贸易自由化,这些政策一直沿用至20世纪末(Bohlin,2014)。

意大利

长期以来,由于缓慢的工业化进程和自身存在的缺陷,意大利都被认为是欧洲国家中最难实现工业化的国家。然而,20世纪五六十年代,意大利经济的腾飞使其跻身欧洲最强的工业化国家行列。在这一变革过程中,意大利政府起到了举足轻重的作用(Grabas,2014)。

在进行产业重组之前,意大利政府颁布了三个重要的决定:第一,建立自由、开放的市场经济的同时,允许政府进行适当的干预(1947年);第二,申请加入欧洲振兴计划,稳步推进贸易领域的自由化进程(1948年);第三,加快意大利的产业升级,制订可行的产业计划,追赶北欧其他发达国家。这三大决定为日后意大利产业政策的制定奠定了宏观经济和政策法规的基础。

1951—1963年是意大利经济腾飞的"黄金十年",GDP每年以5.8%的平均速度持续增长。在这期间,意大利政府通过在重要行业中设立国有企业、政府直接投资以及为重点行业的私营企业提供补贴和软贷款的方式,直接参与到经济发展的过程中来。然而,从1964年开始,经历了一段时间的结构性动荡后,意大利经济发展速度明显放缓。为了应对这一状况,意大利政府加强了对经济的计划和干预。从宏观层面来看,意大利政府制订了"五年"计划,共花费约630亿美元。其中,社会投资245亿美元,产业基金385亿美元。从微观层面来看,意大利政府主要采取的措施有:投资性补贴,比如政策性贷款和软贷款;对濒临破产的私营企业进行救助,或者将其并入国有企业,以保障员工的权益。

然而,意大利的产业政策越来越关注处理危机的短期目标,大量资金被用作政策性补贴和对破产企业的救助。从长期来看,此类产业政策导致了意大利国家经济资源的低效率分配,并且持续的财政赤字成为未来经济高速发展的障碍(Grabas,2014)。

西班牙

同意大利相似,在过去的50年中,西班牙的经济也经历了大起大落,而政府干预和产业政策是其背后的主要原因。适度的政府干预和工业化是1950—1975年西班牙"经济奇迹"的主要原因,然而,政府干预和无效的产业政策也是2011年以来西班牙债务危机的主要原因之一。

总体来说,20世纪50年代西班牙的产业政策和政府计划大部分借鉴了欧洲其他国家的成功经验,包括加强基础设施建设、提高公共服务水平、区域性工业化、优化技术性教育体系、充分利用自然资源和引导公共资金流向私募股权。为了获得欧洲经济合作组织和世界银行的技术支持及资金援助,佛朗哥当局效仿法国政府推行了预测性的计划经济,即实现必要的国际贸易自由化的同时,对国内事务进行更多的国家干预。然而,由于西班牙没有到达和法国相似的经济发展阶段,没有足够的人力资本、财政经费和强有力的银行系统,这一计划收效甚微。

1962—1973年,西班牙政府出台了新的产业政策。首先,对银行系统进行改革,以确保有足够的资金进行产业支持。其次,所有的税收减免和补贴由首相府部直接统筹,主要制定了特定产业的激励办法,对出口型制造业企业进行补贴和鼓励大企业间的兼并。因此,意大利刚刚起步的汽车制造业受益颇多(De la Torre and García-Zúniga,2014)。

东亚

东亚经济的腾飞是20世纪世界经济史上的重要篇章。从1960年起,发达国家日本的GDP以每年7%的速度增长,亚洲"四小龙"的中国台湾、中国香港、韩国和新加坡的增速超过8%。而当时拉丁美洲和欧洲的增速仅为3%。产业政策被视为日本、韩国和中国台湾在二战后经济高速、可持续发展的核心因素,政府则是市场的领导者(Johnson,1982;Amsden,1989;Wade,1990;World Bank,1993;Robinson,2009)。韦德(Robert Wade)在其著作《驾驭市场:经济理论和东亚工业化中政府的作用》和世界银行撰写的《东亚奇迹》一书中都提炼了东亚后进国家经济成功发展的十条秘诀。第一,给予对经济发展有重要作用的行业财政补贴;第二,对有潜力但尚未发展起来的产业实施保护措施,打造未来具有国际竞争力的产业;第三,强调出口导向型经济发展模式;第四,引进跨国企业的同时引导外资进入出口导向型产业;第五,对以银行为基础的金融体系进行政府干预、改革;第六,逐步推动贸易自由化和金融去管制;第七,设立国家层面的组织机构,研究制订工业化发展计划;第八,在民主化之前,要建立高效的政治权利机构;第九,在民主化的同时或之后建立中间合作性机构(corporatist institution);第十,透过渐进改革创造一个合适的制度框架,以便更好地支持适度的产业政策。

中国台湾

邹德发(1998)回顾台湾产业政策发展之路时，将其划分为四个阶段。第一阶段为1953—1959年的"第一次进口替代时期"。由于台湾自然资源匮乏，技术和资本欠缺，外汇储备不足，但普通劳动力丰富，因此，当局决定采取进口替代政策，并且同时采取外汇管制、高关税以及进口管制的保护措施，限制商品进口，鼓励本土企业自制非耐久性消费品以替代进口。同时银行保持低贷款利率，当局制定提供原料的优惠措施，促进替代工业的发展。其目的是在节省外汇的同时，保护刚刚起步但是尚未具备国际竞争力的幼稚企业。第二阶段为1960—1972年的"出口扩张时期"。由于台湾劳动密集型产业的持续发展，使得生产成本相对降低，具有了国际市场竞争的潜力。20世纪60年代起，台湾经济转为以国际市场为导向的出口扩张期。当局通过发展劳动密集型产品的策略扩大出口。同时，通过颁布出口退税制度，进行外销资金融通，设立高雄加工出口区，对出口商品实行五年免税以及海外投资所得税适用较低税率的措施，引导企业进行以出口为导向的商业模式。第三阶段为1971—1990年的"第二次进口替代时期"。这一时期是台湾经济产业转型的重要阶段。台湾当局决定鼓励资本密集型行业发展，强调重化工业的进口替代。1973年与1980年两次能源危机之后，台湾GDP增速明显下降，劳动密集型产业失去优势。因此，台湾当局开始重点发展战略性产业，调整产业结构，以知识和技术密集型产业带动经济增长。因此，设立科技工业园区，积极发展信息、电子、生化科技等科技型产业。第四阶段为1991年至今的"创新知识产业时期"。1990年开始，岛内投资环境发生变化，劳动密集型产业利润率下降，为了应对全球化和知识经济的到来，台湾当局首先开放市场，全面实施自由化政策；其次通过租税奖励和提供开发基金等措施促进向高技术、高附加值和高资本密集型产业的转型升级；最后大力发展第三产业。

产业政策的争论与问题

关于产业政策的争论,亦始于 OECD 国家。在英国,20 世纪 70 年代就引发过口水战无数(Chang,1994)。当时英国由于经济处在转型过程中,制造业在经济总量中的相对比例不断地减少。在这种去工业化过程中,支持产业政策的人希望政府干预以使制造业竞争力加强,而反对者则认为,去工业化进程不可避免,制造业份额不断减少并不意味着其自身竞争力的下降,因此希望由市场决定经济结构转型的过程。

但最激烈的争论却发生在美国的 20 世纪 80 年代。当时,产业政策受到很多学者与政界人士批评。一些美国政治经济学的信奉者亦坚持认为美国没有产业政策。他们认为,至少与日本、法国、韩国等国相比,美国在监管、保护与宏观干预等方面,几乎没有所谓的产业政策(Norton, 1986)。

但其实这并非事实。美国那场以《哈佛商业评论》为主战场的大辩论里,由于支持产业政策的民主党在 1984 年总统大选之中落败,标志着国家层面统一与公开地实施产业政策的可能性几乎归零。然而,不少州立政府却悄然地或者部分地进行着产业政策方面的创新与实践。美国州政府对一些高新技术制造产业,比如国防科技、制药业、信息产业等,一直存在大量的补贴、税收优惠、政府公共投资、雇佣工人优惠券、工业园区以及其他各种产业扶持政策(Lerner,1999)。其扶持力度之大,当属全球之冠。

日本的产业政策则更是充满了意识形态方面的争议。与英美自由资本主义模式所不同的是,日本自从 19 世纪开始就采用了发展主义(developmentalism)的经济政策思路。我们知道,市场只是各种社会关系与治理结构的一种。日本发展主义强调,为了产业发展与经济增长,政府应该与市场一起扮演非常重要的角色,因此产业政策相关的政治活动就非常重要。二战等非常时期,由于国家利益被排在第一位,经济发展目标被推后。为了扶持军工行业的发展,日本政府出台了一系列政策去抑制市场机制,比如建立卡塔尔、控制协会与主银行体系,反对以利润为导向的市场原则,强调政府的控制力。这种情况即使在二战结束后也并没有改变多少。20 世纪 50 年代,重化工业代替武器装备成为日本产业政策的最优先发展对象。这些产业被认为是日本产业结构中的战略性组成部分，有助于其在国际贸易中的收益最大化。日本甚至为此提出了"出口或死亡"的口号。等到了20世纪60年代，日本的产业规划更强调经济高增长率，因此政府努力将全国包括进一个以国际贸易为导向的侧重发展产品技术的"新产业体系"（详见Gao，2001）。

日本发展主义的思潮从来都不仅仅是日本的产物，它受到好几个西方学者的影响，比如马克思、熊彼特与凯恩斯。它从意识形态上代表的是工业化的经济学，专注于一个后起发展工业化的国家如何在动态的过程里创造社会财富。这个思潮一直支持私有制与市场经济体系，但这个体系必须服从国家工业化的目标。为了实现这个目标，日本政府长期干预市场，不断地鼓励产业协会与商业集团等非市场治理结构在日本经济中的发展，从而限制市场的力量。因此，日本的产业政策也被描述为"经济国家主义"。尽管日本产业政策的国家主义维度在20世纪80年代已经开始受到一些关注，但真正得到广泛讨论与研究是在90年代。其中，Samuels（1987，1994）在研究日本的国防工业时，用技术国家主义来描述日本的产业政策。而Bakker et al.（1994）与Williams（1994）则认为日本的产业政策是"新重商主义"（详见Bai，1997）。

产业政策到底能不能创造价值？正如Robinson（2009）所说，从经济学理论的角度看，产业政策可能是社会所需的，并且确实在促进经济的增长、发展方面发挥重要作用，但是产生的效果会有天壤之别。成败的原因在于采取产业政策的国家具有不同的政治环境。产业政策能取得成功，是因为实施政策的当权者自己希望工业化能顺利完成，或者是因为政治体制所产生的激励迫使他们这样行动。与任何对社会有益的政策一样，产业政策未必是政治均衡的结果，即使能推出产业政策，也未必能采取理想的方式。正如20世纪60年代产业政策在非洲很多国家失败的原因在于，产业政策是为了满足执政者巩固政治权力的需求，这与促进经济增长往往存在冲突。因此，以产业政策来促进工业化是一个国家政治选择的内生结果。好的产业政策并不足以促进经济的发展，更重要的是找到与当权者激励相容的方式来实施产业发展的政策。

Chang(1994)也提出,大多数的产业政策都有助于解决市场战略的不确定性这个问题。由政府主导的投资协调可以解决由战略的不确定性带来的投资过度和投资不足的问题。政府通过对行业进行干预,保证行业中潜在的进入者不超过最优进入量。这一目标可以通过仲裁潜在进入者间的私人谈判或者代替私人交易从而降低交易成本。准入许可和控制产业规模是政府可采取的最常见的投资协调措施。如果没有预测到需求的波动,即使是最优产能的产业,也会面临价格战的风险。如果发生长期的需求下行,那么私营衰退联盟的累计成本会超过它所带来的收益。永久性的需求下降将迫使一些公司退出,并产生市场摩擦,因为每个企业都坐等因其他企业退出而带来的收益。这类摩擦将带来更为持久的价格战,让每个企业都承受比按时退出更加惨重的代价。

比如在产能过剩的情况下,有政府主导的衰退联盟可以有效解决在私营衰退联盟中存在的信任危机。政府监管的出现也可以增加产能削减计划的可信度。政府可以采取三种方式让企业有序退出或者削减产能。第一,一些企业可以通过一起退出换取补偿。第二,所有企业根据其自身产能在整个行业的占比或市场份额进行产能削减。第三,根据政府仲裁、法令,企业可以将市场进行细分,然后退出细分市场以获得其他幸存企业提供的补偿。

Chang(1994)的研究也指出,尽管产业政策可以缓解市场失灵所带来的协调问题,但产业政策自身也面临着困难。产业政策中存在的第一个困难是,很难设计对所有市场参与者都公平的方案,比如确定行业中哪些企业应该退出,哪些应该留下,留下的企业应该削减多少产能的决定。每家企业的产能或者市场份额可以作为达到公平的基准点,但假如企业处于不同的行业,这一方法就不太可行。作者也提出可以以国家利益为起点来处理公平问题。缺乏灵活性是产业政策存在的第二个困难。人类认识的局限性意味着帮助做投资策略的需求预测有可能是错误的。比如,即使需求在持续下降,也很难判断下行时间是否足够长,从而导致做出退出或者削减产能的决定不太容易。作者主张在扩张的产业中,有条件的进入是保证灵活性的方法;在需求不太可能上升的颓败行业中,封存进入是保持灵活性的方法。

中国最近三十年来的产业政策评价

在中文文献里查找中国最近三十年来的产业政策实施效果评价,可以发现不少文章,正面与负面的效果都有,产业政策的实施效果差异显著。先看偏负面的研究。韩乾和洪永淼(2014)坚持了广义的产业政策概念,将产业政策定义为一国政府为了实现一定的经济和社会目标而对产业的形成和发展进行干预的各种政策的总和。李平等(2010)的研究表明,直接干预市场的产业政策削弱了市场竞争,严重阻碍了钢铁、汽车、石化、船舶等重要行业生产效率的提高。江飞涛和李晓萍(2015)的研究指出,长期以来,中国政府实施以直接干预市场、替代市场与限制竞争为特征的选择性产业政策,此类政策的缺陷及由此带来的不良政策效应日趋严重,甚至已经成为产业结构调整与转型升级的突出障碍。但是他们的研究主要建立在零星的证据基础上,缺乏详尽的数据以支撑实证研究。

宋凌云和王贤彬(2013)则提出,产业政策是否有效提升了产业生产率是产业经济实践领域一个关键的实证问题。他们的研究整理了中国省份五年规划的重点产业政策信息,基于中国工业企业数据库计算了省份制造业2位码行业全要素生产率,检验了重点产业政策对生产率的影响。他们的实证研究发现,地方政府的重点产业政策总体上显著提高了地方产业的生产率;重点产业政策对产业生产率的影响程度在不同产业类型上具有显著差异;将资源导向生产率增长率更高企业的程度不同导致了重点产业政策的资源重置效应因产业类型而异。

就中国最近三十年来的产业补贴的整体效果而言,偏正面影响的英文学术研究并不少(华秀萍,2016)。美国麻省理工大学埃考斯的研究发现,中国政府对国有企业的补贴与其他扶持政策在WTO前后推动了国企出口的增加(Eckaus,2006)。哈佛大学教授阿格因与其他几位学者最近的研究运用了中国大中型企业1998—2007年间的数据,发现投向竞争比较友好的行业的政府补贴,或者用以促进某个行业竞争的补贴,对提高生产率与培育小企业的成长性有着非常正面的作用(Aghion et al.,2015)。英国曼彻斯特大学的李与他的两位合作者利用中国上市公司的数据,发现政府补贴对上市制造业公司的价值创造有着非常正面的作用(Lee et al.,2014)。我们利用2006—2014年间中国汽车与电子行业的上市公司数据所作的一个初步研究,也证明了补贴对于缓解高新技术公司财务约束、推动其研发投入的正面作用(Hua et al.,2016)。

亦有学术文章发现政府对一些产业与企业的研发补贴可能会挤出商业研发投资。比如,德国欧洲经济研究中心的波应教授的一个最新研究指出,政府小比例持股的国企要比大比例持股的国企与私企更容易拿到政府补贴,以市场为导向的省政府会更低频率地发放补贴,同时中国选优补贴的国家创新政策也导致坐落在发达省份的公司更容易得到补贴。他的实证分析进一步表明政府的研发补贴短期内对商业研发投入有一定的挤出效应,但长期来看却不会。同时,对于那些经常拿到研发补贴的高新科技公司、政府小比例持股的国有企业,研发补贴对其研发投入是中性的(Boeing,2016)。

黄先海等(2015)研究了以不同方式施行的补贴可以产生不同政策效果的理论机制,鼓励竞争兼容方式施行的补贴可以扩大竞争,并抵冲补贴对创新的负面影响,从而获取创新激励效应。他们还提出了对以补贴为主要内容的中国产业政策的三种优化设计方向,即(1)补贴政策的重点应聚焦靠近或处于最优实施空间内的行业和企业;(2)鉴于行业资本密集度和全社会要素禀赋变迁相对缓慢,应重点关注行业竞争程度变化;(3)针对竞争度不足的行业,实施力度适中的竞争型补贴,当行业竞争程度过高时,及时调整直至退出激励机制。

中国促进产业集聚方面的经济开发区等产业政策,也起了不少正面的效果,比如Long and Zhang(2011)的研究发现,尽管中国缺乏一个运作良好的金融体系,但产业园等产业政策引导下的产业集聚缓解了中小企业的财务约束,加深了劳动分工,推动了中国的产业化进程。然而,吴意云和朱希伟(2015)分析中国省际工业分行业面板数据发现,地方政府相似的产业政策导致了中国工业的地理集中和行业专业化在2005年前后由上升转为下降,导致省际产业同构现象加剧。对于国有制在不少产业里的运用,特别是国有制的推广是否有利于确保产业的有效竞争,不少研究也有诸多质疑。

我们的工作论文也发现，汽车产业里的国有股份过多导致的市场分割与地方保护主义使得市场竞争变弱，不利于企业创新(Hua et al.，2016)。

揭开意识形态的面纱，产业政策只是诸多政策工具之一。正如 Aghion et al.(2015)提出的那样，对于产业政策的争论不应该再集中在到底要不要产业政策的问题之上，而是应该把兴趣转向该如何设计、管理产业政策以促进经济增长和福利增进。在大多数发达与发展中国家都得到过广泛运用的产业政策，更值得我们中国学者认真对待与客观研究。未来随着科技进步的加速与人力资源的深度广度发展，如何在不同产业之间分配资源，也绝非市场机制能够独立完成的。无论是对"市场万能"的迷信，还是对"政府万能"的迷思，都是应该避免的。产业政策这个领域，期待更严谨的学术研究、更科学的政策论证，以及更透明的实施过程。

参考文献

Adams, W. J., "What's in a Name? French Industrial Policy, 1950—1975", in C. Grabas and A. Nützenadel, eds., *Industrial Policy in Europe after 1945*, Palgrave Macmillan UK, 2014, pp. 67—85.

Aghion, P., J. Cai, M. Dewatripont, L. Du, A. Harrison and P. Legros, "Industrial Policy and Competition", *American Economic Journal: Macroeconomics*, 2015, 7 (4), pp. 1—32.

Amsden, A., *Asia's Next Giant: South Korea and Late Industrialization*, New York: Oxford University Press, 1989.

Amsden, A. H., *Asia's Next Giant: South Korea and Late Industrialization*, Oxford University Press on Demand, 1992.

Bakker, I., S. B. Mukhopadhyay, H. B. Afshar, A. B. Barrón, G. Cohen, I. M. Bakker, M. B. MacDonald, M. W. Williams, C. B. Grown, J. B. Brodie and D. B. Elson, The Strategic Silence: Gender and Economic Policy, 1994, No. E50 904.

Boeing, P., "The Allocation and Effectiveness of China's R&D Subsidies-Evidence from Listed Firms", *Research Policy*, 2016, 45(9), pp. 1774—1789.

Bohlin, J., "Swedish Industrial Policy: from General Policies to Crisis Management,

1950—1980", in C. Grabas and A. Nützenadel, eds., *Industrial Policy in Europe after 1945*, Palgrave Macmillan UK, 2014, pp. 113—133.

Chang, H. J., *The Political Economy of Industry Policy*, Macmillan Press, 1994.

Chick, M., "The State and Industrial Policy in Britain, 1950—1974", in C. Grabas and A. Nützenadel, eds., *Industrial Policy in Europe after 1945*, Palgrave Macmillan UK, 2014, pp. 48—66.

De la Torre, J. and M. García-Zúñiga, "Was It a Spanish Miracle? Development Plans and Regional Industrialization, 1950—1975", in C. Grabas and A. Nützenadel, eds., *Industrial Policy in Europe after 1945*, Palgrave Macmillan UK, 2014, pp. 162—183.

Donges, J. B., "Industrial Policies in West Germany's not so Market-oriented Economy", *The World Economy*, 1980, 3(2), pp. 185—204.

Du, L., A. Harrison, G. Jefferson, "FDI Spillovers and Industrial Policy: The Role of Tariffs and Tax Holidays", *World Development*, 2014, 64, pp. 366—383.

Eckaus, R. S., "China's Exports, Subsidies to State-owned Enterprises and the WTO", *China Economic Review*, 2006, 17, pp. 1—13.

Gao, B., *Japan's Economic Dilemma: The Institutional Origins of Prosperity and Stagnation*, Cambridge University Press, 2001.

Grabas, C., "Planning the Economic Miracle? Industrial Policy in Italy Between Boom and Crisis, 1950—1975", in C. Grabas and A. Nützenadel, eds., *Industrial Policy in Europe after 1945*, Palgrave Macmillan UK, 2014, pp. 134—161.

Grüner, S., "Ensuring Economic Growth and Socioeconomic Stabilization: Industrial Policy in West Germany, 1950—1975", in C. Grabas and A. Nützenadel, eds., *Industrial Policy in Europe after 1945*, Palgrave Macmillan UK, 2014, pp. 86—112.

Hua, X., X. Liu and M. Wang, Industrial Policies and Innovation: Evidence from the Chinese Automotive and Electronics Industries, working paper, University of Nottingham Ningbo China, 2016.

Johnson, C., *MITI and the Japanese Miracle: the Growth of Industrial Policy: 1925—1975*, Stanford University Press, 1982.

Landesmann, M., Industrial Policies and Social Corporatism, Social Corporatism: A Superior Economic System, 1992.

Lee, E., M. Walker and C. Zeng, "Do Chinese Government Subsidies Affect Firm Value?", *Accounting, Organizations and Society*, 2014, 39(3), pp. 149—169.

Lerner, J., "The Government as Venture Capitalist: the Long-run Impact of the SBIR Program", *The Journal of Private Equity*, 2000, 3(2), pp. 55—78.

Lerner, J., "The Government as Venture Capitalist: the Long-run Impact of the SBIR Program", *The Journal of Private Equity*, 1999, 3(2), pp. 55—78.

Liu, F., D. F. Simon, Y. Sun and C. Cao, "China's Innovation Policies: Evolution, Institutional Structure, and Trajectory", *Research Policy*, 2011, 40, pp. 917—931.

Long, C. and X. Zhang, "Cluster-based Industrialization in China: Financing and Performance", *Journal of International Economics*, 2011, 84(1), pp. 112—123.

Marx, C., *Capital*, Vol. 1, Harmondsworth: Penguin Books, 1976.

Nagaoka, S., M. Kondo, K. Flamm and C. Wessner, eds., *21st Century Innovation Systems for Japan and the United States: Lessons from a Decade of Change: Report of a symposium*, National Academies Press, 2009.

Norton, R. D., "Industrial Policy and American Renewal", *Journal of Economic Literature*, 1986, 24(1), pp. 1—40.

Owen, G., Industrial Policy in Europe Since the Second World War: What Has Been Learnt? ECIPE Occasional paper. 1, The European Centre for International Political Economy, Brussels, Belgium, 2012, pp. 1—60.

Pagano, U., *Work and Welfare in Economic Theory*, New York, NY: B. Blackwell, 1985.

Pinder, J., "Causes and Kinds of Industrial Policy", *National Industrial Strategies and the World Economy*, Croom Helm, London, 1982.

Reich, R. B., "Making Industrial Policy", *Foreign Affairs*, 1982, 60, pp. 852—881.

Richardson, G. B., "Planning Versus Competition 1", *Europe-Asia Studies*, 1971, 22(3), pp. 433—446.

Robinson, J. A., *Industrial Policy and Development: a Political Economy Perspective*, Washington, DC: The World Bank, 2009.

Samuels, R. J., *The Business of the Japanese State: Energy Markets in Compara-*

tive and Historical Perspective, Cornell University Press, 1987.

Samuels, R., Rich Nation, Strong Army, National Security and the Technological Transformation of Japan, 1994, pp. 351—377.

Sawa, Y., K. Kadoba, K. Suzuki, H. Z. Bai and Y. Kaneda, R. Shirakura and H. Matsuda, "Efficient Gene Transfer Method into the Whole Heart Through the Coronary Artery with Hemagglutinating Virus of Japan Liposome", *The Journal of Thoracic and Cardiovascular Surgery*, 1997, 113(3), pp. 512—519.

Wade, R., *Governing the Market: Economic Theory and the Role of Government in East Asian Industrialization*, Princeton University Press, 1990.

Williams, T. J., "The Purdue Enterprise Reference Architecture", *Computers in Industry*, 1994, 24(2), pp. 141—158.

World Bank, *The East Asian Miracle: Economic Growth and Public Policy*, Oxford University Press, 1993.

韩乾、洪永淼,"国家产业政策、资产价格与投资者行为",《经济研究》,2014 年第 12 期,第 143—158 页。

华秀萍,"产业政策的旷世之争论",载林毅夫、付才辉、王勇主编,《新结构经济学新在何处》,北京大学出版社,2016 年。

黄先海、宋学印、诸竹君,"中国产业政策的最优实施空间界定——补贴效应、竞争兼容与过剩破解",《中国工业经济》,2015 年第 4 期,第 57—69 页。

江飞涛、李晓萍,"当前中国产业政策转型的基本逻辑",《南京大学学报(哲学·人文科学·社会科学)》,2015 年第 3 期,第 17—24 页。

李平、江飞涛、王宏伟,"重点产业调整振兴规划评价与政策取向探讨",《宏观经济研究》,2010 年第 10 期,第 3—12 页。

宋凌云、王贤彬,"重点产业政策、资源重置与产业生产率",《管理世界》,2013 年第 12 期,第 63—77 页。

吴意云、朱希伟,"中国为何过早进入再分散:产业政策与经济地理",《世界经济》,2015 年第 2 期,第 140—166 页。

邹德发,"台湾产业政策的回顾与展望",《中国经济问题》,2008 年第 1 期,第 50—55 页。

产业政策理论与实践研究述评

任继球　国家发展和改革委员会产业经济与技术经济研究所助理研究员

产业政策的起源及内涵

产业政策的起源

伴随着日本20世纪50年代开始的经济高速增长,与产业有关的政策开始受到世人关注(杨治,1985)。但直到1970年,日本通产省代表在经济合作与发展组织(OECD)大会上所作的题为"日本的产业政策"的演讲中才首次使用产业政策一词,产业政策由此正式进入世人的视野,并受到包括美国等发达国家在内的世界各国的重视(苏东水,2010)。随后一些主要发展中国家将产业政策作为本国实现经济赶超的重要战略,将产业政策作为财政政策和货币政策的重要补充,以促进经济发展及其他目的(Johnson,1982),产业政策也因此受到了这些国家的广泛关注。因此,从概念上来看,产业政策起源于二战之后的日本。

但直至今日,西方主流经济学家在总结归纳经济政策时仍没有正视和承认产业政策。Boulding(1958)的《经济政策原理》和贝纳西-奎里等(2015)

的《经济政策:理论与实践》阐述了财政政策、货币政策、国际金融一体化和汇率政策、增长政策和税收政策等经济政策,但唯独没有提产业政策。然而,西方发达国家很早就开始使用产业政策了。不管西方发达国家和西方主流经济学家承不承认产业政策,都无法掩盖西方主要发达国家在不同历史时期,特别是在经济赶超时期对产业政策的使用。从实践来看,产业政策的起源可以追溯到汉密尔顿和李斯特保护本国幼稚产业的主张(刘慧敏,1994;张夏准,2009a,2009b;Primi and Perez,2009;Altenburg and Lütkenhorst,2015;Stiglitz,2015)。

产业政策的内涵

正如 Evenett(2003)所说,不同的人所理解的产业政策的内容是不一样的。事实上,自产业政策的概念正式从日本诞生以来,学术界对产业政策的内涵就存在争议,一直以来都没有一个统一的定义。表1报告了中日美各国学者在不同时期对产业政策的定义,各国学者在不同阶段对产业政策的定义都不一样。

表1 各国学者对产业政策概念的定义

国家	学者(年份)	定义
中国	周叔莲(1987)	产业政策是对一定时期内产业结构变化趋势和目标的设想,同时规定各个产业部门在社会经济发展中的地位和作用,并提出实现这些设想的政策措施。
	周振华(1991)	产业政策为一系列对产业发展有重大影响制度和安排的总和。
	刘鹤(引自刘慧敏,1994)	产业政策最重要的本质特征是政府针对产业经济活动而制定和实施的各类政策,中央政府是政策主体,产业经济活动(特别是制造业)是政策客体或政策对象,改变或影响某些产业的经济活动是制定政策的目标。
	江小涓(1996)	产业政策是政府为了实现某种经济和社会目标而制定的有特定产业指向的政策的总和。

(续表)

国家	学者(年份)	定义
中国	姜达洋(2016)	产业政策是一国政府为实现特定的经济、社会目标,对社会经济活动进行管理与规制的政策和措施的总和,其实质是政府对产业活动的一种干预,即政府通过对特定产业或者特定企业所推行的一系列的政策、措施,影响社会资源在产业间和产业内的配置,并使资源配置向不同市场机制引导下的配置方向变动。
中国	冯飞(2016)	产业政策是国家为促进经济发展,由政府对产业内资源配置进行科学、必要、适度和适时的引导与调控,推进产业结构调整和经济发展方式转变的经济政策。
日本	下河边淳和管家茂(1982)	产业政策是国家或政府为了实现某种经济或社会目的,以全产业为直接对象,通过对全产业的保护、扶持、调整和完善,积极或消极参与某个产业或企业的生产、经营、交易以及直接或间接干预商品、服务、金融等市场形成和市场机制的政策的总和。
日本	伊藤元重(1988)	产业政策界定为由于竞争性市场存在的缺陷(即市场的失灵),当自由竞争导致资源分配和收入分配出现问题时,为提高本国经济福利水平而实施的政策。
日本	小宫隆太郎(1988)	产业政策是政府为改变产业间的资源分配和各种产业中私营企业的某种经营活动而采取的政策。
日本	Hatta(2016)	产业政策是指通过贸易保护、税收优惠和政府信贷鼓励和推进目标产业发展的政策措施。
美国	Johnson(1982)	产业政策是政府为了取得在全球的竞争能力而打算在国内发展和限制各种产业的有关活动的总的概括。
美国	Pack and Saggi(2006)	产业政策是指为实现经济增长而试图改变产业部门的生产结构的选择性政府干预措施。
美国	Lee et al.(2012)	产业政策可以分为三个方面:其一是为产业发展提供一个制度环境,如制定公司法和专利法等;其二是通过提供研发、培训和教育政策以及鼓励竞争或限制竞争的政策促进产业技术进步;其三是鼓励和配置资源进入特定产业或特定区域。

学者对产业政策内涵的界定主要存在两个方面的争论:其一是产业政策的内容是否具有特定产业指向[①];其二是产业政策和市场的关系,即产业政策是弥补市场失灵、促进市场竞争,还是扭曲市场、替代市场功能。当然,这两者又有一定重合,一般而言,具有特定产业指向的产业政策会带来产业

---

① 特定产业指向表现为三个方面:一是对某一(类)产业实施政策;二是对不同产业实施的政策力度是有差异的;三是强调产业结构变化。但前提条件是该政策一定是主动干预产业发展的政策。

间的不公平竞争,带来市场扭曲,是不利于市场竞争的。各个国家学者定义的产业政策在特定产业指向问题上都存在不同看法。一类学者认为产业政策应该具有特定产业指向,产业政策在各个产业之间的政策力度应该是有差异的,如下河边淳和管家茂(1982)、小宫隆太郎(1988)、Hatta(2016)、周叔莲(1987)、江小涓(1996)等。而另一类学者仅仅强调产业政策是针对产业发展干预产业的政策,而并不考虑该政策是否具有特定产业指向,如伊藤元重(1988)、周振华(1991)、姜达洋(2016)、Johnson(1982)、Pack and Saggi(2006)等。

对于产业政策与市场的关系,不同学者也有不同看法。一类观点认为政府应该深入社会再生产过程,对以市场机制为基础的产业结构进行定向干预,如下河边淳和管家茂(1982)和姜达洋(2016)等。而另一类观点强调产业政策实施的原因是市场失灵,产业政策就是为了弥补市场失灵、促进市场竞争,如伊藤元重(1988)等。

很多学者通过扩大产业政策范围来处理这两种争论,将对干预产业发展的各种政策都归纳为产业政策,如周振华(1991)和 Lee et al.(2012)等。还有一批学者通过对产业政策进行分类来解决这两种争论。按照是否针对特定产业,陈瑾玫(2011)将与产业相关的政策分为水平型产业政策和垂直型产业政策。水平型产业政策是指并非针对某一产业或某些产业,而是针对所有产业的产业政策,如研发与创新激励政策、政府采购政策等;而垂直型产业政策是指针对某一产业或某些产业的产业政策,如战略性贸易政策等,它们的实施目的就是改变资源在产业部门间的配置。

按照与市场的关系,很多学者将产业政策分为"功能性产业政策"和"选择性产业政策"(Lall,1994,2004;冯晓琦和万军,2005;Altenburg and Lütkenhorst,2015;侯利阳,2016)。功能性产业政策是指通过弥补市场失灵,强化市场功能来促进本国产业国际竞争力的提高,如政府组织的职业培训和 R&D 补贴等。这类产业政策没有特定产业指向,着重强调为所有产业(企业)提供一个更加公平、有效的竞争平台,其在政策原理上基于对市场本身所具备的选择与淘汰机制的承认和尊重,也有学者将其称为"普惠性产业政策"(张昱,2012;姜江,2015)。选择性产业政策主要是通过积极主动扶持战略产业和新兴产业,缩短产业结构的演进过程,以实现经济赶超目标。与功能性产业政策注重市场机制在资源配置中的基础作用有所不同,选择性产业政策更加强调政府在资源配置中的作用。由此可见,这两种产业政策差别很大,甚至相悖。

这种将产业政策外延扩大,同时包含不同内涵的产业政策体系,给研究带来了两个不可回避的问题:其一是功能性产业政策或普惠性产业政策的内容与竞争政策和创新政策存在部分重合,相当于将竞争政策和创新政策纳入了产业政策体系,使对产业政策的研究不能聚焦。其二是选择性产业政策和功能性产业政策发挥着完全不同的作用,甚至在某些时候是相悖的,会互相削弱。因此,在评价这些产业政策的效果时,会得出完全不一样的结论。在产业政策研究和讨论中,必须首先详细说明支持或反对的产业政策的具体内容,研究者也必须明确自己要支持或反对的是哪一类产业政策,不加区分可能导致不适当的政策研究和讨论(江飞涛和李晓萍,2012)。

当然,产业政策内涵的争议除了以上两种以外,还有其他一些争议,比如产业政策目标的争议,有的学者认为产业政策的目的是促进特定产业的发展(Hatta,2016),而其他学者扩大了产业政策的目标,他们认为产业政策并不仅仅是为了产业发展和提高产业竞争力,还是实现某种经济或社会目的的政策措施(江小涓,1996;姜达洋,2016)。

产业政策的理论分析

产业政策的理论依据:市场失效

学术界大多赞同市场失灵是产业政策干预经济的最初理论根据(江小涓,1996;林毅夫,2012;Andreoni and Scazzieri,2014;Stiglitz,2015)。在市场失灵方面,学术界对产业政策讨论最多的是产业政策对解决外部性问题的贡献,而最新的文献主要集中于创新活动的外部性问题,他们认为由于创新活动的外部性,政府需要实施产业政策来扶植企业研发和战略性新兴产业发展。首先,产业政策能够矫正企业研发活动的外部性(江小涓,1996;戴晨和刘怡,2008;斯蒂格利茨,2009;Greenwald and Stiglitz,2013)。其次,产业政策能够纠正企业创新带来的信息外溢导致的正外部性，创新活动无论是成功还是失败，都是一种有利信息，信息可能会外溢，出现外部性问题，可以给尝试这方面创新的企业和个人提供足够的信息，指导其未来的创新活动，这些信息有助于他们判断是否应该进入这个领域进行研发，或者如何改良方法以避免"重蹈覆辙"，减少无谓的冒险（Hausman and Rodrik，2003；Rodrik，2009；Krugman and Obstfeld，2009；林毅夫，2012；顾昕和张建君，2014）。

另一类观点认为由于外部性的存在，市场不能自发协调以服务产业发展，因此需要政府干预解决，这可以表现为三个方面。首先，产业政策能够解决多个相关联的创新行为的协调问题，以解决这些创新行为的"集体不作为"，实现特定范围内的产业集体成长（Pack and Westphal，1986；Okuno-Fujiwara，1988；Rodrik，2008；周叔莲等，2008）。其次，当一个产业由旧标准向新标准转变时，单独一个企业由于害怕出现劣币驱逐良币现象，不会主动向新标准转变，因此需要协调该产业所有企业向新标准转变，以克服单独一个企业转变出现的正外部性（Swann，2010）。最后，在发展中国家的经济发展和产业结构升级过程中，企业面临的是已经成熟且受到市场检验的技术、产业发展规律和商业模式，这些企业会对有发展前景的产业投资产生共识，争相投资，从而出现投资的"潮涌现象"，即在短期内众多企业过度投资某一行业和领域，造成严重的产能过剩，这不仅会浪费经济发展的稀缺资源，还可能会造成经济波动，因此需要产业政策协调解决这种集中投资导致的潮涌现象（林毅夫，2007；金戈，2008；林毅夫、巫和懋和邢亦青，2010）。

市场失灵还包括规模经济和不完全竞争，基于战略性贸易政策理论的产业政策就是为了解决这方面的市场失灵。如果某个产业部门存在规模经济，这个产业中生产企业的数量就会相当有限，如汽车、飞机等产业，通常在全球的厂商数量也是有限的，这就会导致不完全竞争。不完全竞争的结果是在该产业中存活下来的企业能够赚取超额垄断利润。如果一个国家的企业能够在规模经济产业部门存活下来，那么这个国家的收入水平会提高，经济也会得到有效发展。因此，政府积极干预经济，实施包括出口补贴、研发补贴和贸易保护等在内的产业政策就可以起到抑制他国竞争企业、保护本国企业抢先进入这些规模经济产业部门的作用(Brander and Spencer,1983,1985;Krugman,1984;Foray et al.,1999;张鹏飞和徐朝阳,2007;金戈,2010;顾昕和张建君,2014)。

还有一些学者(杨蕙馨和吴炜峰,2010;赵嘉辉,2013;范文祥和齐杰,2013)从产业安全角度强调了产业政策的重要性,他们认为外资的大举进入,特别是在关键产业的大举进入,对我国产业安全构成了较大挑战。一方面,产业政策应对本国民族产业的发展做出独立正确的判断,通过贸易保护等措施维护国家和民族的利益,而非仅仅依据比较优势确定产业分工格局;另一方面,国家需要制定必要的产业政策,在大力引进国外资本、发挥其经济技术效益的同时,又要通过相关投资目录指南合理引导其流向,确保产业安全。

最后一类文献认为产业政策必须作为,以解决资本市场的不完善。Warwick(2013)认为新兴国家的资本市场并不完善,这些国家股权融资比较方便,但债务融资却很困难,这导致中小企业,特别是刚创立的企业融资远远不够,因此需要政府建立合适渠道对中小企业进行支持以弥补本国资本市场的不足。更为重要的是,Stiglitz(2015)认为经济发展是一个学习的过程,这意味着今天生产的扩张将带来未来成本的下降,因此导致当前生产所取得的收益不能弥补成本,需要外部资金来支持今天的生产。此外,学习是一个充满风险的过程,企业需要通过风险分摊来规避风险,然而不完善的资本市场是很难做到这一点的,这导致一些生产活动总是低于最优生产量。另外,银行也很难获取它支持一个新企业的全部投资回报,如果这个企业成功,它的回报将可能被社会其他组织占有,而如果失败,则后果全部由它承担,这也导致私人投资总是小于社会最优投资水平,因此需要产业政策来进行干预(Emran and Stiglitz,2009)。

总结起来,产业政策的理论基石可以分为两个方面:其一是市场失灵。外部性、规模经济和不完全竞争是市场失灵的重要表现,而产业安全则可以被看成是和国防一样的公共物品,必须由政府通过产业政策来提供。其二是市场不足,即处于一定发展阶段的市场是不完美的,存在诸多缺陷和摩擦(Pack and Saggi,2006),比如现阶段资本市场不完善,或某产业市场并不规范,这导致单独依靠发展不够成熟的市场会影响经济的发展,因此需要政府补充甚至替代市场的这一功能。

产业政策的反对声音:政府失效

产业政策的反对者主要从政府失效的角度来考虑产业政策实施的巨大成本和由此带来的扭曲成本。他们对政府失效的讨论主要有三个方面。首先,产业政策制定者和执行者的目标与产业政策的目标并不完全一致,这导致产业政策主管部门会偏离真实目标,制定出并不合理的产业政策,而地方执行部门会有选择性地执行产业政策,甚至与之相背离。江小涓(1996)和赵嘉辉(2013)认为产业政策制定者在制定产业政策过程中还有其他单独的利益取向,比如政府的权力及相关的物质利益、地方利益、部门利益及其他集团利益、个人升迁机会等。此外,产业政策实施会产生责任规避行为(李敬辉,2004)。从来没有任何法律或文件规定政府负责人对自己在产业政策制定和实施领域的决策承担责任。产业政策支持的项目失败后,决策部门负责人很少会受到追究。但如果政府支持的项目成功,则属于政绩。这会导致产业政策主管部门有增加政府干预程度的冲动,从而导致制定出来的产业政策不仅不能有效弥补市场的不完美,还会给市场机制带来巨大扭曲。更为重要的是,目标的多元化也造成了产业政策无法有效完成预期目标(江小涓,1996)。中央政府在推进产业结构高度化的过程中,还有其他政策目标,如缓解国内就业压力等,有限的产业政策工具以及多元的目标很难保证产业政策实施成功。

其次,产业政策主管部门受限于自身能力,很难制定出完全在理论上弥补市场不完美的合理产业政策。第一,产业政策志在发挥后发优势,学习和模仿发达国家的产业结构、技术和制度安排等内容,但当一国由"赶超"阶段过渡到"领先"阶段后,由政府来选择产业的未来发展方向面临的不确定性变大,依据微弱后发优势所掌握的信息有限,其局限性十分明显(Klimenko,2004;Lall,2001;Rodrik,2008;Naudé,2010;张昱,2012;Warwick,2013)。第二,落后国家发挥后发优势,违背比较优势,主动实施产业政策干预经济,是建立在发达国家的产业结构演变规律经验可以在后发国家复制的前提下,但所谓的产业结构演变规律是根据发达国家历史经验的总结,后发国家面临的发展环境和条件与之差异巨大,很难照搬;同时,这些演变规律的研究是粗线条的,产业的划分非常笼统,很难据此确定在什么具体时间应扶持何种具体产业,给产业政策实施带来很大困难,甚至根本无法实施(江飞涛和李晓萍,2015)。第三,由于信息不完全、政策惰性及利益集团干预等原因,政府很难适宜地推动产业政策退出,而合理的产业政策必须具有灵活的退出机制。如果产业支持缺乏退出机制,退化成一种长期补贴,使企业形成对政府扶持的长期依赖,干扰了产业正常的新陈代谢和企业的创新动力,这样的产业政策就是失败的(Krugman and Obstfeld,2009;Warwick,2013)。

最后,合理的产业政策也不一定能被产业政策执行部门完美地执行,执行出现偏差会严重影响产业政策的实施效果。第一,产业政策会与其他政策存在冲突,导致产业政策执行受阻。产业政策没有专门的执行系统,执行产业政策只是政府行政系统的任务之一,而且往往不是排在首位的任务(江小涓,1996)。第二,产业政策评估缺失使得政府内部的激励和约束机制失效。政策评估缺失主要来自于两个方面,其一是产业政策一般需要很长的周期才能见成效,而执行部门主要人员可能会在这期间出现人事调动,甚至出现机构变动,新的政策制定者不一定有兴趣考察其前任制定的政策的执行情况,新的政策执行部门也不必对以往产业政策的执行状况负责(江小涓,1996)。其二是产业政策实施效果评估是一个很复杂的任务,产业成功并不意味着产业政策取得良效,在很多情况下,产业成功涉及的东西远不止产业政策(Wu,2004)。第三,由于信息不完全和其他一些摩擦,基于战略性贸易理论的产业政策的具体操作困难重重(Eaton and Grossman,1986;江飞涛和李晓萍,2015)。第四,产业政策作为一项经济政策,尤其是产业的发展政策,涉及主导产业、新兴产业、成熟产业等产业的资源配置问题,这些产业部门的利益集团与产业部门的政府主管部门的利益取向是不同的,而且同一产业内部的不同地区和不同企业之间也具有显著不同的利益取向,这导致产业政策主管部门制定的产业政策在执行过程中受到相关利益集团的阻挠,很难推行下去(赵嘉辉,2013;Stiglitz,2015)。

产业政策效果评价

国外产业政策效果评价

产业政策的拥护者对产业政策的效果评价可以分为两类。一类观点认为,产业政策促进了以日本、韩国和中国台湾为代表的东亚国家和地区的经济发展(Pack and Westphal,1986;Rodrik,1996;Stiglitz et al.,1993;Stiglitz,2001)。Johnson(1982)和 Wade(2004)认为东亚经济的成功主要源于强势政府所采取的产业政策,而这些产业政策在弥补市场失灵上发挥了重要作用。南亮进(1992)和沃格尔(1985)对战后日本经济的高速增长进行了深入研究,他们认为日本的成功主要在于日本政府利用产业政策充分发挥了后发优势,推动了产业结构的升级,特别是促进了产业结构高度化。Amsden(1989)通过对韩国经济的研究也发现了类似观点,认为产业政策同样也是韩国经济成功迈过中等收入陷阱的重要原因。另一类观点认为产业政策成功培育了很多在国际上有影响力的行业和龙头企业,例如韩国浦项钢铁(Sohal and Ferme,1996)、巴西航空工业公司(Goldstein,2002)和智利鲑鱼养殖业(UNCTAD,2006)等。

然而,产业政策的反对者认为包括日本在内的东亚国家和地区所取得的经济增长成就,不能简单归功于产业政策,产业政策甚至在实施过程中得到了相反的效果。Beason and Weinstein(1996)发现,恰恰相反,日本的产业政策惠及的部门大都是低效部门或本国稀缺资源部门,而高速增长的行业和部门并没有从产业政策中获得更多好处。Lee(1996)发现韩国对本国幼稚产业的贸易保护降低了这些行业的劳动生产率和全要素生产率,而全要素生产率较高的部门却并没有受到税收优惠和信贷补贴的照顾,因此很难说韩国的产业政策导致了韩国的经济成功。Lawrence and Weinstein(1999)研究发现推动日本和韩国经济增长的是激烈的竞争,而不是产业政策,更不是贸易保护。相反,产业政策会带来严重的寻租行为,降低企业的生产活力(Rodrik,2004;Aiginger,2007)。更为重要的是,产业政策动用的资源具有极大的机会成本,如果投入其他部门生产可能会取得更好的经济结果(Lin and Monga,2013;Stiglitz,Lin and Monga,2013)。

国内产业政策效果评价

国内对产业政策效果的评价大都从局部着手,从具体产业出发评价产业政策的好坏,很少有文献从整体上评价我国产业政策的效果。一类观点认为产业政策保证了产业产量、安全生产和出口(刘冰和马宇,2008),提高了行业竞争力(徐远华和孙早,2015),有助于产业增长(舒锐,2013),有利于行业创新(赵兰和周亚利,2013),提高了产业生产率(宋凌云和王贤彬,2013;邱兆林,2015),促进了产业地理分工(吴意云和朱希伟,2015),带来了行业企业短期投资的增加(黎文靖和李耀淘,2014;韩乾和洪永淼,2014)。一类观点认为中国产业政策的效果并不显著,产业政策对主导产业的扶持并不成功(俞静,2006;瞿宛文,2009),并不能鼓励企业进行更多的研发和有效创新(周亚虹等,2015;黎文靖和郑曼妮,2016)。还有一类观点认为产业政策效果存在差异,是否显著要取决于其他条件,如是否符合比较优势(陈钊和熊瑞祥,2015),以及经济发展水平和市场化进程(孙早和席建成,2015)。

这些文献都是从产业政策的效果来评价产业政策的好坏,但产业政策的成功并不单单取决于效果,还取决于产业政策的成本,包括实施成本和扭曲成本。很多学者讨论了中国产业政策带来的扭曲成本,以及由此带来的不良后果,主要可以概括为以下几个方面:第一,产业政策会带来严重的寻租和腐败行为,加剧收入分配的不平等,还会降低企业从事技术创新的积极性,降低整体经济体系的活力(夏骋翔,2007;江飞涛和李晓萍,2010,2015;张杰,2015)。第二,产业政策带来了环境污染等经济发展过程中伴随的负外部性问题,地方政府为了追求财政收入、生产总值等短期利益,往往忽视了真正体现社会福利的因素(夏骋翔,2007)。第三,产业政策对特定产业的补贴和优惠给经济中的其他产业部门带来不利影响(张鹏飞和徐朝阳,2007)。第四,目录指导类的产业政策可能会误伤具有潜在市场需求的所谓"低端"产品(张杰,2015;江飞涛和李晓萍,2015)。第五,产业政策会带来地区间产业结构趋同,并导致某些鼓励发展产业的产能过剩(张日旭,2012;张杰,2015;江飞涛和李晓萍,2015;程俊杰,2015)。第六,采用强制淘汰某些产能方式的产业政策似乎在短期内能够化解过剩产能,但是有可能带来未来产能不足的风险(张杰,2015)。第七,产业政策会导致某些特定产业市场集中度过高,抑制行业竞争活力(江飞涛和李晓萍,2015)。

以上文献依据某一个行业或一个局部目标来评价产业政策的效果是可以令人信服的,但并不能从整体上作为支持或否定产业政策的根据。从产业政策的整体评价来看,这些文献都存在着无法忽视的问题,这使得他们的结论并不足以证明产业政策的有效性或无效性,这些问题主要表现在:首先,事后产业的成功或国家经济发展的成功并不能单独归结于产业政策实施的好坏,除了产业政策还有很多其他因素作用于一个国家的产业或整体经济,如果不剥离这些因素对产业和经济的影响,很难证明产业政策是有效的。其次,发现产业政策效果并不显著的文章至少存在两类缺陷:一是产业的发展情况是一个连续的变量,一个产业发展缓慢并不能说明该产业发展失败进而得出产业政策失败的结论,关键是要看产业政策所带来的产业发展成效是否能弥补产业政策的实施成本和扭曲成本;二是产业政策的目标具有多元性,产业发展是国家产业政策的一个主要目标,但并不是唯一目标,因此单独用一个产业的发展成败不足以说明国家产业政策的成与败。例如,Beason and Weinstein(1996)发现日本产业政策扶持的特定产业增长率显著低于其他产业,但这不一定表明日本产业政策就是失败的,因为产业政策的目标不仅仅是做大做强该产业,而是通过扶持处于瓶颈期的对其他产业关联度大的产业,以更好地促进其他产业的发展,进而促进国家经济的发展。

新时期产业政策的挑战和调整建议

改革开放以来,中国的经济发展和市场经济建设都取得了很大进步,与此同时,中国所处的外部经济环境也发生了根本性的改变,很多学者提出在新时期产业政策将面临种种挑战,产业政策亟须向新的方向调整,这些文献大致可以分为以下几个方面:

经济发展阶段发生转变

新时期我国经济发展阶段发生转变。一方面,随着我国经济发展,与发达国家的差距正在不断缩小,后发优势正在逐渐丧失(李娟,2006;杨子荣等,2015),这给产业政策带来新的挑战(江飞涛和李晓萍,2015)。在新时期政府很难能正确挑选出未来一段时期"应该"发展的产业、产品、技术与工艺。政府应该放弃选择性产业政策,将重点放在解决市场失灵上(项安波和张文魁,2013;江飞涛和李晓萍,2015;邱兆林,2015)。因此,产业政策的重点应该放在为市场机制充分发挥其决定性作用提供完善的制度基础,强化保持市场良好运转的各项制度,建立开放、公平竞争的市场体系,培养人力资本以适应产业结构演进与经济发展对于高技能劳动力的需求,为激励创新创造良好的制度环境(刘志彪,2015;姜江,2015;王小鲁,2015)。

另一方面,随着经济发展和居民收入提高,消费需求发生了根本性改变,模仿型排浪式消费阶段基本结束,个性化、多样化消费渐成主流(江飞涛和李晓萍,2015),在这一背景下,迅速发现市场需求的创新创业将显得更为重要。因此,产业政策需要更加注重鼓励和支持创新创业(Naudé,2010),产业政策应该推行负面清单模式,以减少政府干预过程中信息不足带来的相关问题(姜江,2015),并在干预上灵活调整,一旦出现错误也能及时调整(Aghion,2009)。

经济全球化不断深入

全球化发展给产业政策带来了新的挑战。首先,全球化使得政府的国际贸易和投资管理体制发生改变,如加入 WTO 或达成相关的多边和双边协议,使得发展中国家贸易和投资政策的政策空间缩小(Chang,2009;Cimoli et al.,2006;Dosi,2009;Altenburg,2009;Ul-Haque,2007;Primi and Perez,2009;Rodrik,2004)。对于这一挑战,Naudé(2010)建议发展中国家要尽量最小化多边协议的限制,并避免过多签署双边协定。Chang(2009)和 Rodrik(2004)建议发展中国家争取一些豁免权,许多 WTO 的补救措施是可以操作的。另外,发展中国家还可以伪装制定一些与 WTO 不一致的政策

(Lall,2004)。其次,价值链和生产网络的全球化,还使得全球供应链被大型跨国生产企业和买方垄断的零售企业掌控(Pack and Saggi,2006)。在这种垂直一体化条件下,中间商品在全球贸易中显得尤为重要(Ricotta,2009;Yi,2003)。但发展中国家在全球价值链中没有话语权,会导致中间商品的全球贸易受到剥削和贬低,发展中国家的比较优势无法被全球供应链所承认,抑制了发展中国家的增长。这也给发展中国家的产业政策带来了新的挑战,给产业政策带来了新的任务(Naudé,2010),未来产业政策应该向国际协调型产业政策转型,强调产业环境标准制定及其国际协调(汪斌,2003)。

发达国家加强对本国工业的保护

在 2007—2008 年金融危机后,美国等发达国家开始诉诸非常明确的产业政策,以恢复经济,这些措施包括直接补贴企业、贸易保护和恢复法案中的购买国货条款(Naudé,2010)。除此之外,发达国家都开始逐渐实施制造业回流战略。这些都给发展中国家的出口和工业产业发展带来了严重挑战,同时也给发展中国家的产业政策制定和实施带来了新的挑战(Naudé,2010)。

气候变化压力

气候变化成为 21 世纪各国经济发展必须面对的挑战,并成为产业政策面临的重要挑战(Altenburg,2009)。首先,鉴于化石能源是引起气候变化的重要原因,减少对石油的使用将给发展中国家的工业带来重要影响(Matutinovic,2009),因此需要特定的产业政策以推进产业结构转型。其次,气候变化威胁要求一国提高对能源的使用效率,这将成为产业政策努力的方向(Naudé,2010;Stiglitz,2015)。基于此,Altenburg(2009)和 Altenburg et al.(2015)呼吁出台生态产业政策,例如取消对化石能源的补贴、对环境污染和碳排放征税、鼓励社会资本进入绿色制造领域等。但这些措施在发达国家也是刚开始初步使用,发展中国家的使用仍需要研究和讨论。

地方政府干扰

另一种产业政策转型观点是基于中央政府和地方政府的视角来考虑的。这种观点认为产业政策应该"去地方政府化",不能由地方政府去主导,而应该主要由中央政府来综合行使,以保持产业政策对市场调节的统一性和协调性(刘志彪,2015)。因为地方政府作为竞争主体,出于考虑局部利益的逻辑,会运用行政权力鼓励那些对自己的市场利益有利的企业行为,限制那些对自己的市场利益不利的行为,地方政府不一定以上级产业政策的要求或者产业转型升级的最优效果来选择产业政策(康凌翔,2014),这样既会导致出现严重的不良后果,如产能过剩(江飞涛和李晓萍,2015;陈钊和熊瑞祥,2015),也不可能从根本上出现追求公平、公正和公开的市场行为。因此,必须让产业政策的主体回归中央政府,将地方政府纳入产业政策的实施对象范围,制定激励地方政府配合中央政府的科学合理的产业政策。

企业寻租与产业政策补贴效率

如何避免寻租并促进企业创新和竞争是未来产业政策的重大挑战,很多学者认为合适的补贴产业范围、补贴强度和补贴时机能减小企业寻租,强化产业政策的效果。在补贴产业范围方面,林毅夫(2012)认为政府不应该强行发展逆要素禀赋优势的产业,更不应该对这些产业的企业进行大额补贴。黄先海、宋学印和诸竹君(2015)认为以竞争兼容方式施行的补贴可通过扩大竞争,抵冲补贴对创新的负面影响并获取创新激励效应,但行业存在一个有效竞争阈值,当竞争程度已经过高时,继续施加补贴会降低企业对行业竞争压力的敏感性,引致企业"为补贴而生产"和产能过剩风险。在补贴程度方面,Hoff(1997)和Meliz(2005)等学者从"干中学"角度开拓了"该怎样实施"产业政策补贴强度问题,他们将兴趣集中于"最优补贴"设计,认为随着幼稚产业"干中学"效应的变化,最优补贴强度应该减弱直至为零。邵敏和包群(2012)也发现政府补贴效果与补贴"多寡"紧密相关。毛其淋和许家云(2015)研究发现只有适度的补贴才能够显著激励企业新产品创新,而高额度补贴却抑制了企业新产品创新,存在一个补贴强度的"适度区间"。

在补贴时机方面,Hausmann and Rodirk(2003)认为应在新兴产业发展初期对私人企业的试错性进入即"自我发现"进行补偿,当"自我发现"探索完成后,模仿型企业大量增加,此时政府应该对补贴进行规制和清理,使产业发展"合理化"。黄先海和谢璐(2005)发现事后补贴要优先于事前补贴,进一步表明了政策时机设计的重要性。

上述文献结合国内外的新情况、新变化,考察了产业政策各个方面遇到的新挑战,但这些挑战基本来自于一国产业发展的外部环境新变化,并没有从产业本身出现的新情况和新特点,如第三次工业革命、产业融合和共享经济的出现等出发研究分析产业政策的新挑战。更为重要的是,这些文献提出的产业政策建议是粗线条的,仅仅停留在理论层面上,不足以从操作层面上指导产业政策主管部门实施产业政策,因此未来的研究应该从实际操作出发,需要深入和细化研究以供政策决策者借鉴和参考。

总结与未来研究展望

产业政策要重点研究"如何做"而非"要不要"

在学术界还存在着对一些国家实行的产业政策对与错的讨论,譬如中国很多学者认为应该放弃选择性产业政策,但学者们都一致承认产业政策对解决市场失灵的作用,一国必须实施一定的产业政策以弥补市场失灵,问题的焦点在于产业政策的实施范围,是应该超越市场失灵,促进国家赶超战略等其他目标,还是仅仅停留在弥补市场失灵上。因此,产业政策的研究不需要再考虑产业政策是否应该设计和执行的问题,而是应该考虑如何设计和如何有效执行产业政策的重大问题(Rodrik,2009;Naudé,2010;Altenburg,2011;Stiglitz,2015)。

产业政策的内涵需要进一步界定

对于产业政策的内涵,不同国家不同发展时期的不同学者有不同的界定。更重要的是,在实践中,产业政策是各个国家政府部门集团和利益集团妥协的结果(Heilmann and Shih,2013),这也会导致产业政策内涵宽泛,并与原制定目标产生背离。"产业政策"已成为一个可容纳多种不同性质行为的弹性词,给政策指导和评估带来困难和混乱。由于对产业政策具体含义的理解和阐释不同,当人们对推行产业政策表示赞同或提出异议时,并不能确切地知道他们赞同和反对由哪类手段构成的产业政策(江小涓,1996),在评价这些产业政策的效果时,也会得出完全不一样的结论。在产业政策研究中,必须更为详细地说明不同的研究者或理论支持或反对的是哪一类政策,研究者也必须明确自己要支持或反对的是哪一类产业政策,如不加区分可能导致不适当的政策讨论(江飞涛和李晓萍,2012)。因此,界定产业政策的具体内涵就显得非常有必要了。

需要进一步研究优化制度安排,减少政府失效

产业政策作为弥补市场失效的重要措施,对一国的经济发展非常重要,不能因为推行困难就完全放弃,必须不断通过优化制度安排来减少产业政策的实施成本和扭曲成本,进而减少政府失效。但目前为止,对国内优化制度安排来推进产业政策有效实施的研究还没有有效开展和突破,需要以后的学者不断研究深化。以后的研究不在于产业政策的必要性,而关键在于,通过何种制度建设,政府才能为产业发展提供相对有效的服务。因此我们现在迫切需要的不是提出简单的、类似新结构经济学的理论,而是借鉴经济学、政治学、社会学关于制度和治理的研究成果,发展出一种"新制度—结构主义发展经济学",从而有效地探索产业政策的制度基础和施政选择。这样的研究可以在以下几个方面展开:第一,要通过研究二战后迈过中等收入陷阱国家的产业政策主管部门在制度安排上的有利经验,结合中国产业政策主管部门的历史变迁过程,探讨中国产业政策主管部门如何优化制度安排以减少政策制定者和合理产业政策目标不一致的问题。第二,要着重于实践和具体细节,基于产业政策实施的理论基础,探讨产业政策实施的范围,并形成可操作的正面清单和负面清单。第三,基于中国的基本国情和现有的制度安排,研究探讨具有可操作性的激励产业政策执行者有效执行产业政策的体制机制。第四,政府与市场并不是天然对立的,强调政府干预并不就是否定市场和破坏市场,产业政策的研究者需要创造性地设计出一个与市场兼容、增强市场功能的产业政策体系。

产业政策评估监督体系需要进一步完善

产业政策评估和监督应是政策制定、执行、评估、再修订等周期循环中不可或缺的组成部分。建立产业政策评估监督体系至少在三个方面具有重大意义：首先，产业政策出台很难落实，建立政策评估监督体系有助于逐步评估产业政策实施的进展，并以此为依据对相关政府部门进行问责，以监督和督促产业政策执行部门按时无偏地落实中央政府颁布的产业政策。其次，监管和评估落实产业政策是查找补充包括创新、技能、金融和基础设施等各种产业政策不协调的良好时机。缺乏监控与评估机制会限制政策设计与政策实施之间生成反馈的能力，降低了在反复尝试中发展政策的有效性。最后，缺乏评估机制还会限制定期修订政策以降低产业政策主管部门被地方政府和现有企业俘获的风险，并减少政策执行过程中出现逆向选择的可能性。因此，建立产业政策评估监督体系成为产业政策能否有效落实的最关键一环。以后对产业政策的研究需要进一步探讨建立和完善科学合理、可操作的产业政策评估监督体系。

参考文献

Aghion, P., "Some Thoughts on Industrial Policy and Growth", OFCE Working Paper Paris: Observatoire Francais des Conjonctures Economiques, 2009-09.

Aiginger, K., "Industrial Policy: A Dying Breed or A Re-emerging Phoenix?", *Journal of Industry Competition and Trade*, 2007, 7, pp. 297—323.

Altenburg, T., and W. Lütkenhorst, *Industrial Policy in Developing Countries*, Books, 2015.

Altenburg, T., "Industrial Policy for Low and Lower-Middle Income Countries", Paper presented at the UNU-WIDER, UNU-MERIT and UNIDO Workshop on Pathways to Industrialization in the 21st Century: New Challenges and Emerging Paradigms, 22—23 October, 2009. Maastricht.

Amsden, A., *Asia's Next Giant*, Oxford Usa Pod, 1989.

Andreoni, A. and R. Scazzieri, "Triggers of Change: Structural Trajectories and Production Dynamics", *Cambridge Journal of Economics*, 2014, 38(6), pp. 1391—1408.

Beason, R. and D. E. Weinstein, "Growth, Economies of Scale, and Targeting in Japan (1955—1990)", *Review of Economics & Statistics*, 1996, 78(2), pp. 286—295.

Boulding, K. E., *Principles of Economic Policy*, Prentice Hall, 1958.

Brander, J. A. and B. J. Spencer, "Export Subsidies and International Market Share Rivalry", *Journal of International Economics*, 1985, 18(1—2), pp. 83—100.

Brander, J. A. and B. J. Spencer, "Strategic Commitment with R&D: The Symmetric Case", *The Bell Journal of Economics*, 1983, 14(1), pp. 225—235.

Chang, H.-J., "Industrial Policy: Can We Go Beyond an Unproductive Confrontation?", Paper presented at the 2009 World Bank ABCDE Conference, 22—24 June, 2009. Seoul.

Cimoli, M., G. Dosi, R. Nelson and J. Stiglitz, "Institutions and Policies Shaping Industrial Development: An Introductory Note", Paper prepared for the task force on Industrial Policies and Development, New York: Columbia University, 2006.

Dosi, G., "The Political Economy of Capabilities Accumulation: The Past and Future of Policies for Industrial Development", Paper presented at the DIE Workshop on Industrial Policy in Developing Countries, 18—19 November, 2009. Bonn.

Eaton, J. and G. M. Grossman, "Optimal Trade and Industrial Policy under Oligopoly. Eaton J., Grossman G. M. Optimal Trade and Industrial Policy under Oligopoly", *Quarterly Journal of Economics*, 1986, 101(2), pp. 383—406.

Emran, S. M. and J. E. Stiglitz, "Financial Liberalization, Financial Restraint and Entrepreneurial Development", *Ssrn Electronic Journal J. E.*, 2009, 11(1), pp. 179—192.

Evenett, S., "Study on Issues Related to a Possible Multilateral Framework on Competition Policy", WTO paper WT/WGTCP W, 228, 2003.

Foray, L., C. Bertrand, F. Pinguet, M. Soulier, C. Astre, C. Marion, Y. Pélissier, J. M. Bessière, "In vitro cytotoxic activity of three essential oils from Salvia Species", *J Essent Oil Res.*, 1999, 1, pp. 522—526.

Goldstein, A. x, "EMBRAER: from National Champion to Global Player", *CEPAL Review*, August, 1999, p. 77.

Greenwald, B. & J. E. Stiglitz, "Industrial Policies, the Creation of a Learning Society, and Economic Development," in J. E. Stiglitz and J. Y. Lin, eds., *The Industrial Policy Revolution: the Role of Government Beyond Ideology*, Basingstoke and New York, Palgrave Macmillan, 2013, pp. 43—71.

Hatta, T., "Competition Policy vs. Industrial Policy as a Growth Strategy", working paper, 2016.

Hatta, T., "Competition Policy vs. Industrial Policy as a Growth Strategy", working paper, 2016.

Hausmann, R. and D. Rodrik, "Economic Development as Self-discovery", *Journal of Development Economics*, 2003, 72 (2), pp. 603—633.

Heilmann, S. and L. Shih, The Rise of Industrial Policy in China, 1978—2012, Harvard Yenching Institute, 2013.

Hoff, K., "Bayesian Learning in an Infant Industry Model", *Journal of International Economics*, 1997, 43, pp. 409—436.

Johnson, C., *MITI and the Japanese Miracle: the Growth of Industrial Policy: 1925—1975*, Stanford University Press, 1982.

Jongseok L., I. Clacher and K. Keasey, "Industrial Policy as an Engine of Economic Growth: a Framework of Analysis and Evidence from South Korea (1960—1996)", *Business History*, 2012, 54(5), pp. 713—740.

Klimenko, M., "Industrial Targeting, Experimentation and Long-run Specialization", *Journal of Development Economics*, 2004, 73(1), pp. 75—105.

Krugman, P. and M. Obstfeld, *International Economics: Theory and Policy*, Seventh Edition, New York: Pearson-Addison Wesley, 2009.

Krugman, P. R., "Import Protection as Export Promotion: International Competition in the Presence of Oligopoly and Economics of Scale", in Henryk Kierzkowski, ed., *Monopolistic Competition and International Trade*, Oxford, Clarendon Press, 1984.

Lall, S., "Comparing National Competitive Performance", Queen Elizabeth House Working Paper Series, 2001, No. S61.

Lall, S., "Industry Policy: the Role of Government in Promoting Industrial and

Technological Development", *UNCTAD Review*, 1994.

Lall, S., "Selective Industrial and Trade Policies in Developing Countries: Theoretical and Empirical Issues", in C. Soludo, O. Ogbu and H.-J. Chang, eds., *The Politics of Trade and Industrial Policy in Africa: Forced Consensus?* Africa World Press & IDRC, 4—14, 2004.

Lawrence, R. Z. and D. E. Weinstein, "Trade and Growth: Import-led or Export-led? Evidence from Japan and Korea (No. w7264)", National Bureau of Economic Research, 1999.

Lee, J., I. Clacher and K. Keasey, "Industrial Policy as an Engine of Economic Growth: a Framework of Analysis and Evidence from South Korea (1960—1996)", *Business History*, 2012, 54(5), pp. 713—740.

Lee, J. W., "Government Interventions and Productivity Growth", *Journal of Economic Growth*, 1996, 1(3), pp. 391—414.

Lin, J. Y. and C. Monga, "The Evolving Paradigms of Structural Change", in D. M. Malone, R. Medhora, B. Currie-Alder and R. Kanbur, eds., *Development: Ideas and Experiences*, New York, Oxford University Press, 2013.

Matutinovic, I., "Oil and the Political Economy of Energy", *Energy Policy*, 2009, 37(11), pp. 4251—4258.

Melitz, M. J., "When and How Should Infant Industries Be Protected?", *Journal of International Economics*, 2005, 66, pp. 177—196.

Naudé, W., "Industrial Policy: Old and New Issues", Working Paper No. 2010/106, United Nations University, World Institute for Development Economics Research, September 2010.

Okuno-Fujiwara, "Interdependence of Industries, Coordination Failure and Strategic Promotion of an Industry", *Journal of International Economics*, 1988, 25(1—2), pp. 25—43.

Pack, H. and K. Saggi, "Is there a Case for Industrial Policy? A Critical Survey", *World Bank Research Observer*, 2006, 21(2), pp. 267—297.

Pack, H. and L. Westphal, "Industrial Strategy and Technological Change: Theory versus Reality", *Journal of Development Economics*, 1986, 22, pp. 87—128.

Primi, A. and W. Peres Núñez, *Theory and Practice of Industrial Policy: Evi-*

dence from the Latin American Experience, ECLAC, 2009.

Ricotta, F., "Trade in Intermediate Goods in Italian Manufacturing Industries", Rende: Universitadella Calabria. Mimeo, 2009.

Rodrick, D., "Industrial Policy: Don't Ask Why, Ask How", *Middle East Development Journal*, 2009, 1(1), pp. 1—29.

Rodrik, D., "Coodination Failures and Government Policy: A Model with Applications to East Asia and Eastern Europe", *Journal of International Economics*, 1996, 40, pp. 1—22.

Rodrik, D., "Industrial Policy for the Twenty-First Century", CEPR Discussion Paper 4767, London: Centre for Economic Policy Research, 2004.

Rodrik, D., "Normalizing Industrial Policy", Commission on Growth and Development Working Paper No. 3, Washington DC, 2008.

Sohal, A. S. and B. Ferme, "An Analysis of the South Korean Automotive, Shipbuilding and Steel Industries", *Benchmarking for Quality Management & Technology*, 1996, 3(2), pp. 15—30.

Stiglitz, J. E., "From Miracle to Crisis to Recovery: Lessons from Four Decades of East Asian Experience", in J. Stiglitz and S. Yusuf, eds., *Rethinking the East Asian Miracle*, Oxford: Oxford University Press, 2001, pp. 520—537.

Stiglitz, J. E., "Industrial Policy, Learning, and Development", working paper, 2015.

Stiglitz, J. E., J. Jaramillo-Vallejo and Y. C. Park, "The Role of the State in Financial Markets", World Bank Research Observer, Annual Conference on Development Economics Supplement, 1993, pp. 19—61.

Stiglitz, J. E., J. Y. Lin and C. Monga, "The Rejuvenation of Industrial Policy", Policy Research Working Paper 6628, The World Bank, Washington, 2013.

Swann, G. M. P., "The Economic Rationale for a National Design Policy", Department for Business, Innovation and Skills, Occasional Paper No. 2, August 2010.

Ul-Haque, I., "Rethinking Industrial Policy", UNCTAD Discussion Paper 183, Geneva: UNCTAD, 2007.

UNCTAD, *A Case Study of the Salmon Industry in Chile*, New York and Geneva, 2006.

Wade, R., *Governing the Market: Economic Theory and the Role of Government in East Asian Industrialization*, Princeton: Princeton University Press, 2004.

Warwick, K., "Beyond Industrial Policy: Emerging Issues and New Trends", OECD Science, Technology and Industry Policy Papers, No. 2, OECD Publishing, 2013.

Wu, Y., "Rethinking the Taiwanese Developmental State", *The China Quarterly*, 2004, 177, pp. 91—114.

Yi, K. M., "Can Vertical Specialization Explain the Growth of World Trade?", *Journal of Political Economy*, 2003, 11 (1), pp. 52—102.

阿格尼丝·贝纳西-奎里、贝努瓦·科尔、皮埃尔-雅克、让·皮萨尼-费里,《经济政策:理论与实践》,徐建炜等译,中国人民大学出版社,2015年。

埃兹拉沃格尔,《日本的成功与美国的复兴》,上海三联书店,1985年。

陈瑾玫,《中国产业政策效应研究》,北京师范大学出版社,2011年。

陈钊、熊瑞祥,"比较优势与产业政策效果——来自出口加工区准实验的证据",《管理世界》,2015年第8期。

程俊杰,"中国产业政策与产能过剩",《党政视野》,2015年第11期。

戴晨、刘怡,"税收优惠与财政补贴对企业R&D影响的比较分析",《经济科学》,2008年第3期。

范文祥、齐杰,"中国外贸政策与产业政策协调分析",《石家庄经济学院学报》,2013年第5期。

冯飞,"以精准的产业政策推进供给侧结构性改革",《求是》,2016年第10期。

冯晓琦、万军,"从产业政策到竞争政策:东亚地区政府干预方式的转型及对中国的启示",《南开经济研究》,2005年第5期。

顾昕、张建君,"挑选赢家还是提供服务?——产业政策的制度基础与施政选择",《经济社会体制比较》,2014年第1期。

韩乾、洪永淼,"国家产业政策、资产价格与投资者行为",《经济研究》,2014年第12期。

侯利阳,"产业政策何以向竞争政策转变:欧盟的经验与上海的现实",《上海交通大学学报(哲学社会科学版)》,2016年第1期。

黄先海、宋学印、诸竹君,"中国产业政策的最优实施空间界定——补贴效应、竞争兼容与过剩破解",《中国工业经济》,2015年第4期。

黄先海、谢璐,"中国汽车产业战略性贸易政策效果的实证研究——R&D补贴政策与出口补贴政策之比较",《世界经济研究》,2005年第12期。

江飞涛、李晓萍,"直接干预市场与限制竞争:中国产业政策的取向与根本缺陷",《中国工业经济》,2010年第9期。

江飞涛、李晓萍,"中国产业政策取向应做重大调整",《东方早报·上海经济评论》,2012年11月13日。

江飞涛、李晓萍,"当前中国产业政策转型的基本逻辑",《南京大学学报(哲学·人文科学·社会科学)》,2015年第5期。

江小娟,《经济转轨时期的产业政策》,上海三联书店,1996年。

姜达洋,《现代产业政策理论新进展及发展中国家产业政策再评价》,经济日报出版社,2016年。

姜江,"加快实施普惠性、竞争性产业政策",《宏观经济管理》,2015年第3期。

金戈,"潮涌现象与政府在产业结构变迁中的作用:以港台为例",《亚太经济》,2008年第2期。

金戈,"产业结构变迁与产业政策选择",《经济地理》,2010年第9期。

康凌翔,《我国地方政府产业政策与地方产业转型研究》,首都经济贸易大学博士论文,2014年。

黎文靖、李耀淘,"产业政策激励了公司投资吗",《中国工业经济》,2014年第5期。

黎文靖、郑曼妮,"实质性创新还是策略性创新——宏观产业政策对微观企业创新的影响",《经济研究》,2016年第4期。

李敬辉,《新时期中国产业政策研究》,哈尔滨工程大学博士论文,2004年。

李娟,"重化工业阶段中国工业化面临的困境与对策",《湖北社会科学》,2006年第9期。

林毅夫、巫和懋、邢亦青,"'潮涌现象'与产能过剩的形成机制",《经济研究》,2010年第10期。

林毅夫,"潮涌现象与发展中国家宏观经济理论的重新构建",《经济研究》,2007年第1期。

林毅夫,《新结构经济学:反思经济发展与政策的理论框架》,北京大学出版社,2012年。

刘冰、马宇,"产业政策演变、政策效力与产业发展",《产业经济研究》,2008年第5期。

刘慧敏,"新时期我国产业政策的类型和表现形式——访国家计委长期规划和产业政策司副司长刘鹤",《中国投资与建设》,1994 年第 7 期。

刘志彪,"经济发展新常态下产业政策功能的转型",《南京社会科学》,2015 年第 3 期。

毛其淋、许家云,"政府补贴对企业新产品创新的影响——基于补贴强度'适度区间'的视角",《中国工业经济》,2015 年第 6 期。

南亮进,《日本的经济发展》,经济管理出版社,1992 年。

邱兆林,"中国产业政策有效性的实证分析——基于工业行业的面板数据",《软科学》,2015 年第 2 期。

瞿宛文,"超赶共识监督下的中国产业政策模式——以汽车产业为例",《经济学(季刊)》,2009 年第 2 期。

邵敏、包群,"政府补贴与企业生产率——基于我国工业企业的经验分析",《中国工业经济》,2012 年第 7 期。

舒锐,"产业政策一定有效吗?——基于工业数据的实证分析",《产业经济研究》,2013 年第 5 期。

宋凌云、王贤彬,"重点产业政策、资源重置与产业生产率",《管理世界》,2013 年第 12 期。

苏东水,《产业经济学》,高等教育出版社,2010 年。

孙早、席建成,"中国式产业政策的实施效果:产业升级还是短期经济增长",《中国工业经济》,2015 年第 7 期。

汪斌,"经济全球化与当代产业政策的转型——兼论中国产业政策的转型取向",《学术月刊》,2003 年第 3 期。

王小鲁,"关于十三五期间产业政策转型的思考",中国改革论坛网,2015 年 6 月 25 日。

吴意云、朱希伟,"中国为何过早进入再分散:产业政策与经济地理",《世界经济》,2015 年第 2 期。

下河边淳、管家茂,《现代日本经济事典》(中译本),中国社会科学出版社,1982 年。

夏骋翔,"产业政策的经济学分析",《经济问题探索》,2007 年第 3 期。

项安波、张文魁,"中国产业政策的特点,评估与政策调整建议",《中国发展观察》,2013 年第 12 期。

小宫隆太郎,《日本的产业政策》,国际文化出版公司,1988 年。

徐远华、孙早,"产业政策激励与高技术产业的竞争力",《山西财经大学学报》,2015

年第 9 期。

杨蕙馨、吴炜峰,"经济全球化条件下的产业结构转型及对策",《经济学动态》,2010年第 6 期。

杨治,《产业经济学导论》,中国人民大学出版社,1985 年。

杨子荣、代军勋、葛伟、陶铸,"新常态下中国经济增长动力切换研究——基于区域差异视角分析",《当代经济科学》,2015 年第 6 期。

伊藤元重,《产业政策的经济分析》,东京大学出版会,1988 年。

俞静,"地方性国家统合主义、寻租和中国汽车产业政策失效",《公共管理评论》,2009 年第 2 期。

约瑟夫·E. 斯蒂格利茨,《发展与发展政策》,纪沫、全冰、海荣译,中国金融出版社,2009 年。

张杰,"基于产业政策视角的中国产能过剩形成与化解研究",《经济问题探索》,2015年第 2 期。

张鹏飞、徐朝阳,"干预抑或不干预?——围绕政府产业政策有效性的争论",《经济社会体制比较》,2007 年第 8 期。

张日旭,"地方政府竞争引起的产能过剩问题研究",《经济与管理》,2012 年第 11 期。

张夏准,《富国的伪善:自由贸易的迷思与资本主义秘史》,严荣等译,社会科学文献出版社,2009a。

张夏准,《富国陷阱:发达国家为何踢开梯子》,肖炼等译,社会科学文献出版社,2009b。

张昱,"现阶段产业政策的实际情境与模式",《改革》,2012 年第 7 期。

赵嘉辉,《产业政策的理论分析和效应评价》,中国经济出版社,2013 年。

赵兰、周亚利,"产业政策与企业创新绩效——以战略性新兴产业为例",《国际商务财会》,2014 年第 2 期。

周叔莲、吕铁、贺俊,"新时期我国高增长行业的产业政策分析",《中国工业经济》,2008 年第 9 期。

周叔莲,《产业政策问题探索》,经济管理出版社,1987 年。

周亚虹、蒲余路、陈诗一、方芳,"政府扶持与新型产业发展",《经济研究》,2015 年第 6 期。

周振华,《产业政策的经济理论系统分析》,中国人民大学出版社,1991 年。

直接干预市场与限制竞争
——中国产业政策的取向与根本缺陷

江飞涛　中国社会科学院工业经济研究所助理研究员
李晓萍　中山大学管理学院博士研究生

　　21世纪以来,中国的产业政策以促进产业结构调整升级与抑制部分产业产能过剩为目标;从政策的实施手段上来看,目录指导、市场准入、项目审批与核准、供地审批、贷款的行政核准、强制性清理(淘汰落后产能)等行政性直接干预措施进一步被强化;中国的产业政策是典型意义的选择性产业政策,对微观经济的干预更为广泛、细致和直接,从而体现出强烈的直接干预市场、以政府选择代替市场机制和限制竞争的管制性特征与浓厚的计划经济色彩。这种中国特色的产业政策难以找到相对应的理论依据,勉强找到的理论依据也是不充分的,或者理论依据本身就存在严重的问题,或者干脆就是对理论本身的误读和扭曲。静态且过于简单地理解市场机制,是中国特色产业政策存在根本缺陷的一个最为重要的原因,它导致政策部门在制定和实施产业政策中行为边界和行为方式上的错乱。因而,重新认识市场机制对于反思中国产业政策具有重要的理论价值和现实意义。

引言

20世纪80年代末,中国开始推行产业政策,逐渐成为实施产业政策比较多的国家,产业政策以各种理由广泛地存在于许多领域中。进入21世纪,中国的产业政策更为细化、全面和系统,相继出台了《当前国家重点鼓励的产业、产品和技术目录(2000年修订)》《当前优先发展的高技术产业化重点领域指南》《国家产业技术政策》《促进产业结构调整的暂行规定》《产业结构调整指导目录》等产业政策纲要性文件;对于具体行业而言,相继制定了钢铁、电石、水泥、煤炭、铝、电力、纺织等行业的结构调整政策;《汽车产业发展政策》《钢铁产业发展政策》《水泥工业产业发展政策》与《船舶工业中长期发展规划》的陆续颁布则标志着对单个产业发展进行全面、系统政策干预的逐渐成熟。2009年,颁布实施十大重点产业调整振兴规划,与之配套的实施细则多达160余项,涉及产业活动的各个方面。重点产业调整与振兴规划集中体现了近年来我国产业政策的基本思想、政策措施偏好和发展趋势,是近年来产业政策的集成和发展,并构建起比较全面、系统的产业政策体系。它的颁布实施意味着政府部门进一步强化了产业政策的运用。

21世纪以来,中国的产业政策虽然强调利用市场机制,开始重视市场友好型"功能性产业政策"的运用,试图加强政府在产业发展中的服务功能,但在很大程度上延续了过往产业政策中计划经济色彩浓厚的传统,市场准入、项目审批、供地审批、贷款的行政核准、目录指导、强制性淘汰落后产能等行政性直接干预措施进一步被强化,"选择性产业政策"依然是产业政策的重点。选择性产业政策是狭义的产业政策,日本政府是这类政策的早期倡导者与实践者。中国由于有长期实施计划经济的传统,政府在直接干预经济方面有着巨大的惯性,更倾向于推行政府主导的"选择性产业政策"。中国的选择性产业政策几乎涵盖所有产业[①],更多地表现为对产业内特定企业、

---

① 《当前国家重点鼓励发展的产业、产品与技术目录(2000年修订)》涵盖了28个大类行业,《产业结构调整指导目录(2005年本)》的鼓励类涵盖了26个大类行业;十大重点产业调整振兴规划涵盖了38个2位数工业行业中的30个。

特定产品、特定技术的选择性扶植以及对产业组织形态的调控,表现出强烈直接干预市场的特征。

选择性产业政策无论是在其理论基础方面还是在具体实施效果认识上都存在激烈的争论。我国的选择性产业政策具有更为强烈的干预市场特征,对这类政策的研究更有现实意义。产业政策是个非常宽广的概念,各国的产业政策的着眼点、政策措施和理论依据往往存在巨大的差异。对一国产业政策的研究,脱离开对产业政策具体、详细的解析,抽离了对该国产业政策的基本特征的把握,而去空泛地探讨该国产业政策所谓的必要性和合意性是没有价值的,这往往会为不适当的产业政策提供不适当的理论依据。本文试图系统整理和解析中国的产业政策,准确把握我国产业政策的基本特征,深入分析我国产业政策的理论依据以及这些依据中存在的根本缺陷;本文将在重新认识市场机制的基础上,对我国的产业政策进行更为深入的反思,并提出相应的政策建议。

中国产业政策的任务、措施与管制性特征

2000 年以来,中国政府强化了产业政策的运用,颁布了一系列产业政策,政策调整的对象几乎涵盖了国民经济中全部大类行业,政策的内容也更为细化,针对单个行业而制定的产业政策数量显著增加,政策措施也更为具体,对市场的直接干预明显加强。

产业政策的主要任务

2000 年以来,中国产业政策的任务主要集中在促进产业结构调整和抑制部分行业过度投资、产能过剩两个方面。一直以来,促进产业结构的调整就是中国产业政策的重要任务之一,进入 21 世纪以后,政策部门更加重视产业结构调整,许多政策都是围绕促进产业结构调整进行制定。例如,《当前国家重点鼓励发展的产业、产品和技术目录(2000 年修订)》《促进产业结构调整的暂行规定》《汽车产业发展政策》《钢铁产业发展政策》《水泥工业产业发展政策》、十大重点产业结构调整振兴规划等,都是把产业结构调整放在极为重要的位置上。不同于 20 世纪八九十年代产业政策在国民经济中挑选

重点发展的产业或支柱产业的做法,2000年以来的产业政策在促进产业结构调整中,更为关注的是产业内结构调整。《当前国家重点鼓励发展的产业、产品和技术目录(2000年修订)》涉及28个领域,几乎涵盖了国民经济中所有大类行业,并在这些大类行业中详细列出了526种鼓励发展的产品、技术及部分基础设施和服务项目;《产业结构调整指导目录(2005年本)》鼓励类中共涉及26个领域,同样几乎涵盖了国民经济中所有大类行业,并分类列出了539种鼓励发展的产品和项目。因而,这两个目录主要是指导各行业内部的产品升级和技术发展,更多的是促进各产业内部的结构调整。随后,国家发展和改革委员会发布一些行业的结构调整指导意见,进一步加强了对于问题行业产业结构调整的指导。从陆续颁布的产业政策文件来看,产业结构调整主要集中在行业内产品结构调整、产业组织结构调整、产业布局调整以及产业技术升级四个方面,产业组织结构调整又以扩大优势企业规模、提高集中度为核心。我们不难看出,近年来产业政策中"产业结构调整"被赋予了广泛的含义,几乎涵盖了产业政策各方面的内容。

2003年以来,部分行业的盲目投资与产能过剩问题引起政策部门的高度关注,政府相继出台了一系列的产业政策以抑制这些行业的盲目投资和产能过剩。例如,2003年11月,国家发展和改革委员会等部门共同制定的《关于制止钢铁行业盲目投资的若干意见》《关于制止电解铝行业违规建设盲目投资的若干意见》《关于防止水泥行业盲目投资加快结构调整的若干意见》;2006年,国务院发布《关于加快推进产能过剩行业结构调整的通知》,随后,国家发展和改革委员会出台了《关于汽车工业结构调整意见的通知》《关于钢铁行业控制总量淘汰落后加快结构调整的通知》;2009年9月,国家发展和改革委员会又出台了《关于抑制部分行业产能过剩和重复建设引导产业健康发展的若干意见》,以治理钢铁、水泥、平板玻璃等行业的产能过剩问题。

产业政策的主要措施

2000年以来,产业政策一方面强调要发挥市场在资源配置中的基础性作用,另一方面又强调要加强国家产业政策的引导,目录指导、市场准入、项目审批与核准、供地审批、贷款的行政核准、强制性清理(淘汰落后产能)等行政性直接干预措施进一步被强化,而深化市场体制改革、促进市场机制更好地发挥资源配置功能的具体政策措施相对较少。

在21世纪以来的产业政策中,目录指导是一项重要的政策措施。2000年颁布了《当前国家重点鼓励发展的产业、产品和技术目录(2000年修订)》,1999—2007年相继发布了四个版本的《当前优先发展的高技术产业化重点领域指南》,这是鼓励类的指导目录;1999—2002年相继发布的三批《淘汰落后生产能力、工艺和产品的目录》则是淘汰类目录。2005年颁布《产业结构调整指导目录(2005年本)》进一步详细分列了鼓励类、限制类和淘汰类的目录,根据《促进产业结构调整的暂行规定》,对于鼓励的产品和项目,相关部门在项目审批与核准、信贷、税收上予以一定的支持;对于限制类的新建项目则禁止投资,投资管理部门不予审批,金融机构不得提供贷款,土地部门不得供地,等等;对于淘汰类项目,不但要禁止投资,各部门、各地区和有关企业还要采取有力措施,按照规定限期淘汰。2009年以来推行的重点产业调整与振兴规划中,将调整《产业结构调整指导目录》和《外商产业投资产业指导目录》作为两项重要的内容。在中国目录指导远远不只是"指导"那么简单,而是直接与项目审批和核准、信贷获取、税收优惠与土地优惠政策的获取等紧密相关,同时限制类目录和淘汰类目录具有强制性实施的特性。因而,在中国的产业政策中,目录指导是具有强烈直接市场干预性质的政策措施。

投资审批与核准和市场准入是中国推行产业政策具有较强约束力的重要手段。2004年《关于投资体制改革的决定》与《政府核准的投资项目目录》则为政策部门审核和管理各产业内的企业投资提供了依据,这种投资核准也成为推行产业政策的重要措施。在《钢铁产业发展政策》和《汽车产业发展政策》中,投资核准和行业准入具有重要作用。产业发展政策中,是否获得投资核准是严控土地和贷款的唯一标准。2006年的《国务院关于加快推进产能过剩行业结构调整的通知》和2009年颁布的《关于抑制部分行业产能过剩和重复建设引导产业健康发展的若干意见》中,严格行业准入、严格项目审批和严格控制固定资产投资成为极为重要的政策措施。2009年以来,作为重点产业调整与振兴规划实施细则的重要措施,政策部门拟出台一系列行业准入政策(部分行业的准入政策已出台)。在这些政策中,政府对行业准入的行政管理显著加强,制定了严格的管理程序,政府在行业准入上除环境、安全方面的规定外,还对设备规模与工艺、企业规模、技术经济指标方面设定了一系列详细的准入条件。需要进一步指出的是,符合核准条件和准入条件并不必然被政策部门准入或者核准,政策部门在采取这两个手段时具有比较大的自由裁量空间,更接近于审批的性质。

近来强制淘汰落后产能成为推行产业政策极为重要的措施。虽然淘汰落后产能包含在此前的产业发展政策和抑制部分行业产能过剩政策中,但这种措施只有通过行政体制的强力推动,才会具有一定的效力。2009年以来,政策部门越来越重视淘汰落后产能工具的使用,并强调通过行政问责制保障淘汰落后产能工作的实施。① 在2010年2月颁布的《国务院关于进一步加强淘汰落后产能工作的通知》中,淘汰落后工作被赋予了极为重要的意义,强调"采取更加有力的措施,综合运用法律、经济、技术及必要的行政手段",并进一步加强了问责制的实行和行政上的组织领导。

中国产业政策具有强烈的管制性特征

21世纪中国的产业政策在很大程度上延续了过往产业政策中计划经济色彩浓厚的传统,在制定和实施过程中表现出强烈的直接干预市场、以政府选择替代市场机制与限制竞争的管制性特征。中国的产业政策以日本的产业政策为借鉴,20世纪五六十年代的日本产业政策主要采取间接干预的方式②,而试图直接干预市场难以得到实施(小宫隆太郎等,1988);通产省的试图促进企业集中政策基本上是不成功的(小宫隆太郎等,1988;小宫隆太郎,1989);70年代,日本逐渐形成了"利用市场机制的资源分配能使经济得到充分发展"的共识基础,产业政策的指导方针有了很大转变,即"应该严格抑制过分政策干预与产业的过度保护"。与日本的产业政策显著不同,在中国的

---

① 见《钢铁产业调整与振兴规划》《有色金属产业调整与振兴规划》等重点产业调整与振兴规划文本,以及《关于抑制部分行业产能过剩和重复建设引导产业健康发展的若干意见》。
② 这一时期的主要政策手段是对特定产业实行优惠的、有选择的财政、税收以及金融政策,同时出于保护该产业免受外国企业竞争威胁的目的,设置关税和非关税壁垒,并限制进口和外商直接投资(见《日本的产业政策》第99页)。

政治经济体制下，政策部门在政策手段上倾向于采用直接干预的方式，对于微观经济干预的强度、广泛程度和细致程度，都远胜于20世纪50年代以来日本的产业政策。

中国的产业政策一直以来就具有强烈直接干预市场的特征，对于微观市场的直接干预措施是产业政策最为重要的手段。2003年以来，随着政府对企业微观经济活动的行政干预在"宏观调控"的名义下明显加强，"宏观调控要以行政调控为主"成为正式的指导方针（吴敬琏，2009）。抑制部分行业的盲目投资、产能过剩是产业政策的重要内容，同时也是"宏观调控"政策的重要组成部分，在抑制产能过剩的产业政策中行政直接干预市场的措施被显著强化，这种（行政直接干预市场被强化）趋势同时也体现在随后制定的产业发展政策、产业结构调整政策和重点产业调整振兴规划中。2003年，政府发布的制止部分行业盲目投资的政策中显著强化项目审批和行业准入制度，并要求国土部门、银行严格按照产业政策、行业准入和项目审批加强供地和信贷管理，对违规审批的项目进行强制性清理，甚至直接规定某些行业原则上不再批准新的产能。随后颁布的《钢铁产业发展政策》《汽车产业发展政策》以及一系列抑制部分行业产能过剩、促进产能过剩行业产业结构调整的政策中，行业准入和投资核准、审批进一步加强。2009年，《抑制部分行业产能过剩和重复建设引导产业健康发展若干意见》中明文提出要采取必要的行政手段，实际上这一政策的实施主要依赖行政手段。重点产业调整振兴规划延续了强烈干预市场的特征。在21世纪，中国的产业政策具有强烈政府干预市场的特征，也更倾向于通过行政手段直接干预市场。

中国产业政策的第二个特征是试图以政府的判断、选择来代替市场机制。中国产业政策中的这种选择性并不显著表现为对具体产业的选择和扶持，而是更多地表现为对各产业内特定技术、产品和工艺的选择和扶持。《当前国家重点鼓励发展的产业、产品和技术目录（2000年修订）》《产业结构调整指导目录（2005年本）》的鼓励类目录几乎涵盖了所有的大类产业，分别详细列出了526种和539种鼓励发展的产品、技术和工艺。1999年、2001年、2004年和2007年四个版本的《当前优先发展的高技术产业化重点领域指南》中，涵盖面亦非常宽泛，几乎涉及国民经济所有2位数产业，对产品和技术的选择性扶持也非常具体。《产业结构调整指导目录（2005年本）》中限制类、淘汰类的目录对于具体产品和技术的规定也非常具体,都是直接提及具体工艺、技术、产品与规模。以上指导目录和指南并不是只具有指导意义,《促进产业调整暂行规定》规定：“《产业结构调整指导目录》是引导投资方向,政府管理投资项目,制定和实施财税、信贷、土地、进出口等政策的重要依据。”这类指导目录、指南或者规划,成为政府制定投资审批与管理、财税、信贷、土地等政策的依据后,与其说是引导投资方向,不如说是在很大程度上选择了投资的方向,实际上是以政府对于产品、技术和工艺的选择,来替代市场对于产品、技术和工艺的选择。

这种以政府对于产品、技术和工艺的选择来代替市场选择的特征还体现在行业准入政策中。国家发改委已颁布了十余个行业的准入条件文件,这些准入条件文件不仅规定了能耗、资源综合利用和排放的准入标准,对工艺、装备及规模等也有严格的规定。制止盲目投资、抑制产能过剩的产业政策中,则是以政府对市场供需状况的判断以及对未来供需形势变化的预测来判断某个行业是否存在盲目投资或者产能过剩,并以政府的判断和预测为依据制定相应的行业产能及产能投资控制措施、控制目标,这实际上是以政府的判断和控制来代替市场的协调机制,具有强烈的计划经济色彩。在我国的产业政策中,以政府选择代替市场机制的特征还表现在对产业组织结构、生产企业及企业规模的选择上。这在《钢铁产业发展政策》《汽车产业发展政策》、钢铁产业调整振兴规划、汽车行业调整振兴规划等政策上都有相应的体现。在对产业组织结构、生产企业及企业规模的选择上,我国的产业政策具有强烈的"扶大限小"的特色,试图通过扶持在位大企业的扩张与限制中小规模企业的发展来实现市场集中和形成大企业集团,这实质上是试图代替市场竞争性集中过程与市场的优胜劣汰机制。

中国产业政策的另一个特征是,保护和扶持在位的大型企业（尤其是中央企业）,限制中小企业对在位大企业市场地位的挑战和竞争。实施这类政策往往以"充分利用规模经济,打造具有国际竞争力的大型企业集团;提高市场集中度,避免过度竞争"为理由。这类政策的做法有：制定有利于在位大型企业的行业发展规划;制定有利于大型企业发展和限制中小企业发展的项目审批或核准条件;制定有利于在位大型企业的准入条件或严格限制新企业进入;在项目审批和核准过程中照顾大企业的利益,优先核准大型企业集团的投资项目,对中小企业的项目进行限制。在钢铁产业和汽车工业的产业政策中,限制竞争的特征尤为突出。

以汽车产业为例,汽车产业政策为在位大型企业提供了严格的保护,竞争很大程度上受到限制。中国汽车产业实施的名录管理制度赋予国家发改委对汽车行业准入的最终决定权,并不是符合准入规定的企业和产品就能进入公告目录,而是必须得到国家发改委的批准和支持。《汽车产业发展政策》使大型汽车企业集团在获得项目审批时具有很强的特权,并为潜在进入者进入汽车行业设定非常高的进入壁垒,也为非轿车类汽车企业进入轿车行业设立了非常高的进入壁垒。新的企业进入几乎不可能,不同产品类型汽车生产企业进入不同产品领域开展竞争的行为也几乎被禁止。在汽车产业政策体系中,合资企业成立的审批也是一项重要内容,特别是在乘用车领域。由于国内在技术和车型开发上与发达国家存在巨大差异,与国外先进企业合资权以及合资车型的多寡、合作的广度和深度,在很大程度上决定了国内汽车企业的市场份额和发展空间。国家在合资审批过程中,几乎是一面倒地倾向于其重点扶持的大型企业集团,规模略小的汽车企业无论是获得合资审批的机会还是合资的范围都受到极大的限制。

中国产业政策的依据及其缺陷

在充分认识中国产业政策及其特征的基础上,本文继续探讨中国近年来产业政策的依据及其缺陷。正如本文第二部分所述,近年来中国的产业政策可以归结为结构调整和抑制部分行业产能过剩两个主要任务。对于中国产能过剩治理政策理论依据及其根本缺陷,江飞涛和曹建海(2009)已经做了比较详细的分析,本文不再赘述,而将焦点集中在对结构调整政策的分析上。中国产业结构调整政策的主要理论依据来自于相应的产业政策理论,但是充分考虑到中国产业政策自身的特征,会发现这种中国特色的产业政策难以找到相对应的理论依据,勉强找到的理论依据也是不充分的或者理论依据本身就存在严重的问题,或者干脆就是对理论本身的误读和扭曲。

科技研发上的外部性难以作为中国式产业结构政策的依据

科学技术研究开发上存在正外部性和高风险性及其导致这一领域的"市场失灵",难以作为中国式产业结构政策或者中国式产业技术政策的依据。这一理论的逻辑在于:政府利用相关政策来帮助本国企业克服研发初期所需的巨额投入,如果不对其进行补贴以提供激励,企业出于研发前景的不明朗性、研发结果的不确定性及技术外溢的存在,会失去研发动力;而在相应产业政策的补贴等补偿机制和保护伞下,企业有足够激励进行研发投入,克服研发成果和市场前景的不确定性。近年来随着科技在现代经济发展中所起的作用越来越重要,发达国家更加重视采用功能性产业政策促进科学技术的研究、开发。而在中国的产业结构政策中,政策部门则试图从各个行业中挑选出需要重点发展的先进技术、工艺和产品进行扶植,并挑选出落后的技术、工艺和产品进行限制和淘汰,政策部门需要对上百个细分行业中众多技术、工艺和产品的前景、经济性与市场进行准确的判断和预测,而这是一项政府部门根本不可能完成的工作,以科技研发中的外部性为依据很难支持这些政策的合理性。

中国式选择性产业政策的依据并不充分

产业结构的演变规律与动态比较优势理论作为选择性产业政策的依据并不充分,且存在根本性缺陷,更不能作为中国式选择性产业政策的依据。在21世纪中国的产业结构政策中,并不表现为对于特定产业(主导产业或者新兴战略产业)的选择性扶植,而表现为对于国民经济各产业内特定技术、产品和工艺的扶植,显然这与产业结构的演变规律、动态比较优势理论这类强调选择和扶植特定产业的产业政策理论是缺乏联系的。这并不意味着应根据这些理论将我们的产业政策调整为选定特定产业进行扶植、培育。所谓的产业结构演变规律是根据发达国家历史经验的总结,后发国家面临的发展环境和条件与之存在巨大差异,很难照搬发达国家的经验;同时,这些演变规律的研究是粗线条的,产业划分非常笼统,很难据此确定在什么具体时间应扶持何种具体产业。

动态比较优势理论的基础是规模经济和不完全竞争，然而不少实证研究表明这个理论依据并不成立（张鹏飞和徐朝阳，2007）。Lee（1992）的研究表明，发展中国家的确存在着不完全竞争，但这主要是政府干预的结果。对于规模经济，Beason and Weinstein（1996）采用1955—1990年主要工业部门的数据计算了13个行业的规模效率情况，其中6个行业存在规模效率递减，另外4个行业存在并不显著的规模经济性，最为有趣的结论是日本主要工业行业产业政策扶持强度与行业规模经济性是成反比的，规模效率递减的行业反而获得更多的政策扶植。他们的研究还指出，工业本部门的增长率与四种产业政策手段的相关系数都是负的，产业政策不但没有起到促进相关产业部门快速发展的作用，还产生了负面影响；日本各工业部门生产率的进步只有7%左右能够被产业政策解释；对电气、通用机械以及交通运输机械等行业而言，产业政策与生产率之间甚至是负向的相关关系，日本产业政策对于日本各主要工业部门生产率并没有显著的影响。动态比较优势理论和选择性产业政策的支持者，往往以日本产业政策和产业发展作为其最为重要的事实依据，对于他们而言，Beason和Weinstein严谨、全面的计量研究颇为致命。迈克尔·波特对日本的主要行业的产业政策与国际竞争力进行了系统全面的研究，其研究表明具有比较强国际竞争力的产业受产业政策的影响比较小，产业政策干预越多的行业反而越没有国际竞争力。竹内高宏（2002）对日本在国际上成功的20种产业和失败的7种产业进行了详细比较后，也认为日本成功的产业大多没有产业政策的支持，而失败的产业恰恰是产业政策管束过多，特别是限制竞争较多的部门。

规模经济与有效竞争理论作为产业组织政策的依据值得商榷

规模经济与有效竞争理论作为产业组织政策的依据是并不充分的，试图通过限制进入、限制竞争、扶持大企业的方式推动集中进而提高市场效率的政策，在很大程度上是与有效竞争理论相违背的，是对有效竞争理论的误读。在钢铁、汽车等行业中，产业组织结构的优化是中国的产业结构调整政策中的一项重要内容。在这些行业，所谓产业组织结构的优化主要指的是培育大规模企业和提高市场集中度，这类政策多以实现所谓的规模经济和有效竞争为依据。这类政策多强调中国的企业相对于国外大企业企业规模过小,不能充分利用规模经济,并认为中国企业相对于国外大企业在竞争力上的差距主要是因为中国企业规模过小。日本学者鹤田俊正在《日本的产业政策》一书中就曾指出:与别国比较企业规模的大小,完全没有什么经济学意义;企业规模,应该是在社会分工广泛发展的过程中,适应市场的性质而确定的。鹤田俊正还进一步指出,忽视市场的特殊性一味追求扩大企业规模,反而有可能出现大规模企业缺乏经济效益的现象。由于发展阶段不同、生产体系不同、资源禀赋差异不同,相同的产业中中国企业和欧美企业生产曲线并不一样,加上企业制度不同、管理水平上的差异,克服 X-非效率的程度也不一样,都会使不同国家在最优生产规模上存在巨大的差异,中国企业相对较小并不一定处于劣势。

从近年来钢铁、汽车产业一系列的政策文件来看,政策部门始终认为国内企业与主要国际企业在效率上的差异很大程度上是来自于企业规模。实际上,主要国际企业都是从小规模企业经过长期提高生产效率、产品质量和产品竞争力,在不断获得和保持竞争优势的过程中成长为大规模企业的。国内政策部门和部分学界人士探讨这种政策的合理性时,往往以日本在钢铁和汽车产业实施同类政策的成功为依据,而这一依据根本站不住脚。在1970 年八幡制铁和富士制铁合并为新日本制铁之前,日本钢铁企业在生产规模相对较小的情况下,就已经具有比较强的国际竞争能力,(八幡制铁和富士制铁)合并后虽然降低了出口价格,但提高了国内市场价格,扭曲了市场机制,副作用比较大(小宫隆太郎等,1988)。1961 年,日本通产省提出的汽车产业"集团化构想"遭到了除丰田和日产外所有汽车厂家的强烈反对,日本的汽车企业数目一度达到二十多家,通产省的"集团化构想"最后不了了之。日本汽车产业的成功,正是由于产业组织政策失效使日本汽车产业获得了自由发展的空间,日本汽车企业在产品质量、生产效率和新产品开发上展开激烈的竞争,正是这种激烈的竞争造就了日本汽车产业的成功。需要指出的是,在产业发展阶段,日本的汽车企业和钢铁企业规模尚小时,就表现出强烈的技术改进和创新的倾向,而在中国的政策制定过程中,政策部门却将本国技术能力和创新意愿的不足归结于企业规模过小,实际上是为政策失误和被扶持大企业的无能编造规模神话(路风和封凯栋,2005)。

以提高市场集中度为政策目标,其依据主要为有效竞争理论,认为分散型的市场结构是低效率的,松散型寡头垄断的市场结构才是有效率的市场结构,政策应当以形成这种集中的市场结构为目标,而实际上这是对克拉克有效竞争理论(Clark,1961)的误读(江飞涛和曹建海,2009)。以提高市场集中度为目标的政策,实际上将市场结构与产业绩效简单对应起来。市场是一个争胜竞争的动态过程,在这一过程中各种因素之间相互制约、相互作用构成了一个不可分的经济系统,它是不断发展和变化的,将市场结构与市场结果简单联系是不合适的。只要不存在政府人为设置的进入壁垒与限制竞争,争胜竞争过程中内生的市场结构就是有效率的。此外,与发达国家比较市场集中度来判断我国某一产业市场结构是否合理的做法也是值得商榷的,发达国家的大部分产业是通过长期竞争形成了目前的市场结构。而改革开放后,我国许多产业都重新迎来了高速发展周期,低集中度和集中度不断降低是这一发展阶段的重要特征。各国市场规模不同、采用技术上的差异等都会造成同一产业市场集中度在不同国家存在很大的差异。以发达国家的市场结构作为产业组织政策的目标和依据都是非常不合适的。

以"熊彼特假说"作为产业组织政策的依据是对熊彼特创新理论的误读

用"熊彼特假说"来作为"以限制竞争、限制进入造就大企业和推动集中的方式来促进技术创新"政策的依据,完全是对熊彼特创新理论的误读。在前文中已经提到,中国产业政策的一个重要特征是通过限制竞争、保护政策部门选择的特定在位企业,以打造大规模企业、提高集中度,这项政策将熊彼特假说作为其重要的理论依据。熊彼特于1912年在《经济发展理论》中提出"企业规模的增加,创新相应增长;创新随着市场的集中而增加"的假说。其后,他又更加强调了大企业对创新起到的关键性作用,认为大企业在研发费用的投入、研发风险的承担、对创新成果所得的控制力等方面具有小企业无法企及的优势。中国产业政策部门据此认为,通过限制竞争的方式培育大企业可以促进产业的技术创新。然而熊彼特假说从提出起,就引起了广泛的争论。Arrow(1962)对竞争和垄断这两种不同市场结构下创新激励问题所采用的模型分析,证明了竞争性市场结构比垄断的市场结构具有更强的创新动力。熊彼特假说和阿罗模型两种截然相反观点之间的争论持续半个世纪,后续的理论研究和实证研究各有支持者。这些理论研究基于不同的理论模型和假定条件,而实证研究结论又依赖于数据样本、计量方法以及创新和市场结构的衡量指标,因而市场结构与创新之间的关系均不能用一个简单化的结论来回答(吴延兵,2007)。因而,熊彼特假说作为限制竞争性产业组织政策的理论依据是并不坚实的。

需要进一步指出的是,熊彼特假说中隐含了一个重要前提,那就是其假说中的市场是自由进入的市场,不存在行政性进入壁垒;其中的大企业和垄断市场结构是内生的,垄断企业的规模和市场地位是其在之前的自由竞争中不断创新和提高效率的结果(其在实现程序创新方面的经验积累优势正是来源于此)。也只有在这样的前提下,熊彼特才会认为,垄断受到的竞争压力一点也不少,而且垄断本身就成为竞争的来源和方式。也只有在这一重要前提下,"垄断地位,特别是制造业中一般地不能高枕无忧。由于垄断地位能够设法挣得,所以只有用警惕和精力才能保持它"(熊彼特,1999)。熊彼特(1999)一再指出,大企业大力推动技术进步的基本原因就在于保持自身地位不被侵占而不得不采取的行动,即大企业推动技术进步和创新的动力很大部分来源于市场竞争的压力。熊彼特所提到的市场竞争,不只包括市场内的竞争(competition in the market),还包括围绕进入市场而展开的竞争(competition for the market)。熊彼特强调后一种竞争在(内生)垄断市场中的重要作用,认为正是这种竞争迫使垄断企业不断创新,"这种竞争不但在它存在时起作用,而且在它还仅仅是一种永远存在的威胁时也起作用"(熊彼特,1999)。熊彼特的创新理论中实际上是严格区分了内生的效率垄断和行政性的垄断,即便在熊彼特看来,行政性垄断也严重抑制了竞争和创新,并导致市场低效率。

而在中国的产业政策中,试图通过严格限制进入、限制竞争培育大企业和提高集中度来促进创新。这会使得被选定扶持的大企业既缺乏来自市场内的竞争压力,又不用面对潜在进入者所形成的竞争压力,从而丧失创新的动力,并且强烈抑制中小企业和潜在进入企业的创新意愿和创新活动。限制竞争以促进创新的政策还将直接导致行政性垄断,导致整个产业无论在静态效率还是在动态效率上都长期低下。从以上分析可以看出,以熊彼特假说作为限制竞争政策的理论依据,实际上是对熊彼特关于创新理论的刻意扭曲,是对熊彼特假说断章取义的理解。

中国产业政策的进一步反思:基于市场竞争机制的重新认识

随着中国市场化改革的深入和西方经济理论的广泛传播,中国学界和政府对于市场的了解也逐渐加深。但是,由于新古典经济学逐渐成为中国经济学的主流以及教科书中的主要内容,新古典经济学及其对市场的理解深刻地影响着政策部门,新古典经济理论对于市场机制理解上存在的缺陷,也制约着政策部门对市场机制的进一步深入理解。在市场机制认识上的不足,进而又导致政策部门在制定和实施产业政策的过程中政府行为边界和行为方式上的错乱,甚至初衷良好的产业政策也总是阻碍市场运行过程与动态效率的实现。重新认识市场机制,对于反思中国产业政策有重要的理论价值和现实意义。

以新古典理论为基础的产业政策理论完全忽略了知识问题,只是简单假设全知全能的政府最了解情况,政府代理人全部都慷慨正直,忽略了政府知识匮乏和政府失灵的可能性,没有关注到人类存在不可避免的无知这一事实(王廷惠,2005)。知识问题是一个具体环境的问题,(产业政策部门)经济计算所要求的知识,只有从市场竞争过程自身的展开中才能获得(王廷惠,2007)。竞争的真正价值,首先在于发现知识。发现知识的功能,只能在争胜竞争的动态过程中得以体现。也只有通过市场竞争过程才能够解决分散知识的利用问题。作为产业政策理论基础的新古典理论过分关注起点和终点的静态分析,专注于静态的配置效率。而现实竞争过程必定是一个动态过程,争胜竞争动态过程才能实现动态效率。新古典理论中讨论的竞争概念与现实竞争没有任何联系,忽略了市场竞争性过程的作用,这种静态竞争理论本质上就是反竞争的,其结论不应该具有政策指导意义。新古典理论对于市场机制认识的根本缺陷,使得以"市场失灵"作为政府对市场进行干预的理论基础具有不恰当的政策意义,不应成为政策分析的标准以及实施产业政策干预的依据。重新认识产业政策以及政策分析的标准,需要我们重新认识市场的竞争机制,并在此基础上对此前的产业政策进行反思。

作为过程的市场竞争——重新认识市场竞争机制

处于"必然无知"状态中的知识社会时代,考虑时间和无知的理论必然是过程理论而非状态理论(Loasby,1976),理解市场的关键在于真实时间、知识问题和人类行动(尤其是企业家发现)。真实世界里的竞争,首先必然表现出动态性质,是一个探索和发现的过程。敏感机灵的企业家,受到利润的诱惑,总是在寻找新的市场机会,开拓新的要素组合方式,提供新的产品和服务,不断发现并尝试新的企业组织形式和内部管理方式以及合适的企业规模。随着真实时间的展开,风险和不确实性必然伴随着行动主体发现知识的争胜竞争过程。竞争者无法完全准确地预测其行为结果,正是这样的无知状态,激励着他们去发现、尝试和试验。对生产者和消费者而言,竞争过程的发现和探索性质,均为一个获取和扩展信息与知识的学习过程。竞争过程的结果,将使得更具效率的企业占领市场,企业家争胜竞争的发现性行动,将不断创造更低成本的技术和更有效率的资源利用。市场的生存检验过程是通过不同个体向各种可能的方式尝试,这种在分散的知识和不确定性市场下的尝试、竞争和创新,导致产业结构和产业组织的动态调整(王廷惠,2007)。

产业政策应尽可能避免以政府的判断和选择来代替市场机制

中国产业政策的一个显著特点就是以政府的判断和选择来代替市场机制,以政府对于产品、技术和工艺的选择,来替代市场竞争过程中对于产品、技术和工艺的选择,以政府对市场供需状况的判断以及控制供给来代替市场的协调机制。实施这样的产业政策,需要关于生产成本、消费者偏好、开发新产品及实现技术创新的完全知识,而这些知识只能依靠市场竞争过程的展开而逐渐显示和暴露出来,在市场过程产生这些信息之前获取它是无法实现的(Lavoie,1985)。并且这些知识具有的主观性、私人性和分散性,伴随着默示的和与特定时空有关的知识,是无法进行汇总的知识(哈耶克,2003),政策制定部门无法利用这些知识进行有意义的统计并据此进行正确的经济计算和预测(Powell,2005;江飞涛等,2007)。只有具体场景中的现场个人才具有可获取资源、发生变化等私人知识，才有可能充分利用特定知识优势对环境与条件的变化迅速做出灵活反应（王廷惠，2005）。因而，只有这些对市场敏感的经济主体拥有更为详细的在经济运行中做出正确决策所需的知识，而政府不可能具有比企业家更为敏锐的发现正在运行的市场竞争中潜在知识的能力，也不可能比经济个体更能对市场做出灵活反应。政府不可能在产品、生产设备、工艺、技术和产量等方面的选择上比市场更有效率。政府代替市场机制来进行选择，反而可能会压制经济主体进行知识发现的积极性，阻碍市场自发调整过程，导致市场运行效率低下，在产业政策中应尽量避免以政府选择来代替市场机制。

从竞争性集中过程的效率看产业组织政策的根本缺陷

在我国，产业组织政策一直是产业结构调整政策的重要内容，它通过市场准入、投资项目审批和选择性培育特定企业，来提高市场集中度和培育大规模企业，以优化产业组织结构。这种政策的出发点，显然混淆了结果与过程。一定时期特定市场的企业数量、市场结构及产业组织形态是特定竞争过程的暂时结果，本身并无多大的意义。竞争性集中之所以有效率，是因为竞争性过程的选择性作用。脱离开这一过程，去强调集中度的效率是毫无意义的。竞争是一个复杂的演化过程和选择过程。市场份额总倾向于从缺乏效率的企业转移到更具效率的企业，企业家争胜竞争过程必然产生集中趋势。

企业争胜竞争的过程中，市场作为一个筛选机制和发现过程，让那些具有效率优势的企业能够生存和发展。竞争是不断出现更好产品和更优生产方法的探索之旅，也是消费者发现谁以及生产者怎样才能满足特殊偏好与不同需求的过程。生产者和消费者都不可能事先知道竞争过程的最终结果，也不可能知道哪个企业能成功满足消费者意愿，成为争胜竞争过程的胜出者（Metcalfe，1998）。只有通过竞争过程才能发现这些知识，只有经由试错过程才能最终判定谁能胜出，只有经过无数次争胜竞争试验过程才能筛选出暂时的赢家（王廷惠，2007）。因此，政府不可能代替市场竞争性过程来选择真正的赢家。倘若政府干预代替市场选择过程进行胜者的选择，导致产生自发的发现过程的竞争的消失,其结果必然是促使被选择的经济主体不需要经历竞争对手对自身生存和盈利所带来的威胁,失去积极探寻、发现和获得依靠市场过程的展开所逐渐显示和暴露出来的满足消费者的需求和产品知识的动力,失去追求以较低成本实现消费者偏好的创新激励,进而失去动态竞争的市场效率,而整个市场必然失去甄别、发现、利用和创造新知识的动力,行动主体对利润机会所保持的警觉也会消失。由此就带来了另一问题:政府对胜者的选择也使得经济主体通过非市场手段俘获政策制定者的不良现象更为严重和普遍,由此进一步扭曲了市场过程的有效运行。总而言之,是市场争胜过程造就了市场动态效率与高效率的大企业,市场集中度的提高只是这一过程的副产品,试图以提高集中度和培育大企业的产业组织政策来提高市场效率完全是舍本逐末,并会造成市场效率的丧失。

结论

21世纪以来,中国的产业政策在制定实施过程中,行政性直接干预措施进一步被强化,从而体现出强烈的直接干预市场、以政府选择代替市场机制和限制竞争的管制性特征以及浓厚的计划经济色彩。这种中国特色的产业政策缺乏相应的理论依据,静态且过于简单地理解市场机制,导致政策部门在制定和实施产业政策中行为边界和行为方式上的错乱。重新认识市场机制与市场的竞争性过程对于反思中国产业政策具有重要的理论价值和现实意义。只有充分理解市场争胜竞争的动态过程性特征,充分理解市场竞争过程的知识发现功能,充分理解竞争是一个复杂的演化过程和选择过程,我们才能深刻地认识到不受阻碍的市场竞争过程所推动的产业结构、产业技术和产业组织内生演变更具有动态效率性,也才能更深刻地认识到"直接干预市场、以政策部门选择代替市场机制、限制竞争"是中国式选择性产业政策的根本缺陷。

对于仍处于转轨过程中的中国来说,经济体制上的弊端、市场体制发育不完善和政府对经济的长期直接干预,限制、扭曲甚至阻止了市场竞争过程,阻碍了产业结构内生的动态演变和发展。中国应当放弃这种强烈计划经济色彩和管制特征的选择性产业政策,转为推进市场体制改革和完善市场机制,实施"维护争胜竞争市场过程"的竞争政策,以增进市场的协调功能和优胜劣汰机制的方式,推动产业的发展和产业结构的动态调整。此外,作为补充,可考虑实施市场友好型的功能性产业政策。这包括:(1)进一步完善环境保护的法律和制度,并使之行之有效;(2)知识产权的保护;(3)对基础性研究的支持,对于具有较强外部性的应用性研究以及具有重大影响的应用性研究提供资助;(4)教育与专业人才培养(包括技术工人的培养);(5)行业信息、技术发展及趋势、经济运行信息的收集、整理、研究与发布,为行业信息交流和研讨提供公共平台。

参考文献

Arrow, K. J., "Economic Welfare and the Allocation on Resources for Invention", in Nelson, R. R., ed., *The Rate and Direction of Inventive Activity*, NBER, Princeton, 1962.

Beason, W., "Growth, Economies of Scale, and Targeting in Japan (1955—1990)", *Review of Economics and Statistics*, 1996, 78(2), pp. 286—295.

Powell, B., "State Development Planning: Did It Create an East Asian Miracle?", *The Review of Austrian Economics*, 2005, 18(3/4), pp. 305—323.

Clark, J. M., *Competition as a Dynamic Process*, Washington, DC.: Brookings Institution, 1961.

Lavoie, D., *Rivalry and Central Planning: The Socialist Calculation Debate Reconsidered*, New York: Cambridge University Press, 1985.

Lee, I., C. Hobbs and G. Haines, "Implementing Multicultural Policy: An Analysis of the Heritage Language Program, 1971—1981", *Canadian Public Administration*, 1992.

Loasby, B. J., *Choice, Complexity, and Ignorance*, Cambridge: Cambridge University Press, 1976.

Metcalfe, J. S., *Evolutionary Economics and Creative Destruction*, London: Routledg, 1998.

Porter, M. E., *Hirotaka Takeuchi*, *Mariko Sakakibara*. *Can Japan Compete?* New York: Basic Books, 2000.

哈耶克,《个人主义与经济秩序》,邓正来译,生活·读书·新知三联书店,2003年。

江飞涛、曹建海,"市场失灵还是体制扭曲——重复建设形成机理研究中的争论、缺陷与新进展",《中国工业经济》,2009年第1期,第53—64页。

江飞涛、陈伟刚等,"投资规制政策的缺陷与不良效应——基于中国钢铁工业的考察",《中国工业经济》,2007年第6期,第66—74页。

路风、封凯栋,《发展我国自主知识产权汽车工业的政策选择》,北京大学出版社,2005年。

王廷惠,《微观规制理论研究——基于对正统理论的批判和将市场作为一个过程的理解》,中国社会科学出版社,2005年。

王廷惠,《竞争与垄断:过程竞争理论视角的分析》,中国经济科学出版社,2007年。

吴敬琏,"中国经济60年",《财经》,2009年第20期,第76—96页。

吴延兵,"企业规模、市场力量与创新:一个文献综述",《经济研究》,2007年第5期,第125—138页。

小宫隆太郎等,《日本的产业政策》,国际文化出版公司,1988年。

小宫隆太郎,《现代中国经济:日中对比考察》,东京大学出版社,1989年。

约瑟夫·熊彼特,《经济发展理论》,商务印书馆,1990年。

约瑟夫·熊彼特,《资本主义、社会主义与民主》,商务印书馆,1999年。

张鹏飞、徐朝阳,"干预抑或不干预?——围绕政府产业政策有效性的争论",《经济社会体制比较》,2007年第4期,第28—35页。

竹内高宏,《产业政策论的误解》,东京经济新报社,2002年。

美国产业政策的政治经济学
——从产业技术政策到产业组织政策[①]

周建军　国务院国有资产监督管理委员会研究中心副研究员

经济学家们围绕产业政策已经做了不少理论研究,而关于产业政策这一涉及政府市场关系永恒主题的经济学研究,仍然是没有定论的。从历史和事实的角度来看,产业政策在众多的发达国家和发展中国家,都发挥过重要作用。关于这一点,即使质疑和反对产业政策的人士,也不应否认。从历史和事实的角度研究梳理美国这类被视为自由放任经济体制的产业政策,也符合斯蒂格利茨对发展中国家"按我们做的做,别按我们说的做"(Do as we do, not as we say)来选择发展政策的忠告。鉴于此,本文将以美国为研究对象,从历史与当下、产业技术政策与产业组织政策等多个维度,研究剖析美国产业政策的历史、现状及其发展演变,梳理还原美国产业政策的政治

[①] 本文原载于中央编译局《经济社会体制比较》2017年第1期,转载于人大复印报刊资料《世界经济导刊》2017年第5期和《中国社会科学文摘》2017年第8期。作者感谢哥伦比亚大学政策对话倡议组织(Initiative for Policy Dialogue)主席斯蒂格利茨(Joseph Stiglitz)教授的学术指导,感谢哥伦比亚大学政策对话倡议组织提供的一流学术环境。文责自负。关于本文的任何意见或建议,请发作者邮箱:zhoujianjun01@tsinghua.org.cn。

经济逻辑。

产业政策的内涵与争议

产业政策作为一种文字修辞,最早出自何处,已经不易考证。美国学者的研究显示,产业政策一词至少在1876年就出现在美国出版的经济学著作《大英帝国与美国的产业政策》中(Nester,1998)。但产业政策作为一种推动经济发展的政策工具,至少从民族国家诞生以来,就不同程度地存在着。就产业政策本身的意涵和内容而言,无论是政府机构、职业经济学家还是社会大众也有着不同的理解。美国与欧盟政府对于产业政策就有着不同的解释。根据日本学者小宫隆太郎的定义和分类,产业政策包括一般性的基础设施政策、产业间的资源分配政策、各领域的内部组织有关政策和中小企业政策等(小宫隆太郎等,1988)。中国学者刘鹤等对产业政策的定义和分类,与小宫隆太郎比较类似,涵盖了产业结构政策、产业组织政策、产业技术政策和地区产业政策等(刘鹤和杨伟民,1999)。在更广泛的意义上,沃里克对产业政策的定义和内容做了详尽的研究综述,将产业政策定义为任何企图改善经济环境或者变革经济活动结构的干预或者政府政策,并从通用的产业政策与有选择性的产业政策两个层次,从产品市场、劳动力、资本市场、土地、技术与制度等多个维度做了分类介绍(Warwick,2013)。在这个意义上,本文所讨论的产业政策是一种广义的产业政策,即政府为了实现产业发展目标对经济活动进行干预的总和;它既包括狭义的产业政策,也包括产业组织政策等广义的产业政策;既包括了政府等行政机关对经济活动的引导和扶持,也包括了法院等司法机关对经济活动的判决和解释(见表1)。

表1 广义的产业政策的措施分类

领域	通用政策(Horizontal policies)	选择性政策(Selective policies)
产品市场	竞争政策和反垄断政策、间接税、产品市场管制、汇率政策	国家领军企业、国有化/私有化、产出补贴、国家援助、出口促进、价格管制(如药品)、政府采购、贸易政策、车辆报废

(续表)

领域	通用政策(Horizontal policies)	选择性政策(Selective policies)
劳动力/技能	技能和教育政策、培训补贴、工资补贴、收入、收入和雇佣税、管理顾问服务、劳工市场监管	目标技能政策、学徒政策、具体产业的顾问服务
资本市场	贷款担保、公司税/资本免税额、宏观/金融稳定、资本市场监管	战略投资基金、紧急贷款、国家投资银行、国内投资促进
土地	土地规划监管、土地规划	企业开发区、基于地域的产业集群政策、基础设施
技术	研发税抵免、科学预算、知识产权制度	绿色技术、引导市场、支持创新的政府采购、专利盒、有选择的技术资助、专业技术中心
系统/制度	创业政策、情景规划、信息分配、总体竞争力战略	指导性规划、产业的前瞻性倡议、甄别战略产业、产业竞争战略、产业集群政策

资料来源：Warwick(2013)。

产业政策作为一种日渐成型的理论，至少可以追溯到近代的汉密尔顿、李斯特、格申克龙等经济学家的研究。产业政策的提倡者们以汉密尔顿、李斯特、格申克龙、约翰逊、斯蒂格利茨、阿姆斯登、韦德、张夏准、高柏、罗德里克、林毅夫、马祖卡托为代表，分别以美国、英国、日本、韩国等为研究对象，研究论述了发达国家与发展中国家在经济发展过程中的产业政策的重要作用。而以克鲁格、克利缅科、鲍威尔、威廉姆森为代表的产业政策批评者们却认为，市场可以自我运行良好，即便市场会失灵，政府也会常常失灵，并不一定具有挑选胜者的能力，而政府的作用主要是提供公共品。针对学术界仍停留在"要不要产业政策"、"产业政策存在实施困难"等问题，斯蒂格利茨、罗德里克等回应指出，有意义的讨论应该超越要不要产业政策，而应该聚焦于要实施什么样的产业政策；而每个成功的经济体都有相应的产业政策去推动经济增长，实现转型升级(Stiglitz and Greenwald,2014；Rodrik,2008)。

尤其是，从信息获得、行动能力与是否腐败的角度对政府的产业政策的质疑，既不能被事先先验地假定，也不能构成产业政策失灵的充分理由。而产业政策的存在，正是基于市场的弱小或不存在、私人投资的不足、协调的失灵等问题。包括美国在内的发达国家也存在重要产业和领域的私人投资不足的问题，需要政府的产业政策支持和引导。关于产业政策的必要性和重要性,即使是全世界最富有的私人企业家、美国微软公司创始人盖茨也不否认。在2015年11月的美国《大西洋月刊》,盖茨公开呼吁美国政府增加对新能源领域的投资,并以互联网、芯片、美国国防部先进研究计划署和其他基础研究等为例对美国长期以来的产业政策效果给予高度评价。[①]诚如盖茨所提倡和肯定的,以明确的或者不明确的方式使用产业政策,正是美国等发达国家的真实历史和现状。

历史视角的美国产业政策

从18世纪独立建国到现在,美国政府的各类产业政策一直不同程度地存在,并由美国立法机构、行政机构和司法机构共同实施,对美国经济发展发挥了重要的作用。尽管美国政府一些高官不喜欢使用产业政策这个词,里根和老布什执政的美国政府更是声称不喜欢产业政策,但是产业政策一直伴随着美国两百多年的经济发展史。在1789年华盛顿正式组建美国政府之后,美国首任财政部长汉密尔顿于1791年向美国国会提交了涵盖钢铁、铜、煤、谷物、棉花、玻璃、火药、书籍等众多产业的制造业发展计划,开启了美国政府通过产业政策推动工业化的正式篇章。从对特定产业的政府补贴、保护性关税和进出口配额,到鼓励外国先进技术的进口、禁止创新的工具和机器的出口以及制造业投入的税收减免,再到改善国家的道路和隧道网络(降低商品的交通成本),汉密尔顿的产业政策都有涉及(Bingham,1998)。为了建设一个世界领先的国家,汉密尔顿和杰斐逊等美国开国元勋可谓不遗余力。尤其是,汉密尔顿将建设一个强大的中央政府作为他的施政理想,他希望一个强大的政府能为国家的工业化提供支撑(比如国家银行体系、公路和铁路等基础设施)和保护(关税等)。即使杰斐逊等美国政府领导人与汉密尔顿就政府在经济活动中的角色有不同意见,1806年,时任总统

[①] 在2015年11月的美国《大西洋月刊》,盖茨以能源创新的投资为例指出,由于私人投资的成本与收益不能匹配,导致在能源创新方面的研发支出并不充分。美国政府在医疗研究方面的资金支持达到了每年300亿美元,由此推动了美国医疗保健在全世界的领先地位,美国政府也应该增加能源创新的基础研究投入。从产业政策的效果来看,盖茨认为,美国国防部先进研究计划署与其他基础研究的资金支出都是富有成效的,最初的互联网、最初的芯片制造等也来源于美国政府。美国在政府研发方面的总体成绩是非常优秀的(James,2015)。

的杰斐逊还是建议用国会财政盈余来改善美国的道路、隧道、河流、教育以及其他有助于繁荣和统一的重要根基(Nester,1998)。

如上从金融信贷、基础设施、关税保护、公民教育到工业制造的产业政策,为19世纪美国产业的快速发展创造了前提和条件,尽管汉密尔顿的制造业发展计划并没有在他的任期马上实施。以美国的幼稚产业保护为例,正是由于美国政府实施的关税保护——1820—1931年的美国平均关税税率达到了35%—50%,才使得美国的幼稚工业产业得以生存、战略产业得以不断发展起来(Nester,1998;Scherer,1994;张夏准,2007;Irvin,2000)。① 而关于美国幼稚产业关税保护的必要性,于19世纪20年代任职的美国前国务卿亨利·克莱曾这样解释:"我们必须给某些产业进行方向调整。我们必须尽快采取这个货真价实的美国(关税)政策。让我们在打造本国市场的同时,也培育一个外国市场,使得美国工业品的消费规模能进一步扩充。本国市场的打造,不仅对促进我国农业劳动力的公正的报酬是必要的,而且对我们的必需品的供应也是不可或缺的。如果我们不能销售生产的商品,我们也就无法获得我们想买的商品。"(Callender,1965)

而基于对幼稚产业的保护性关税、国家银行、国家基础设施投资的国家经济发展模式,被后世的经济史学家们称为"美国体制"(American System)(Lind,2013)。关于美国经济起飞阶段的关税保护的重要性,美国前总统威廉·麦金利(1897—1901年任职)并不否认。他这样指出:"我们成了世界第一大农业国;我们成了世界第一大矿产国;我们也成了世界第一大工业生产国。这一切都源于我们坚持了几十年的关税保护制度(托马斯·K.麦格劳,2000,345)。"事实上,不仅在美国,以高关税(尽管工业制成品与原材料的关税税率有所区别)为代表的产业政策,在英国、意大利、德国、法国、丹麦、俄罗斯、日本、西班牙等发达国家的不同历史发展阶段也普遍存在过。

在林肯当政的19世纪中叶,美国也一直以促进经济增长的"美国体制"推动经济增长;在这种经济制度下,美国政府用高关税保护战略产业,用联邦土地划拨、政府采购来安定市场,用补贴来推动基础设施发展。基于美国

---

① 以锡为例,Irwin(2000)对美国19世纪的关税保护和产业发展问题做了研究。Irwin的实证研究显示,美国政府对锡产业的关税保护,加快了锡产业的建立和发展,尽管关税保护给锡产业的下游带来负面影响。

政治精英们这样的认识,美国的高关税制度一直实施了近百年的时间,直到美国的本土产业逐渐变得具备全球竞争力,美国政府才逐渐降低关税税率。受益于美国的关税政策,美国的贸易逆差在19世纪下半叶开始逐渐减少。到了19世纪80年代到20世纪20年代,美国基本上保持了贸易顺差。受益于美国的产业政策,19世纪的美国工业实现了史无前例的大发展。到1890年美国政府成立一百年时,美国已经成为世界上最大的工农业生产国。到1914年第一次世界大战之前,美国的工业生产已经超过了英国、法国和德国的总和。1914年第一次世界大战爆发之后,凭借自身在工业生产等领域的优势,美国抵消了战争的短暂影响,完成了负债国到借债国的转变。美国经济的繁荣,一直保持到1929年经济大萧条之前。

从大萧条的应对到第二次世界大战后美国经济的全面复苏,美国产业政策的边界和角色大大地扩充了。1929年到1932年的美国经济大萧条,多少年以后仍旧让美国人记忆犹新。彼时执政的胡佛政府,做了不少工作阻止大萧条的蔓延,但屡屡未能奏效。直到罗斯福新政乃至第二次世界大战之后,美国经济才彻底走出大萧条的阴影。在此期间,美国政府对经济活动的干预大大地增加了,美国的产业政策边界也大大地扩充了。美国存款联邦保险公司(FDIC)、美国重组融资公司(RFC)、美国农业调整法(AAA)、美国产业复苏法(NIRA)、劳工进步管理法(WPA)等一大批政府机构或法案被建立或批准,被用于风险防范、贫困削减、就业帮扶和经济振兴。随着第二次世界大战的爆发,罗斯福重组或建立了美国国防顾问委员会(NDAC)、美国国防生产公司(DPC)、美国国家生产管理办公室(OPM)、美国战争生产局(WPB)等,以促进美国经济复苏和振兴。第二次世界大战期间,美国政府建立了价值数百亿美元的新军事工厂,建立了覆盖全国的石油天然气管道、炼油厂、电厂和军事基地等大量的基础设施。第二次世界大战期间,通过对劳动力的广泛动员,美国实现了充分就业。

或许是巧合,也是某种程度的必然,美国历史上的几位重要的总统——从建国伊始的华盛顿、力推南北统一的林肯到实现全面振兴的罗斯福,无一不是在重要历史节点推动美国独立、统一和崛起的政治强人,也无一不是汉密尔顿的产业政策传统的坚定践行者。除了两次世界大战,在20世纪的多数时间,美国政府通过补贴、税收减免、直接贷款和保险、风险投资、政府的

第二章　对现行产业政策的总结与反思

建设合同和采购[①]、研究开发的推动、标准设置、价格控制、准入许可和生产限制等产业政策来推动经济发展。具体而言，这些产业政策包括美国联邦政府给予的土地补贴、用来保护或者促进国内产业的关税减免、通过设立银行给私人企业发放贷款、政府提供的保险（如对私人银行的存款保险）、政府出资建设的产业设施（如数千家产业工厂）、政府对研发活动的支持等。在20世纪，美国政府直接或间接主导了互联网、半导体、高温超导、核能、HDTV等一系列重要科技产品的研发，甚至推动了"硅谷"的创新与繁荣。

以半导体为例，美国政府以直接或者间接的方式支持了半导体的技术开发。在20世纪50年代后期，美国政府直接资助了美国半导体企业研发支出的25%以上。美国政府对半导体企业的额外支持，通过军事采购项目的形式来实现。在1965年，美国军方的市场需求占美国整个半导体产业的28%、整个集成电路产业的72%。军方的高价支付承担了新技术开发的大部分风险和成本。70年代以后，军方的市场重要性下降了，但60年代的军事采购的初始阶段确保了美国企业在半导体产业的技术领先地位（Angel，1994）。同时，在50年代到60年代，美国的国内企业是美国研发投资的主要受益者。美国半导体产业的研发支出，从1959年的7 000万美元飙升到了70年代末的8亿美元、80年代末期的40亿美元。这些研发支出是美国政府和美国的私营企业一起资助的（Angel，1994）。

在对半导体企业的研发资助的同时，继美国企业在1982年联合成立半导体研究公司（SRC）之后，美国政府在1987年拨款1亿美元，引导十多家半导体企业组建了半导体制造技术战略联盟（Semiconductor Manufacturing Technology），促进企业之间的开发援助、研发合作、规范统一技术标准等。美国国防部和国防部先进研究计划署（Defense Advanced Research Projects Agency）先后参与组建了半导体制造技术战略联盟。在资助研发经费的同时，美国国防部先进研究计划署与相关企业一道推动半导体技术的研究、开发和推广等。1987年到1992年，半导体制造技术战略联盟花费了3.7亿美

[①] 在1933年，美国国会还通过了一个《采购美国产品法》（Buy American Act），要求美国政府优先采购本国产品。

元(全部预算的37%),用于半导体设备改进和设备供应相关的外部研发项目支出(Angel,1994)。为应对外国企业的竞争和并购威胁,促进美国半导体企业的合作研究,美国政府甚至倡议放松美国反垄断法而允许美国企业开展更大范围的合作研究(Angel,1994)。而美国半导体产业协会甚至号召美国半导体企业合资生产(Production Joint Ventures),以达到技术协同和强强联合的目的。从1989年到1999年,美国半导体产业共发生并购111起,成立合资项目244个。1991年,美国政府还与日本政府签订了《半导体贸易协议》,以保护美国企业在市场竞争中的利益。受益于美国政府对半导体产业的研发支持、产品采购、技术合作和强强联合等多种形式的产业政策,美国半导体产业才得以不断发展壮大、延续繁荣。①

与半导体产业发展密切相关,作为军用技术转民用技术的极好典范,硅谷一直被世人作为私人创业的乐园来称赞,硅谷的模式也一度被描述为市场完好运作的典型模式。然而,对硅谷百年历史的详尽考察却发现,无论是技术研发资助、风险投资、产品采购还是对美国本土企业的保护,美国政府都在硅谷企业的成长中发挥了重要的作用。如果没有美国政府的产业政策起作用,硅谷的历史可能会是另一番景象,也很难想象苹果或者英特尔是否会有今天这样的辉煌。20世纪50年代前后,硅谷地区的企业就成为美国国防部的重要采购来源。作为美国的高新技术领军企业,英特尔公司受益于美国政府的采购、研发支出和贸易保护,苹果公司的计算机、iPod、iPhone等都受益于美国政府资助的多项基础研发和美国政府的国际贸易政策(Mazzucato,2015)。针对那些关于硅谷的企业创新和风险投资的神话,硅谷历史研究学者阿伦·拉奥和皮埃罗·斯加鲁菲就指出,硅谷的体制实际上是一种长于开发、短于研究的体制;而美国政府才是硅谷最大的风险投资者和最

---

① 关于产业政策在半导体产业发展中的重要作用,美国政府并不隐晦。在2017年1月,美国总统行政办公室、美国总统科技顾问委员会等机构发布《向总统报告:确保美国半导体产业的领导者地位》的报告,明确指出"全球半导体市场从来不是完全自由的……常常是国家产业政策的目标"。在肯定市场作用的同时,这份报告肯定了美国政府支持半导体研发、采购、产业保护等产业政策的作用,号召美国政府增加半导体产业的研发支出,尤其是对竞争前研发(Pre-competitive R&D)的支持力度,加大对"半导体登月计划"(Semiconductor Moonshots)之类大项目的产业、政府和学术间的协调,建立半导体产业的激励奖励制度、政府资助的研究项目、合作研究机构、风险投资基金等(Executive Office of the President and President's Council of Advisors on Science and Technology,2017)。

有力的战略设计者(拉奥和斯加鲁菲,2014)。

当下的美国产业政策

在21世纪的美国,美国的产业政策至少包括产业技术政策、产业组织政策和其他改善经济环境、推动产业发展的政策。产业技术政策,重在提升企业的研发能力、确保美国的全球创新领导者地位,由美国国防部、国立卫生研究院、能源部、国家航空航天局、国家科学基金、农业部、商务部等实施。产业组织政策,重在优化市场结构、改善美国企业的竞争力,由美国联邦贸易委员会、司法部、各级司法机构等来实施。此外,还有一些产业政策,或推动经济发展,或用来改善经济发展环境,分别由美国联邦小企业管理局、经济发展局、农业部、住房和城市发展部等不同的部门来实施。美国总统和美国国会、美国联邦政府机构和美国州政府机构、公共部门和私营部门,都有参与制定产业政策的权力或机会,并彼此互动(见表2)。

表2 美国现有的产业政策及实施机构

产业政策内容	产业政策实施机构
产业技术政策	国防部、国立卫生研究院、能源部、国家航空航天局、国家科学基金、农业部、商务部等
产业组织政策	联邦贸易委员会、司法部、各级司法机构等
其他产业政策	联邦小企业管理局、经济发展局、农业部、住房和城市发展部等

资料来源:根据 Ketels(2007)以及公开资料整理。

就美国当下的产业技术政策而言,美国联邦政府的研发支出就是产业政策积极介入经济活动的最好例证。2015年,根据美国国家科学基金(The National Science Foundation)的公开数据,美国联邦政府层面的研发支出就高达1 323亿美元;这些研发项目分别由国防、卫生、能源、农业、商业、国家航空航天、国家科学基金等部门或机构管理,其中研发预算最大的国防部门的研发支出达到641亿美元,卫生部门的研发预算支出达到了305亿美元。这样来看,备受关注的、美国政府于2008年金融危机之后提出的每年5亿—10亿美元的"先进制造业国家战略计划"(强调优化、增加对先进制造的研发投入等），只是美国政府庞大的研发支出的微不足道的部分。

从更长的历史区间段来看，如图1所示，从1953年到2012年的60年时间里，美国联邦政府的研发支出累计达到了42 790亿美元（按2005年美元价格计算）。这些研发支出项目涵盖了国防、卫生、空间飞行、资源环境、农业、交通等多个领域，包括了计算机、数学、工程、生命科学、物理学、心理学、社会科学等多个学科方向，涉及了基础研究、应用研究、开发、研发设备等多个环节，动员了州政府、地方政府、企业、大学、非营利机构、FFDRC（美国联邦政府资助的研发机构）等参与其中，为美国的经济社会发展起到了重要的技术引领和产业振兴作用。

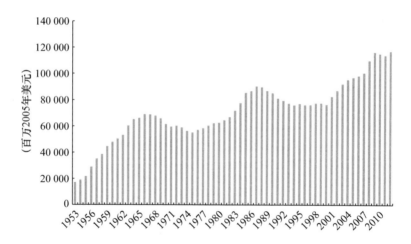

图1　1953—2012年美国联邦政府的R&D支出
资料来源：美国国家科学基金。

根据美国《研究开发》（*R&D Magazine*）杂志关于美国创新项目的评奖统计，如表3所示，从1971年到2006年，公立或者准公立项目在美国"R&D 100"的100家获奖项目中呈现总体上升的势头。在1988年到2006年的7次评奖中的6次，公立或者准公立项目在美国"R&D 100"的评奖项目中超过了50家，即占比超过50％。在1997年和2006年，公立或者准公立项目在美国"R&D 100"的评奖项目中分别达到了63家和61家，即占比达到63％和61％。公立或者准公立项目在"R&D 100"中的高获奖比例，充分说明了美国政府在高水平研发方面的重要作用和影响（Block and Keller，2011）。

表 3 1971—2006 年美国研发获奖的来源

	1971年	1975年	1979年	1982年	1984年	1988年	1991年	1995年	1997年	2002年	2004年	2006年
所有奖项	102	98	100	100	100	100	98	101	100	97	94	100
所有国外奖项	5	12	10	14	14	11	13	12	12	14	10	12
所有国内奖项	97	86	90	86	86	89	85	89	88	83	84	88
所有国内奖项中												
私营												
仅财富500强	38	40	29	37	26	14	9	11	7	5	5	2
其他企业	42	25	28	18	23	18	20	20	15	34	24	20
私营合作企业	3	8	6	4	3	5	4	7	3	11	1	5
包括财富500强	1	2	4	3	1	4	1	4	1	7	1	0
私营总计	83	73	63	59	52	37	33	38	25	50	30	27
公立或准公立												
资助的分拆*	4	1	2	1	1	5	4	5	8	4	8	11
政府实验室	4	8	15	15	24	38	44	38	42	26	38	42
大学	3	0	4	4	1	1	1	5	6	2	4	2
其他公立	3	4	6	7	8	8	3	3	7	1	4	6
总计	14	13	27	27	34	52	52	51	63	33	54	61
所有财富500强	41	47	35	41	31	22	14	18	15	13	9	6

注：*"资助的分拆"原文为"supported spin-offs"。
资料来源：Block and Keller(2011)。

除了直接的研发投入,美国企业还可以通过信贷、风险投资等方式获得美国政府的支持。例如,全球瞩目的特斯拉电动汽车项目,就得到了美国政府的重要支持：在 2010 年特斯拉项目的启动阶段,特斯拉从美国能源部获得了 4.65 亿美元贷款支持(彼得·蒂尔,2015)。当下著名的苹果、英特尔、联邦快递也都曾经是美国政府风险投资的受益者。特斯拉、苹果、英特尔、联邦快递等,只是美国政府进行风险投资的众多案例之一。据有关统计,自 1958 年美国联邦小企业管理局成立以来,通过对三百余家小企业投资公司的贷款担保支持(而非联邦小企业管理局直接的现金支持),美国的小企业投资公司平均每年都会对数百家公司投资 10 亿美元,以扶持有潜力的企业发展壮大。很明显,美国的产业技术政策在美国创新活动中仍旧扮演了不可或缺的重要角色。对本国企业或明或暗的研发补助、资金信贷、风险投资以及其他形式的产业技术政策,都是当下美国产业政策的重要组成部分。

同样重要的是,美国的产业政策需要从更宏大的意义和背景来理解。除了产业技术类政策,美国还有很多重在优化市场结构和改善美国企业竞争力的产业组织政策、旨在改善经济发展环境和推动经济发展的其他产业政策。因为微观经济竞争力(microeconomic competitiveness)被证明是一种更有用的工具,它侧重于美国政府在打造经济发展环境的不同方面的具体作用,包括要素条件(可获得的技能)、战略和竞争环境(例如反垄断立法)、产业集群的存在(跨区域竞争)以及需求的复杂性(国防、航天项目等)(Ketels,2007)。出于对美国经济环境的维护,美国政府对20世纪60年代的洛克希德公司破产案、70年代的宾夕法尼亚—纽约中央运输公司(Penn Central)破产案、1979年的克莱斯勒破产案、2008年的通用汽车破产案,都无一例外地施以援手,出巨资拯救美国的企业。出于对美国经济发展环境的维护,美国政府重视基础设施的投资建设。2015年,美国政府就制定了《道路交通修缮法案》,以确保美国在未来十多年时间里道路修缮所需的资金来源。根据这个法案,美国政府在未来十年的时间里对道路修缮的投资将达到至少3 000亿美元。如上这些旨在打造微观经济竞争力、改善经济发展环境的政策,大量存在于美国各级行政机构和司法机构之中,是产业政策的重要组成部分。

产业组织政策在美国

在过去的一百多年里,围绕反垄断、并购重组的产业组织政策,作为广义的产业政策的重要组成部分,构成了美国立法机构、司法机构和行政机构指导美国产业进行并购重组、提升美国企业竞争力的重要指南。美国产业经济学家谢泼德甚至认为,"反托拉斯(即反垄断)不管是无力还是强硬,它依然是美国主要的产业政策,深深扎根于美国经济根基之中"(谢泼德等,2009)。美国的产业组织政策不仅来自美国联邦贸易委员会等政府行政机构的决定或解释,也来自美国最高法院、各级地方州法院等司法机构的案件判决,还受到美国国会等政治党派力量对比的影响。而发达国家的产业组织政策,无论是从历史起源还是从影响力来看,都以美国最为典型。自《谢尔曼法》出台到美国《横向并购指南》2010年最新修订以来,美国的法律、法规和政策对并购重组发挥了重要而不可替代的作用,也自然成为美国产业组织政策的重要组成部分。而围绕《谢尔曼法》等并购相关的司法判决和

《横向并购指南》的行政解释,就成了美国政府(包括立法机构、行政机构和司法机构)干预和影响市场结构、产业规模、企业行为的重要方式,在美国的并购重组中始终扮演着"胡萝卜加大棒"的角色。

对美国并购重组的产业政策的历史回顾,至少要追溯到 19 世纪末的第一次大并购时期。1890 年,为减少和限制对公用事业之外的其他部门的垄断,美国国会经来自俄亥俄州的参议员约翰·谢尔曼(John Sherman)提议、制定了第一部反垄断法《谢尔曼法》,对共谋和垄断等行为做出了原则性规定,这也为美国一个多世纪以来的反垄断执法奠定了基本准则。此后,伴随着大规模并购在美国的兴起及《谢尔曼法》在执行过程中衍生出来的各种问题,美国先后制定了《克莱顿法》《联邦委员会法》《横向并购指南》等法律法规。

自 19 世纪 90 年代一系列反垄断的法律通过以后,美国政府机构的确发动过一些针对大公司的反垄断案件。例如,1899 年,美国安第斯通管道公司被指使用固定价格行为,在管道公司之间进行共谋。1911 年,美国烟草公司和美国标准石油公司被指垄断,因此被拆分。1950 年,美国第一大钢铁公司和第六大钢铁公司的并购受到美国政府反对。1962 年,美国第四大鞋业制造公司布朗鞋业与美国第二十大鞋业制造商金尼鞋业的并购受到美国政府反对。20 世纪 50 年代以后,从杜鲁门、艾森豪威尔、肯尼迪到约翰逊,甚至到尼克松执政的前半期,美国政府一直比较倾向于阻止产业集中度的增加。

从 20 世纪 70 年代尼克松执政的后半期开始,美国政府的政策开始发生变化。尼克松任职期间,倾向于任命对企业并购持同情态度的法官到美国最高法院任职。1972 年,美国最高法院宣布不再接受美国政府部门针对《克莱顿法》第七章的解释。美国反垄断案件以前更多地关注增加的产品集中的潜在效应方面,而不是增加的产品集中的真实、反竞争的效应方面。1973 年和 1974 年,美国最高法院限制《塞勒-凯弗维尔反兼并法》(Celler-Kefauver Act)在产品相关并购与产品不相关并购中的使用,甚至限制《塞勒-凯弗维尔反兼并法》在横向并购和纵向并购案中的使用(Fligstein,1990)。

20 世纪 80 年代前后,在经济全球化和新经济意识形态变革的大背景之下,卡特政府和里根政府期间的反垄断进一步放松。尤其是在里根政府期间,美国政府主张积极看待企业的并购行为。从国内市场的角度,美国政府提出"可竞争理论"(Contestability Theory),其隐含的意思是政府对垄断的管制是不必要的;从国际市场的角度,美国政府提出了国际竞争力的新关注点,意在压缩国内的反垄断空间。美国政府关于反垄断政策的一系列变化,也正如管理学家波特所指出的,一方面,竞争的作用是通过提高生产率来增加国家的生活水平、促进消费者的长期福利水平;另一方面,反垄断的新标准应该是生产率提高,而不是边际价格、边际成本和利润率(Porter,2002)。

从美国司法部、美国商务部、美国联邦贸易委员会到美国最高法院,逐渐达成了比较一致的反垄断政策修改建议共识。美国司法部时任反垄断负责官员巴克斯特声称:"产业集中趋势将不会被视为(反垄断)的因素。"美国时任总检察长米斯声称:"公司合并将使得美国更有竞争力。"美国另一时任总检察长则声称:"大不意味着是坏事。"美国时任商务部部长鲍德里奇则声称:"《克莱顿法》第七章的废除将有助于增加美国企业的效率、增强美国企业在世界市场的竞争力。"(Peritz,2000)而针对围绕并购得失成败的讨论,《美国总统经济报告》则公开表示:"并购需要被总体评估,而不能只评估个案的成败。"(Ravenscraft and Scherer,1987)很明显,美国司法部、美国商务部、美国联邦贸易委员会和《美国总统经济报告》的各种表态代表了美国政府的反垄断政策对于产业集中和并购重组的支持,尽管这一政策是"胡萝卜加大棒"的混合产物,在执行过程中还存在着不同程度的差异。20世纪80年代之后,无论是民主党执政还是共和党执政,包括布什政府、克林顿政府、小布什政府甚至奥巴马政府在内,美国的反垄断都没有明显收紧的迹象。

基于如上事实,托马斯·K.麦格劳就认为,在早期的工业化国家中,反垄断法和其他的反垄断措施很少能够控制大企业的增长,除非政府准备采取非常坚决的措施,但这样一来往往引起国民经济衰退。市场的力量如此之强,以至于像《谢尔曼法》这样强有力的反垄断法也无法阻止大企业的发展。这些措施有时戏剧性地产生促进大公司相互合并的效果(钱德勒,2004)。也就是说,反垄断式的强制手法(更重要的是来自它的威胁)有时反而促成了企业规模的扩大。还有学者认为,即使(20世纪50年代前后的)美国法院也通常不会将一个寡头企业拆分成更小的多个企业,以使企业能够在产业中存活；垄断不是自发产生或自然选择的结果。简而言之，政府经常是支持而不是反对集中和垄断的力量。美国政府事实上扮演着垄断促进者的角色（Adams and Gray，1955）。1965 年的一项针对美国最大的 500 家企业高管的调查，为上述看法提供了某种程度的支持。这个调查显示：89％的被调查美国企业认为，美国的法律并没有阻止所有的并购，最积极的企业甚至声称他们会把并购作为战略增长的工具（Fligstein，1990）。着眼于私有资本主导的并购重组和产业集中的消极影响，在区分好的托拉斯（以降低成本为基础）与坏的托拉斯（以暗中勾结为基础）的同时，时任美国总统西奥多·罗斯福就指出了大型企业"社会化"的必要性（Scherer，1994）。[①]

在上述大背景下，作为美国政府反垄断政策的重要规章，《并购指南》和《横向并购指南》在 1982 年、1984 年和 2010 年被重新修订。受一系列政策影响，被美国政府反对的并购案件明显减少。从企业的实际并购数字来看，即使在反垄断政策偏紧的时代（20 世纪 50 年代至 70 年代），美国的大型企业并购也没有明显放缓。如表 4 所示，《横向并购指南》（2010 年版），提高了对市场集中度的 HHI 指数的标准，一些并购重组的案例不会被视为集中或垄断；没有以市场份额来判定一切，指出即使一个高集中度的市场也可能具有很高的竞争性；考量了市场结构与创新的复杂关系的影响，当评估并购对创新的影响时，当局考虑并购企业更有效地进行研发的能力。与此同时，为促进创新和提升美国企业在全世界的竞争力，在借鉴日本和欧盟关于合作创新相关法规[②]的基础上，美国在 1984 年制定了《国家合作研究法》，提出联合研究和开发的合资项目不必然是非法的。在 2000 年，美国司法部和美国联邦贸易委员会联合发布了《竞争者之间合作的反垄断指南》（Antitrust Guidelines for Collaborations Among Competitors），在对合作可能产生的负面影响做出预测的同时，企业竞争者之间相互合作的必要性和正面意义被

[①] 为应对产业集中可能带来的各种消极影响，收益限制、价格管制、公司所有权的公众化（包括国有企业）等手段被不同程度地采用。

[②] 20 世纪 80 年代以前，日本和欧盟对企业战略联盟和合作创新的态度比美国更友好。日本人认为，联合研发活动是促进竞争的，因此不应该被反垄断法起诉。在 1968 年，欧盟委员会制定了《企业间合作通知》（Notice of Cooperation between Enterprises），明确企业之间旨在进行研究开发的横向合作，将不被纳入反垄断的范围（Jorde and Teece，1998）。

加以强调,对企业合作促进生产、研发、营销和采购的可能途径做了很多全新的、突破性的规定和解释,为企业之间开展各种形式的合作进一步扫清了障碍。

表4 《横向并购指南》(2010年版)关于市场集中标准的变化

	1984年和1992年标准	2010年标准
低集中度市场	HHI指数低于1 000	HHI指数低于1 500
适度集中度市场	HHI指数在1 000和1 800之间	HHI指数在1 500和2 500之间
高集中度市场	HHI指数高于1 800	HHI指数高于2 500

资料来源:根据美国政府的公开资料整理。

总体上,在过去一百多年里,美国政府的反垄断政策扮演了"胡萝卜加大棒"的角色:一方面,"胡萝卜"政策始终存在,而且对美国的并购重组起到了重要的推动作用;另一方面,美国政府的反垄断政策并未能切实削弱企业推动并购重组的内在动力,有些时候甚至是那些"大棒"政策适得其反地推动了企业的并购重组。这种以"胡萝卜加大棒"为特点的反垄断政策,经由美国国会、政府和法院的执行或解释,事实上就成为美国企业并购重组、推动产业组织变革的指挥棒和推动剂。无论是HHI反垄断指数的提高,还是生产、研发、营销和采购环节合作的允许,或是在特定领域的豁免,都使得美国企业旨在实现规模经济与技术创新的并购重组在更大程度上成为可能。受益于这些政策变化,美国企业开展生产、研发、营销和采购等方面的合作,也变得相对容易。美国的产业组织政策,并没有停留在美国政府(包括立法和行政等)制定的法律文件中,而是变成了这些政策在美国半导体产业、飞机制造业和微软公司被控垄断案中实实在在的有力行动,影响和塑造着美国的产业组织和市场结构。

结论与启示

流行的经济学理论认为,政府仅仅能扮演市场失灵的"修理者"角色,以弥补市场自身的缺陷和盲点。美国的历史和现实则表明,政府的角色不仅体现在政府对企业研发方面每年1 000多亿美元的直接支出、通过风险投资支持中小企业发展等(产业技术政策),也体现在政府对企业旨在实现"规模经济"与"技术创新"的并购重组活动的支持和引导(产业组织政策)。一方面,美国政府通过每年1 000多亿美元的直接支出,填补了美国企业在研发领域的投资不足,带动了美国经济的产业结构升级;另一方面,美国政府通过修改、制定涉及企业并购重组活动的法律法规,甚至直接介入美国经济中的并购重组,为美国企业实现"规模经济"与"技术创新"创造条件,推动着美国的市场结构和产业组织变革。无论是产业技术政策还是产业组织政策或是其他形式的产业政策,都构成了美国产业政策在经济活动中的积极存在,而不仅仅是防御或被动的存在。①

产业政策在美国政治经济活动中的积极存在,表明了美国的经济体制并非外界盛传的自由放任经济体制那么简单,即使美国的市场经济体制被归结为盎格鲁-撒克逊模式,以区别于法国的莱茵模式、北欧的福利国家模式或者东亚国家模式。很明显,美国政府不仅在经济活动中充当着市场的"修理者"角色,而且充当着市场的"塑造者"角色。基于对美国的政治经济发展历史和事实的研究判断,美国学者布洛克和马祖卡托分别将美国政府称为"隐形的发展型政府"(hidden developmental state)和"企业型政府"(entrepreneurial state),而不是哈耶克所说的"守夜人政府"。② 在这个意义上,美国政府或许就是一个按照杰斐逊的修辞说、按照汉密尔顿的政策做的政府。③

理论和历史反复昭示,产业政策既存在于历史和当下的时间轴,也存在于发达国家和发展中国家的空间轴,任何一个经济体都未能置身产业政策之外。重要的是,积极的产业政策意味着政府并不仅仅在经济活动中充当

---

① 《剑桥美国经济史》(第3卷)第7章的作者林德特就将美国的产业政策描述成"防御型"(defensive)和"被动型"(reactive)的(Engerman and Gallman,2000)。

② 布洛克认为,尽管美国被普遍认为是一个市场原教旨主义思潮占主流的国家,但过去30年的美国政治,事实上存在着一个隐形的发展型政府,而隐形的发展型政府在美国的存在表明了发展中国家比想象中有更大的产业政策使用空间;隐形的发展型政府的存在,对美国国内/国外都有着重要的政治意义(Block,2008)。美国经济学家麦格劳甚至将美国的政府—市场关系视为"对自由市场进行经常性、随意性的干预"的类型(麦格劳,2000)。

③ 汉密尔顿主张国家在经济活动中的积极干预,杰斐逊则主张国家有限的经济活动介入。他们的政策主张和价值观念对日后美国的民主党、共和党乃至整个美国社会都有着重要的影响。

一个被动的"守夜人"的角色,而且要在技术创新、产业升级、结构调整和企业培育等方面扮演更加积极的角色,以实现政府和市场角色的良性互动。简而言之,政府不能仅仅充当市场的"修理者"角色,而且应当发挥市场的"塑造者"角色,尽管政府的产业政策存在失败的风险,也存在巨大的改善空间。

参考文献

Adams, W. and H. M. Gray, *Monopoly in America: The Government as Promoter*, New York: The Macmillan Company, 1955.

Angel, D. P., *Restructuring for Innovation: the Remaking of the U.S. Semiconductor Industry*, New York: The Guilford Press, 1994.

Bingham, R., *Industrial Policy American Style*, New York: M. E. Sharp, Inc., 1998.

Block, F., "Swimming Against the Current: the Rise of a Hidden Developmental State in the United States", *Politics & Society*, 2008, 36(2), pp. 169—206.

Block, F. and M. Keller, "Where Do Innovations Come From? Transformations in the U.S. Economy, 1970—2006", Working Papers in Technology Governance and Economic Dynamics, May 2011, No. 35.

Callender, G. S., *Selections from the Economic History of the United States 1765—1860: With Introductory Essays*, New York: Augustus M. Kelley Publishing, 1965.

Engerman, S. L. and R. E. Gallman, eds., *The Cambridge Economic History of the United States, Volume 3: The Twentieth Century*, Cambridge: Cambridge University Press, 2000.

Executive Office of the President and President's Council of Advisors on Science and Technology, REPORT TO THE PRESIDENT Ensuring Long-Term U.S. Leadership in Semiconductors, 2017.

Fligstein, N., *The Transformation of Corporate Control*, Cambridge: Harvard University Press, 1990.

Hamilton, A., "Report on the Subject of Manufactures", in H. C. Syett, eds., *The

Papers of Alexander Hamilton, Vol. 10: December 1791—January 1792, New York: Columbia University Press, 1966.

Irwin, D., "Did Late-Nineteenth-Century U. S. Tariffs Promote Infant Industries? Evidence from the Tinplate Industry", *The Journal of Economic History*, 2000, 60(2), pp. 335—360.

James, B., "'We Need an Energy Miracle': Bill Gates Has Committed His Intellect, His Influence, and His Personal Fortune to Propelling the World Beyond Fossil Fuels fast enough to Outrace Potentially Cataclysmic Climate Change", *The Atlantic*, November 2015.

Jorde, T. M. and D. J. Teece, "Innovation and Cooperation: Implications for Competition and Antitrust", 28 J. Reprints Antitrust L. & Econ. 735, 1998.

Ketels, C. H. M., "Industrial Policy in the United States", Special Issue on The Future of Industrial Policy, *Journal of Industry, Competition and Trade*, 2007, 7(3—4), pp. 143—323.

Khwaja A., Taking Advantage of Government Venture Capital, 2016. http://www.entrepreneur.com/article/52740.

Lind, M., *Land of Promise: An Economic History of the United States*, New York: Harper Paperbacks, 2013.

Mazzucato, M., *The Entrepreneurial State: Debunking Public vs. Private Sector Myths*, New York: Public Affairs, 2015.

Nester, W. R., *A Short History of American Industrial Policies*, New York: Palgrave Macmillan, 1998.

Peritz, R. J. R., *Competition Policy in America: History, Rhetoric, Law*, New York: Oxford University Press, 2000.

Porter, M. E., "Competition and Antitrust: A Productivity-Based Approach to Evaluating Mergers and Joint Ventures", *Antitrust Bulletin*, 2001, 46(4), pp. 919—958. Revised May 30, 2002.

Ravenscraft, D. J. and F. M. Scherer, *Mergers, Sell-offs, and Economic Efficiency*, Washington, DC.: The Brookings Institution, 1987.

Rodrik, D., "Normalizing Industrial Policy", Commission on Growth and Development Working Paper, No. 3, 2008.

Scherer, F. M., *Competition Policies for an Integrated World Economy*, Washington, DC.: Brookings Institution Press, 1994.

Stiglitz, J., "Some Lessons from the East Asian Miracle", *World Bank Research Observer*, 1996, 11(2), pp. 151—177.

Stiglitz, J. and B. Greenwald, *Creating a Learning Society: A New Approach to Growth, Development and Social Progress*, New York: Columbia University Press, 2014.

Stiglitz, J. J. Y. Lin and C. Monga, "The Rejuvenation of Industrial Policy", World Bank Policy Research Working Paper, No. 6628, 2013.

Wade, R., "The Paradox of US Industrial Policy: the Developmental State in Disguise", in J. M. Salazar-Xirinachs, I. Nübler and R. Kozul-Wright, eds., *TRANSFORMING ECONOMIES Making Industrial Policy Work for Growth, Jobs and Development*, International Labour Office, Geneva, 2014.

Warwick, K., "Beyond Industrial Policy: Emerging Issues and New Trends", OECD Science, Technology and Industry Policy Papers, No. 2, 2013.

林毅夫,《新结构经济学:反思经济发展与政策的理论框架》,苏剑译,北京大学出版社,2012年。

刘鹤、杨伟民,《中国的产业政策——理念与实践》,中国经济出版社,1999年。

阿伦·拉奥、皮埃罗·斯加鲁菲,《硅谷百年史——伟大的科技创新与创业历程》,闫景立、谈锋译,人民邮电出版社,2014年。

彼得·蒂尔,《从0到1:开启商业与未来的秘密》,中信出版社,2015年。

高柏,《经济意识形态与日本产业政策》,安佳译,上海人民出版社,2008年。

钱德勒主编,《大企业与国民财富》,柳卸林等译,北京大学出版社,2004年。

托马斯·K.麦格劳编,《现代资本主义——三次工业革命中的成功者》,赵文书、肖锁章译,江苏人民出版社,2000年。

小宫隆太郎、奥野正宽、铃村兴太郎编,《日本的产业政策》,国际文化出版公司,1988年。

谢泼德等,《产业组织经济学》(第五版),张志奇等译,中国人民大学出版社,2009年。

张夏准,《富国陷阱:发达国家为何踢开梯子》,肖炼等译,社会科学文献出版社,2007年。

观点讨论

芮明杰　复旦大学管理学院教授：本次论坛的题目是"产业政策：总结、反思与展望"，这个题目非常好，因为我国现在处在经济新常态、供给侧结构改革、产业结构进行调整转换的重要历史阶段，这个过程用毅夫教授的话说，就是我们如何从中等收入陷阱中走出来，为此我们应该采取什么样的产业政策。

在产业经济学国内外学术界，一个国家或地区政府该不该设计与推行产业政策，其实意见分歧非常大，很多人认为产业政策没有效果，所以不需要搞产业政策，但是也有很多人认为产业政策是有效果的，应该设计产业政策，并推进产业政策的实施。我个人认为需要一些产业政策来规范市场的公平竞争，规范产业的准入与有序发展。其实发达国家也有产业政策，比如说美国，通过干预市场来促进产业的发展。换句话说，美国的产业政策主要是从反垄断角度考虑的，维持市场的公平竞争，希望通过市场来引导企业有一个很好的表现，推动产业的升级转换。在 20 世纪 60 年代，日本政府就开始制定许多产业政策，如《钢铁工业振兴法》《机械工业振兴法》等，我以为作为一个战败国家，当时的日本政府是希望集中资源，把百废待兴的产业发展起来，使之带动国民经济快速发展。所以日本的产业政策是直接干预产业发展本身的。这是美日两国产业政策设计与实施的差异方面。当然，当时美日两国的要素禀赋也是不同的，用毅夫教授的说法，可能就是美日政府是从要素禀赋基础决定的比较优势的角度来确定本国产业政策设计与实施的出发点。

我个人认为我国的产业政策设计与实施的目标应该是，建立公平竞争的市场体系与产业生态系统。经济与产业发展的主体是企业，企业成长壮大的土壤与环境包括两个方面:一是成熟、公平、有效竞争的市场;二是良好的产业生态系统。改革开放三十多年以来我们一直致力于社会主义特色市场体系的建设,应该说取得了比较大的成就,就是在这个过程中,我国的国有企业进行了改革深化,我们的民营企业不断发展壮大。但总体上看,我们的市场体系还不成熟,西方国家还不承认我国市场经济国家的地位,十八届三中全会还在强调要让市场成为我国资源配置的绝对主体。事实上我们的市场体系不成熟,不该垄断的垄断,应该竞争的过度竞争,地区市场保护、政府行政干预市场的状况经常发生,以至于企业的成长壮大不是靠在市场上的公平竞争,而是主要靠与政府关系的深浅。

在产业生态系统方面一是产业的自然生态环境,二是产业的组织生态环境。这些年来,我国企业与产业发展的自然生态系统遭到了过度的破坏,环境污染、空气恶化、资源过度开采,使得可持续发展几乎不可能进行。而企业与产业的配合体系、服务体系不完善、不协调,物流不到位、服务不到位,有时企业一个投资项目要获得批准,需要上百个政府部门的公章,需要等上一年半载,甚至根本就没可能,使企业与产业间合作效率大打折扣,影响了企业的生产效率和经济效益。在这样的生态环境下,企业成长壮大十分困难。

我认为,产业政策评价主要有三个关键点,第一看设计政策的理论依据和出发点是什么;第二看产业政策实施的作用点到底在哪儿、它的对象是谁、作用机制是什么;第三就是看它的效果,是否促进了产业发展、结构调整,以及能不能有效改变我们的比较优势基础,从而从中等收入国家进入高收入国家。

改革开放以前,有人认为我国也有产业政策,我本人不太赞成那个时候有产业政策的看法。那个时候是计划经济,是完全按照计划设计来推动我们的产业发展,不是靠政策效应来引导产业的发展。产业政策制定的出发点有两个方面,一是从市场维护或修复的角度,二是从直接干预产业的角度。我国现有的产业政策对市场的限制过多,而对市场本身的维护或修复太少。一个缺乏充分竞争的市场是难以培育在全球竞争中具有竞争实力的产业的。近年来,在一些政府管制较少的新兴产业中,我国已经有部分企业在国际竞争中具备了与跨国公司竞争的能力,例如电子商务产业。我国的电子商务产业起步仅仅十年,但充分的市场竞争赋予了企业竞争的活力。电子商务的龙头企业全部是特性鲜明的民营企业。京东商城在国内的市场份额远超亚马逊,并在与传统企业如国美、苏宁的竞争中逐渐取得优势。阿里巴巴上市后市值远超 eBay,甚至超过 facebook,成为美国市场第七大市值的上市公司。这些电子商务企业同时进行上下游的整合,带动了生产、物流、仓储等一系列产业的发展。在我国,充分竞争的产业更容易涌现出具有产业链整合能力的大企业。因此,政府应在建立健全市场机制、保护市场的充分竞争、规范市场并营造公平的市场竞争环境上下功夫。

林教授的理论是从要素禀赋现实出发,从提高比较优势入手,设计产业政策,推动我国跨越中等收入陷阱,走向高收入国家,我觉得这是一个很好的思路,也是一个设计产业政策的出发点。但是高收入国家跟我国现在的要素禀赋是不一样的,我国从中等收入向高收入国家转换过程当中,我们的资源禀赋怎么转化是不是也是一个重要的问题?是不是在顺应产业的转型升级过程中,我们的要素禀赋也要动态地升级?

第二个问题是我们产业政策的作用点在什么地方,是作用在企业还是作用在消费者。这个是有差异的,现有的大部分产业政策都作用在企业,因为企业是经济发展的主体,也是我们结构性转换,甚至产业发展的主体。产业政策的作用点,当然要在企业身上。问题是政策实施是如何作用在企业身上的,效果会怎么样?举个例子,我们最近做一个实证研究,因为国家最近推出了很多的产业政策,比如"制造业2025",包括七大战略新兴产业规划等,我们试图实证研究这些政策出台后对现有上市公司的经营行为有没有产生正向或者负向的结果。我们发现,如果这些企业原来就处在高新技术产业里面,因为有这些产业政策,为了享受到国家政策支持,一般都会扩大生产,扩大规模,增加投资。但是原来不在这个产业政策范围内的企业,一听到战略新兴产业发展,国家有这么多补贴、优惠,也会做出跨行业发展的承诺,或者开始投资。而实际上我们发现这些公司并不是真正要在新兴产业领域有所发展,而是为了炒概念,为了公司市值的变化,甚至是为了土地价格优惠,为的是土地增值以后给他退出该产业提供一种保护。研究发现补贴这样的政策措施作用在企业身上,一般会导致企业行为变异,由此就导致产业政策失败,减少它的正面效果。个人比较主张补贴措施作用在消费者身上,消费者的购买行为比较容易观察,一旦购买才享有补贴,补贴消费者购买的话会扩大市场规模,让企业可以在扩大市场中增加自己的份额,这个产业就发展起来了。但是如果我们补贴企业的话,企业表面上看是要去进入,实际上并没有完全想把这个产业做好,为什么呢?因为它有退出机制,土地有补贴,财政有补贴,正是如此,甚至导致企业投资不考虑市场需求状况,最后的结果就是产能过剩。光伏产业的发展就是如此政策下的典型案例。我们现在的政策主要是偏向于企业方面,而对消费者的补贴政策不太多,所以我觉得是不是未来可以做一个改善?

最后一个方面,产业政策的效果,我们很多的政策之间是不配套、不协调的。举个例子,比如说我们现在的劳动人事政策中,规定企业每年要给员工加工资,且员工的短期合同一次之后就变成长期合同,这阻碍了劳动力流动,使劳动力工资水平不断上涨,让制造业企业苦不堪言。再举个例子,最近我们调研了我国的制糖业,目前我们整个国家的糖的年需求量是1500万吨。由于国际上糖价这些年不断下降,前两年糖业陷入全行业亏损,种植甘蔗的农民收入减少,种植面积下降,导致我国的糖产量大幅度下降,国内的产出大概在1000万吨左右,于是需要进口。而进口糖的关税政策,是商务部和海关遵循国际贸易准则制定的,这当然是对的,但是现行的糖关税影响了我国制糖产业发展,甚至影响了种植甘蔗的农民的生产积极性。我们发现我国许多产业政策与其他辅助政策之间是不协调的,导致很多的产业政策效果互相抵消,最后导致产业政策并没有什么大的正效果。我个人觉得我国产业政策的设计和实施点,必须与产业政策实施的整体效果一起考虑,才能获得更好的正效应。

史晋川 浙江大学经济学院教授:林毅夫教授从20世纪80年代开始在农业经济领域研究技术、制度和农业生产效率问题,然后在90年代同蔡昉、李周合作出版了《中国的奇迹:发展战略与经济改革》,研究重心转向战略、制度与发展绩效的问题,在这本书里面提到比较优势和要素禀赋。从世界银行任职回国后,林毅夫教授提出了新结构主义经济学理论框架,将原先研究中用过的许多味"药材",例如技术、要素禀赋、制度和比较优势等,置于要素禀赋这一基础,依照内在逻辑串联起来,这就形成"药方"——新结构经济学。

我自己曾经听了林毅夫教授好几次有关新结构经济学的演讲,在他的"药方"里面可以看到制度与要素禀赋及比较优势的关系,他强调了制度是内生于要素禀赋的。我在这里想对这个问题做一些评论和补充。

从经济学理论来看,即使认为禀赋是可以内生出制度的,也不一定能保证要素禀赋内生出来的制度是好的制度。观察现实社会经济活动,由禀赋内生出来的制度如发展战略及相应的产业政策,对产业结构不一定会产生好的影响。在计划经济体制下,原来存在城乡和工农业分立的二元经济结构,随着改革的深入,传统的二元经济结构逐渐被打破了。现在是社会主义市场经济体制,但由于改革不彻底,形成了国有经济和民营经济分立的新二元经济结构。这在经济制度层面上,可以说如果制度阻碍了要素流动,就不一定能按照要素禀赋形成合理的经济结构,也无法出现能够体现比较优势的产业结构。我们今天可以很清楚地看到,在现在的市场准入制度和产业政策下,包括政府的产业管制,国有企业占据主导地位的经济部门,都是有严格市场准入限制的,有产业管制的以及存在很高产业进入壁垒的部门,是具有很强垄断性的部门。相比较之下,民营企业所在的经济部门则是一个比较开放的、竞争性的产业部门。这种新二元经济结构是现行经济制度的产物,由此导致了一个严重的后果,即在国有经济部门和民营经济部门之间生产要素的流动是严重不对称的。具体来说,民营企业所在的任何产业部门,比如说房地产行业,最早是民营企业搞起来的,只要国有企业发现这些产业部门有钱可赚,就可以随时随地利用它的政治资源优势和金融资源优势大举进入。相反,在国有企业占据垄断地位的产业部门,例如能源、通信等行业,不用说大家都清楚,民营企业要想进去是非常困难的,难到几乎不可能进入。这就是我讲的,现在的国有经济部门和民营经济部门分立所导致的要素流动不对称,结果是要素配置和产业结构的扭曲。国有企业可以随时进入的那些民营经济所在的部门,大多出现供给过剩,民营经济无法进入的国有经济垄断的部门,则大多出现供给不足。结论是制度阻碍了经济按照要素禀赋来发挥比较优势,形成比较合理的产业结构。

从商贸领域、金融领域、媒体领域这些政府严格管制的具体产业来看,也可以发现一些有趣的案例。比如说,以阿里巴巴的天猫和淘宝为代表的电子商务交易平台的发展,远远超过美欧发达国家,在中国有那么多的80后、90后小朋友在开网店,支撑起电子商务的发展。他们为什么不在线下开实体店,要在线上开网店?最主要的原因就是,在中国从事商业活动时,在线下做生意和在线上做生意,交易主体所面临的制度环境是大不一样的。在线上做生意不需要看工商、城管和税务官员的脸色,在线下做生意天天要看工商、城管和税务官员的脸色,在网上做生意更加自由,交易费用低很多。金融领域也是同样,马云如果在线下做类似支付宝的金融产品,金融监管机构第二天就以打击非法集资的名义把它禁了。微信的迅猛发展也一样,道理很简单,国内移动通信自媒体很发达,人人都在刷微信,是因为微信上的许多东西,你在官方媒体上面看不到,国家对媒体行业的管制对线上的新媒体和线下的传统媒体是不一样的,这种制度差异使得我们的移动互联网新媒体发展得比国外都要厉害。

言归正传,我今天发言主要的意思,是希望林毅夫教授在他的新结构经济学理论发展过程中,更多地关注和研究制度问题,制度内生于要素禀赋,但要素禀赋内生制度的方向不一定是单一的,而且制度也并非完全被动,制度也会对产业结构产生各种影响,也可能会阻碍比较优势的动态演化。尽管这些问题在林毅夫教授的理论中多少都有阐述,但还需要有更多的经济学家来做进一步的深入研究,以丰富新结构经济学的理论。

第三章

产业政策中政府与市场的关系

产业政策与政府和市场的边界

赵昌文 国务院发展研究中心产业经济研究部研究员

关于产业政策与产能过剩之间的关系,我的理解是:"成也萧何败也萧何。"产业政策对产业发展功不可没,对产能过剩也同样"功"不可没。中国的产能过剩,既有中国特色的原因,也有一般性的原因。简单地看,主要有:(1)潮涌现象。新一轮产能过剩主要是 2011 年以来的情况。由于反危机措施带来的经济短期繁荣,企业的决策往往更加乐观,进一步强化了预期,造成盲目投资。(2)地方政府问题。地方政府在 GDP 考核和分税制体制下,倾向于发展能够较多、较快增加 GDP 和财税收入的产业,而重资产、大规模的行业自然会成为首选。所以,这一轮的产能过剩主要是在重化工行业和资源性行业(钢铁、水泥、电解铝、平板玻璃、煤炭)。(3)末班车现象。末班车现象是一个特殊的转型现象。过去几年大力推进以简政放权为主的政府机构改革和职能转变。政府审批因为带有行政色彩,才成为市场的通行证,成为市场上的路条,拿到政府批文就可以找银行贷款,就可以吸引社会投资。大家都担心这次批完以后还批不批,于是就不管三七二十一,先投资再说。例如,发改委不审批文后,企业反而不知道怎么办了,没法去银行贷款了。(4)经济的周期性变化。金融危机以来,各国经济增长率普遍下降,迄今为止,世界经济仍处于艰难的恢复和调整过程之中。由于全球的总需求下降,与国际市场密切相关的船舶、大宗原材料等行业自然出现了比较严重的产能过剩。

由此可见,中国的产能过剩原因是多方面的。既有市场的因素,也有体制性原因,既有周期性因素,也有结构性因素。在整体上进行判断分析的同时,必须针对具体行业、具体问题,进行具体分析。

我觉得一般性的原因,如不同经济周期,还有企业对未来过于乐观的预期所产生的"潮汐现象",等等,不应该是我们今天讨论的重点。更加需要关注的是导致产能过剩的特殊原因,特别是体制机制问题。为什么这么强调产能过剩呢?实际上它确实影响到我们正常的经济活动,影响到经济的循环流转,使得整个经济活动中正常的要素流动受到阻滞,没有办法很好地往前走,所以,化解产能过剩,首先是着眼于短期的结构调整,通过"退"的办法实现再平衡。这是我想说的第一点。

第二点,化解产能过剩或者去产能过程中,政府和市场都要发力。当然要基于市场机制的作用,但不能简单地讲行政手段就不好。如果行政手段是指层层分指标,我并不赞成。即使有指标,也应该是指导性而非指令性的。如果行政手段是加强技术、环境、质量和安全监管,不仅要用,而且要加强。需要指出的是,去产能政策也是一种产业政策,也就是林毅夫教授"五种类型"中的退出型产业政策。不仅鼓励产业发展是产业政策,去产能也是一种产业政策。因为去产能的本质是一种结构调整,是为了提质增效。去产能从长期来看是好的,一是有利于腾出市场空间,让行业内的高效率企业获得更好的发展;二是有利于生产要素和资源的优化配置,提高全社会资源配置效率。

第三点,去产能有利于中长期经济增长,但短期来看只有输家没有赢家。大家想想谁是赢家?中央政府涉及花钱解决就业的问题,地方政府涉及减少财政收入的问题,企业涉及关闭破产的问题,员工涉及失业下岗的问题,银行涉及不良贷款的问题,没有谁短期内可以得到好处。所以,去产能的关键是合理设置成本分担的机制,否则是没有办法往前走的,大家都想着自己得利别人受损,这个肯定是不行的。《红楼梦》里有一句话,"白茫茫一片大地真干净",似乎是一个形象的比喻。几年前我讲过一句话,产能过剩就是实体经济的泡沫,泡沫破灭以后谁能够得到好处呢?最后,回到这一节的主题产业政策与产能过剩,一切都还是要回到问题的本身,"解铃还需系铃人"。

第四点,完成行政目标并不是去产能的最终目标。当前的供给侧结构性改革五大任务中,首要任务是去产能,例如截止到2010年7月底,煤炭去产能9 600万吨,完成全年任务的38%,钢铁去产能2 100万吨,完成全年任务的47%。但需要注意的是,既要看这些数字,又不要过多关注38%、47%这些数字,完成全年去产能任务目标并不是去产能的最终目标。去产能的最终目标是"三个实实在在",即通过去产能,实实在在地促进了落后产能的淘汰,实实在在地促进了产业结构的优化,实实在在促进了行业效益的提升。千万不能舍本逐末,以为完成了数字目标,就成功了。打个比方,当你不知道你的终点在哪儿时,自然就不知道现在在哪儿。必须牢牢记住去产能任务的最终目标。

第五点,要把去产能和国企改革结合起来,因为这实际上是一个问题的两个方面。去产能要与国企改革同步推进。很多产能过剩行业里,国企都占很大比重。一定意义上,去产能就是推进国企改革。为此,需要做到以下几点:一是要借去产能的过程,把国企政策性负担问题抓紧解决。不少国有企业都承担了一定的政策性负担,如加快推进国有煤炭企业分离社会职能,尽快移交"三供一业"(供水、供电、供热和物业管理),解决历史遗留问题,对于化解煤炭行业的产能过剩至关重要。二是对于去产能的国有企业,可以通过财政补助或者国有资产出售收益交给社保的途径,用于人员转岗安置和社会政策托底。三是国有企业的去产能和"僵尸企业"的退出一定要与资本投资运营公司组建和运营、国有资本布局调整、混合所有制改革等同步进行。四是国有企业去产能过程中的不良资产处置要打破现在"产业国资"和"金融国资"的管理边界,充分发挥"四大"金融资产管理公司的作用。

论有效市场与有为政府
——新结构经济学视角下的产业政策

王 勇 北京大学新结构经济学研究院副教授

2016年8月21—22日在复旦大学举办一场主题为"产业政策：总结、反思与展望"的学术研讨会，由北京大学新结构经济学研究中心与复旦大学经济学院联合主办。作为此次会议的主要发起者与组织者之一，我个人从这两天的会议讨论中亦受益匪浅。这次会议，从在"货殖365经济社"微信群中酝酿发起，再到"产业升级与经济发展"微信群的嘉宾邀请与组织，直至会议的顺利闭幕，前后总共不到一个月，但是有将近300人从全国各地赶来参会，说明这个议题非常重要，很多人都感兴趣。

现代社会中，支撑宏观经济增长的微观基础是技术进步、要素积累与产业升级。尤其是对于一个发展中国家而言，经济增长速度越快，通常意味着它的经济结构转型和产业结构升级也在加快。在这个过程中，政府应该发挥怎样的作用？在实际中又扮演了怎样的角色？要回答这两个问题，显然，产业政策是一个绕不过去的重要问题。

在此次研讨会上，林毅夫教授做了题为"摆脱中等收入陷阱的产业政策：新结构经济学的视角"的演讲。顾名思义，这是从新结构经济学的角度对产业政策问题的一次系统性的论述，也是在新结构经济学的框架中，对于"有为政府"与"有效市场"应该如何互相促进的一个具体的运用。从学理的角度，"有效市场"与"有为政府"两者都是尽量争取达到的目标，而并非指现实中政府总是有为的，市场总是有效的。若是再进一步具体到当下的中国的情形，如果强调"有效市场"的重要性，即如何进一步完善市场，如何增强市场在资源配置上的主导作用，如何进一步推进市场化改革，那么学术界基本上对此共识超过分歧。但如果强调"有为政府"的必要性，那么各种争议就要大得多，所以值得再次澄清与讨论。

在我的个人理解中，"有为政府"除了指政府需要弥补"市场失灵"以外，还应该包括另一层重要含义，就是政府机构与职能的改革本身，包括简政放权、取消错误干预与管制的过程。这个过程本身也需要领导力，需要胆识、魄力、努力、行动、计划、策略、时间、财力。我在之前的财新专栏"什么是新结构经济学中的'有为政府'"一文中之所以非常强调这一层含义（王勇，2016），主要有两个原因：第一，政府目标与机构职能改革构成了中国改革开放以来经济发展比较成功的重要经验之一。第二，"有为政府"的这层含义似乎一直都未受到讨论者的足够重视。大多数人的论述似乎都忽略了市场化改革和简政放权过程中政府本身的能动性、主动性与功劳。但在现实中，邓小平、赵紫阳、朱镕基等人为此都殚精竭虑，并非只是轻松地对下级官员简单地吩咐一声"你们别管得太多，要相信市场"，然后市场化改革就自动地大踏步前行了。在现实中，需要各级政府的基层干部去具体落实市场化改革的每一个政策，需要充分调动地方官员的能动性，才有可能完成"简政放权"，也需要划分地方政府官员"怠政"、"乱为"、"有为"三者之间的界线。

政府的效率提高与职能改革，以及在推动渐进改革过程中所发挥的积极作用，都是"有为政府"的重要内涵。强调这一点，并非否认政府乱为现象的存在与严重性，亦非否认1978年改革之初的制度扭曲本身也是由之前政府"乱为"导致的结果。但是评价政府做对做错，是否有为，是需要结合给定的初始条件与各种约束的。经济制度改革与政治体制改革的具体执行者是谁？是政府。所以，我们应该进一步研究经济发展过程中政府的行为、激励与约束，以便更好地理解政策的内生性与市场化改革本身，包括更好地理解产业政策的制定与执行。

这些是政治经济学的研究范畴，在现代经济学分析中也变得越来越主流了。然而，令人遗憾的是，对于中国的内生经济政策的分析，现有经济学文献是极度匮乏的。比如 Acemoglu、Persson、Tabellini、Besley 等大经济学家对于中国等东亚经济体的政治经济学分析就相对比较少。如果不深入理解这个政治经济学过程，就无法更好地对中国的经济增长与制度改革的前景做出比较客观的判断。从学术研究的角度，改革开放的三十多年间，与改革之初相比，政府总体一直是"乱为"的吗？政府做对了什么吗？与世界其他发展中国家相比，中国的各级政府的这种"做对"和"有为"是更多还是更少？支持政府去采纳、执行正确的改革发展的政策建议的条件是否在改变？市场化改革本身的动力机制是否发生了变化？对这些重要问题的学术研究，无论是否应该被划入新结构经济学的研究范畴，我个人觉得都是非常重要的学术内容。

究竟如何衡量与判定政府"有为"呢？我认为应该结合具体的问题分析在给定条件下政府所做的选择（包括选择"不作为"）。在已有的新结构经济学的文献中，也已经有不少实证研究，包括发表在中英文学术期刊上的。对新结构经济学不了解的读者，我会首先推荐林毅夫的马歇尔讲座（林毅夫，2008）。在那里有不少跨国实证分析，包括研究测度不同的政府发展战略所带来的不同的绩效。那些学术研究是从政府发展战略是否符合要素禀赋比较优势这个特定角度衡量政府是否"有为"的，有具体的定量指标。具体到产业政策问题上，反对产业政策的学者绝大多数不是否认市场失灵的存在，而是认为政府失败更严重，认为政府没有能力或者意愿去较好地纠正"市场失灵"，担心经济学家善意的"政府有为"的建议容易在实际中变成"政府乱为"，结果反而比原来的市场失灵更糟。这是分歧的核心根源。

那么，如何防止"政府乱为"呢？对于学者而言，就需要明确地分析指出政府不应该做什么。对于产业政策，新结构经济学并非主张无条件地对于所有产业的所有先行者都进行无时间限制的补贴，而是有很多理论上的附加条件。我和林毅夫、鞠建东两位老师有一篇关于产业政策的论文，理论模型已经完成,正在加强其中的实证部分。在那里,我们希望说明,国际上,产业政策的失败很大程度上是目标产业选择的失败,而目标产业选择的失败,很大程度上是因为政府选择的目标产业不符合当时该经济体的要素的比较优势,所以某产业存在马歇尔外部性本身并不构成政府应该加以扶持干预的充分条件。而现有的产业政策的经济学文献中,理论模型中大都只有劳动力单要素,而不是多要素,从而忽略了要素市场本身的价格信号对于目标产业选择的引导作用。要提高产业政策的成功概率,政府所应该做的,是扶持与要素禀赋密集度比较匹配的而且又同时存在严重马歇尔外部性的产业,而不是去扶持所有具有马歇尔外部性(市场失灵)的产业。

我们模型的主要结论是,如果政府扶持那些资本密集度与本国要素禀赋结构比较匹配的且具有马歇尔外部性的产业,那么经济的绩效就会优于自由放任的市场均衡,而如果政府单以存在市场失灵为由扶持那些要素密集度严重偏离禀赋结构的产业,那么绩效还不如自由放任。所以,在这篇论文中,我们强调的有效的产业政策是市场引导、政府扶持的思路,既不是新自由主义经济学所强调的"政府不为",也区别于旧结构主义强调的因存在市场失灵而需要的"大推动"。有兴趣的读者不妨参阅我曾写过的非技术性介绍(王勇,2013)。

值得强调的是,雷锋式好人政府,政府比市场更聪明,这两个都不是现实世界中成功产业政策的必要前提条件,更不是新结构经济学理论框架的必要逻辑前提假设。一方面,政府也是由自然人构成的,只要激励与约束搞对,即使是自私自利、缺乏家国情怀的政府官员也会选择去采纳对当地经济发展有利的举措。另一方面,政府具有市场所不具备的政策工具,包括暴力手段,也具有与市场中私人个体不同的目标函数,所以在很多情况下,某一产业发展过程中的"市场失灵"的病症在现实中自我呈现得非常清楚,并不复杂。既不需要政府比市场更聪明,也不需要政府在事前就能完全设计、预测、精巧计划,所需要的只是当具体的问题出现以后,当地政府事后愿意及时地去提供对应的公共服务和公共品,放松产业升级瓶颈,降低产业升级的交易费用。在中国,这样的较为成功的产业政策实践,在很多产业集群发展的案例中比比皆是,不妨参见北大国发院张晓波教授的相关著作(比如,张晓波和阮建青,2011)。事实上,在中国的经济体制改革实践中,往往是在一个地区的产业升级、经济增长过程中出现某种制约瓶颈,然后为了促进增长,政府进行"倒逼式"的制度改革或者政策调整,放松该瓶颈约束,使得经济增长得以继续,然后又遇到新的瓶颈约束,政府再进行新的"倒逼式"的改革,如此往复。对于这种"倒逼式"的渐进改革与经济增长互动过程,我曾专门构建了一个数学模型加以严格刻画(Wang,2015)。

此外,需要特别指出的是,新结构经济学并非中国经济学,只研究中国问题。对于新结构经济学提出的理论概念的理解与阐释,我们不应该总是囿于中国情景之下。比如,虽然中国的政府力量比较大,国家能力比较强,但是还有很多发展中国家的国家能力非常弱,政府严重缺位失职,所以强调如何建设"有为政府"对于这些国家就是一阶重要、刻不容缓的事情,而且对于作为一般理论的新结构经济学的学术探索也很关键。不能因为中国的政府过于强势,就断然否认"有为政府"对于其他很多发展中国家的重要性,就立即否定"有为政府"对于一般学术讨论的价值。对于这些方面,虽然我已经做过多次澄清,但令人遗憾的是,还是经常能够看到不少学者对"有为政府"做出误解性的解读和错位的批评。的确,即使在学者中间,认真阅读理解新结构经济学相关学术论文的还是少数,没有清楚理解概念最初提出者的定义而单纯凭借自己想象以讹传讹的较多。当然,新结构经济学本身刚起步,肯定存在很多不足和需要发展完善的地方,尤其是相关的正式学术论文的国际发表还太少,通过学术论文所做的正面立论也还不够充足,以至于很多人对于新结构经济学的了解往往并不是通过参加正规学术讲座或阅读学术期刊论文等正常的学术渠道,而是通过通俗媒体上的报导,所以很容易产生各种混淆误解,将中国特定的实际政策操作问题与基于发展中国家普遍现象构建理论、做学术探索这两者混为一谈。

一个正在逐步建立的经济学理论本身的对错,该理论的政策主张在实践中是否已经被忠实正确地执行,以及政策执行的实际效果如何,这些是三个不同层次的问题,只可惜在很多辩论中都被搅在一起,造成很多混淆。我觉得,新结构经济学真要想在国际学术思想史上有其立锥之地,当前最主要的任务就是立足于对中国经济本土问题的研究,并逐步拓展到其他各个不同发展阶段的发展中国家,以及发达国家,去将一个个有学术价值的具体想法通过学术论文更加规范地表达出来、发表出来,让这些想法能够首先赢得学术界的认可,然后又经受得住政策实践的检验。只有这样,提出的理论才真正有持久的生命力,也只有这样,才是对有关误解与批评的最有效的澄清与反驳。与有志者共勉。

参考文献

Acemoglu, D., "Politics and Economics in Weak and Strong States", *Journal of Monetary Economics*, 2005, 52, pp. 1199—1226

Besley, T. and T. Persson, "The Origins of State Capacity: Property Rights, Taxation, and Policy", *American Economic Review*, 2009, 99, pp. 1218—1244

Harrison, A. and A. Rodriguez-Clare, "Trade, Foreign Investment, and Industrial Policies for Developing Countries", Manuscript prepared for Handbook of Development Economics, edited by Dani Rodrik, 2009.

Lin, J. Y. and Y. Wang, "Industrial Upgrading, Structural Change, and Middle-Income Trap", working paper, 2016.

Ju, J., J. Y. Lin and Y. Wang, "Marshallian Externality, Industrial Upgrading and Industrial Policies", World Bank Policy Working Paper, 2011.

Li, H. and L. Zhou, "Political Turnover and Economic Performance: the Incentive Role of Personnel Control in China", *Journal of Public Economics*, 2005, 89(9—10), pp. 1743—1762.

Murphy, K. M., A. Shleifer and R. W. Vishny, "Industrialization and Big Push", *Journal of Political Economy*, 1989, 97(5), pp. 1003—1026.

Wang, Y., "A Model of Sequential Reforms and Economic Convergence: the Case of China", *China Economic Review*, 2015, 32, pp. 1—26.

林毅夫,《经济发展与转型:思潮、战略与自生能力》,北京大学出版社,2008年。

王勇,"我们还需要继续研究产业政策么",《经济学家茶座》,2013年第61辑。

王勇,"什么是新结构经济学中的'有为政府'",财新网,2016年3月29日。

张晓波、阮建青,《中国产业集群的演化与发展》,浙江大学出版社,2011年。

产业政策的竞争转型

戚聿东　北京师范大学经济与工商管理学院教授

中国产业政策体系

中国产业政策体系包括产业结构、产业组织、产业布局、产业技术、产业环境、产业集群等政策。从制定主体看,有党中央和国务院制定的中央产业政策,有各部委制定的部门产业政策,还有省市县各级产业政策。可以说,中国产业政策数不胜数。本文中的产业政策仅就中央产业政策而言。

产业结构政策

产业结构政策是指一国政府通过确立产业结构的目标、主导产业的选择、支柱产业的振兴、特定产业的保护和扶持、产能过剩行业的退出等,以实现资源合理配置的政府政策。产业结构政策在整个产业政策体系中比重最大,占据主导地位。表1列示了自1949年以来党中央和国务院发布的重大产业结构政策。

表1　1949年以来党中央和国务院发布的重大产业结构政策

发布时间	文件名称	主要内容
1949—1978年	"一五"计划至"四五"计划	优先发展重工业,以钢为纲,大力实施三线建设和国防建设,发展"五小"企业
1978年	《中共中央关于加快工业发展若干问题的决定》	提出把发展燃料、动力、原材料工业和交通运输放在突出地位
1981年	《关于制止盲目建设重复建设的几项规定》	提出了"十二个不准",规定不准搞长线项目,不准搞重复建设的项目,不准搞与现有企业争原料的项目等
1986年	《我国国民经济和社会发展的第七个五年计划(1986—1990)》	加快能源、原材料工业的发展,适当控制加工工业的增长;把交通运输和通信的发展放到优先地位,大力发展建筑业;加快第三产业的发展
1989年	《关于当前产业政策要点的决定》	这是我国第一份明确的关于产业政策的文件,提出集中力量发展农业、能源、交通和原材料等基础产业,加强能够增加有效供给的产业,同时控制一般加工工业的发展,对第一产业、第二产业内部各行各业都确定了鼓励发展、限制发展和禁止发展的行业和产品
1994年	《90年代国家产业政策纲要》	这是我国在这个阶段制定的产业政策中最为重要的一份政策性文件,确立了机械电子、石油化工、汽车制造和建筑业为四大支柱产业,大力发展农业、基础设施和基础工业和对外经济贸易。
1995年	《外商投资产业指导目录》(1997年、2002年、2004年、2007年、2011年、2015年修订)	对外商投资项目分为鼓励、允许、限制和禁止四类
1997年	《当前国家重点鼓励发展的产业、产品和技术目录》(2000年修订,2005年废止)	确立了国家重点鼓励支持的28个领域,共526种产品、技术及部分基础设施和服务
2003年	《关于制止钢铁行业盲目投资的若干意见》《关于制止电解铝行业违规建设盲目投资的若干意见》《关于防止水泥行业盲目投资加快结构调整的若干意见》等	对钢铁、电解铝、水泥行业的产业政策和规划导向、市场准入管理、环境监督、信贷管理等做出了严格的规定

(续表)

发布时间	文件名称	主要内容
2005年	《促进产业结构调整的暂行规定》《产业结构调整指导目录》	明确了产业结构调整的方向和重点,详细列示了鼓励类、限制类和淘汰类产业目录
2004—2006年	《汽车产业发展政策》《钢铁产业发展政策》《水泥工业产业发展政策》等	对这些行业的发展规划、技术政策、结构调整、准入管理都做出了说明
2006年	《国务院关于加快推进产能过剩行业结构调整通知》	确定了推进钢铁、电解铝、电石、铁合金、焦炭、汽车等产能过剩行业结构调整的总体要求和原则
2009年	《十大重点产业调整与振兴规划》	制定了钢铁、汽车、船舶、石化、纺织、轻工、有色金属、装备制造业、电子信息以及物流业十个重点产业调整和振兴规划,与之配套的实施细则多达160余项,涉及产业活动的各个方面
2012年	《七大战略性新兴产业发展规划》	制定了节能环保、新兴信息产业、生物产业、新能源、新能源汽车、高端装备制造业和新材料七大战略性新兴产业的发展目标和重大行动
2015年	《中国制造2025》	明确了未来十年中国制造业的发展目标、战略任务和重点等内容

产业组织政策

产业组织政策是指政府调整市场结构和市场行为的政策。表2列示了自1949年以来党中央和国务院发布的重大产业组织政策。

表2 1949年以来党中央和国务院发布的重大产业组织政策

发布时间	文件名称	主要内容
1949—1978年	"一五"计划至"四五"计划	采取"关停并转"和试办"托拉斯"的手段,单纯依靠行政性的政府行为进行企业重组
1978年	《中共中央关于加快工业发展若干问题的决定》	要求按照专业化协作的原则改组工业,如同类企业之间要合理分工,合理的协作关系要固定下来,按专业化协作的原则组织"一条龙"协作组织

(续表)

发布时间	文件名称	主要内容
1980年	《关于推动经济联合的暂行规定》	鼓励各种形式的经济联合体,并规定了经济联合体内部可以实行原料的直拨供应和超计划产品自销等优惠政策
1981年	《关于社队企业贯彻国民经济调整方针的若干规定》	规定凡国有企业有加工能力的,社队企业不再办同类企业或扩大加工能力,凡以农副产品为原材料的宜于在农村加工的,国家一般不在城市建新厂和扩大生产能力,以发挥大企业的规模经济优势
1986年	《关于进一步推动横向经济联合若干问题的规定》	要求在资金、项目审批等方面给予企业间的横向联合以更多的支持
1994年	《90年代国家产业政策纲要》	首次提出了产业组织政策的目标:促进合理竞争,实现规模经济和专业化协作,形成适合产业技术经济特点和我国经济发展阶段的产业组织结构
1994年	《关于实施固定资产投资项目经济规模标准(第一批)的若干规定》	规定了部分建设项目的经济规模标准
2004—2006年	《汽车产业发展政策》、《钢铁产业发展政策》、《水泥工业产业发展政策》	对汽车产业、钢铁产业、水泥行业实施兼并和重组,扩大企业规模效益,提高产业集中度,培育大型企业集团
2006年	《关于推进国有资本调整和国有企业重组的指导意见》	国有企业在军工、煤炭、航运等七大行业保持绝对控制力,同时在装备制造、汽车、电子信息、建筑、钢铁等基础性骨干领域保持较强的控制力,到2010年,国资委履行出资人职责的企业(简称中央企业)调整和重组至80—100家
2009年	《十大产业振兴规划》	鼓励钢铁、汽车、船舶、石化、纺织、轻工、有色金属、装备制造业、电子信息以及物流业实施兼并和重组,扩大企业规模效益,培育大企业集团
2010年	《关于促进企业兼并重组的意见》	以汽车、钢铁、水泥、机械制造、电解铝、稀土等行业为重点,推动优势企业实施强强联合、跨地区兼并重组、境外并购和投资合作,提高产业集中度,促进规模化、集约化经营,培养一批具有国际竞争力的大型企业集团,推动产业结构优化升级

可以看出,中国产业组织政策一直有着浓厚的大公司、大集团情结,无论是早期的托拉斯试点,还是90年代中期以来的"抓大放小"政策,以及正在实施的央企重组合并政策,都体现了政府对大公司、大集团的强烈偏好,但对"垄断综合征"、"大企业病"似乎估计不足。

产业布局政策

产业布局政策是指政府根据区域经济发展的原则和要求,调节或控制区域产业结构和产业组织,以提高国民经济总体效率的一系列政策。表3列示了自1949年以来党中央和国务院发布的重大产业布局政策。

表3 1949年以来党中央和国务院发布的重大产业布局政策

发布时间	文件名称	主要内容
1949—1978年	"一五"计划至"四五"计划	产业布局上突出"大三线"建设,内地建设投资占全国基本建设投资总额的66.8%
1982年	《我国国民经济和社会发展第六个五年计划(1981—1985)》	在产业布局政策上开始向东部沿海地区倾斜,开辟深圳等4个经济特区、14个沿海开放港口城市和3个沿海经济开放区,给予这些地区许多特殊的优惠政策
1986年	《我国国民经济和社会发展第七个五年计划(1986—1990)》	将全国划分为东部、中部、西部三大经济地带,明确提出对这三大经济地带有次序、有重点地进行开发建设的梯度政策:加速东部沿海地带的发展,同时把能源、原材料建设的重点放在中部,并积极做好进一步开发西部地带的准备
1994年	《90年代国家产业政策纲要》	明确提出了产业布局政策的主要原则:东部沿海地区要大力发展外向型经济,重点发展附加值高、技术含量高以及能源、原材料消耗低的产业及产品;中西部地区要发挥资源优势和沿边地区对外开放的地理优势,努力发展优势产业和产品
1997年	党的十五大报告	进一步确定了以合理布局、协调发展、效率为主、兼顾公平为特色的区域经济发展战略,并提出在保持东部经济发展的前提下,促进中西部地区的发展

(续表)

发布时间	文件名称	主要内容
2000年	《国务院关于实施西部大开发若干政策措施的通知》	明确了西部大开发的总体原则和支持重点,以及各方面的配套措施
2004年	《国务院关于进一步推进西部大开发的若干意见》	
2010年	《关于深入实施西部大开发战略的若干意见》	
2003年	《关于实施东北地区等老工业基地振兴战略的若干意见》	提出了振兴东北地区等老工业基地的指导思想和原则,以及重点发展的产业
2009年	《国务院关于进一步实施东北地区等老工业基地振兴战略的若干意见》	
2016年	《中共中央 国务院关于全面振兴东北地区等老工业基地的若干意见》	
2006年	《中共中央 国务院关于促进中部地区崛起的若干意见》	提出了促进中部地区崛起面临的新形势和新任务,以及需要支持的重点产业和地区
2012年	《国务院关于大力实施促进中部地区崛起战略的若干意见》	

产业布局政策具有在开放开发次序上的非均衡特征,最典型的布局政策就是"让一部分地区先富起来",而后再实行"先富带后富"政策。这种产业布局政策在短期内可以迅速改变某一区域的发展状态,但容易造成区域之间的贫富差距。

产业政策还包括产业技术政策、产业环境政策、产业集群政策等,不再一一赘述。可以看出,产业政策作为政府经济功能的重要组成部分,贯穿了新中国成立以来的全过程,覆盖了产业发展的全方位,可谓"横向到边,纵向到底",可见中国是名副其实的产业政策大国。

中国产业政策的效果

中国产业政策的历史作用功不可没。首先,改革开放以前,通过实施以重工业为发展重点的产业政策,使我国重工业迅速发展和建立起来,初步建立了一定规模的工业体系。其次,改革开放后至90年代末期,通过重点发展轻工业、农业以及第三产业,产业结构趋于合理,克服了短缺经济,有效缓解了国民经济的"瓶颈"。最后,自2000年以来,在一系列产业政策的支持下,我国的高技术产业、战略性新兴产业得到迅速发展,自主创新能力大幅度提高。

中国产业政策的消极作用也是自不待言的。第一,改革开放前,由于片面注重重工业优先发展,1979年重工业比重达到约60%,轻工业和农业受到严重排斥,产业结构严重失衡,国民经济处于崩溃边缘。第二,产业政策具有强烈的政府干预市场特征,形成了资源配置机制上的强烈扭曲,如工农产品价格"剪刀差"政策,造成了行业间发展的不公平现象。第三,产业政策的高度行政化,使得公有经济在资源配置上能够取得显著偏好,对非公经济造成严重的挤出效应,加剧了国企与民企之间的不平等,延缓了中国经济的市场化进程。

中国产业政策的竞争转型

中共十八届三中全会提出,发挥市场在资源配置中的决定性作用。市场经济的基础机制是竞争机制,正是竞争机制调节着供求均衡和均衡价格的形成,促使着资源配置的不断优化。产业政策和竞争政策都是政府经济政策体系的组成部分,二者既有一致性,也存在着冲突性,但冲突性的一面越来越明显。从改革趋势看,产业政策应是竞争的剩余和替代,凡是能够展开竞争的领域都要放开竞争。即便是所谓市场失灵领域,也不一定意味着产业政策的必要,因为同样存在"政策失灵"问题,现阶段产业政策领域较为普遍的官商勾结、设租寻租等腐败现象,即是政策失灵的重要表现。日本产业政策在经济发展中曾发挥过重要作用，即便如此，日本经济学界坚持认为"赛马的优胜主要取决于马而非骑手"，即日本经济的发展主要依赖于竞争机制和企业家精神，不应该夸大产业政策的作用。中国产业政策文件中经常出现"驾驭市场经济的能力"的说法。要知道，驾驭原意是把马笼头、鞍、轭等装好，手握缰绳驱马前进，本意是对马进行控制，前进喊"驾"，停止喊"吁"，后成"驾驭"。在以"迂回的生产方式"为特征的社会化大生产条件下，无人知道一根铅笔是如何生产出来的，遑论对市场经济的"驾驭"？市场经济岂能喊驾就走、喊吁则停？市场经济作为经济规律只能遵循利用，因势利导。现实中多如牛毛的产业政策，彼此间矛盾冲突现象比比皆是，特别是产业政策与竞争政策的冲突越来越严重。因此，国务院2016年6月颁布了《关于在市场体系建设中建立公平竞争审查制度的意见》，规定了18个"不准"，要求今后产业政策制定、实施、评估的各环节，需要注重与竞争政策相协调；实施产业政策时，需要以市场竞争机制为基础，需要经过《反垄断法》和公平竞争审查制度。因此，从改革方向上看，产业政策应从偏好性转型为竞争型，产业政策应是竞争政策的"拾遗补缺"，应该限制在最严格的市场失灵领域。最佳的产业政策境界即是司马迁在《史记·货殖列传》中所指出的："善者因之，其次利导之，其次教诲之，其次整齐之，最下者与之争。"

政府在经济结构转型升级过程中的作用
——基于新结构经济学视角对产业政策的边界及其作用方式的界定

付才辉　北京大学新结构经济学研究院研究员

作为本次会议的主办方之一，原计划王勇教授叫我打一个北京大学新结构经济学研究中心的智库服务广告，但我突然觉得广告植入太明显不太好，所以临时做了一些思考，今天就从新结构经济学在国内各个地区转型升级的智库应用项目中的心得体会向大家汇报一下我对产业政策的看法。

各个地方的增长概况：政府在转型升级过程中的因势利导作用究竟有多重要

如林老师在阐述新结构经济学的基本框架时反复强调的，经济发展的本质是人均收入的不断增加，其前提则是越来越高的劳动生产率水平。劳动生产率水平的提高有两个途径：一是通过技术创新，提高现有产业中产品的质量和生产效率;二是通过产业升级,将现有劳动力、土地、资本等生产要素配置到附加价值更高的产业。根据新结构经济学的分析,这两者的实现需要有"有效市场"和"有为政府"的共同作用,即转型升级(技术进步与产业升级)过程中"有效市场"和"有为政府"必须同时发力。新结构经济学从来都没有否认过市场的作用,只是坚持政府的因势利导作用。我个人认为,在中国区域经济结构转型升级过程中,无论怎么强调各级政府哪怕是基层的乡镇政府的因势利导作用都不过分。我们可以问这样一个问题,为什么即便是在一个具体相同的宏观经济环境以及地理、历史、文化、制度的省市内部,各个区县之间持续的经济增长差异如此巨大?在调研过程中,我也观察到即便是在一个看上去几乎没有什么差别的县内,不同乡镇之间的差别也是非常惊人的。

我们以1997—2013年的区县数据为例,如图1所示,在中国我们能够看到各种各样的样本:低收入低增长,低收入中等增长,低收入高增长,中等收入低增长,中等收入中等增长,中等收入高增长,高收入低增长,高收入中等增长,高收入高增长。具体而言,以1997年为起点,以人均收入最高的50个区县的平均值作为前沿收入,将其余所有区县按照倒序的1—3倍距离划分为四个禀赋组:人均收入为前沿收入1/3以上到前沿水平的区县为禀赋组1,人均收入为前沿收入1/9到前沿收入1/3的区县为禀赋组2,人均收入为前沿收入1/27到前沿收入1/9的区县为禀赋组3,人均收入为前沿收入1/27以下的区县为禀赋组4。根据我们对实际人均GDP增长率的测算结果:从1997年到2013年,在禀赋组1的492个有观测值的区县中,实际人均GDP增长率平均16年超过10%的有168个,占34.15%;从1997年到2013年,在禀赋组2的1236个有观测值的区县中,实际人均GDP增长率平均16年超过10%的有351个,占28.4%;从1997年到2013年,在禀赋组3的325个有观测值的区县中实际人均GDP增长率平均16年超过10%的有120个,占36.9%;从1997年到2013年,在禀赋组4的5个有观测值的区县中实际人均GDP增长率平均16年超过10%的有4个,占80%。如图2、图3所示,这些"增长奇迹"的区县均分布在各个不同的省市。能够回答上述问题的唯一理由就是,各地政府甚至是乡镇政府的经济发展因势利导作用的

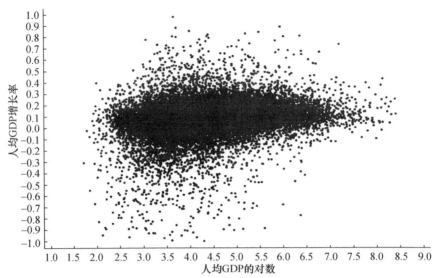

图 1　1998—2013 年中国各个区县的收入水平与经济增长的散点图

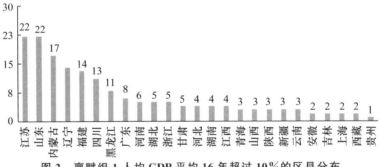

图 2　禀赋组 1 人均 GDP 平均 16 年超过 10% 的区县分布

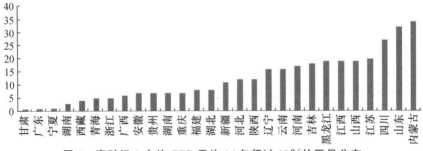

图 3　禀赋组 2 人均 GDP 平均 16 年超过 10% 的区县分布

差异。除了上述样本分布体现出的例子之外,也有大量的案例可供佐证。例如,阮建青等提供的一些浙江的案例就说明:即使在生产的产品、所处的宏观环境都类似的情况下,地方政府在建设专业市场、提升质量、建设工业园区等公共产品提供上的差异,也会导致不同的产业集群在长期演化过程中走向不同的命运(阮建青等,2014)。

如何实现持续的经济结构(产业)转型升级:新结构转型升级分析框架

在会上各位也提到了许多著名的观点以及模型,比如营商环境、增长诊断、产品空间、随机试验等,但大家可能忽略了,融合了各路学说、对实践影响深远的集大成者,莫过于哈佛大学商学院的迈克尔·波特的"竞争三部曲"。在波特的"竞争三部曲"中,《竞争战略》主要涉及有关企业外部的产业与竞争者分析,《竞争优势》主要涉及企业内部价值活动与成本驱动因素,《国家竞争优势》则主要探讨以国家、州(省)等地域为对象的整体竞争力构建问题。波特秉承了哈佛战略研究的传统,主要体现在 SWOT 分析的内外匹配思想上。波特在 1991 年发表的论文"战略动态理论"中阐述了"竞争三部曲"之间一脉相承的思路。按照《竞争战略》的观点,不同企业业绩差异成因可以归结为行业结构与企业定位两方面,前者说明了跨行业的业绩差异,后者说明了行业内企业的业绩差异。企业战略确定的战略定位决定了企业在行业中的相对地位,波特将企业战略归纳为三类:成本领先战略,标歧立异战略,目标集聚战略。《竞争优势》则将影响与决定行业结构及企业战略的因素归结为企业价值创造活动,认为价值链是竞争优势的基本单元。价值链中的价值创造活动受初始条件与管理决策的影响,而后者受到企业环境的影响。《国家竞争优势》就明确提出了企业竞争优势最终受制于企业内外环境。该书的钻石模型归纳了企业最重要的五类外部因素:生产要素,需求条件,相关及支持产业(产业集群),政府,机会。加上企业自身的战略与同业竞争(竞争市场),这六大要素一起构成了国家竞争优势的钻石模型。图 4 的上半部分概括了波特"竞争三部曲"的内在逻辑架构。

在此模型中,"生产要素"条件实际上意味着这些产业应符合由该国要素禀赋所决定的比较优势,而"产业集群"条件和"竞争市场"条件仅当产业与该国要素禀赋相符时才会成立。因此,除了机会与政府之外的四个条件可以归结为两个相互独立的条件:比较优势与国内市场大小。而在这两个独立条件之中,比较优势又是最为关键的,因为如果一个产业符合该国的比较优势,该产业的产品就可以以全球为市场。这也是这个世界上很多最富有的国家都很小的原因所在。因此,波特的"竞争三部曲"的"国家竞争优势"可被比较优势替代。如图4所示,两个模型尽管都可以归结到一个国家或地区的要素禀赋决定的比较优势上[①],并且都可以划分为国家或地区、产业、企业三个层次,但是新结构转型升级模型与波特的"竞争三部曲"模型的内在逻辑却完全不同。

如图4的下半部分所示,新结构转型升级模型有三个嵌套的逻辑层次:第一个最基础的层次是一个国家或地区层面的整体的经济结构转型升级,其由一个国家或地区的要素禀赋结构和生产结构两个大的维度构成。在任意时点上,给定的禀赋结构决定了禀赋结构的供给,生产结构的选择决定了禀赋结构的需求,禀赋结构的供给与需求以及产品市场出清时,存在禀赋结构相对价格和生产结构的竞争性均衡。在该均衡中,禀赋结构水平越高,生产结构的资本相对劳动密集度越大;生产结构的资本相对劳动密集度越大,资本相对劳动的相对价格越贵;禀赋结构水平的变化不但引起投入产出的变化,还会引起投入产出关系的变化。因此,在动态一般均衡中,禀赋积累对禀赋结构升级转移动态过程的影响,除了因为边际产出递减产生的收敛效应之外,还存在由驱动生产结构升级产生的发散效应,如果后一种效应大

[①] 林毅夫早就指出,尽管竞争优势理论在全球范围内广泛传播并对世界各国的理论研究者和政策制定者产生了重要的影响,但是人们对竞争优势的理解仍然存在一些缺陷。一个主要的缺陷是,竞争优势理论的追随者往往将竞争优势与比较优势看作是两个相互对立的范畴,或者认为提出竞争优势理论的目的就是取代比较优势理论。这种将比较优势与竞争优势完全割裂、相互对立的观点基本上是错误的。在比较优势与竞争优势之间并不存在相互对立的替代关系。相反,只有充分地发挥经济的比较优势,国家(或地区)才有可能创造和维持自己的产业竞争优势。对比较优势与竞争优势之间关系的错误认识对国家(或地区)经济发展路径的选择具有潜在的危害性。该认识可能引导国家(或地区)在制定经济发展战略时选择违背自己比较优势的发展战略。其结果是,一个以提高自己的产业竞争力为目的的决策反而可能对自己的产业竞争力以及国家经济整体竞争力的提高和发展的前景产生危害。关于比较优势和竞争优势关系的详细论述可参见林毅夫、李永军,"比较优势、竞争优势与发展中国家的经济发展",《管理世界》,2003年第7期,第21—28页。

第三章 产业政策中政府与市场的关系

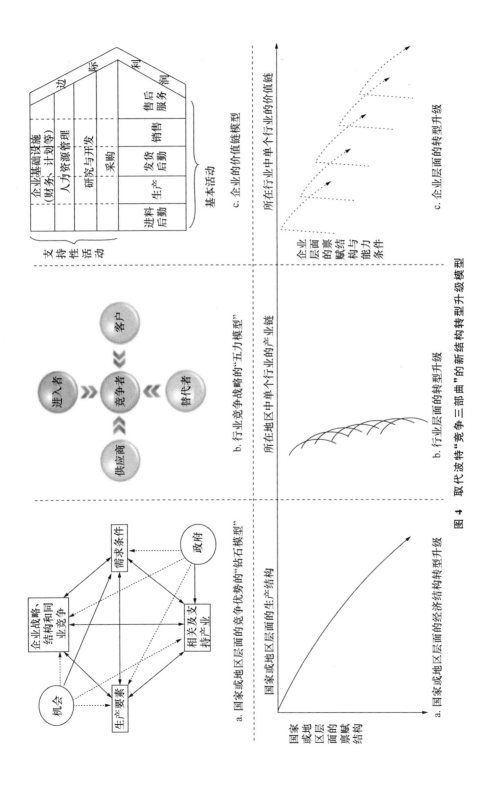

图 4 取代波特"竞争三部曲"的新结构转型升级模型

于前一种效应便可以克服边际产出递减驱动经济发展。在动态一般均衡稳态时,禀赋结构和生产结构存在循环积累因果关系的结构升级轨迹。该轨迹如图 4 下方的图 a 所示。利用该层次的模型我们可以诊断一个国家或地区经济结构转型升级轨迹是否偏离比较优势,在宏观上把脉本地的经济结构转型升级是否出现问题。第二个层次是嵌入一个国家或地区整体生产结构中的单个产业的转型升级。随着一个国家或地区禀赋结构的升级,任何一个产业都会经历一个从出现到壮大再到衰落的生命周期过程。产业的资本相对劳动密集度越是远离该国家或地区的禀赋结构,其生命周期变迁的轨迹就会越晚出现。该轨迹如图 4 下方的图 b 所示,利用这个层次的模型我们可以诊断一个国家或地区经济结构转型升级过程中每个产业的发展态势,判断产业的发展前景,将不同的产业进行分类管理,以及诊断符合本地潜在比较优势的产业。第三个层次是嵌入一个国家或地区整体生产结构中的单个产业中的单个企业的转型升级,由企业层面的价值链和资源禀赋与能力条件构成两个维度。利用这个层次的模型我们可以诊断一个国家或地区经济结构转型升级过程中每个产业的每个企业的转型升级是否符合其自身和所在地区的资源禀赋结构与能力条件,更重要的是诊断企业转型升级面临的障碍来源,可以比较企业的资源禀赋结构与所在地区的资源禀赋以区分哪些是企业自身的问题,哪些是来自所在地区的问题,从而诊断企业的转型升级政策诉求。该轨迹如图 4 下方的图 c 所示。[①]

经济结构转型升级过程中政府的因势利导作用:政府如何有为

如前所述,我建议从官员或政府的具体的经济发展行为入手分析政府在经济结构转型升级过程中的因势利导作用。那么政府具体有哪些行为

[①] 对应各个层次的理论问题,图 4 下方的图 a 可参见付才辉,《经济结构及其变迁的价格理论》,北京大学新结构经济学研究中心博士后出站报告,2016 年。图 4 下方的图 b 可参见 Ju Jiandong, Justin Yifu Lin, Yong Wang, "Industrial Dynamics, Endowment Structure and Economic Growth", *Journal of Money Economics*, 2015, 76, pp.244—263。图 4 下方的图 c 的案例可参见杨桂鞠,"代工企业转型升级:演讲路径的理论模型",《管理世界》,2010 年第 6 期,第 132—142 页。

呢？正如斯蒂格利茨在其教科书《公共部门经济学》开篇中描述的，从生到死，我们的生活总是受到无数形式的政府活动的影响，要定量描述政府活动是一项令人望而生畏的任务。斯蒂格利茨根据美国的情况将政府活动归为如下几类：提供法律制度；生产产品，如国防、教育、邮政等；通过补贴、税收、贷款和管制，影响私人部门的生产；从私人部门那里购买产品和服务，然后由政府提供给企业和家庭；再分配收入。关于这些政府活动的相关研究日益催生出了公共经济学、政府经济学以及新政治经济学等相对成熟的学科。尽管如此，关于究竟公共部门的规模多大才合适以及政府的边界依然争论不休。经济学中最持久的一个信条认为，产品的生产和分配主要依赖私人部门而非公共部门，这种经济组织可以带来有效的资源配置。但是，如果私人市场有效，那么为什么政府还要发挥经济作用？对这一问题的回答很大程度上是规范方法，受到人们对市场失灵的认识的制约，即如果存在重大的市场失灵——不完全竞争、不完全信息、不完全市场、外部性、公共物品和失业等，市场将不是帕累托有效的，需要政府发挥作用，但有两个重要的限制条件：存在某种形式的帕累托改进和能够实现帕累托改进。当然，在分析方法上，除了这种强调政府应该做什么的规范分析之外，对政府作用的分析还有强调政府实际做了什么以及结果是什么的描述和解释。新结构经济学也采用规范和实证的方法，但只讨论结构变迁与转型过程中的政府作用，其他不相关的政府活动不在讨论的范围之中，如图5所示。

新结构经济学作为一个新的发展经济学理论体系，把结构引进现有的经济学理论分析中以探讨政府和市场在经济发展、结构变迁过程中各自的作用，这种有结构的经济学理论所主张的政府作用，自然不会完全等同于没有结构的、处于静态的经济学理论所主张的政府作用，需要讨论在经济发展、结构转型的动态上，政府应该做的与稳态时做的究竟有什么不同，这些不同应该如何随发展阶段与经济结构的变化而变化（林毅夫，2016）。就像斯蒂格利茨对美国政府活动的归类那样，我们也可以对结构变迁与转型过程中的政府活动进行归类：首先，按照逻辑讲，政府要么什么都没做——即"不为"，要么总做了些什么。其次，按照政府是否支持了违背比较优势的生产结构来分类，政府的行为要么是"乱为"——支持了违背比

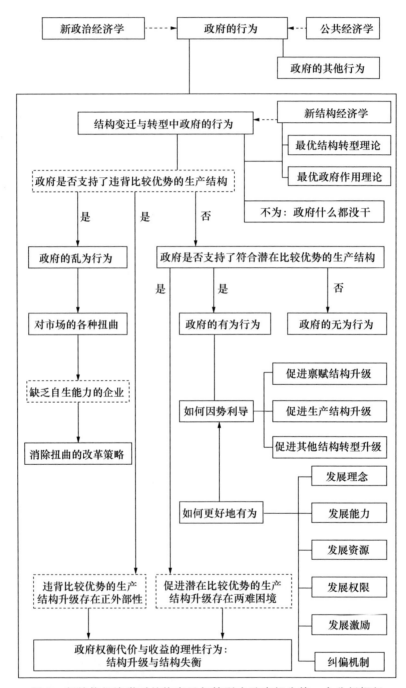

图 5 新结构经济学对结构变迁与转型中政府行为的一个分析框架

优势的生产结构,要么没有乱为。如果乱为,那么在这些违背比较优势的产业中的企业是没有自生能力的,必然存在内生的大量扭曲,需要采取渐进式改革的方式予以消除。因此,从这一点来讲,市场失灵并不是新结构经济学主张的政府干预的理由,为什么呢?因为按照新结构经济学的基本观点,任何国家或地区都存在三类产业:失去比较优势的产业,远离比较优势的产业,具有潜在比较优势的产业。前两类不符合比较优势的产业中的企业是没有自生能力的,自发的市场企业不会进入没有自生能力的产业(因此第一波结构主义认为存在"市场失灵"),只有符合潜在比较优势的产业,自发的市场企业才会进入,因此,从这个意义上讲,市场失灵并不是新结构经济学声称的产业政策的理由。再次,如果政府没有乱为,按照政府是否支持了符合潜在比较优势的生产结构来分类,要么政府是"无为"的——由于各种企业自身无法克服的制约,使得即便符合要素禀赋结构的产业也不具有竞争力,而需要政府来降低交易费用、协调基础设施投资以及激励先驱者等,但政府却没有发挥应有的作用;要么政府发挥了这些因势利导的作用,即"有为"——促进了符合潜在比较优势的产业的发展。除此之外,现实的情况可能非常复杂,还有一些即便是违背了比较优势的生产结构,但其升级存在正的外部性,比如具有技术外部性的重工业,或者政府在促进潜在比较优势的生产结构升级时存在两难困境,比如潮涌现象与产能过剩问题,政府需要采取权衡代价与收益的理性行为。

　　大部分的产业政策争论似乎就到此为止了,即产业政策应不应该有的问题。我觉得新结构经济学不但回答了这个问题——产业政策应该支持符合潜在比较优势的产业而不应该支持违背比较优势的产业,而且还提出了具体的、可操作的产业政策应该如何设计的思路和方法。换言之,新结构经济学基本的政策主张"有效市场"和"有为政府"中,对"有为政府"应该如何有为,即如何发挥因势利导作用做了进一步的探究。林老师在演讲中也阐述了其五种产业类型的划分及其对应的包括 GIFF 在内的产业政策框架。在林老师的基础上,我的一个想法是进一步在前一小节介绍的新结构转型升级框架中,细化政府因势利导作用的分析框架。这个框架与关注政府激励以及政策制定过程的文献不同,我们更加侧重于政府的行为,或者具体来讲更加关注产业政策的行为方式或着力点,即政府在转型升级过程中的精准发力。事实上,2015年11月10日,习近平总书记在中央财经领导小组第十一次会议上就明确提到产业政策要准。那么产业政策如何在持续的转型升级过程中精准发力呢?林老师在前面的五种产业类型划分中做了初步的探索,我觉得还可以进一步从产业政策在前述转型升级模型中的各个环节的着力点出发,将政府在转型升级过程中的因势利导作用概括到三个维度上去:政府在禀赋结构升级过程中的因势利导作用,政府在价值链升级过程中的因势利导作用,政府在软硬基础设施升级中的因势利导作用。需要注意的是,不同行业所需要的具体的政府因势利导作用不同,政府的因势利导着力点也就不同,这与林老师阐述的五种产业类型的基本思想是一致的,甚至更加具体,例如,不同地区相同的产业在五类产业中的归类以及具体的转型升级方面和因势利导作用需求及方式可能差别极大。与此同时,这个转型升级过程中政府作用的因势利导框架本身就是动态的,因为转型升级本身是动态的,所以具体的因势利导作用也是动态的,随着转型升级的过程不断调整。当然,这个框架也可以并需要纳入如何更好地提高当地政府发挥因势利导作用的问题,包括政府意识、政府能力、政府权限、政府(官员)的激励与动机等方面。如前所述,这些都不是最重要的问题,因为有意愿、能力、权限和激励的政府也可能(正确地)干了错误的事,就像林老师常讲的好心干坏事,因此正确的政策本身才是最重要的。当然,现实中由于各种各样的原因总存在政策偏差,所以纠偏机制也是很重要的。

中国两千多个区县的要素禀赋结构千差万别,近百个大类行业、上千种细分行业的特征各不相同,各地适合发展的行业也理应不同。各个地方千篇一律地发展相同的细分行业必然会导致大量的地方失败,各个地方需要因地制宜地发展适合该地特征的细分行业才有可能成功。换言之,用新结构经济学最核心的概念讲,就是不同的产业在不同的地区其自身能力是不同的。例如,如图6所示,我利用中国工业企业数据库对各个细分行业在中国两千多个区县的相对盈利水平做了一个初步的测算,发现不同行业在不同地区的相对盈利水平差异巨大。这个简单的数据测算一方面说明了不同地区不同行业的自生能力是不同的,另一方面也反映出了一些地方确实存在一些没有自生能力的行业。从地方层面来讲,出现没有自生能力的细分行业的原因有几个方面:企业也有一个试错的过程,并且投资具有沉没成本和路径依赖,不可能一下子碰对或重新调整到有自生能力的行业;同样,地方政府存在赶超冲动,或者也存在一个试错过程,产业政策也具有路径依赖,不可能一下子选对或重新调整到有自生能力的行业;经济结构是一个动态的变迁过程,过去符合比较优势的行业可能变得没有自生能力。当然,这些只是临时存在没有自生能力行业的理由,而不是一个地区长期存在没有自生能力行业的理由。我觉得,企业家对所要自发进入的行业是有深入了解的,各地的招商引资项目是一个企业和政府双方深入了解的过程,进入与当地禀赋结构不匹配的产业没那么容易;地方政府尤其是区县层面的政府所掌握的资源和权限极其有限,也不可能长期支持没有

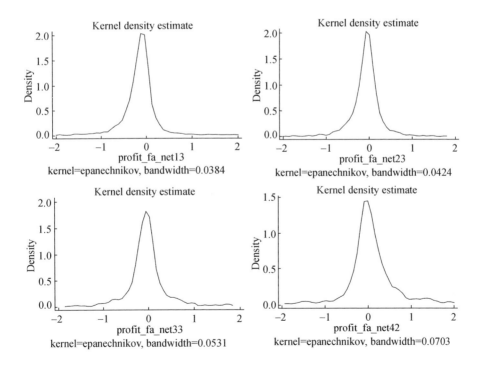

图6 2007年一些制造业行业在中国各个区县的相对盈利水平

资料来源:陈昕主编:《中国奇迹20年——滴水湖会议实录》,上海世纪出版集团,2014年。

自生能力的企业。因此,分权式的地方发展模式不太可能发起全面的赶超战略。我曾在上海三联书店组织的林老师等的《中国的奇迹》一书出版二十周年纪念研讨会上从中央与地方的关系、政府与市场的关系两个维度对中国的治理模式做了概括,并用数据做了简单测算,依照时间顺序将新中国成立后的发展模式依次概括为:中央主导的计划经济,地方主导的计划经济,地方主导的市场经济,中央主导的市场经济。

在此历史背景下,我认为当前各地依然存在大量长期没有自生能力的行业的主要原因是当年或当前的中央政府的国家项目落地在地方导致项目与当地禀赋错配的结果,同样产业也具有路径依赖。当年的老工业基地便是鲜活的案例。当然,当下也有国家部委以及各个地方不讲究实事求是和因地制宜的思想,出台或执行"一刀切"的产业政策,导致了不少地方出现没有自生能力的行业,成为拖累地方经济发展的毒瘤。以时下备受争议的产业结构调整目录为例,过去部委颁发文件的时候都要强调实事求是和因地制宜,如今这一点强调或执行得很不够。例如,新世纪第一部产业目录《当前国家重点鼓励发展的产业、产品和技术目录(2000年修订)》,规定了国家重点鼓励28个领域共526种产品、技术及部分基础设施和服务的发展,但强调了各地区要根据本地区的实际情况,认真分析国内外市场需求和供给条件的变化,从实际出发,量力而行,选择目录内有可能形成本地比较优势的领域发展,避免盲目重复建设。除了"一刀切"的错误之外,我也认可邵宇的观点:大部分地方政府确实都有赶超的冲动,老想"跨越式发展",这是有问题的。当然,也不能一棍子把恰当的、有限度的赶超都打死,其有代价也有收益,需要权衡取舍,有一个最优的限度。例如,很多人列举光伏的负面例子,我倒认为中国的光伏行业是发展战略的成本与收益的绝佳案例。我们可以这样发问:市场能否自发地利用后发优势,如果不能,政府的介入方式超出了前述理想的政府因势利导边界,会引发什么代价以及带来什么收益,这就是我在林老师发展战略理论的基础上推进的发展战略的成本与收益框架,也是对图5中政府的理性行为类别的系统分析。

参考文献

Ju Jiandong, Justin Yifu Lin, Yong Wang, "Industrial Dynamics, Endowment Structure and Economic Growth", *Journal of Money Economics*, 2015, 76, pp.244—263。

付才辉,"发展战略的成本与收益:一个分析框架——新结构经济学的目标、争议与拓展",《南方经济》,2014年第1期。

付才辉,《经济结构及其变迁的价格理论》,北京大学新结构经济学研究中心博士后出站报告,2016年。

付才辉,"市场、政府与两极分化——发展中国家收入分配的新结构经济学",《经济学》(季刊),2016年第16卷1期。

付才辉,"为增长而失衡——中国式发展的经验与理论",《南开经济研究》(双月刊),2015年第6期。

付才辉,"政策闸门、潮涌通道与发展机会——新结构经济学视角下一个最优政府干预程度理论",《财经研究》,2016年第6期。

付才辉,"金融干预的成本与收益:产能过剩与技术进步",《当代经济科学》,2015年第4期。

林毅夫,"论有为政府和有限政府",北京大学新结构经济学研究中心,2016年。

阮建青、石琦、张晓波,"产业集群动态演化规律与地方政府政策",《管理世界》,2014年第12期,第79—91页。

斯蒂格利茨,《公共部门经济学》上册,中国人民大学出版社,2013年。

杨桂鞠,"代工企业转型升级:演讲路径的理论模型",《管理世界》,2010年第6期,第132—142页。

"发展型国家"的兴衰及其对中国转型的启示[①]

耿　曙　浙江大学社会学系研究员
陈　玮　华东理工大学社会工作与社会政策研究院助理研究员

十字路口的中国:是否坚持"发展型国家"模式?

数月以前,林毅夫与张维迎两位教授针对"产业政策"的辩论,吸引了社会广泛关注。其实在产业政策背后,更核心的问题是"政府是否该为追求发展而介入经济"?回顾过往,中国曾经凭借政府介入,创造傲世的经济成就,如今面对要素红利用罄、增长逐渐放缓的形势,展望未来,中国将何去何从?其中尤其关键的是,中国是否仍应坚持"国家主导"的模式(林毅夫所见),还是大幅放开管制、政府退出经济,让市场承担主导角色(张维迎

[①] 本文删节版发表于《华东师范大学学报(哲学社会科学版)》2017年第1期,第16—20页,原题为"'发展型国家'模式与中国发展经验"。

主张)?

纵观各国发展经验,"政府介入经济"并非中国所独有。此前三十余年的改革开放,相较毗邻的日本、韩国等地,其实情况颇为相似(White, 1988, 1993; Oi, 1995; Leftwich, 1995; Unger and Chan, 1996)。它们的经济起飞,都较中国先行一步,它们的高速增长,往往被总结为东亚"发展型国家"模式,既启发学界对国家介入的探究(Johnson, 1982; Amsden, 1989; Wade, 1990),也触动中国的改革历程。可惜好景不长,自20世纪90年代以来,前述发展型国家,外有全球潮流,制约政府能力,内有工资飞涨,颠覆国社关系,纷纷面临"增长趋缓"或"调整转型"的抉择(Minns, 2001; Cherry, 2005; Pirie, 2007; Radice, 2008; Chu, 2009; Stubbs, 2009)。那么,我们不禁要问:中国将何去何从?根据笔者看法,今日对发展型国家如何兴起、如何转型,进行经验总结与反思,或许能为中国的下一步指出一个可行的方向。

中国崛起与发展型国家的优势

虽经不少学者探讨,但改革开放后的中国是否类似"发展型国家"?[①] 或两者是否存在一定可比性?为能应对此问题,笔者先尝试提炼"发展型国家"的核心特质,再与"中国模式"进行比对。根据笔者所见,发展型国家主要特征为"国家能力"与"产业政策",与政治、经济体制并无必然关系。[②]

"发展型国家"模式,源自约翰逊(Johnson, 1982)对战后日本发展经验的总结。基于其案例分析,"国家"(抽象化的政府)乃是日本经济起飞的推手。其国家先以经济发展作为优先目标,再通过各种积极产业政策,完成特定产业的保护扶持,使其在短期内能成长壮大,带动整体经济的繁荣。

---

① 近期如重启辩论的唐世平教授文,"中国:一个不算太成功的'发展型国家'",http://www.ftchinese.com/story/001069171。但作者讨论的重点在"中国是否相对成功",对于"中国是否为发展型国家"问题,比较接近个人论断。其他相关讨论,可参考 Beeson(2009)与 Knight(2014)。

② White(1984)作为早期奠基者之一,认为"发展型国家"指所有通过国家力量推动发展的发展中国家。

遵循上述模式,韩国(Amsden,1989)、中国台湾地区(Wade,1990)、新加坡(Huff,1995)等相继崛起(Haggard,1990;Gereffi and Wyman,1990),此模式开始广受重视,引发大量探讨(陈尧,2006)。可惜前人讨论虽多(参看 Öniş,1991;Woo-Cummings,1999;Routley,2012;Haggard,2013;郑为元,1999),"发展型国家"究竟具备哪些特质,仍缺一致标准。有鉴于此,笔者梳理并提炼相关文献,根据"结构"与"手段"两个维度,提出发展型国家的两大特征:"产业政策"与"国家能力"。

首先,"产业政策"乃发展型国家的政策工具,也是其最重要特征,这一点是所有学者的共识(Johnson,1982;White,1984;Amsden,1989;Wade,1990;Öniş,1991;Woo-Cumings,1999;王振寰,2003)。由于发展型国家的起点,都是处于弱势、力图追赶的后进国家,产业政策是其必不可少的追赶手段,如李斯特所言:"若无产业政策扶持,后进国家的'幼稚工业'极易遭到发达国家的碾压。"(李斯特,1983)因此,产业政策的目的,在让技术、资本双重匮乏的后进,将资源集中到少数"战略产业",引领经济快速增长(Gerschenkron,1962)。其做法一般通过"扭曲市场价格"(Amsden,1989),培育本国产业竞争力。至于其具体手段,则因事因地制宜,宏观层面如贸易保护、信贷支持、财政补贴甚至行政干预,微观层面如生产技术的辅导、生产过程的管制,均包括在内。

为了确保产业政策有效制定与实施,发展型国家还需另一项特征——"国家能力"。国家能力一方面体现为官僚机构独立自主地制定政策,一方面表现为官僚体系的内部凝聚与外部联结(Johnson,1982;Evans,1995;Woo-Cummings,1999)。前者保证官僚精英不受利益集团胁迫,制定有利整体发展的产业政策;后者则涉及切合需要的产业政策,能由上至下确实贯彻。日本、韩国等典型的发展型国家,无一不是通过有力的国家机关,为企业提供各种政策指导,协调各方的投入与努力。

中国改革开放以来的发展模式,与上述发展型国家颇为相似,均以产业政策为手段,均藉国家能力为担保,完成体制转型、资金引进、基建提供、产业发展等艰巨任务,创造出所谓"中国的奇迹"(林毅夫、蔡昉和李周,1994)。针对中国的发展经验,首先,不论是中央还是地方政府,均以经济发展为最高目标——前者强调"绩效合法性"(赵鼎新,2012),后者追求"财政收入最大化"(郁建兴和高翔,2012)①——从而构成发展型国家意识形态的基础。

中国与前述案例稍有不同者,主要在国家的体量规模。前者通过了单一制国家"上级管官、下级管事"的央地关系结构(周黎安,2008),由中央政府宏观引导(Harding,1987;Baum,1996),地方政府实际落实,携手创造出经济起飞(White,1991;Oi,1995;Blecher and Shue,1996)。当然,基于中国的"属地管理/行政发包"体制,地方政府对发展何种产业、如何推动发展等具体政策,拥有很大的自主权,"地方发展型政府"的特征相对突出(Oi,1995;曹正汉和史晋川,2009)。

也因此,唯有考察中国地方政府的作为,才能掌握中国模式涉及的"产业政策"。对此,相关研究者依据产业政策的类型,大致区分了两类政府角色(Keng,2010;张汉,2014),前期是"地方企业家型政府"(Blecher,1991;Oi,1992;Walder,1995),后期为"地方发展型政府"(Oi,1999;Blecher and Shue,1996)。产业政策虽有异同,产业扶持却始终是施政重心。处于"地方企业家型政府"阶段,地方政府针对市场优势产业,通过拨付土地、投入资金,直接参与集体企业的生产经营,故与怀特(Gordon White)所谓"社会主义发展型国家"形态十分接近,也与东亚发展型国家的"共生性政企联盟"高度相似(张汉,2014)。此类产业政策创造出 20 世纪 80 年代(1985—1989 年)与 90 年代(1992—1996 年)两波乡镇企业的快速增长。

稍后的"地方发展型政府"阶段,地方政府基于国际竞争优势,通过创造条件、提供优惠、筑巢引凤、招商引资,从旁扶持各种外资、民营企业的生产经营。这在经营形态上,与怀特所谓"资本主义发展型国家"形态相对类似,也与东亚发展型国家的宏观产业政策高度相似(Blecher and Shue,2001;耿曙和陈玮,2015)。此类产业政策帮助中国在加入 WTO 后,一跃成为外资龙头、世界工厂,推动了进入 21 世纪以来至今的高速经济增长。

---

① 不论是前期的"中国特色财政联邦主义"(Montinola,Qian and Weingast,1995)还是晚近的"分权化威权主义"(Laundry,2008)框架,都特别强调地方政府的行为激励,在追求财政收入的最大化。

由此可见,虽然时空有别,环境迥异,但在中国发展的过程中,地方政府所推动的产业政策,与其他发展型国家其实并无二致。

在"国家能力"方面,中国也与其他东亚发展型国家类似。中国的"国家机关"拥有高度的自主性与极强的凝聚力。就前者而言,中国大陆与日本、韩国和台湾地区起飞阶段类似,都属于资源相对丰富、社会相对弱势的体制①,其政府机构拥有高度的决策自主性,能够根据整体利益制定经济发展策略。就后者而言,中国同样拥有一支凝聚、高效的官僚队伍。中国一方面藉干部人事的"下管一级"体制,通过纵向问责,监督考核官员,充分贯彻上级意志,维持中央—地方政策统一;另一方面通过以"经济绩效"为标准的"政治锦标赛"(Li and Zhou 2005),最大限度地调动官员积极性,将原有的党政干部转化为服务发展的官僚精英。由此所形成的"国家能力"为落实"产业政策"提供了制度保障。

综合上述,中国高速增长的经验(或称"中国模式"),无论就实行的"产业政策",还是仰仗的"国家能力"考察,其实均与其他东亚发展型国家并无不同。换言之,中国就是东亚发展型国家中的一员,只是体量巨大,而且起步更晚。

中国转型与发展型国家的局限

前述东亚发展型国家在经历30年的高速增长后,逐渐迈入先进工业化国家行列,从20世纪90年代开始,大多增长趋缓,不得不调整转型。其中,日本在90年代初期泡沫破灭,经济停滞衰退,即便政府屡次振兴,迄今仍未见起色,被称为"失去的二十年"(池田信夫,2012)。韩国则先在亚洲金融危机中遭受重创,此后虽然恢复重振,却终于在2010年前后显露疲态。上述趋势引发学界对发展型国家质疑,针对其衰落与局限展开探讨(Minns, 2001; Cherry, 2005; Pirie, 2007; Radice, 2008; Chu, 2009;

---

① 部分学者侧重"威权体制"的特征(Haggard and Kaufman, 1995),在这点上,中国也与其他东亚"发展型国家"类似,有趣的是,中国、日本、韩国均曾在不同时间点,被学者描绘为"柔性威权"(Roy, 1994)。

Stubbs，2009；朱天飚，2005；郁建兴和石德金，2008；张晨和王娜，2015）。既然中国也属东亚发展型国家一员，而且其他成员还较中国先行一步，它们所面临的发展困局，提醒中国未雨绸缪，而其转型经验，也值得中国参考借鉴。

针对东亚发展型国家的衰落，现有文献主要围绕"国家能力"与"产业政策"两个特征。首先，部分学者认为衰落肇因于"国家能力"弱化。此类研究部分强调国际政经局势，认为20世纪80年代的全球化潮流，以及相伴的"自由主义思潮"，逐步削弱了上述案例的"国家能力"（王振寰，2003；朱天飚，2005），导致国家撤出特定产业的扶持，失去对经济的引导（Moon and Prasad，1994；Stiglitz，1998；Wade，1998a；Wade，1998b；Hayashi，2010）。与之呼应的部分研究，侧重国家—社会关系的变化，认为随经济长期发展，配合威权体制转型，利益团体日益壮大，官僚机构被其俘获，难再推出有利整体的发展方略，甚至走向"裙带资本主义"（Pempel，1999；Haggard，2000；王婷，2008；周方冶，2013）。

针对东亚发展型国家的衰落，另外部分学者更看重"产业政策"层面，特别是否受所处"发展阶段"所影响（陈玮和耿曙，2015）。其中，日本案例研究发现，其产业政策在战后赶超阶段，曾经发挥巨大作用，但完成赶超之后，同样政策便几无成效（Vestal，1993）。对此，克鲁格曼（Krugman，1994）解释：产业政策的本质为大量投入，只在短期生效，若未提升效率，长期仍将走向衰颓。另一些学者则认为，"产业政策"之所以能够成功，关键在有模仿的目标，可是一旦成为领先国家，便失去参考借鉴的对象，产业政策便难有发挥余地（余永定，2013；朱天飚，2006）。换言之，"产业政策"解释将发展型国家的兴衰，归因于该国所处的"发展阶段"。

基于上述对立观点，根据笔者看法，东亚发展型国家所处的发展阶段，基本上是从资源动员为主的"模仿经济"，转变为创造效率的"创新经济"。发展型国家的中衰，其关键是在创新领域中，"产业政策"往往失灵。这点可自上述发展型国家经验中窥探一二。首先，日本始终厉行产业政策，却饱尝政策错误的苦果（Yoshikawa，2007；Ito，2003；黑田东彦，2004）。不论是在其引以为傲的半导体领域，还是颇具竞争力的计算机领域，都因为政策错误而走向衰落(汤之上隆,2015)。韩国情况也类似。在其信息光电、电子通信等领域逐步取得领先后,仍然维持"扩大产能"为主的政策方向。因此,缺乏重大创新的问题,始终困扰韩国科技产业,终于走向后继乏力的窘状。

基于上述不同阶段的发展经验,笔者归纳出传统"产业政策"不利"创新培育"的两类问题。第一类问题是基于信息不足导致的"监督失灵"。创新行为通常被界定为一种"创造性破坏",既难有所预期,又缺可循经验。面对严重信息不足,决策官僚便不易进行战略产业选择与产业政策拟定。在执行上述政策时,也就缺乏清晰的标准。由于政府难以甄别与监督企业,创新往往沦为"大忽悠"(陈玮和耿曙,2015)。而监督失灵的结果,或者滋生政策寻租行为,或者腐蚀政策支持力度。

第二类问题源于信息有限导致的"风险积累"。创新行为的特征之一就是风险巨大,面对成败难料、方向不明的形势,唯一的因应策略就是分散风险、多多试错。但是产业政策的本质却是选择企业、集中资源。而厉行产业政策的结果,不但放弃试错的可能,减少成功的机遇,同时还因政府扶持导致的"软预算约束",降低企业风险意识,难当起伏动荡(陈玮和耿曙,2015)。总而言之,上述两类问题均源自"产业政策"与"创新行为"的本质冲突,因此种下产业政策失败的种子。

面对周遭东亚发展型国家的困难与转型,中国如何理解?又得到哪些启发?首先,根据笔者所见,不论从理论层面还是从经验层面,"国家能力"解释都不值得中国借鉴参考。从理论层面看,虽处全球化浪潮之下,国家据以强化其能力者,并非绝无可能(Cameron,1978;Rodrick,1997;Evans,1997;Weiss,1997,1999,2000;毛捷等,2015)。何况,国家与社会互强的案例,其实比比皆是(Putnam,1993;Evans,1995;Leftwich,1998;Weiss,2014)。其次,中国的高速成长,本来得益于全球潮流,其与眼前的增长放缓,似无绝对关系。更为重要的是,即便持续经济发展,形成利益团体,但中国的"国家能力"绝未衰弱,国家不但从未松懈干部的掌控,多次的体制转型与财税改革,反而透露"国家能力"仍然强大。换言之,不论"国家能力"解释是否正确,都缺少参考价值。

因此,反而涉及产业政策的分析,更有助理解增长逐渐放缓的困境,也能通过东亚发展型国家经验,超越它们的所有局限。从这个角度观察,中国增长的放缓,关键在创新能力不足。虽然早在 2000 年中期,政府就开始推动"自主创新"与"产业升级"(见《"十二五"规划》)。但其具体的政策手段,却与之前"追赶阶段"如出一辙,仍然是政府直接介入,援用许可准入、财税优惠、信贷支持等,引导企业投入创新。但由于传统"产业政策"的局限,政府监管创新实践的能力有限,因此政策寻租者有之,盲目扩张者有之(巫永平和吴德荣,2010;陈玮和耿曙,2015)。虽然从中央到地方,相继出台各种鼓励政策,其政策效果并不显著。

根据作者的企业调研,政府鼓励产业升级与创新的政策,同样存在前述两类问题。首先,"监督失灵"问题一般发生在政商关系良好的企业。它们多善于自我包装又长于关系经营,不难争取到各种政策优惠。但在取得相关政策支持后,它们是否积极投入创新,政府官员却很难甄别判定。结果用意良好的奖励政策,却滋生许多无心研发、骗取补贴的假科技企业(汤筠、孟芊和张凯云,2010)。其次,受到政府扶持的企业,也存在"风险集聚"的问题。原来地方政府为彰显政绩,往往选择新兴产业,提供各种政策扶持,结果却放松了企业的资金约束,使其不必承担风险,投资缺乏深思熟虑。但一般新兴产业,技术市场均未成熟,因此风险极高,此类企业也往往失败收场,地方财政因而横遭拖累。但企业之所以冒进投资,关键却在政府扶持。综合上述,此处所述"产业政策"的局限,也正是东亚发展型国家的通病,中国很难有所例外。

小结

观察当前的中国经济,正处于改革转型的当口,急需寻觅未来的出路。根据笔者所见,正确的出路来自经验的借鉴。本文始于"中国发展经验"与"发展型国家"模式的参照,力证其中的相似与可比。也因此,发展型国家的崛起与衰退,均可作为中国改革发展的参考,包括"追赶阶段"的国家介入主导,以及"领先阶段"的产业政策局限。

经过反复分析,本文主张,当前的"增长放缓"与"停滞阴影"问题,关键在于传统产业政策的局限,尤其是其不利产业创新的问题。这既是东亚发展型国家的弱项,也是中国转型的难关。从这个角度来看,支撑中国前一阶段高速增长的政策手段,已成为未来持续提升发展的束缚。而本文所提供的政策启示在于,虽然传统产业政策在早期"追赶阶段"发挥了关键作用,但当中国需要依靠技术创新,进一步再上层楼之际,传统产业政策将难以胜任。展望未来,建议政府调整发展策略,一方面完善基础制度建设,改善企业投资环境;另一方面奖励风险投资,广泛培育创新能力。简言之,就是要放弃传统的"产业政策",改采前瞻的"创新政策",这样才能免于重蹈东亚发展型国家的覆辙。

参考文献

Amsden, A., *Asia's Next Giant: South Korea and Late Industrialization*, New York: Oxford University Press, 1989.

Baum, R., *Burying Mao: Chinese Politics in the Age of Deng Xiaoping*, Princeton University Press, 1996.

Beeson, M., "Developmental States in East Asia: A Comparison of the Japanese and Chinese Experiences", *Asian Perspective*, 2009, 33(2), pp. 5—39.

Blecher, M. J. and V. Shue, *Tethered Deer: Government and Economy in a Chinese County*, Stanford University Press, 1996.

Blecher, M. J. and V. Shue, "Into Leather: State-led Development and the Private Sector in Xinji", *The China Quarterly*, June 2001, 166, pp. 368—393.

Blecher, M., "Developmental State, Entrepreneurial State: The Political Economy of Socialist Reform in Xinju Municipality and Guanghan County", in G. White, ed., *The Chinese State in the Era of Economic Reform: The Road to Crisis*, 1991.

Breslin, S. G., "China: Developmental State or Dysfunctional Development?" *Third World Quarterly*, 1996, 17(4), pp. 689—706.

Cameron, D. R., "The Expansion of the Public Economy: A Comparative Analysis", *American Political Science Review*, 1978, 72(4), pp. 1243—1261.

Cherry, J., "'Big Deal' or Big Disappointment? The Continuing Evolution of the South Korean Developmental State", *Pacific Review*, 2005, 18(3), pp. 327—354.

Chu, Y., "Eclipse or Reconfigured? South Korea's Developmental State and Challenges of the Global Knowledge Economy", *Economy and Society*, 2009, 38(2), pp. 278—303.

Evans, P., *Embedded Autonomy: States and Industrial Transformation*, Princeton: Princeton University Press, 1995.

Evans, P., "The Eclipse of The State? Reflections on Stateness in an Era of Globalization", *World Politics*, 1997(50), pp. 62—87.

Gereffi, G. and D. L. Wyman, eds., *Manufacturing Miracles: Paths of Industrialization in Latin America and East Asia*, Princeton University Press, 1990.

Gerschenkron, A., *Economic Backwardness in Historical Perspective: A Book of Essay*, Cambridge MA: Harvard University Press, 1962.

Haggard, S. and R. R. Kaufman, *The Political Economy of Democratic Transitions*, Princeton University Press, 1995.

Haggard, S., *Pathways from the Periphery: The Politics of Growth in the Newly Industrializing Countries*, Cornell University Press, 1990.

Haggard, S., *The Political Economy of the Asian Financial Crisis*, Washington: The Institute for Economics, 2000.

Haggard, S., "The Developmental State Is Dead: Long Live the Developmental State!" Annual Meeting of the American Political Science Association, Aug. 29—Sept. 1, 2013, https://papers.ssrn.com/sol3/papers.cfm? abstract_id=2312104.

Harding, H., *China's Second Revolution: Reform after Mao*, Brookings Institution Press, 1987.

Hayashi, S., "The Developmental State in the Era of Globalization: Beyond the Northeast Asian Model of Political Economy", *The Pacific Review*, 2010, 23(1), pp. 45—69.

Huff, W. G., "The Developmental State, Government, and Singapore's Economic Development since 1960", *World Development*, 1995, 23(8), pp. 1421—1438.

Ito, T., "Looking Forward on Monetary and Supervision Policies to Protect Against Bubbles", in William B. Hunter et al., eds., *Asset Price Bubbles: The Implications for*

Monetary, Regulatory, and International Policies, Cambridge: MIT Press, 2003.

Johnson, C., *MITI and The Japanese Miracle: The Growth of Industrial Policy, 1925—1975*, CA: Stanford University Press, 1982.

Keng, S., "Developing into a Developmental State: Explaining the Changing Government-Business Relationships behind the Kunshan Miracle", in T.-K. Leng and Y.-H. Chu, eds., *Dynamics of Local Governance in China during the Reform Era*, UK: Lexington, 2010.

Knight, J. B., "China as a Developmental State", World Economy, 2014, 37(10), pp. 1335—1347.

Krugman, P., "The Myth of Asia's Miracle", *Foreign Affairs*, 1994, 73(6), p. 62.

Landry, P. F., *Decentralized Authoritarianism in China: The Communist Party's Control of Local Elites in Post-Mao Era*, Cambridge: Cambridge University Press, 2008.

Leftwich, A., "Bringing Politics Back In: Towards a Model of the Developmental State", *Journal of Development Studies*, 1995, 31(3), pp. 400—427.

Leftwich, A., "Forms of the Democratic Developmental State: Democratic Practices and Development Capacity", in Mark Robinson and Gordon White, eds., *The Democratic Developmental State: Political and Institutional Design*, Oxford University Press, 1998.

Li, H. and L. Zhou, "Political Turnover and Economic Performance: The Incentive Role of Personnel Control in China", *Journal of Public Economics*, 2005, 89(9), pp. 1743—1762.

Mark B., "Developmental States in East Asia: A Comparison of the Japanese and Chinese Experiences", *Asian Perspective*, 2009, 33(2), pp. 5—39.

Minns, J., "Of Miracles and Models: The Rise and Decline of the Developmental State in South Korea", *Third World Quarterly*, 2001, 22(6), pp. 1025—1043.

Montinola, G., Y. Y. Qian and B. R. Weingast, "Federalism, Chinese Style: The Political Basis for Economic Success in China", *World Politics*, 1995, 48(1), pp. 50—81.

Moon, C. and R. Prasad, "Beyond the Development State: Networks, Politics, and Institutions", *Governance: An International Journal of Policy and Administration*, 1994, 7.

Oi, J. C., "Fiscal Reform and the Economic Foundations of Local State Corporatism in

China", *World Politics*, 1992, 45(1), pp. 99—126.

Oi, J. C., "The Role of the Local State in China's Transitional Economy", *China Quarterly*, 1995(144), pp. 1132—1150.

Öniş, Z., "The Logic of the Developmental State", *Comparative Politics*, 1991, 24(1), pp. 109—126.

Pempel, T. J., eds., *The Politics of the Asian Economic Crisis*, New York: Cornell University Press, 1999.

Pirie, I., *The Korean Developmental State: From Dirigisme to Neo-Liberalism*, Routledge, 2007.

Putnam, R. D., *Making Democracy Work: Civic Traditions in Modern Italy*, Princeton University Press, 1993.

Radice, H., "The Developmental State under Global Neo-Liberalism", *Third World Quarterly*, 2008, 29(6), pp. 1153—1174.

Rodrik, D., "Sense and Nonsense in the Globalization Debate", *Foreign Policy*, 1997(107), p. 19.

Routley, L., "Developmental States: A Review of the Literature", 2012, http://r4d.dfid.gov.uk/PDF/Outputs/ESID/esid_wp_03_routley.pdf.

Roy, D., "Singapore, China, and the 'Soft Authoritarian' Challenge", *Asian Survey*, 1994, 34(6), pp. 231—242.

Stiglitz, J., "The Role of International Financial Institutions in the Current Global Economy", Address to the Chicago Council on Foreign Relations, Chicago, 27 February, 1998.

Stubbs, R., "What Ever Happened to the East Asian Developmental State? The Unfolding Debate", *Pacific Review*, 2009, 22(1), pp. 1—22.

Unger, J. and A. Chan, "Corporatism in China: A Developmental State in an East Asian Context", in Jonathan Unger and Anita Chan, eds., *China after Socialism: In the Footsteps of Eastern Europe or East Asia*, M. E. Sharpe, 1996.

Vestal, J., *Planning for Change: Industrial Policy and Japanese Economic Development, 1945—1990*, Oxford: Clarendon, 1993.

Wade, R., *Governing the Market: Economic Theory and the Role of Government in East Asian Industrialization*, Princeton, NJ: Princeton University Press, 1990.

Wade, R., "The Asian Crisis and the Global Economy: Causes, Consequences, and Cure", *Current History*, 1998a.

Wade, R., "From 'Miracle' to 'Cronyism': Explaining the Great Asian Slump", *Cambridge Journal of Economics*, 1998b, 22(6), pp. 693—706.

Walder, A. G., "Local Governments as Industrial Firms: An Organizational Analysis of China's Transitional Economy", *The American Journal of Sociology*, 1995, 101(2), pp. 263—301.

Weiss, L., "Globalization and the Myth of the Powerless State", *New Left Review*, Sept./Oct., 1997.

Weiss, L., "State Power and the Asian Crisis", *New Political Economy*, 1999, 4(3), pp. 317—342.

Weiss, L., "Developmental State in Transition: Adapting, Dismantling, Innovating, not 'Normalising'", *Pacific Review*, 2000, 13(1), pp. 21—55.

Weiss, L., *America Inc.? Innovation and Enterprise in the National Security State*, Cornell University Press, 2014.

White, G., "Developmental State and Socialist Industrialization in the Third World", *Journal of Development Studies*, 1984, 21(1), pp. 97—120.

White, G., ed., *Developmental States in East Asia*, Springer, 1988.

White, G., ed., *The Chinese State in the Era of Economic Reform: The Road to Crisis*, M. E. Sharpe, 1991.

White, G., *Riding the Tiger: The Politics of Economic Reform in Post-Mao China*, Stanford University Press, 1993.

Woo-Cumings, M., ed., *The Developmental State*, Ithaca: Cornell University Press, 1991.

Yoshikawa, H., "Japan's Lost Decade: What Have We Learned and Where Are We Heading?" *Asian Economic Policy Review*, 2007, 2(2), pp. 186—203.

曹正汉、史晋川,"中国地方政府应对市场化改革的策略:抓住经济发展的主动权:理论假说与案例研究",《社会学研究》,2009年第4期,第1—27页。

陈玮、耿曙,"政府介入能否有效推动技术创新?基于两个案例的分析",《上海交通大学学报(哲学社会科学版)》,2015年第3期,第76—84页。

陈尧,"发展型国家模式及其转型",《江苏社会科学》,2006年第3期,第52—59页。

池田信夫,《失去的二十年:日本经济长期停滞的真正原因》,胡文静译,机械工业出版社,2012年。

格申克龙,《经济落后的历史透视》,张凤林译,商务印书馆,2012年。

耿曙、陈玮,"政企关系、双向寻租与中国的外资奇迹",《社会学研究》,2015年第5期,第141—163页。

顾昕,"政府主导型发展模式的兴衰:比较研究视野",《河北学刊》,2013年第6期,第119—124页。

黑田东彦,"日本汇率政策失败所带来的教训:以'尼克松冲击'和'广场协议'为例",《国际经济评论》,2004年第1期,第45—47页。

李斯特,《政治经济学的国民体系》,陈万煦译,商务印书馆,1983年。

林毅夫,《新结构经济学:反思经济发展与政策的一个理论框架》,苏剑译,北京大学出版社,2012年。

林毅夫、蔡昉、李周:《中国的奇迹:发展战略与经济改革》,上海人民出版社和上海三联书店,1994年。

毛捷、管汉晖、林智贤,"经济开放与政府规模:来自历史的新发现(1850—2009)",《经济研究》,2015年第7期。

汤筠、孟芊、张凯云,"信息技术产业中的寻租行为分析及其对产业发展的影响",载《寻租与中国产业发展》,商务印书馆,2010年,第208—226页。

汤之上隆,《失去的制造业:日本制造业的败北》,林曌译,机械工业出版社,2015年。

王婷,"东北亚发展型国家比较研究与反思",《理论前沿》,2008年第20期,第24—25页。

王振寰,"全球化与后进国家:兼论东亚的发展路径与转型",《台湾社会学刊》,2003年第31期,第1—45页。

巫永平、吴德荣编,《寻租与中国产业发展》,商务印书馆,2010年。

吴敬琏主编,《比较》,2016年第6辑,中信出版社,2017年。

余永定,"发展经济学的重构:评林毅夫《新结构经济学》",《经济学》(季刊),2013年第3期,第1075—1078页。

郁建兴、高翔,"地方发展型政府的行为逻辑及制度基础",《中国社会科学》,2012年第5期,第95—112页。

郁建兴、石德金,"超越发展型国家与中国的国家转型",《学术月刊》,2008年第4

期,第5—12页。

约翰逊,《通产省与日本奇迹》,金毅、许鸿艳、唐吉洪译,吉林出版社,2010年。

张晨、王娜,"新自由主义与发展型国家的衰落",《河北经贸大学学报》,2015年第3期,第19—23页。

张汉,"'地方发展型政府'抑或'地方企业家型政府'?",《公共行政评论》,2014年第3期,第157—175页。

赵鼎新,"当今中国会不会发生革命",《二十一世纪评论》,2012年12月号。

郑为元,"发展型'国家'或发展型国家'理论'的终结?",《台湾社会研究季刊》,1999年第6期。

周方冶,"东亚发展型国家政治转型的结构性原因:新兴利益集团崛起与政治权力结构失衡",《新视野》,2013年第5期,第47—50页。

周黎安,《转型中的地方政府:官员激励与治理》,格致出版社,2008年。

朱天飚,"发展型国家的衰落",《经济社会体制比较》,2005年第5期,第34—39页。

政府"不越位"比"有为"重要

郭　强　中央党校科学社会主义教研部教授

最近围绕林毅夫老师提出的"有为政府论"的讨论很热烈。感谢林毅夫老师一以贯之的良师风范,事实至上,逻辑为尊。本文是在复习林老师的一些文献的基础上,对"有为政府论"的再次讨论。林老师在马歇尔讲座中总结了发展中国家现代化的基本经验,集中阐释了"渐进双轨论"。可以说,其中的大多数说法都有经验支撑,易于接受。但是,新结构经济学者与批评者的核心分歧是这些经验现象背后的逻辑。

现代化的基本经验是什么

哥伦布以来或者斯密以来人类工业化—现代化的经验是什么?这是社会科学的焦点问题之一。我个人的理解是:一定的国家能力或政治集权是现代化的必要条件,福山和阿西莫格鲁对此都有深刻论述;而让市场决定资源配置则是现代化的基本经验,现代经济学对此已反复论证。

挑战在于,政治集权有其自身惯性,其背后则是权力的智慧错觉和利益刚性。如何让政治权力不越过市场决定的边界是现代化成败利钝的关键。就后发现代化国家（经济体）而言，只有极个别经济体第一次尝试现代化就走了自由市场之路（如中国香港），绝大多数则是政府这只手勤奋地拨拉，其中个别因为政府资源不足而放弃，大多数政府依靠权力——暴力整合资源来支持自己的理想战略。

第二次世界大战后的四分之一世纪各种苏联模式、半苏联模式的政府主导的现代化战略泛滥全球，先盛后衰，导致严重后果，不仅颠覆了部分政府，也打击了其余政府，于是引发了全球性改革潮流。改革有激进、渐进两种路径之别，但是共同的取向是政府从自己越界之处向后撤退，向市场和社会让渡权力，向市场自主和社会自治变迁。

新结构经济学是以研究国家发展—现代化为己任的新兴经济学派，这个学派看上去成功地在现代市场经济学和马克思主义经济学之间建立了一个新的学术堡垒，也就是在市场决定的经济和政府决定的经济之间另辟一个"有为政府＋有效市场"的经济（理想类型）。本文无力讨论新结构经济学的深层次逻辑问题，仅就新结构经济学特别是其有为政府论的理论风格或者学术偏好的特色谈一下自己的感受。

政府比市场看得更远吗

与新自由主义高度重视制度安排不同，新结构经济学高度重视路径安排（一定要素禀赋结构下的产业与技术选择）。路径选择确实对结果影响深远，典型例子是西班牙与英国的不同殖民路径。关于路径安排，新结构经济学的特色不只是高度重视，而是主动选择。

如果说，开放市场中是让市场或者说让企业家通过试错自主进行产业选择和技术选择，新结构经济学就与一般市场经济理论没有什么实质差别。新结构经济学独树一帜的恰恰是认为政府在产业和技术选择方面可以消除外部性，可以实现企业协调，进而可以比市场更科学地进行选择，并更有力地推进所选产业、技术的发展。

批评者则认为,政府在选择产业和技术方面并没有高于市场的能力,政府缺乏市场那种开放而又广泛的连续试错机制,以及市场所特有的及时纠错机制。

在一个开放的自由竞争市场上,不同的企业家会根据自己的要素禀赋和市场判断选择不同的产业、不同的技术路径、不同的商业模式,基于民营经济天然的预算硬约束和务实的逐利动机,只有选对了才能生存和发展起来,这就是开放市场自有的广泛试错纠错机制。

政府不但没有这种机制,并且在产业和技术选择方面并不比市场具有更多信息和判断优势(即便偶尔有某种信息优势,政府也可以通过发布产业选择信息的方式将这种信息释放给市场,让企业家去做,而没有必要政府来做)。政府有可能因为某种利益集团的利益偏好故意选错技术和产业,也会出现实践证明选错但政府拒绝认错纠错(一方面是担心认错改错会导致政治权力削弱或丧失,一方面是错误的技术和产业选择也会造就一个既得利益群体,该群体拥有了政治力量成功阻止认错纠错)的情况。所谓预算软约束指的就是这种情况,一定程度上"大而不能倒"反映的也是这种情况。换言之,政府主导产业和技术选择天然有一种沿着错误道路坚持走下去的倾向。

总之,就意愿和能力而言,政府都不是合适的选择主体。新结构经济学的辩解认为,通过更精细的研究,根据新结构经济学的方法可以识别比较优势。姑且承认研究者可以发现三次产业、轻重工业这种一阶产业类型的比较优势,但是在二阶、三阶乃至N阶产业类型中选择具有比较优势的产业则超出了学者的能力。这种难度会随着经济体向发达国家收敛加大,如果考虑到新结构经济学也承认的"隐性知识"的存在及其不可公开辨识和传播等特性,上述结论更无疑义。新结构经济学如今在为县市级政府咨询,希望这种咨询的成果是负面清单列示县市不宜选择的产业,如果是正面推荐应该选择的产业,则可能缺失了知识应有的谦卑。

所有制真的不重要吗

政治经济学和新制度经济学重视所有制,而新结构经济学罕见地以制度内生为由忽视所有制问题。新结构经济学推崇双轨制改革,但是显著强调双轨是计划轨与市场轨,把双轨窄化为价格改革问题。而中国双轨制的实质公有轨和非公轨,是非公轨在绝对量和相对量两个方面的扩大。没有非公轨的价格市场化是难以长期存在的。兰格模式逻辑不通、实践不行。苏东 20 世纪 80 年代改革的失败核心是没有引进非公经济,结果只能是短缺、软约束无法改变情况下的单边通货膨胀。

真正的市场只存在于真正独立的市场主体之间。有多元市场主体才会有市场,哪怕是黑市。非公经济的扩大,就是市场的扩大。市场化改革就是扩大非公经济规模与比重的改革,扩大的方式有二:一是原生非公经济及其快速成长;二是公有制改制。中国经验是前者为主,后者为辅。

扩大自主权、利改税、承包制等形式的国企改革从来没有成功过,每一次改革的结果都是国企更大规模的亏损。中国国企端的双轨制存在的意义主要是为非公端提供了必要的上游能源、原材料,非公端规模的持续扩大最终在加入 WTO 后带来了国企阶段性的盈利与繁荣(王勇、刘学文)。理论上讲,公有端双轨中的市场轨在产权连续统中也是存在非公化倾向的,事实上国企办的三产很多逐渐非公化了(国企办的三产既是国企的全资子公司,又是国企职工共有的私企)。中国铁的事实是:非公经济比重越高的地区经济越发达,国有经济比重越高的地区经济越落后、发展越滑坡。

什么是真正的中国经验

新结构经济学强调政府有为特别是中国政府有为从而实现了增长奇迹,批评者则认为政府特别是中国政府做对的事并非产业选择等"有为",而是给市场自由的"无为"。

大家都同意中国政府一定是做对了些什么，也就是中国的连续高增长一定有一个特殊而关键的变量。周其仁老师说"制度成本的大幅度降低是中国经验的真正秘密"，"中国的产权重新界定奠定了大规模市场经济的基础，也奠定了刺激经济高速增长的基础"。我个人同意周其仁、文贯中、党国英等老师的判断，中国政府真正的有为就是改革，就是自我限制，就是从全能政府走向有限政府，就是实现经济社会多元化、自由化。

但是，截至目前，中国远未实现政府—市场—社会三者的均衡，政府独大的局面没有根本改变，中国政府继续有为就是要继续深化改革，让非公经济和社会组织成长为与政府并驾齐驱的力量。新结构经济学的观点从最宏观意义上如果理解为"通过政府有为—政府改革，实现市场有效—市场决定"，那新结构经济学也是对的。

政府目标应该是什么

新结构经济学通常把国家目标锁定在高增长上或者说增长率竞争上。政府存在两个看似一致却有深刻差别的目标类型。一类是以高增长为代表的国家主义目标（也是政府自利主义目标），一类是以充分就业为代表的民生主义目标。两类政府的显著差别之一就是对贫富差距、环境污染，前者轻视，后者重视。在施政偏好上，前者更加倾向资本密集型产业、企业，因为资本密集型产业、企业中政府获利（税收）相对更多、更容易。中国地方政府在招商引资中普遍有规模偏好、资本密集偏好，轻视更有利于就业的小微企业。两类政府的差别大部分是因为获取合法性的方式不同，前者整体主义，后者分散主义。

就有为政府论而言，其偏好更贴近威权或任命制政府，而这种政府无论是中央政府还是地方政府，长期而言很难保持中性。通常会在整体利益最大化的旗号下追求政府利益最大化或者特定阶层、集团利益最大化，从而会扭曲比较优势的识别、选择、推进，从而即使新结构经济学亲自指导"有为政府"，也可能播下的是龙种，收获的是跳蚤。

最后一句:十二届三中全会关于"有计划商品经济"和十三大"国家调节市场,市场引导企业"的说法都曾经是了不起的创新,但是在1992年都被邓小平以更大更根本的创新超越了,希望新结构经济学不要在基本定位上回到1992年之前的路子。

第四章

产能过剩、产业升级与技术创新

产业政策与供给侧改革

贾　康　华夏新供给经济学研究院首席经济学家

从审题和定义的角度看供给侧

一般写论文要有一个导言,或"问题的提出"。把握"产业政策与供给侧改革"的命题,结合现实,我认为在理论密切联系实际的创新上,需要突破我们过去曾经认为比较成熟但在世界经济危机之后已经明显意识到其局限性的"需求管理"的不足,顺理成章地提出要有对供给侧更深入的分析认识和对社会主义政治经济学的学理探讨。中国特色的社会主义政治经济学也必然要汇入整个人类文明发展过程中关于经济学的探讨和创新。我们特别注重供给侧,也就要努力开掘供给管理和供给侧改革关联于制度空间所必须掌握的学理知识。

我认为,在供给侧视野之下,产业政策是"理性供给管理"的重大命题。它在经济运行中的产业视角上,要处理区别对待、突出重点的供给侧结构性政策的问题。它的优化对于中国自有特别的意义,但对于其他经济体事实上也都是不可回避的问题。这一命题的现实意义在于,要纳入改革这个概念,即与有效制度供给相结合,成为供给侧结构性改革这样一个通盘考虑的组成部分。

实际上,产业政策和技术经济政策、环境政策,还有中国人已经讨论了多年的"政策倾斜支持机制"等,是密不可分、息息相关的。我和另外一些在这方面有共识的研究者这些年一直致力于新供给经济学的研究,认为需要在理论创新中对已有的主流经济学的认识成果做一些提升,或者说得再直率一点,反思之后需要补课,克服至今为止主流经济学认识基本框架上的不对称性。关于一些重大的理论、原理的假设条件,也需要进行升级。比如,我们以往认识范式里的完全竞争假设有它的意义和启发,不可缺少,但是需要再进一步升级为不完全竞争假设,以更好地对应现实世界的真实情况而提高理论的解释力与指导力。在此视角之下,过去和产业政策相关的理论方面存在的明显不足或者不成型,是可以而且应该得到新的一轮理论密切联系实践反思之后的矫治与改进的,而且应把政治经济学(或称理论经济学)以及我们过去已经有概念的产业经济学、发展经济学、制度经济学、行为经济学等来做一个兼收并蓄,力求把它们打通。我们在研究中做了这样的努力,试图集大成式地形成五位一体的一个认识框架,在已经公开发表的《新供给经济学》和《供给侧改革:新供给简明读本》里,我们勾画了这个框架。

产业政策的必要性

从理论考察和实践印证方面稍微展开,就应该提到三个关键词,分别是"市场失灵"(或者可以称为"市场缺陷")、"不完全竞争"以及"赶超战略"。理论上,一般都承认有市场失灵问题——除了个别学者认为这个命题还可以再讨论——我们新供给研究群体是接受这样一个基本认识的。这种市场失灵引出政府干预的必要性,其实在需求管理的框架下已经在这方面有了一个较成型的"反周期"操作。它的理论依据是什么呢?就是需要有必要的国家干预或者政府干预,去弥补市场失灵。但是我们现在有所推进的认识是政府的介入和干预,不仅要处理应对有效需求不足的反周期问题,还需要解决包括在"不完全竞争"假设之下的必须努力提供和优化的政府的政策供给,这个政策供给在现实意义上——理论上也是可以论证的——就是要解决不完全竞争中的供给优化问题,以及要让政府的政策和市场机制结合好。其中特别需要解决的是政府要发挥应有作用而优化有效制度供给的问题。供给侧的政策供给和制度供给对于中国的现实意义,是一望而知的。

在后发经济体的科学决策和政策优化设计全过程里,其实必须把握一个"赶超战略"的思维。中国人的这一战略思维集中体现为在改革开放新时期确立、现在看起来有可能把路越走越宽的"三步走"现代化战略。这个战略的精神实质或者它必然要把握的内涵,就是国际竞争合作中非均衡发展状态之下的从追赶到赶超的全局战略。这方面显然有不同意见的争议。比如我们认为在"华盛顿共识"里有给人非常重要启发的一些认识,它最初始的理论假设是完全竞争,这可以使我们更好地认识市场"看不见的手"的重要意义,也对接中央三中全会所说的市场在资源配置中总体而言发挥决定性的作用。但是世界金融危机发生之后,不仅是中国这样的发展中经济体,就是像美国这样的发达经济体,无一例外也都要解决一系列供给管理的问题。倒推出来的理论上的问题是什么?供给管理这种区别对待、突出重点的操作,一定对应的是不完全竞争。我们的基本结论就是,现实世界的真实图景不是完全竞争,而是不完全竞争,我们需要在进一步讨论问题的时候,把原来的完全竞争假设上升到2.0版的不完全竞争假设,这并不否定完全竞争这个假设在理论上的启发和重要意义,但是要指出它不够用了。

在不完全竞争情况下,显然跟分行业考察的差异性是息息相关的,那么再往下当然就要引出产业政策的问题。关于一般竞争行业我们已经有了概念。所谓一般竞争领域是指竞争程度比较完全的那些领域,现实生活里,比如餐饮业、理发业、服装业等,似乎没有人想给它们施加产业政策,因为没有什么特别的必要性,可以认为这种行业比较接近完全竞争假设所给出的那样一种情况,但是真实世界里其他很多行业却不是这样。所以一般竞争行业之外,还有其他一些不完全竞争的行业,比如有些状态我们可以称为寡头竞争,一个行业里已经形成了几个实际上"大而不能倒"的这种主体,它们在竞争中可以形成一种同谋,甚至有的行业在某些阶段上会出现独家垄断,几乎把竞争因素都排除掉的局面。当然,如果从政府管理当局来说认为需要通过反垄断法来消除这种情况,一般认为也是合理的。反过来讲,反垄断法是不是也有产业政策、行业政策色彩呢?可以连同起来考虑。

如果把市场存在缺陷、政府需要干预的认识所引出的应有理论前提是不完全竞争假设确立起来,研究者面对的任务当然就更为复杂艰巨了。比如要想研究供给管理,特别是优化的"理性供给管理"的问题,建模是很困难的,论文发表不出去,而研究工作者必须发论文才能评副教授、副研究员,以后还要评教授、研究员,当然对这种连模型都建不起来的问题会望而生畏,但这并不表明我们对这个事情可以放弃研究的努力。

面对新一轮更复杂的因供给侧结构问题突出而产生的研究任务,我认为要紧密结合"赶超战略"的思维。这样的一个战略和现在林毅夫教授他们非常强调的新结构经济学里的比较优势战略是既有共同点也有不同之处的。林教授所强调的新结构经济学,还有我们现在表述的新供给经济学,都注重结构和供给侧的问题,这显然是共同的地方;都非常强调有效市场,还要加上有为政府——我们在表述上更多地强调"有为",还要加个"有限",但也是大同小异;在这两个理论框架里的差异方面,我体会林教授他们的基本思路是只要把握好了资源禀赋条件,进而对接比较优势战略,就基本解决了结构优化升级的问题,但我们觉得这还不足。这种比较优势战略有它的适应性,但是也有明显的局限性,它在实际生活里还难以有效地支持我们必须解决的超常规发展,即从追赶到赶超、后来居上的发展问题。比如最突出的是在国际合作与竞争的局面里,走在前面的先发经济体,会源于物质利益驱动而自然要打压后发经济体在所谓比较优势框架之下与它在高端的交易,换句话说,就是中国人现在已越来越多感受到的"花多少钱也买不来,人家决不卖给你"的高端技术,这是比较优势战略的认识框架没法去回应和解决的问题,而对于后发经济体真正实现现代化来说,这又是至关重要的问题。

所谓"赶超战略",当然要注意到它很容易走到有偏差的状态,以赶超为名违背客观规律,甚至进行"跃进",过去使我们得到了非常严峻而惨痛的教训。但是实际生活里"小孩子和洗澡水不能一起倒掉",要解决中国在落伍之后以及被其他发达经济体甩下的这一大批发展中经济体要摆脱落后状态的问题,所要选择的路径必然是超常规的。从追赶到赶超的这样一种赶超战略,不可弃而不用,否则中国是不可能在落后以后再重新回到第一阵营的。这种从追赶到赶超的理论分析,我们已经有了一些发掘,很有影响的一些西方学者,包括克鲁格曼等人,已经设计了一个与后发优势对接的蛙跳模型,我们在新供给研究里也把这样一种认识对接到以供给侧成功创新支持生产力提升,从而带来整个经济社会阶跃式发展的曲线,它不是一条看起来直线式倾斜上扬的曲线,而是到了某一点量变转为质变,上一个台阶,然后到某一个点再上一个台阶,即所谓分阶段整体跃升式的上扬发展曲线。这种超常规发展在客观规律的探究方面是很有必要的,不是只限于主观的愿望,因为整个事物的发展就是不平衡的。西方学者也注意到英国超越荷兰、美国超越英国,怎么去解释?我们认为这不是简单的比较优势战略能够包容的一个命题,需要比较直率地摆明看法。

如果从理论联系实际的角度来说,实证考察还相当多。比如我们观察二战之后的发展过程,日本人的供给管理和产业政策是做得有声有色的,虽然到了它的经济泡沫戳破以后,又有很多的反思——这里面肯定有毛病、有缺陷,但是在20世纪40年代后半期、50年代、60年代,至少在那个阶段做的一些事情,现在看起来明显应该是利大于弊的,支撑了日本的经济起飞和进入发达经济体行列。90年代中期我曾在维也纳参加一个国际组织安排的学习,世行的工作论文里有一个专题(后来我没有看到公开发表),专门讲日本的政策金融、财政投融资,所支持的就是非常鲜明的产业政策方面的重点:二战刚结束,这种财政投融资(就是政策性的产业重整与发展的融资机制)支持的是重化工业的恢复,即钢铁、煤炭等,然后在50年代初抓住当时世界市场上的机会,转为支持日本的造船工业发展,再到50年代后半期,支持自动化机械这种社会化大生产,提高了制造业的效率,又很快转入所谓的"半导体"——现在听到半导体,就知道它后面对接的是信息革命。这种产业政策的支持到了20世纪七八十年代以后,越来越带有对非一般竞争领域的支持特色,比如最后支持的主要是日本的保障房建设等,但它仍然是可以与市场对接的机制。

我们再考察一下美国人的实践。在20世纪80年代,那时我还被称为中青年经济研究者,当年风行于全国的《亚柯卡自传》,就是讲一个非常优秀的美国企业家谈自己怎么救活了克莱斯勒公司。这本书给我印象很深的一个说法,是亚柯卡做了这么多讨论回顾以后提出的一个核心观点:重振美国之道就是掌握好"industry policies"——中文翻译为"工业政策"——实际上讲的就是产业政策。这种亚柯卡当时所最为看重的产业政策,我们也可以见于前述日本人在发展中的经验总结,但是确实没有看见后来的学者把它纳入一个理论框架并把它充分地系统化。但在这次世界金融危机发生之后,我们不用等待国外学者把新一轮的调控经验做条理化的总结,我们自己应可以从现实出发走到理论创新的前沿位置。

创新认识的起点仍然是看实践:美国人的调控实践显然跳出了主流经济学教科书讨论的范围,在危机发生之后的关键节点上,美国人总结不救雷曼兄弟公司而使金融海啸迅速升级为席卷全球的金融危机的教训之后,相对果断地先后动用公共资源注资花旗、两房,一直到以公共资源注资实体经济层面的通用汽车公司,而到了给通用注资施以援手,就成为美国实际上反危机过程的一个拐点,原来市场上弥漫的恐慌情绪得到了明显的平缓,再往后便进入一个复苏过程。作为世界第一大国,复苏过程中美国当局也运用了几轮量化宽松这样的需求管理手段,但同时做得有声有色、可圈可点的是一系列产业政策、技术经济政策的供给管理措施,这些措施在教科书里是找不到理论支持或者相对应的较充分讨论的,但是它对于全局的意义一望而知。比如大家都知道的油页岩革命,不仅是在反危机过程中提振了信心,提升了景气,实际上还影响到以后整个全球基础战略能源的长远格局;3D打印机适应了信息化时代对于定制化的需求,成为既要保持社会化大生产的特征,又要解决现在越来越具体的定制化市场需求和工艺难点方面的一个重大突破;"信息高速公路"这个克林顿总统在职时就不遗余力作为第一大重点抓的产业政策,后来又有了一轮又一轮的升级,不得不承认在当下的全球信息革命中,美国人确实是独占鳌头、引领潮流的;还有所谓的"制造业重回美国",这也是一个非常重要的产业政策实施方略,显然不是简单地重回美国,而是智能化时代的"否定之否定"升级版的螺旋式上升的回归。此外,我们注意到在人力资本方面,实际上跟产业政策、技术经济政策息息相关,美国本来就有大家看到的在全球吸引人才的优势,但直到现在还不遗余力地要继续强调引揽全球高端人才到美国来服务。再就是在一些具体经济增长点上特别明显的"点调控"式的倾斜支持:比如我们知道非常有胆识的特斯拉带头人马斯克,他的重点产品之一是电动汽车,且不说其他的什么管道式的高速火车,还有在民间航天方面已经取得的重大惊人进展,只讲电动汽车这个领域,他是在面临瓶颈期的时候,迎来了美国华裔能源部部长朱棣文对特斯拉生产线的视察,接着很快就有一笔为数可观的美国能源部的优惠低息贷款,去支持他突破这个瓶颈。后来的发展也不敢说就能一帆风顺,但是可以看得很清楚,特斯拉的电动汽车产品已经在中国布局,而且到中国布局的同时,已经有了北京到上海间最典型的长距离高速干道沿线怎么建充电桩的方案,已经是谋定后动地在市场攻城略地——这些事情后面可看到的政府供给管理的作用,非常值得我们进一步从实践再上升到理论。在这个领域里不客气地说,我们认为实践早已经走在了理论的前面,很遗憾,到现在为止没有看到美国有影响的经济学家,还有他们有影响的经济学文献有任何系统化的总结梳理,来反映美国的这套供给管理实践。但是我认为中国人不必等,我们可以捅破这层窗户纸,可以站到最前沿。

我们现在要做的事情,不是为了创新而创新,而是顺应现实需要,突破经济学的局限性。在新供给经济学的框架下所做的创新,就是要把这种已有的实践提升到理论,在基础学理的层面给出观察分析和深化认识,进而更好地支持我们的科学决策和政策优化。

中国人自己的实践这方面更是告诉我们,从来就不可能在借鉴学习需求管理的同时,绕过供给管理问题,只不过原来在概念上不够明晰而已。朱镕基当年在邓小平南方谈话之后被点将在一线主持经济工作,他非常有意识地借鉴了搞市场经济必须有间接调控框架而必须做反周期的机制安排,下决心启动了难度极大的1994年1月1日开始的财税配套改革,在中央银行体系旁边配上了经济性分权的财政体制,这些取得明显成效后,跟着就碰到1997年的亚洲金融危机。1998年第二季度亚洲金融危机在中国的影响显性化之后,他敏锐地意识到必须做过去没有做过的年度中间的预算方案的重大调整,发行长期建设国债,实行总量扩张,这是反周期需求管理首先考虑到的问题。但接下来便不得不考虑这些长期国债建设资金拿来怎么用?他提出六大重点,包括大江大河的治理、病险水库的修复等(1998年那一年大洪水把这个问题提得更加迫切了);铁路、公路、机场等基础设施的升级换代;他当时特别关心农村粮食流通体制改革的实施,按照他的思路来做必须在全国建几千万平方米的国有粮库作为硬件支持;当时已经意识到的农村今后发展必须要有农村电网的改造(以后对接到中央的"新农村建设"方略);还有房地产业对于国民经济的支柱意义已非常明显,但房地产业不只是要有市场轨,还必须要有配套的保障轨,所以重点之一是经济适用房建设;等等。六大重点到了第二年又必须做出调整,从原来说的一分钱也不允许用于加工工业,扩展到长期国债建设资金可以结合财政贴息等机制用于大型骨干企业的技术改造以支持国有企业三年脱困。这些处理的都是产业政策问题、供给管理问题。

到了温家宝总理启动四万亿一揽子经济刺激计划的时候,不启动不行,跟着就是这些资金要怎么用。他主持了一连串的国务院常务会议,每个会议讨论具体一个领域、一个行业里到底怎么摆重点、怎么处理结构问题,还是离不开产业政策问题。后来有关部门做了大量调研以后提出战略性新兴产业,列举了七大重点,后来我注意到中央专门开了会议之后,文化创意产业也可以作为第八大重点。这些只是一个框架,实际上现实生活里不可能回避这样的突出重点、兼顾一般、在重点领域的事项上突破以后带动全局、争取超常规阶跃式发展的问题。从追赶到赶超,才能实现中国"三步走"最后的"中国梦"愿景。

这些现实的案例中,还有当年中长期科技发展规划里内部讨论设立的16个重大专项,当时被称为绝密的大飞机项目,现在不必保密了,这是一个国家依靠产业政策、举全国之力的"两弹一星"式的操作来寻求突破的具体案例,现在终于看到中国国产大飞机C919已经进入取得适航证的阶段,不出意外几年之内会配到各个主要航线上,形成前所未有的国产供给能力,而且中国现在已经接到来自全球的几百架国产大飞机的订单,这个数目以后还会继续上升。这样的供给能力的提升,和前面的供给方案、产业政策设计

第四章 产能过剩、产业升级与技术创新

及其必须有的优化,显然是紧密联系在一起的。

产业政策制定和实施中的"双刃剑"特征

产业政策做得好是追赶—赶超中的利器,搞得不好也会出现失误,而且这种失误往往带来很大的冲击。在理论上,这方面已经有了"市场失灵"之后的"政府失灵"的认识,还有与政府的作为密切相关的、如处理不当就会产生"设租寻租"的这种扭曲——政策倾斜处理得好,它是加分;处理不好就是扭曲,就是减分。

实践中间确实有一些看起来不令人满意,甚至可以称为失败的案例。日本人在自己曾经有很好的发展势头之后,注意到美国的硅谷经验,后来有日本政府强力支持的筑波——一个比较集中的片区,类似于美国硅谷那样的一个高科技区域,有一定进展,但是显然跟硅谷的成就无法相提并论。并不是说政府强力支持了以后,有很多形式上的创业团队一起努力,就一定能引出合乎意愿的结果。中国的案例也是,大家知道曾经有关部门一致同意,领导人果断决策,决心搞一个家用电器领域扭转大众低端分散投资的成规模、主导性项目——从录像机到 VCD 生产的一个旗舰企业,不要那么多乱七八糟的小游击队,所以集中力量搞了一个华录项目,结果这个项目还没真正按照原来的方案投产的时候,整个市场已经变了,VCD 已经被淘汰。这方面还有更复杂的案例,就是前几年的光伏产业。当时认为必须努力发展太阳能,有"金太阳工程"的政府资金支持,但到底走光伏的技术路线还是薄膜的技术路线,到现在也没争出个结果,而光伏发展这个有一段时间近乎全军覆灭,出现严重的危机。其实不能简单地说就是因为地方政府和企业头脑发热,必须检讨的是,好不容易在国内消耗了资源、污染了环境、生产出可以产生清洁能源的光伏电池,为什么不能在国内市场自己用起来?其实并不是表面上有些人所说的我们就是没有智能电网的配套能力,而是在这方面体制的攻坚克难不能突破,已经有的智能电网制造能力不能如愿在这方面升级,以及竞价入网的机制不能真正往前推进,没有使这种太阳能电在技术方面形成一定配套条件,还有"金太阳工程"资金支持的阳光化补贴与竞价

入网机制一同解决为国内所用的问题,等等。这种制度安排和制度供给不足形成了最大阻碍,而不是我们的技术和生产能力供给真的卡了壳。这些方面都非常值得探讨。产业政策要处理得好,从光伏的案例来看,就不仅是一个政策本身的问题,它还牵动着中国"啃硬骨头"的配套改革问题。

还有一些具体的案例,也可点到为止说一下。比如"能繁母猪补贴",它也是一种产业政策。能繁母猪补贴对应于前些年领导人特别关心的猪肉价格猛涨危害民生、怎么来增加供给的问题。希望增加猪的存栏供给能力,指定财政部门紧急做方案设计,所形成的很清晰的供给管理方案,是找到最主要的关键点,即增加"中青年母猪"数量,最后把它表述为一个文绉绉的"能繁母猪"概念。谁有能繁母猪,就要给予特定的政策支持,即财政资金的补贴,让更多的主体考虑持有能繁母猪。实际生活中,这个政策的扭曲其实很难避免,到了基层,农户散养的这些母猪和公猪的区别似乎相对容易掌握,哪头猪能繁哪头猪不能繁那可就模糊了,特别是基层报上来以后并没有能力去一一核查,以后上报主体胆子越来越大,形成越来越多的弄虚作假,套取补贴利益。显然此案例对于产业政策动不动就可能出现偏差这一点,又给我们留下了深刻印象。

还有科研经费管理,在某种意义上跟产业政策、技术政策相关。产业技术创新需要有产学研互动,需要有课题研究,包括大量自愿参加的横向课题研究。前一段时间有关部门煞有介事、严格细致地加强管理,却是依照完全违背科研规律的官本位标准、行政化原则、繁文缛节取向,现在不得不由中办、国办联合发文来纠偏。当时是病来如山倒,现在病去如抽丝,说是年底之前出细则,我们还得拭目以待,看能不能真正回到符合科研规律的轨道上。这种供给管理、细化管理,搞不好就是非理性的。在学者讨论中我也能理解,大家甚至可以愤愤不平地指斥种种产业政策都最好不要有。但我还是觉得应该理性讨论,不能走到一概否定的另一个极端。

所以,小结一下,产业政策在创新事项上如何兴利抑弊,是真问题。中国和类似的后发经济体要追赶、赶超——能不能真的实现赶超谁也不能打保票,但至少要追求赶超目标——必须要考虑供给侧管理与改革,以及理性供给管理下如何优化产业政策,这是一种历史性的考验。换句话说,不能因为政策设计可能失误,贯彻机制可能走偏,就完全对产业政策、供给管理弃而不用,那是一种无所作为的状态。应该力求理性,力争做好,积极谨慎,有所作为,这是我在认识上的一个基本导向。当然,这又涉及学理支撑的科学决策、优化设计、防范风险、有效纠偏等问题。

供给侧改革中产业政策的守正出奇及其机制

要把这个问题放在时代大背景下:中国的供给侧改革在优化需求管理的同时应该以攻坚克难的改革、有效的制度供给作为龙头,以结构优化为侧重点,来争取理性供给管理的守正出奇。"守正"就是首先必须坚持:无论怎么讲供给侧结构性改革,必须是承前启后、继往开来,在邓小平的基本路线、大政方针之下,在市场化取向的改革轨道上,来攻坚克难,争取在改革深水区把硬骨头啃下来。市场经济的共性规律是必须遵守的,认识、顺应、尊重乃至敬畏市场规律,后面才能真正把握好三中全会所说的发挥它决定性的资源配置作用。

但是不要以为守了这个正,把市场经济已有的经验和我们过去已经在市场经济轨道上形成的初步经验拿来解决中国新阶段的现实问题,我们就可以一路实现现代化了,没有这么简单的事。"守正"之后还必须实现成功的"出奇",就是以供给侧的创新支撑出来的出奇制胜。这个过程中最重要的创新必然有其不确定性,可能出现失败风险,但是又决不能放弃努力,必须在守正之后力求实现这种成功的创新。如果真正能够守正出奇,把有效市场和有为、有限的政府优化结合,来解放生产力、释放潜力活力并打造让新常态由"新"而入"常"的升级版,也就是带出整个供给体系质量和效率的提高,形成发展后劲,那么就能继续实现超常规发展,从而对接伟大民族复兴。要让这些落地,实际的问题就是供给侧改革、理性供给管理视野之下的这些产业政策如何设计和优化的问题,它们一定要跟转轨改革配套,一定要跟改革中"冲破利益固化的藩篱"结合在一起。通盘考虑形成动态优化的产业政策和技术经济政策,它的决策实施、监督、绩效考评、纠偏、问责机制等方面至少有这样几个要领:

第一,科学决策方面,首先肯定要有一个统揽全局的政府发挥公共职能作用的"规划先行、多规合一"的新境界。政府各部门一直在做规划,但是过去往往规划出来以后就扔在抽屉里,难以切实执行,它在执行中可行性上受到的约束,又跟过去各部门各自为政、"九龙治水"有密切关系。发改委有经济社会发展规划、产业布局规划,其他的各个部门也都有规划,包括国土开发规划、城乡建设规划、公共交通体系规划、环境保护规划、科教文卫事业发展规划,财政现在还必须要有中期规划,所有这些规划分头编制,"九龙治水"便会非旱即涝,各部门在需要互相衔接的方面往往互不买账,拼不到一起,不能有机结合。这个问题要真正解决,当然也是一个难题,但如果大部制改革、扁平化改革真正实施,规划状态最后是要"规划先行、多规合一"。现在逼出来一个京津冀一体化,就是要强调"规划先行、多规合一",三地打破行政区划的界限,合在一起把所有的相关因素都放在新的一轮京津冀发展的通盘规划里,所有的功能区、交通设施、医院学校、产业园区、宜居城市建设的各种要素,能想到的全部在内,这是靠基层单位、市场主体按"试错法"不可能形成优化结构的、属于全局综合绩效的前置条件。可以说,这也表明政府职能可以更好发挥作用,在某些领域里必须发挥主导作用。政府牵头的这种顶层规划,当然也涉及现在学术界内非常尖锐的不同意见的争议,比如周其仁教授和华生教授,都是我非常敬重的学者,他们都学养深厚,但是他们思路是有明显不同的。我的上述说法更多地接引于华生教授在这个问题上的看法,所谓"建筑不自由"不是说绝对无自由,但是现在各国所能走的路,一定是一个国土开发的顶层规划罩着所有的不动产开发建设和所有的建筑物,这是别无选择的大框架。但这里面又需要掌握好必要的弹性、多样性,应给出市场作用必要的弹性空间。防止偏差当然也是非常重要的问题,要根据这个机制一起考虑。"规划先行、多规合一"之下,政府一定要充分地让专家、智囊、智库发表意见,听取社会公众的意见、建议与诉求,吸收民间智慧,但实话实说,最后还是必须要有一个决策集团来拍板,比如京津冀一体化可能有不同技术路线,专家们提出不同的方案,最后总得有一个走哪条技术路线的决策问题。新中国成立之初,梁陈方案迅速被否定,就是因为没有人能够听得进去这个方案,结果半个多世纪以后才发现这个方案的水平真高,现在社会上问一问,大多数人都认为梁陈方案显然体现了专家的真知灼见,但是生米已经做成熟饭,让人扼腕叹息。现在新的方案又带了点梁陈方案的影子,在未来两年多的时间里,北京所有的管理机构都必须迁出五环,落到通州的潞河镇,在那里将有一个城市副中心,又是大兴土木才能解决的一个基本格局问题。希望这次能够被时间和历史检验为比较有水平的决策。这种事情是我们供给管理结合着产业政策必须有的框架性决策,如果整个国土上不动产的格局不可能轻易做调整,在这样一个制约条件下的顶层规划根本不合格,那么产业政策所支持的那些相关的布局怎么可能优化?这是一个大前提。

第二,有了规划上的多规合一,后面它的动态优化也还要多轮进行,并加强多重监督。有些相关的具体产业政策,比如能源政策,通盘规划之后又有必要多轮优化。全中国资源禀赋显然是基础能源以煤为主,而且作为世界第一人口大国,我们别无选择。煤之外的能源,原油、天然气现在进口依存度高达百分之六十几,不可能再高了;美国的油页岩革命,中国人能借鉴到什么程度现在很难说;原来想进一步发展的水电、核电,现在种种制约之下它们在电力供应中的比重是下降的;我们的风电、太阳能电拼命发展,现在也只占到整个电力能源供应的三个百分点,在可以预见的很长时间内,不可能撑大梁。现在整个社会用的电,80%左右是煤烧出的火电,怎么清洁化利用煤,是其他任何经济体和中国相比完全不可同日而语的问题,对我们形成的压力是在胡焕庸线三重叠加格局之下的非常之局,那么非常之策来自哪里呢?显然是要有一个高水平的顶层规划带出一系列的产业政策、清洁技术政策,并根据实施情况的追踪分析及时做出必要的动态优化并进行多轮操作。如果说政府要发挥主导功能,还要有阳光化实施的全套监督制度安排,要严防设租寻租。

搞政策倾斜区别对待,一定会发生设租寻租。日本总结战后财政投融资经验时特别强调的,就是两条:一是专家集体决策,二是多重审计监督,就是尽可能把设租寻租的空间压到最低限度。尤其是在不动产投融资这种双轨制格局里,这种多重监督的意义是不言而喻的。我注意到有学者特别强调中国应该取消所有的双轨制,但我个人观察下来,实际上不可能。比如说与房地产相关,有市场轨,一定还要有保障轨,在可以预见的历史时期之内,不可能取消公租房、共有产权房这个保障轨,必然要双轨运行,处理不好就是前一段时间以经济适用房为名生出十几种搞五花八门名堂的很容易扭曲的方式,到现在指导方针上清晰了,就是公租房、共有产权房两种主导的方式,这就体现了一定的进步。金融方面不可能只有商业性金融,必然还要有政策性金融,我们有时候把它称为开发性金融、绿色金融等,实际上是一个有别于市场轨的大轨道上的不同表述,它们必然要在可以预见的相当长时间内加入双轨运行,而且政策性金融、开发性金融、绿色金融等显然是要有匹配的产业政策、技术政策来做倾斜支持的。掌握得好,就是得分;掌握得不好,就是丢分。

第三,绩效考评一定要努力发展,虽然很有难度。因为它是超越微观经济主体直观的成本效益分析眼界的,还要加上综合效益、长远后劲、社会经济的正负外溢性这些复杂问题,但是我们必然要做这方面的努力。在供给侧管理、供给侧改革方面,对其复杂的结构问题,现在我们可能很难拿出一个量化模型,但至少要先拿出一个理论模型,再由粗到细,争取对它做出量化上的进一步把握。

第四,显然还要有纠偏和问责机制。既然是要走阳光化的现代化之路,要实现全面依法治国,那么这个纠偏和问责显然也是要在全面法治化框架下通盘设计的。这里当然不应该排除有奖也有罚,必要的奖励机制与问责机制应该是结合在一起设计的事情。

提高产品复杂度与中国产业升级路径

刘守英　中国人民大学经济学院教授
肖庆文　国务院发展研究中心研究员
田　禾　新开发银行顾问

问题的提出

　　产业升级的重要性已被提到高而又高的地位,关乎中国能否从制造业大国迈向制造业强国,能否避免中等收入陷阱、步入高收入社会,是提升中国企业和产业国际竞争力的重要途径。产业升级也被列为政府议事日程的重中之重。

　　真实世界的产业升级可不是提一个口号、发一个文件那么简单。具体到一个企业、一个产业、一个区域,如何进行产业升级?广东省当年提出"腾笼换鸟"时,地方官员和企业也是一片质疑之声,担心笼子腾出来了,现在的鸟跑了,新的鸟又没有进来怎么办。与一些企业聊天时问他们为什么升级,得到的回答是:不升或许能撑一阵,贸然升可能就当烈士了!有人提出产业升级就是从劳动密集型向资本或技术密集型产业转换,真的那么简单吗?

在地方走一走,确实发觉很多劳动密集型产业和企业形势不好,但是也看到有些状况变得更好了!在实地调查中发觉比简单的劳动密集和资本密集划分更要紧的是,细究在这些企业中哪些死掉了、哪些转走了、哪些在升级中变得更有竞争力了。有人提出未来升级的方向是先进制造业比重上升,但是,何为"先进"?如何识别和衡量?更可怕的是,现在没经过细究制定的分类和产业政策加剧了产业发展的不公平和补贴中的分肥。与地方政府官员讨论产业走向时,一个有意思的现象是,无论是东部、中部还是西部地区的官员,尽管各地禀赋状况和发展阶段差异很大,但在未来产业选择上却如此趋同。

产品空间与经济复杂性方法

研究产业升级时,首先碰到的难题是如何测度产业结构。最常用的产业结构测度方法就是看不同发展阶段、不同区域、不同城市三次产业比重或轻重工业比重,再细些的是算到各行业比重,以经验数据和比较做出产业占比高低的优劣评判,给出哪个产业该降、哪个产业该升的政策建议。但是这一方法无法给出一个产业是怎样转型到另一个产业的具体路径,以及由于产业分类太粗,产业升级的故事更是成为一个黑箱,从现实来看,简单地以三次产业比例各自高低来划分也难以真实反映一个地方的经济发展优劣。另一种现在更流行的测度就是所谓的价值链方法,它将产品的整条价值链拆解为诸多环节,从全球价值链分工看产品在产业链条中所占据的环节或工序,以及一个经济在整个价值链中由低端到中高端的位势及其变化。但是,这种方法对价值链不同段的区分带有很强的主观性,一个产品在每个环节到底增值了多少也主要靠"猜"。这一方法在测度时的效果取决于产品链条各段分割的难易程度,比如它在服装、电子装配等行业分析中比较好用,但是对钢铁、化工、大宗农产品等就不适用,因而很少被采用。

J. A. 霍斯曼等近年来尝试用产品空间来解释各国发展水平的差异,企图利用一个经济体的产品出口数据来计算其产品空间,反映其经济复杂度。这一方法也可以用来测度一个经济体的产品和产业升级。产品空间方法把一种产品想象成一棵树,生产产品的企业就像生活在不同树上的猴子,所有产品的集合就构成一片森林。增长的进程就是一个经济生产的产品从森林中较为贫瘠、果实稀少的区域移向森林较为茂密、果实丰美的区域。知识积累是决定产品分布、经济复杂性以及产品升级的重要因素。由于知识的分布不均匀,知识和技能越密集,隐性知识越多,所生产的产品越处于产品空间的中心区域,其经济的复杂性便越高;反之则反是。高收入经济体由于拥有大量能够生产更多复杂产品的知识,其所出口的产品主要位于产品空间的中心地带,经济复杂性高;低收入经济体由于知识贫瘠,隐性知识难以转移,经济复杂性低,其出口产品位于产品空间的边缘,也难以实现知识拓展和产品升级;中等收入经济体则介于两者之间。

利用产品空间和经济复杂性方法观察产业升级,可以得出一些有意思的结论:

第一,一个经济的产业升级表现为该经济体比较优势产品由边缘稀疏的空间向中间稠密的空间转移。产品空间越稠密,亦即产品越丰富,产品的技术含量越高,其经济也越复杂。产业升级就是在不断增加所生产产品多样性的基础上,提升其生产更高复杂度产品能力的进程。

第二,一个经济的产品空间结构和产业升级路径是其技术、资本、制度、技能的函数。由于每个经济的技术、资本、制度、技能等禀赋不一,其在生产新产品时对某些产品比其他产品更容易适应。由于产品复杂度提高的过程也是其技术、资本、制度、技能适应和积累的过程,因此,在产品空间中,两种产品越相似,共享的知识就越多,越是相似的产品离得越近,从一种产品转向另一种产品就越容易发生。由此可见,一个经济体的产业升级路径主要是向其相似或邻近的产品升级,只有向接近它们现在生产产品的部门移动才更有可能取得成功。

第三,一个经济体的产品升级取决于其积累的能力,能力越高的经济体越愿意在已有能力上积累新的能力,生产的新产品也越多;制造品较少的经济体意味着其能力也较弱,从积累额外能力中获取的收益也较少,创造新能力的激励也低。由此,它一方面可能造成产品升级的锁定,在一片异质的森林里,即有些区域较密集,其他区域较稀疏,由于猴子跳跃的距离有限,可能跳不出这片森林,一个经济很有可能被长期"锁定"在一片贫瘠的荒原,也就意味着产品很难升级上去;另一方面也可能形成产业升级跳跃陷阱,即产品升级要求生产产品的企业跳出一定距离,将(人力、物质、制度)资本重新配置到不同于现在的生产当中,但因为它们存在大量的能力缺失,以"大跳跃"实现弯道超车,将生产转向空间距离很远的产品,容易造成产业升级失败。

第四,产业转型升级,即"腾笼换鸟"是一个长期、渐进的过程。产业升级在起步时往往十分困难,只有积累到一定程度才会有所突破,而一旦突破瓶颈将会步入快车道。总体而言,产品复杂度越低的产品,越容易失去比较优势;产品复杂度较高的产品,越可能保持长期竞争优势。至于什么产品会被淘汰,什么产品会继续保持竞争优势,应该由企业在不断的试错中把握转型与升级的节奏,通过企业家的成本发现进程与识别,将资源从低生产率活动转移到高生产率的产品。经由企业在市场竞争中不断试错,积累经验和知识,直至形成比较稳定的比较优势格局。政府切忌采取"一刀切",造成"产业空心化"和产业链条断裂。

中国的产品空间与主要区域产业升级

主要区域产品空间与经济复杂度

伴随经济增长,中国的产品空间和经济复杂度大大提高。经过三十多年的改革开放,中国尤其是沿海主要省市经过产品的不断升级,已经在经济复杂度上位于全球前列。2008年时,中国的经济复杂度指数(ECI)列第29位,到2013年时已提高到第23位。作为引领中国经济的主要区域,上海、江苏、广东、浙江2013年的GDP占中国GDP总量的差不多三分之一,四省市贸易额占全国贸易总量的60%,其经济复杂度指数在全球分列第5、第8、第13和第14位。

支撑GDP增长和经济复杂度提高的是产品升级制造能力的加强。广东的出口额占到中国出口总量的四分之一,电子、机械、石化、纺织、服装、食品、饮料、建筑材料是其主要出口产品。广东的产品出口结构在过去二十多年经历了巨大变化,1993年时出口的主要产品为成衣、袜子、玩具、塑料产品及电气设备,2013年时出口的主要产品变成了电话、计算机、工业印刷机、整流器、珠宝和液晶显示屏。

江苏省2013年的GDP占全国的10%以上,是中国外商直接投资最大的省份,出口和进口分别占全国贸易额的15%和11%。1993年时江苏出口的主要产品是一些低附加值的产品,如服装、纺织、玩具和化纤产品。2013年时出口的主要产品变为集成电路、电话、计算机、液晶显示屏、半导体元件和光导纤维。

与江苏强大的制造业相比,浙江以其市场发展引领出口闻名。浙江省1993年时出口的主要产品是服装、袜子、棉织品、床垫、丝织品、尼龙和茶叶。2013年时出口的主要产品变为电器设备、家具、化工产品,服装和袜子仍然是其主要出口产品。

上海作为中国制造业的领导者,1993年时出口的主要产品为加工食品、服装和袜子、家化、手表和时钟、自行车、缝纫机。到2013年时,其出口的主要产品已变成了计算机、电话、整流器、液晶显示屏、车辆部件和船舶。

主要区域产业升级路径选择

- 广东省

2013年时广东省的出口产品中有215种具有显性比较优势,且在电子、服装方面优势尤其明显。但与江苏和上海不同,广东省出口的产品在产品空间中心区域非常稀薄,处于森林中心带的产品非常分散。

2014年以来,广东省的出口和进口持续下降,传统产品如电子和服装受到马来西亚、泰国、印度尼西亚、越南和东南亚其他国家的威胁。与广东省相似,马来西亚和泰国在电子方面也具有非常强的显性比较优势,两国在中低端市场上的成本优势明显,而韩国又在高端电子市场具有优势。广东的服装和纺织业受到越南和印度尼西亚的挑战,随着成本优势逐步被这些国家超越,广东面临强大的区域竞争压力。

进一步看广东的出口产品,前30位的产品占总出口值的64%,服装、电器和部件将逐渐从前30位中消失,机械类等多类产品将进入出口前30位的行列。作为中国经济增长的排头兵和第一出口大省,广东省的产业升级战略选择举足轻重,它将是中国从世界制造工厂向全球先进制造基地转型的主战场。一方面,要利用在世界制造工厂阶段形成的政策环境、企业家和产业工人队伍以及产品优势,提高产品复杂度,提高产品技术能力,形成以东莞和佛山为轴心的珠三角全球先进制造基地;另一方面,要利用深圳的优势,提高创新的比重,形成几个世界级的创新性企业,提高全球竞争力。从产品升级来看,广东省的产业升级路径应该进行复杂和简单产品的组合,低利润边际的服装将逐渐移出,只保留部分高端的部分。对机械类产品,大幅提高其出口顺位,未来广东25种产业升级机会中,将有15种属于机械类,以帮助广东省提高其在产品空间中心区域的密度。

- 江苏省

江苏省有306种产品具有显性比较优势,其经济复杂度指数仅略低于瑞典和捷克。与上海相比,江苏的产品空间也集中于机械、电子、衣服和袜子,在化工产品方面更有竞争力。江苏省目前的人均GDP与韩国1995年时相近,它们的产品空间也具有显著相似性,在电子和服装方面分享专业化,不过江苏在化工和机械方面更有竞争力。

进一步看江苏的产品出口,前30位的产品占总出口值的52%,大多数为服装和电器元件,以及其他将逐渐退出前30位的产品。江苏省产业升级面临的最大挑战是外部投资者的去向,这些投资者(尤其是台资)主要依赖廉价劳动力与土地的优势参与全球竞争,在成本优势逐渐丧失以后,如何留住产品复杂度较高的外部投资者,如何培育本地企业家的成长,如何在新一轮对外开放中吸引更具竞争力的企业,是江苏面临的重大抉择。从产品升级来看,江苏省不仅应增加高附加值的产品,如液晶显示屏、整流器、印制电路板,以提高其在产品空间中心区域的密度,而且也应保住更邻近和更简单产品的出口优势,包括内衣、明信片、宴会装饰品、人工植被。江苏作为中国未来先进制造基地,还必须提升机械在出口中的份额,提高其在产品空间中心区域的密度。在前15位的产品中,将有一半以上属于机械类,这些产品更为复杂且连接性强。属于这一类的产品包括化学分析仪器、金属转印机、蒸汽涡轮机。与上海相比,江苏省有苏北作为产业腾挪的更大腹地,其产业升级选择更应提高传统产业如机械、化工与电子在行业类别内部的复杂性,尤其应在提高机械类产品的复杂度上下功夫。

- 浙江省

与广东、江苏、上海相比,浙江省的出口产品中有323种具有显性比较优势,其产品空间高度多样化,从服装到汽车零部件均有涉及。浙江出口的产品在产品空间中心区域的分布最为集中,产品范围为电子、机械、交通工具。在产品空间树的两边,浙江出口产品在化工、服装、纺织方面的比较优势也较为明显。

进一步看浙江出口前30位的产品。浙江是唯一一个前30位出口产品中有一半以上经济复杂度低于1.5的分水岭的省,该省没有强支柱产业,不像江苏一样有外国投资者作为支撑,形成计算机、整流器等优势明显的产品。与广东一样,浙江较大的服装和纺织出口份额也遭遇着东南亚竞争者越来越明显的成本优势竞争。

由于浙江的出口优势是基于"买全国、卖世界"的策略,大量产品并非由本地生产,产品升级也主要依赖于下游生产商的产品升级,因此,下一步浙江产业升级面临的主要抉择是继续保持市场优势还是转向培育本地优势产业。可行的选择可能是,在进行市场转型升级的同时,依托市场形成的产品优势和企业家资源,促进本省优势产业的形成。在产品空间方面,浙江应该在一系列容易达到的产品,如便携式照明和装饰陶瓷方面下功夫。由于其在电子产品方面不如广东和江苏,液晶显示屏和印制电路板可能是短板。与此同时,浙江必须提高出口产品的复杂度和连接性,但这也在很大程度上取决于未来浙江市场升级的成功从而继续保持在全国的出口竞争优势。

- 上海市

2013年时上海市出口的800多种产品中有254种具有显性比较优势,上海的产品空间在机械、服装、袜子、化工方面的优势明显。进一步看出口产品份额,前30位的产品占总出口值的62%,主要由复杂度较高的机械和电子产品贡献。

与前面三个省份不同,上海作为唯一的城市经济,未来的产业升级应结合上海的国际都市定位和城市升级进行战略选择。作为世界性都市,上海的产业选择将主要以服务业为主,形成以文化和知识支撑的创新性城市和金融服务业为主的世界金融中心,由于土地资源制约,上海过去在与周边省份竞争中形成的园区和产业必须转型。从产品升级来看,上海应该进一步移向更密集的产品空间中心地带,提高产品复杂度和连接性,服装、电器以及其他一些产品应逐渐从前 30 位出口产品中淘汰。从区域分工来看,上海应加大与江苏产品的错位竞争,在产品空间中心地带增加医药、机械及其他化工和建筑原材料的密度,加大研发和创新能力,培育具有全球竞争力的制造企业。由于受城市经济的资源约束,上海不可能像德国和日本一样在许多产品上都建立核心竞争力,而应出口规模不大,但更具竞争力的产品。

适应产业转型升级的产业政策选择

在中国产业升级的历史关键期,关于产业政策的争论却陷入"要政府还是要市场"、将政府与企业对立起来的争论,这既脱离真实世界,也不利于政策选择。与上一轮促成中国成为世界制造工厂的战略与策略选择相比,这一轮转型升级面临新的困难和抉择,在产业政策上也需要进行转型升级。

第一,从产品多样化转向产品质量。从产品空间上看,像广东、江苏、浙江、上海等中国东部发达省份,已经解决了产业和产品"有没有"的问题(有许多产品已经有了,但还没形成国际竞争优势),产业升级重点是解决"好不好"的问题。从路径上看,可能主要并不是要由一种产业或产品转向另一种产业或产品(某种意义上的结构调整或价值链升级),而是把已有的产业和产品继续做好,把已经能做但还没有优势的产品和产业做出优势来,不断攀登产品"质量阶梯",即"质量升级"。

第二,把握好产品升级的火候。产品空间和经济复杂度方法的最有价值的政策含义是,产业升级取决于知识和能力的积累,从邻近产品提升经济复杂度是可行的产业升级选择。但是,发展中国家的政府往往沉迷于赶超、弯道超车、颠覆性创新,要求森林中的猴子跳它们跨不过去的距离,陷入产业升级陷阱。中国现阶段的可行选择是,在上一阶段产品已经多样化的基础上,提高产品复杂度,增加出口产品在产品空间中间区域的密度,提升有成本优势和知识积累优势的产品在全球的竞争力,在长三角和珠三角形成具有全球制造业竞争力的先进制造基地。

第三,提高企业和地方试错的积极性。与上一轮成为世界制造工厂不同,这一轮的转型升级具有更大的不确定性,全球需求走向不明,技术和装备能力提升遇到更大阻力,成本优势面临周边竞争加剧、地方分化加大的局面。我们在地方调研时明显地感觉到,企业对未来制造什么及如何升级非常迷茫,各级政府不像前些年那样坚定。在此关口期,采取全国性产业政策的做法失败概率很高,应当创造更为宽松的环境,让企业去闯,让各地根据自己的实际去摸索,也许能找到下一阶段的定位和路径。

第四,以园区转型促地区产业转型升级。中国成为世界制造工厂的重要政策是园区主导的招商引资。事实证明,完全以中央产业指导和以吃补贴、优惠为导向的地方产业规划成功率很低。过去二十多年一些地方的产业发展之所以取得成功,园区发展战略的作用还是很明显的,它不同于政府主观规划的产业政策,而是通过政策环境的打造和特殊的土地供应方式,吸引企业入驻,企业和市场作为主导力量,形成产业集群和特色市场。但是,在经济下行后,以土地为工具的园区发展政策遇到巨大挑战,筑巢引凤往往凤没有引来,巢里面产业没有形成,还形成大量土地投机,现行园区模式亟待转型。政府应当从园区主导者转为园区服务者,盘活园区土地等生产要素,提高土地市场化配置,以土地利用结构优化促进园区产业转型。

产能过剩与产业政策转型

刘学军　国家发展和改革委员会《改革内参》编辑部主编

　　会议的主题是"产业政策：总结、反思与展望"，这个单元是产能过剩与产业政策。我不是专家，也不是学者，要谈这个问题，有点恐惧，所以，先声明一点：讲得对的地方是集体智慧的结晶，错的地方是因本人才疏学浅，希望大家多多包涵。

　　2016年是"十三五"开局之年，中国经济该如何走下去？此前的中央经济工作会议已经给出了答案——"去产能、去库存、去杠杆、降成本、补短板"。其中，"去产能"是中央经济工作会议所确定的2016年五大结构性改革任务之首，而处置僵尸企业被看作是"去产能"的"牛鼻子"。

　　产能过剩与僵尸企业之间究竟是什么关系？产能过剩与产业政策又有什么关联？产能过剩背景下产业政策如何转型？从理论上来分析，僵尸企业可以导致并恶化产能过剩；反过来，产能过剩亦可以导致僵尸企业的产生。似乎这二者总是如影随形。但综观国际经验，发达国家曾面临的产能过剩，大多是经济走向成熟时产业升级所带来的必然结果，而僵尸企业问题往往是由于某个偶发因素导致企业盈利或资产受到冲击，并非经济发展的必然结果。然而,在中国,僵尸企业与产能过剩总能不期而遇。第一次发生在20世纪90年代,当时,纺织、家电等轻工业、消费品行业出现了比较严重的产能过剩,而那些陷入经营困难的国有企业正是典型的僵尸企业。第二次即发生在我们所熟知的当下。为什么会发生这样的情况?

产能过剩概念界定

美国经济学家E. H. 张伯伦1933年所著的《垄断竞争理论》最早从微观视角给出了产能过剩的定义,即企业实际生产能力相对于市场需求的过剩,并基于两个维度对产能过剩的必要性作了讨论:一是企业为应对生产经营过程中的各种意外冲击,有必要保持一定程度的过剩产能。二是从竞争和规模经济角度看,如果一个行业的产能过度集中于一家企业,可能不利于竞争;如果过于分散,又不利于实现规模经济。不同行业由于经济技术特点和市场需求特点的差异,需要在竞争和规模经济效应之间进行平衡以确定最佳产能利用率。

产能利用率很难达到100%,出现一定的产能闲置并不意味着产能过剩。国家发改委曾经表示,产能的利用率超过80%—85%的幅度比较合理。在市场经济条件下,只有适度的富余,才能够激发市场的竞争,才能够推进企业的技术进步、管理的提升。根据北京师范大学金融研究中心主任钟伟的研究,81%—82%是一个分界点,处于这个区域表示工业运行处于正常水平,经济增速与潜在增速应该相当,物价不会出现大涨大跌。高于这个分界点表示需求旺盛,开工率很高;低于这个分界点则表示存在一定程度的产能过剩。高于85%表示产能不足,低于75%表示产能过剩非常严重。

国内对产能过剩问题的讨论,除微观视角外,更多的是基于改革开放以来我国屡屡发生大面积、持续性严重产能过剩的现实,强调宏观意义上资源配置扭曲导致的体制性、制度性产能过剩,即产能过剩更多源于计划经济下政府代替市场配置资源、推行不成功产业政策的体制性弊端。导致产能过剩的原因很多,由于本次论坛的主题是"产业政策:总结、反思与展望",本节讨论的是产业政策与产能过剩,我仅就产业政策与产能过剩之间的关系作简单梳理,并对产能过剩及产业政策转型提出一点不成熟的看法,希望大家批评指正。

国内产能过剩趋势判断及成因分析

当前,中国工业部门正面临严重的产能过剩问题,产能过剩涉及的行业和领域广泛。具体来说,钢铁、水泥、平板玻璃、煤化工、造船、机床等传统行业产能大量过剩;铜、铝、铅锌冶炼等有色金属行业产能过剩问题凸显;多晶硅、风电设备等新兴行业领域的产品已出现严重的产能过剩;氮肥、电石、氯碱、甲醇、塑料等化工产品也呈现出产能过剩的态势。正因如此,在供给侧结构性改革成为未来经济发展主基调的背景下,"去产能、去库存、去杠杆、降成本、补短板"就成了近期工作的核心任务。分析国内历次产能过剩可做出如下判断:

一是体制性产能过剩将反复出现并将持续较长时间。 中国转轨过程中,在土地产权模糊、银行预算软约束以及地方政府干预金融等体制缺陷背景下,市场协调供需均衡的机制难以有效运转,从而导致系统性的产能过剩和经济波动加剧。当前经济体制脱胎于完全封闭的计划经济体制,转轨特征明显,市场经济主体仍在逐步形成并完善,市场主体间公平竞争形成仍需时日。从1992年党的十四大提出我国的经济体制改革目标是建立社会主义市场经济体制(其核心任务是处理好计划与市场之间的关系)到2013年党的十八届三中全会提出"紧紧围绕使市场在资源配置中起决定性作用深化经济体制改革"用了21年。要落实市场决定资源配置,更好地发挥政府作用,意味着未来中国要构建一个适应全球市场规则的国内市场体系、政府运作体系和司法体系,这一过程将异常复杂而漫长,期间体制可能出现反复甚至倒退。也就是说,政府与市场有效协作的机制不健全,诸多不合理的体制机制将延续较长一段时间,这将在很大程度上削弱市场信号对产能利用的调节作用,市场主体仍将难以形成准确的市场判断和预期,这将使尚未完成工业化发展的中国再次面临过去、现在出现的产能过剩局面。

二是重资产行业产能过剩与轻工业领域结构性产能过剩将长期并存。

（1）20世纪90年代以来，重资产行业产能过剩与投资周期基本吻合。

政府主导投资的重点不是效率而是规模，所涉及的行业自然就是可以吸纳大量投资的重资产行业，如钢铁、造船等行业。再加上地区之间的恶性竞争，过度投资进而导致重资产行业产能过剩几乎成为必然的结果。

1992年党的十四大提出"建立社会主义市场经济体制"和"国有企业建立现代企业制度"的目标，市场经济和现代企业经营自主权的扩大掀起了一轮新的投资高潮。在此背景下，企业普遍对市场空间预期过于乐观，盲目投资、蜂拥而上和重复建设导致1992—1996年间陆续积累了大量的过剩产能。

1997—1998年亚洲金融危机对中国的出口产生了直接的压力，需求端的压力传导到供给端，暴露了前期企业过度扩张产生的一系列问题。

20世纪90年代，纺织、家电等轻工业、消费品行业出现了比较严重的产能过剩，工业企业利润率出现下滑，企业疲于偿债，在当时被普遍认为是主要问题。

2008年，为抵御全球金融危机带来的外部冲击，中国政府推出了总规模达4万亿元的财政刺激计划，并由此带动了数十万亿元的地方投资。这些投资大多涌向基础设施领域和房地产行业，大幅刺激了对钢铁、水泥、煤炭等行业的需求。经济很快触底回升，但却表现出明显的后劲不足。随着人为制造的需求快速回落，产能过剩问题也就愈演愈烈。

（2）轻工业领域结构性产能过剩突出。

改革开放之初，居民消费还处于满足"吃穿用"阶段，在国家优先发展轻工业政策的支持下，以满足人们初级消费为主的纺织、家电等轻工产业得到快速发展。产品供需状况迅速从短缺型向平衡和富余型转化，部分轻工业领域出现了开工不足、产品库存积压等状况，以彩电、冰箱等家电制造业为代表的轻工业出现了产能过剩问题。随着市场竞争加剧，轻工业产能利用水平总体保持了较低水平，过剩现象较为普遍。除经济周期等因素外，轻工业领域的产能过剩较大程度上源于产业结构调整滞后于需求结构升级，"结构性产能过剩"特征较为明显。随着我国经济发展和居民收入水平的不断提高，国内需求结构不断调整升级。一方面，以基本消费品为代表的一些轻工产品市场趋于饱和;另一方面,市场需求不断由低端、低附加值产品向高端、高附加值产品转换,在此期间,部分轻工行业未能适应需求结构变化而及时升级调整,形成低端产品过剩而高端产品供给能力不足共存的现象。当前,我国多数轻工产业处于国际产业链分工的低端环节,在大量低端劳动密集型产品相对过剩的同时,仍有部分高端产品需要进口。这一现象仍将持续较长时间。

产能过剩与产业政策分析

产能过剩的成因比较复杂,这里仅就产业政策导致的产能过剩作简要分析。中国产业政策中具有强烈"扶大限小"的政策倾向,且产业培育政策重点在于对企业的产能投资和生产环节的支持,强化了企业规模扩张冲动,是导致产能过剩的重要原因。

现实生活中,谈及产业政策常常令人望而却步,不仅因为它的分析难,需直面政府和市场的双向互动从而涵盖面实在太广,而且话题敏感,常会遭到市场原教旨主义者的意识形态式的抵触:政府失败要比市场失灵更严重。所以有学者认为最好的产业政策就是政府无为而治。如此造成的客观后果,就是严重缺乏比较独立的学院研究和基础研究,客观上使得产业政策的学术研究严重滞后于实践操作,产业政策的制定和执行缺乏足够全面的理论指导,进一步增加了产业政策失败的可能性。

产业政策回顾

"产业政策"一词正式出现在官方文件中是在"七五"计划。该文件于1983年由国务院着手组织起草,1985年上半年拟订了《中共中央关于制定国民经济和社会发展第七个五年计划的建议》,1986年3月经六届人大四次会议审议批准。产业政策正式列入官方文件。产业结构和产业政策在"七五"计划中的第二部分,涵盖第六到第十五章。

(1) 1949—1977年,中国采取优先支持重工业发展的产业政策。

新中国成立后,为了应对复杂的国际环境,中国照搬了苏联的经济政策,在产业政策选择方面,采取优先支持重工业发展的宏观政策,较快地建立起了比较完整的工业体系,但同时也造成了农、轻、重比例的严重失衡。"文革"后中国面临的经济形势是产品全面短缺,尤其是消费品奇缺,呈现出较为严重的短缺经济特征。国民经济各部门比例严重失调,产业结构失衡问题相当严重:一是农业远落后于工业,劳动生产率低下,农产品不能满足国民经济发展需要,甚至不能解决国民的温饱问题;二是轻工业落后,劳动生产率低,导致市场供应紧张,人民生活比较困难;三是能源、电力、燃料、动力以及交通运输业发展滞后,成为阻碍经济快速发展的"瓶颈"产业。

(2) 1978—1989年,解决农、轻、重比例严重失调的产业政策。

1978年国家公布了《中共中央关于加快工业发展若干问题的决定》,其重要内容就是解决农、轻、重比例严重失调问题。为了扭转国民经济整体严重失衡的局面,从1979年开始,在"调整、改革、整顿、提高"八字方针指导下,进行了为期三年的国民经济调整。"六五"时期继续贯彻执行"调整、改革、整顿、提高"的方针,进一步解决过去留下的阻碍经济发展的各种问题。

除轻工业政策出现转折以外,"七五"计划基本延续了"六五"时期的政策思路,继续对农业、交通运输、邮电通信、能源原材料等部门采取扶持和优惠政策。而针对20世纪80年代中后期出现的以家电产业为代表的全国范围的轻纺工业大规模重复建设,轻工业政策开始转向限制发展,采取了计划定点和目录管理办法,限制定点和目录之外的企业发展。此外,国家鼓励高新技术产业发展,提出"有重点地开发知识密集和技术密集产品","有计划地促进新兴产业的形成和发展","运用新技术改造传统产业";明确指出加快发展第三产业,提出了力争到1990年将第三产业在国民生产总值中的比值由1985年的21.3%提高到25.5%的目标。

(3) 1989年到20世纪90年代末期:开始明确探索制定和运用产业结构政策。

1989年,国家颁布了第一个明确的产业政策文件《国务院关于当前产业政策要点的决定》。该决定对国家主要产业的发展方向和目标提出了基本要求,提出了20世纪90年代政府支持、限制以及禁止发展的产业和产品。为保证政策得以实施,还制定了投资优先顺序表和有差别的税率及利率。

在实施过程中,初步建立了包括综合部门、专业部门和省级计划部门的产业政策工作机构网络。

1994年,国家颁布《90年代国家产业政策纲要》,成为产业结构调整政策的总纲。根据该纲要提出的原则,国家先后颁布了《汽车工业产业政策》《水利产业政策》《国务院关于印发鼓励软件产业和集成电路产业发展若干政策的通知》等,成为指导具体产业行为和发展的专项产业政策。

由于十四大刚开始明确建立社会主义市场经济体制,也就是中国开始打破计划经济体制壁垒,期间的产业政策自然是以行政手段为主,并因此也取得了阶段性的效果,但随着市场经济体制的不断完善,直接的行政手段必须向间接的、经济的手段转变,更多地运用法律、财政、金融、税收、信息等手段来调控经济。

(4) 21世纪特别是中国加入WTO以来,产业政策的制定与宏观调控政策配合运用逐步成熟。

2002年开始,中国经济步入了新一轮以重化工业快速增长为特征的经济增长周期。在此轮重化工业高速增长中,低技术含量、高能耗、高污染的重化工业粗放增长的特点尤其突出。与此同时,技术和知识密集的高附加值的产业比重偏低,地区产业结构的趋同化、过度竞争等问题影响着中国产业结构的进一步优化升级。这一时期,中国逐步建立了以市场经济为基础的国家产业政策体系,开展了新一轮的经济结构调整,并取得重要进展。农业特别是粮食生产出现重要转机;工业结构升级加快,住宅、汽车、电子通信、基础设施等行业快速增长,带动了钢铁、有色金属、建材、化工、机械设备等提供中间产品的行业,并进一步拉动了电力、煤炭、石油等能源行业的增长;能源、交通、重要原材料等基础产业和基础设施建设明显加快,工业结构重型化的趋势十分明显。

2006年《国务院关于加快推进产能过剩行业结构调整通知》(以下简称《结构调整通知》)中的重点措施是:严把土地、信贷两个阀门,严格控制固定资产投资;在环境、安全、技术、规模方面制定更加严格的标准,提高准入门槛,严格控制新上项目;淘汰落后生产能力,促进兼并重组;加强信贷、土地、建设、环保等政策与产业政策的协调配合;健全行业信息发布制度;深化行政管理和投资体制、价格形成和市场退出机制等方面的改革。

2009年9月颁布的《关于抑制部分行业产能过剩和重复建设 引导产业健康发展的若干意见》(以下简称《若干意见》)中的对策措施有九点：严格市场准入，强化环境监管，依法依规供地，实行有保有控的金融政策（信贷审批），严格项目审批管理，做好企业兼并重组，建立信息发布制度，实行问责制，深化体制改革。这些措施在很大程度上是原有产能过剩治理措施的延续，《若干意见》与《结构调整通知》相比，细化了土地控制和信贷控制的措施，新增了问责制的内容，试图通过行政问责制来保障政策的实施。

（5）十八大以来，特别是十八届三中全会提出市场决定资源配置以来，产业在不断进行适应性的调整，向更注重发挥比较优势、强化市场功能和提供信息、稳增长的方向转变。

自2012年本届政府履职以来，就陆续发布了如节能环保、新能源汽车、战略新兴产业、光伏产业、云计算创新信息产业、卫星导航产业、文化创意设计产业、体育产业、应急产业等一系列产业指导意见或通知。比如，2016年还发布了《关于促进医药产业健康发展的指导意见》《关于石化产业调结构促转型增效益的指导意见》等。

产业政策分类

依据我个人理解，对产业政策可以进行如下分类：

一是产业组织政策，主要是防止垄断、构建平等市场主体、鼓励竞争。

二是产业扶持政策，主要是针对国内相对弱小产业中的企业予以必要的扶持。

三是产业促进政策或称产业增长政策，主要是政府以赶超为目的的一系列促进政策以及出于稳增长角度考虑推出的产业政策，比如房地产业、战略新兴产业。

四是产业退出政策，这方面做得比较少，在中国，政策制定容易，退出异常艰难。

产能过剩与产业政策

产能过剩首先直接与产业促进政策有关,且由于政治体制原因,中央制定的产业政策,地方都必须落实,特别是稳增长的产业政策,对应的是重大项目,项目意味着资源,因此地方都竞相争取。其次与具有相当数量国有企业的产业主体结构有关。再次与"政府+国有银行+国有企业"三位一体的预算软约束体系有关,这使得产业扩张的羊群效应极易发生。最后与产业政策退出机制欠缺有关,这使得市场无法出清。

产能过剩出现的时间节点及治理

回顾几次产能严重过剩,不难发现都发生在政府主导的大规模投资之后。20世纪90年代以来,我国投资出现过三次明显的加速增长期,分别出现在1993年、2003年和2009年。这三次投资快速增长,都明显与政府作用有关,且导致了随后几年的严重产能过剩。

(1) 1998—2002年供给过剩。邓小平南方谈话后,我国各地发展经济的热情高涨,与此同时也出现了房地产热、开发区热、高投资膨胀等问题。1992年和1993年全社会固定资产投资总额增速分别高达44.43%和61.78%,连续几年投资的高增长为1997年亚洲金融危机后严重的产能过剩埋下了隐患。

(2) 2004—2006年的产能过剩。2003年各地政府陆续换届。在急于追求政绩的动机驱使下,各地政府大上项目,各类工业项目、开发园区、城建设施纷纷上马。当年固定资产投资增长27.7%,其后几年投资增长率一直居高不下。

(3) 2008—2010年的产能过剩。尽管政府从2005年就开始防治产能过剩,但并未取得明显成效,2008年下半年后受国际金融危机冲击,产能过剩问题突出,政府采取一系列措施扩大投资,地方融资平台项目大规模发展,2009年投资增长30.1%,在拉动经济回升的同时,也埋下了产能过剩的隐患。

(4) 2014年至今的产能过剩。2009年的投资及2012年的换届效应后的投资大幅增加,以及国内国际经济不景气,导致了今天的产能过剩局面。也正因如此,2015年12月中央经济工作会提出,2016年经济社会发展主要是抓好"去产能、去库存、去杠杆、降成本、补短板"。从目前采取的政策来看,依旧是过剩产能目标的分解。这样的行政手段干预只会产生新的循环。

产业政策如何转型

回顾了产业政策的历程并分析产能过剩与产业政策的关系后,要推动产业政策转型,首先需要了解到底是什么机构在制定产业政策。梳理中央部委职能可发现,涉及产业政策制定的部委包括国家发改委(主要集中在产业司、基础司和高新技术司),工信部(主要集中在产业司、科技司、中小企业司、节能综合利用司、装备工业司、国防科技工业局),科技部(主要集中在基础研究司和高新技术发展产业化司),农业部(主要是产业司),文化部(主要是产业司),商务部(主要是机电和科技产业司)等。可见,产业政策并非国家发改委一家在制定,那么,在现行机制下,这些部委能否按我们理论探讨的,或者说根据三中全会的市场决定资源配置精神,去制定产业政策呢?我对此并不乐观。1992年提出社会主义市场经济至2013年市场决定资源配置,用了21年才初步建立起一套市场体系架构。可见,真正从文件到落实的过程是需要时间的,作为建立市场经济体制的另一关键性政策,即四中全会从文件中正式提出依法治国到落实也需要漫长的时间。基于现阶段中国面临的政治体制、决策机制、经济体制等因素考量,我个人认为未来的产业政策转型,需要考虑以下几方面的因素:

一是要再次解放思想,要从过去既有思维模式中走出来,从市场决定资源配置、依法治国、国际规则国内化的角度考虑产业政策的制定。

二是厘清央地关系,打破地方壁垒,构建统一的国内市场体系和监督体系。

三是加快行政体制改革,促进政府从经济主导型政府向服务型政府的职能转变,减少非必要的政府投资,确立市场的投资主体地位,优化企业特别是国有企业通过市场实现要素优化配置和进入退出的机制。

四是理顺资源和要素价格机制,清理各类选择性优惠政策,减少行政审批和干预,消除因体制机制障碍和政策倾斜对市场配置资源造成的不利影响,政策公开、公平、公正地对待各市场主体,从而推动产业政策从挑选型产业政策向普适性、竞争性产业政策转变。

五是优化决策流程,整合协调各部门产业政策的同时,对现行出台的产业政策利弊得失作系统评估,加快与产业政策对应的体制机制改革,打通推动产业结构升级的最后一公里。

六是促进市场导向的科技研发,保护知识产权,推动创新和发展。同时在少数市场失灵的关键技术领域比如军事技术领域等由政府组织技术攻关。

七是制定产业政策评估机制和退出机制,真正发挥产业组织政策(反垄断法和破产法)的作用。

八是改善人力资源供应,加大基础教育、基础研究财政投放,发展多种形式的应用型职业教育等。

总之,过去的产业政策对促进经济增长与结构调整发挥了积极作用,但这些产业政策过多地以政府选择代替市场选择,在某种程度上刺激了过度投资,促成或加剧了产能过剩,降低了资源配置效率,弱化了公平竞争原则。今天,我国产业政策的转型,其核心已不在于讨论要不要产业政策,而是产业政策的实施如何能以"市场强化型"的方式来弥补市场不足、矫正市场失灵,其最佳取向是从挑选型政策转向功能型政策、竞争性政策,这样才能使各个企业处在公平竞争的起跑线上,为我国市场体系的构建创造一个更好的条件。

观点讨论

陈斌开　中央财经大学经济学院教授：产业政策和产业升级，这两个问题之所以会吸引这么多人参会，是因为这个问题非常重要，但是从学术研究的角度来说是非常欠缺的。产业升级的度量很困难，从文献上很难找到一个大家认可的产业升级度量的指标。产业政策也是如此，特别是中国这样的发展中大国，产业政策对中国经济的影响，无论是正面还是负面都非常重要，但是研究非常欠缺。对于我们研究者来说最困难的是没有文献，很难找到合适的文献对接产业政策的研究。今天主要与大家分享一下过去几年里面做的小研究，因为很难有一个框架性的研究，我自己汇报一下跟房地产市场相关的问题。

首先，我们探讨一下房地产市场和宏观经济的关系。房地产市场作为一个支柱产业是大家认可的，特别是1998年开始经济衰退时官方文件中在很多地方出现，而在房地产过热时则比较少见，这个过程当中到底房地产市场跟宏观经济是什么关系？房地产市场怎么跟宏观经济联系起来？特别是在官方讨论里面，它是一个支柱产业，它的带动作用比较强，据估算房地产可以带动三分之一的工业部门。这种观点对吗？个人的研究发现，从一般均衡的角度观察房地产市场，房地产市场不一定能够带动经济增长。因为，经济增长必然要求有创新，但是房地产创新不快，即使相关的行业，如钢铁行业也不是技术进步很快的行业，从数据里可以发现，与房地产相关的行业技术进步很慢。在此情况下，如果有一些政策导致房价过快增长，对宏观经济将产生什么影响？中国自2004年以后资源再配置的效率、创新以及技术开始下滑。资源再配置对整个生产的影响背后的原因是什么？这与房地产市场有关,当住房价格过快上涨时,房地产市场作为一个生产率进步比较低的行业,对相关行业产生的一个影响是,资源会从一个相对生产率较高的行业向生产率较低的行业流动,出现逆向资源配置。据此情况,资源是一个错配的过程,当房地产市场增长很快的时候,创新会受损。如在上海、北京这样的城市,好不容易十年前在北京买的房子卖了,去创业、创新,赚了一千万以后发现到北京再也买不回原来的房子,这个时候会带来大量资源的错配。这个时候我们就会看到房地产市场对宏观经济的影响是阻碍了生产率的提高,阻碍了创新。

其次,讨论中国的园区和开发区的研究。近年来的文献显示,开发区对经济增长有一定的好处,投资比较快。但是,我们的一个研究最关心的是在这个阶段里园区能不能促进创新,是否会提高生产率。我们的基本发现是,整个园区在东部地区对生产率有提高,但是在西部地区没有提高。这些园区可以提供软硬基础设施,提高生产率,但是也有很多不好的影响,如较低的土地价格,较低的税收成本,这些因素都会导致市场的扭曲,会产生一系列的扭曲市场的作用,在中西部这种负向作用远远超过了正向作用。这是我们在数据当中看到的一些结果,它核心的作用机制我们还在探讨当中。我们希望能够看到一些更新的东西,之所以会研究开发区是因为开发区是众多产业政策中最直接的研究对象,能够帮助我们理解产业政策如何直接影响企业行为。

最后,探讨产业结构变迁的过程当中应该采取怎么样的产业政策。鞠建东教授在文章中讲述了结构变迁的整个过程,即行业先上升再下降的过程。在中国的制造业中:第一波是轻工业;第二波是钢铁、煤炭相关的重工业;第三波是高新技术产业。中国目前处于第二波的下降阶段,这个阶段中产能怎样退出?这也正是我国目前所面临的重要问题,这个问题我们现在还在探讨中。但是目前的研究发现,当前我们采取的去产能政策,给各个地方去指标、去产能的此类政策并不是非常奏效,与之相关的包括政策性的影响和公平市场的建立等都在进行当中。

鞠建东 清华大学五道口金融学院紫光金融学讲席教授:产业政策,特别重要。我的第一个观点是,我对产业政策的评价,从学术上来讲它有一定的经验。20世纪50年代工业化时讨论过产业化政策,六七十年代幼稚产业的保护和70年代日本的成功都有过一些讨论,但是主要是经验,主要是学术,80年代以后基本上不讨论了。六七年前我们在世行说要讨论政策时受到了质疑,他们认为怎么能够讨论产业政策呢?政府怎么可能干预产业呢?产业政策没有得到有效的发展,是和整个经济学,尤其是现代经济学发展的趋势有关系的。政府的行为被限制在货币政策和财政政策上,认为市场起决定性作用,政府基本上不去干预微观经济的行为,所以对于产业政策这样一个核心的、关系到国计民生的重要政策,我的看法是一有三无:有经验,无理论,无制度,无评价。没有理论,当然也就没有一个制度,到底产业政策是工信部做,还是国务院做,还是地方做,没有评价。正是因为这样的一个核心政策,而且又是一个一有三无的理论,所以就特别重要。甚至产业政策属于哪个学科我们都尚不知道。产业政策说是产业,至少需要讨论两个产业,因此,一定不是局部均衡,一定是一般均衡。一般均衡在微观经济学中是放在国际贸易里面的,国际贸易也不讨论产业政策,产业结构、产业组织只讨论单产业领域的市场结构,如垄断和企业等,但是没有产业政策,所以产业政策既不属于产业组织理论,又不属于国际贸易理论,好像有些像微观,但究竟是微观还是宏观也搞不清楚,是静态还是动态也搞不清楚。所以产业政策到底属于哪个学科无从知晓。有人说是发展经济学,发展经济学中也不讨论产业政策。如果把产业政策归到发展经济学并不完全正确,就像很多发达国家,即使有产业政策也不去讨论。我觉得产业政策是一个特别有意思的学科,它如此重要,但是由于意识形态的限制在主流经济学里面基本上找不到位置。这是第一个探讨。

第二,既然学科在哪里不重要,也没有一个理论,讨论产业政策到底好还是不好,总得有一些依据。我觉得产业政策顾名思义,一定是政府以某种方式来配置资源,如果政府以某种方式配置资源,实际上也就是说本来市场可以配置资源的由政府来配置。那么什么样的产业政策是好的产业政策呢?至少是产业政策配置资源的边际产出要大于等于市场配置资源的边际产出,否则这个政策是不能去实施的。但是什么情况下这个条件成立?前提是市场失灵,所以产业政策一定是和市场失灵联系在一起的。没有市场失灵不能讨论产业政策,当问到是否需要产业政策时首先要问是否有市场失灵。但是,所有市场都是失灵的,没有哪个市场不失灵。所以当用市场调整没有政府方便的时候,就可以让政府来配置。

依照此逻辑谈创新。第一,创新有哪些是市场失灵的?创新有外部性,有外部性一定有市场失灵,所以政府要去做。我们以前的创新很多是为了供应世界市场,如"三来一补"政策也是为了供应世界市场。而结构性调整我们要满足的是国内市场,由原来供应世界市场转向供应国内市场,此时只靠市场本身调不动,这个时候产业政策就有它的位置。所以,创新和产业政策的关系大概有这样几个层面:第一,创新作为一个总体的活动,市场上哪一块是失灵的?也就是说,创新的市场价格是不是比其他的生产要素的价格低,比如说是否比资本的价格要低,比劳动力的价格要低,这意味着知识不值钱,此时需要一种适当的产业政策来弥补。

第二,创新活动初始的时候有困难,比如融资困难,政府可以进行一些补贴,所以第一个层面要看创新活动本身是否有市场失灵。第二个层面是只要一谈创新,总是想去做汽车、飞机以及3D打印等,立即涉及具体的行业。这个时候需要考虑的是那个行业本身是否有市场失灵。如果没有市场失灵,政府为什么要去推动呢?因此,我个人比较简单的看法是,我们在讨论产业政策的时候一定是和某个市场失灵相对应的,当找不到它相对应的市场失灵时,产业政策是需要谨慎的,产业政策是用来纠正市场失灵所带来的资源配置扭曲的。

第三,提到产业政策时通常认为产业政策一定是中央政府的产业政策。那是因为其他国家比较小,一个国家才几百万人,但中国作为一个大国,产业政策为什么一定是中央政策呢?大部分,尤其是涉及具体扶植某一个产业的问题时,基本上是一个地方的政策。涉及地方政府的时候我们首先需要思考的是产业政策是否应该用。原则是产业政策的收益要大于等于产业政策的成本。事实上看产业政策没有几个成功的,如此高的成本下能够让产业政策的收益大于产业政策的成本是一个值得思考的问题。正如左学金老师谈到的产业政策要有范式的突破。产业政策本来是中央政府的政策,提到竞争性的产业政策,政府的政策怎么还能是竞争性的呢?不同的地方政府都有产业政策,地方政府之间的产业政策则可以形成竞争。如果一个产业政策,无理论、无制度、无评价,对于一个没有评价的政策最好不要用,所以产业政策如果要继续做下去就需要有竞争。如果地方政府需要用产业政策来克服市场失灵,当其对于哪些市场失灵有了清晰的判断、有竞争、有合适的制度和评价时,这些产业政策就有可能对经济是有用的。

关于面向未来的产业政策研究:第一,从理论上讲,我觉得讨论面向未来的产业政策非常有意义,我们把对产业政策的研究,从一个意识形态的讨论变成一个理论的讨论。

第二,假设市场配置资源的效率是递减的,假设政府配置的效率也是递减的,政府配置效率最高的那一点是否比市场配置最低的那一点高一点点?当然这是指微观政策,如果说高一点的话,那么产业政策就是存在的。我觉得产业政策有两大问题,第一个是信息问题,第二个是激励问题。政府获得信息的能力和政府的人员数量成正比,产业政策由中央政府实施时无法解决信息问题,所以产业政策最主要的是地方政府的政策,是省一级的政策,是县一级的政策,甚至到乡镇一级的政策。激励问题方面,地方政府要有竞争,就要有人负责。地方政府需要对地方的人负责,需要有制度的改革,需要有政策的改革,需要有选拔制。地区推动改革要以市场为主导,如果地区政府没有激励去推动市场,这个市场怎么形成?

从中央政府来讲,产业政策的变化也确实有结构调整的需要,国际经济方面的研究最近提出全球经济确实是有常态的变化,全球贸易的增长率低于全球经济增长率。到底是周期性变化还是常态性变化?我和我的合作者们的看法是,全球经济确实出现了一种结构性的变化。原来以美国为主导的全球产业布局出现了区域性的变化,整个经济由原来的高速贸易增长变成中低速甚至是减缓的增长。中国由全球价值面的一个部分,变成了区域经济的中心,它所隐含的一个意义是,中国经济里面高速增长的那部分原来主要是为世界经济生产的,今后主要是为中国市场生产。为世界进行生产和为中国进行生产,产业结构本身要进行深刻的变化。比如说那么多人买包,为什么要到国外买包?进口税为什么不能减掉,上海搞免税区,为什么奢侈品的税就降不下来呢？所以，企业税需要减，进口税也需要减。如果进口税减到零也不是什么坏事。制造业减税，进口税为什么不能减？因为中国市场已经变成全球最大的市场，所以怎样去使得全球的资源、全球的生产尤其是中国的生产来为中国市场服务是一个大命题，这个命题则需要中央政府进行结构性调整。

潘士远　浙江大学经济学院教授：谈到技术创新，可能目前需要做一个判断，中国的创新到底是处在什么样的状况？一句话可以总结，目前中国是一个创新的大国，但不是一个创新的强国。从很多指标来看，比如说专利申请量，中国在全世界已经领先，专利的增长速度也是全世界领先。因此，我们可以说中国是一个创新的大国。但是，中国不是一个创新的强国。专利是衡量一国创新的指标。在中国，专利类型有发明专利、实用新型专利、外观设计专利。在创新结构（专利构成）里，中国的发明专利比例是偏少的，即使在发明专利里面，中国也并不掌握许多核心技术。我想大家应该有很多直观的感受，比如从发改委起诉高通的例子里可以看出，我们手机的很多核心技术都掌握在美国人的手里。2014年华为还位列全球创新百强榜，但2015年中国一家都没有。尽管我们的经济跟发达经济体相比还有较大差距，但作为一个全世界第二大的经济体，没有一家企业在这个排行榜里，确实值得反思。从这几个方面来说，中国是一个创新大国，但不是一个创新强国。

能不能改变中国的创新结构？可以。这里我只谈知识产权，尤其是专利制度对创新结构的影响。当然除了创新结构，我还会谈专利制度对创新速度的影响。我在浙江跑了一些企业，从目前来看，浙江省民营企业，尤其稍微大一些的民营企业比较关注知识产权的保护。举两个例子，有一个上市公司，在杭州市的萧山区，在我们调研的时候，他们告诉我，有很多企业来交流学习，他们会带他们参观，但因为知识产权的问题，他们一般不带他们到一些车间，那些车间有着他们核心的技术。另外一个在温州的企业，是做汽车零部件的，他们把围墙建起来，外面看不到他们的生产活动。

知识产权保护怎么影响创新结构呢？知识产权保护跟创新结构，应该是倒 U 形的关系。也即知识产权保护比较低的时候，增加知识产权保护确实有助于改善创新结构,但如果说产权保护已经很强了,这个时候再加强产权保护,对产权结构未必是好事。为什么会是倒 U 形关系? 一般我们讲发明专利,还有实用新型专利的时候,要区分出这两种技术的不同点,它们的风险程度是不一样的。一般来说,相对于实用新型专利,发明专利的风险更高一点。风险比较高的话,如果不给予它足够的保护,它的创新激励就会比较弱,创新投入就会比较少,对结构有损害。如果专利保护已经很强,再加强专利保护,潜在进入企业不愿意研发,不愿意投入,这就不利于改善创新结构。回到我们国内现实来看,各个省可能专利保护不太一样,但是总的来说我们国家的专利保护,尤其是实施程度,还是比较弱的。从这个角度出发,加强知识产权保护对改善中国的创新结构是有好处的。

因为创新分两个方面,一个是结构,一个是速度。所以,我们要看结构和速度之间,到底是否存在冲突。从我个人来看,知识产权影响创新结构,也影响创新速度,但这两者应该不是完全一致的,它存在内在的冲突。为什么呢?因为当我们谈创新结构的时候,我们把技术分成了两类,一个风险程度比较高,另外一个风险程度比较低。因此,在创新活动中存在着一个外部性,高的技术可以替代高的,它们之间有一个战略性的替代作用。因为有战略性的替代作用,所以一般来说,创新结构最好的专利制度,并不能保证技术进步速度最快。对中国来说,如果过分追求创新结构,实施赶超战略,那么可能反而会降低我们整个社会的技术进步速度。

下一个问题自然而然就是,我们可以利用什么样的产业政策来尽量在改善创新结构的同时也最大化技术进步速度。这需要我们进一步延伸,把产业政策进一步打开。这分两个层面,第一个层面针对同一产业政策,比如说我们讲知识产权制度,讲专利保护的时候,我们讲的是大制度。实际上,我们知道,专利制度里边是有一些工具可供挑选的,比如说里面有专利长度,发明专利在中国是 20 年;还有专利宽度,这跟侵权问题、模仿问题有关,专利宽度越宽,模仿越少;最后一个在文献里面叫专利高度,这跟一种创新要取得专利所需要的新颖性有关。这三种专利的工具对创新结构和创新速度的影响是不一致的,所以,我们可以通过专利政策组合,来改善创新结构和创新速度。

第二个层面针对不同产业政策。比如说,在讲专利制度的时候,可能还跟其他一些制度做相互的配套、相互的结合,来消除刚才讲的这个外部性,尽量保证创新结构好,创新速度快。比如说,专利保护可能需要跟所有制的改革配合在一起。从中国工业调查的数据库来看,中国研发资源错配还是比较严重的,许多国有企业本来不应该创新的进行了创新,同时,许多本来应该创新的没有进行创新。另外,专利制度也可能需要跟金融制度结合在一起。比如说金融发达了,创新成本就下来,创新收益就高了,专利制度也是给创新者更高的激励去创新。这两者到底是互补还是互替,也是值得讨论的。因此,我们可能需要从不同层次来思考产业政策问题,从而使得产业政策能够发挥更好的作用。

权衡　上海社会科学院世界经济研究所研究员:产业政策如果按照产业经济学的分析框架,应该包括产业发展政策、产业结构政策、产业技术政策、产业组织政策等。如果从反思的角度讲,我们国家几十年当中,有几项产业政策还是不错的,总体上来说也还是不错的,这也是中国能够快速追赶和保持高增长的一个重要原因。

第一是产业组织政策,主要是围绕市场竞争和垄断关系方面,我们通过深化改革,通过市场经济的建设,通过制定反垄断政策,也取得了一定的进步和发展。当然这个垄断问题至今尚未得到彻底的解决,但是这方面的产业政策确实这几年一直在做。第二,从产业发展政策来讲,我觉得做的也是可以的,我们每五年制订发展规划,必然涉及产业发展规划,从中央政府到地方政府,确定主导了产业发展、支柱产业发展或者重点产业发展等,从促进产业发展的政策来说做的还是可以的。第三,从产业结构政策来讲,这几年强调得比较多。我们强调产业结构升级,推动从制造业到服务业的转型升级。所以在产业政策体系里面,从产业发展政策、产业结构政策到产业组织政策等,我们分别从产业规划、产业结构调整、市场化体制机制改革等方面,做了大量的促进产业发展的政策。事实证明,这方面的产业政策对于推动中国经济高速增长和赶超发展起到了积极作用。

但是,唯有与我们今天讨论的主题有关的产业技术政策似乎有点问题。

长期以来,产业技术政策的导向和地位始终不清晰。我们一直讨论经济转型、创新驱动、转型升级,这里面一个非常重要的方面就是强调产业技术政策不够。我们考虑宏观经济政策比较多,产业技术政策却被忽略了。这大概就是我从产业政策反思角度得到的一个判断和看法。当然,这也与我们长期以来的技术引进、吸收、消化和模仿创新路径有关,但是,一个国家的经济长期增长与可持续发展,关键是要靠技术创新,尤其是自主创新能力的提高,这就要求我们重新思考和制定产业技术发展政策,现在应该到了这个时候了。

因此,上海提出建设全球有影响力的科创中心,关键就是培育中国经济发展的自主创新能力。刚才讲到产业结构政策、产业发展政策、产业组织政策在我国做得不错,当然不是说所有问题都解决了,刚才前面几位都讲到政府跟市场的关系没有得到很好的处理,这些问题都没有解决好,但是未来我们必须高度重视产业技术政策。当前,上海建设科创中心,大概也是因为国家提出科技创新,具有国家战略和使命意义。我们讲中国经济进入新常态,新常态最为核心的东西就是增长动力的转换,怎么样顺利地转向创新驱动。其实,从上海经济增长来讲,科创中心不仅是要为上海的经济增长注入新的动力,更重要的是要为国家的经济转型过程提供一个新的增长动力和示范。从经济增长转型和结构转型来说,我们今天比较担心的是,当产业结构从以制造业为主转向以服务业为主的经济结构时,经济增长速度会出现下滑,但是问题是如何防止加速度下滑。一般说来,在结构性转型过程当中,经济减速当然是一个规律性的东西,你去看国际上很多经验,制造业比例发展到一定阶段,服务业开始占据较高比重,这时,经济速度会下来,因为一般说来服务业里面劳动生产率比较低,比制造业劳动生产率低很多,这就会导致全要素生产率下降。当年欧美是这样,后来日本、韩国也是这样。因此,中国经济增速下滑也必然会有结构性转换带来的全要素生产率下降的问题。但是中国的问题,包括上海经济在2007年的时候增长速度下滑,这个情况说明什么?服务业比重高,其劳动生产率就会降低,进而经济增长就会下降。但是,在美国服务业里面,知识密集型、技术密集型的这类服务业,劳动生产率是非常高的,其中知识创新、技术进步等对GDP贡献很大。因此,上海服务业比重超过制造业比重,制造业也面临转型升级,服务业占比提高到一定比例时,自然经济增长率会出现下降。但是如何防止经济增速出现"失速"?这是我们需要考虑的问题。因此,怎么维持相对稳定的增长速度,我觉得要找到一个类似于美国服务业内部那种知识密集型和技术密集型的服务业,因为这类服务业的劳动生产率一般比较高。所以,上海推进科创中心建设,从上海自身经济转型来讲,需要在服务业占主导的经济体系下,发展一些劳动生产率高的服务业,从而推动和支持经济中高速增长。

我们讲产业政策,讲产业结构调整,可能还有一个情况,产业技术政策当中有没有科技资源错配的问题,我觉得这也是制定产业技术政策的时候要考虑的问题。比如说大家都讲到国有企业比例高,掌握了很多创新资源,但是我们调研下来,国有企业自主创新的动力不足,自主创新能力也不强,刚才贾康院长讲的一些激励制度也好,其实就是有效的制度供给不足,使得制度创新滞后于技术创新,这也影响了技术进步的效果。

总之,单就上海做科创中心来讲,一是为经济转型当中服务业效率下来以后经济增长有一个中高速的维持,不让经济增长速度下降得太快;二是在全国的科技创新战略实施方面,上海能够在全国科技资源的集聚和辐射能力建设方面,承担更多的国家战略和使命,为全国科技创新和建设提供先行先试的经验。

傅蔚冈　上海金融与法律研究院研究员:产业政策名义上不是行政许可,但是它比行政许可更厉害,通过准入某个行业,达到了做行政许可的目的。

以用地为例。如果造一个工厂,首先按照现有的体制,要拿到发改委的路条,全称叫作"关于开展该工程前期工作的批文"。于此产生的一个疑问是生产汽车,或者说生产其他的东西有没有必要通过行政许可的方式实现。中国行政许可法的第十三条强调通过公民法人或者其他组织能够自主决定的,市场竞争机制能够调节的,法律是可以不设立行政许可的,换句话说,这些行业没有必要设出来一个指导性的产业目录,至少不应该有排他性准入的,准入介入会带来过剩产能,因为政府会有激励去维持企业,而这个企业很多时候未必是国有企业。产能过剩为什么在最近两年讨论得比较多,主要原因是过去中国相当长的一段时间是短缺经济。如果把反行政许可法和反不正当竞争法实施下去,对产业政策将会有很大帮助。

胡伟俊　麦格理集团首席中国经济学家:产业政策与过剩产能,在我看来这两件事有同一个根源——市场失灵。市场失灵可以分两种:一种市场失灵导致过剩产能;另一种市场失灵导致市场政策。什么时候导致市场失灵呢?我在澳大利亚投行工作,看到很多大宗商品的生产企业,如果大宗商品的生产企业都是民企的话,中国将不会有如此之多的产能过剩,民企不可能亏很多钱还要生产。之所以有很多过剩产能,是因为国企有很多退出机制,即使亏钱还是要做。市场失灵是因为市场机制的退位缺失导致了过剩产能。

另外一方面,市场失灵需要一个产业政策。我们考虑市场的话,它可能需要上游和下游同时出来,只有上游或者下游是不行的。中国政府做新能源汽车就是这个想法,新能源汽车的充电桩要两个同时做,政府给补贴,民营企业要敢赌。作为政府来说,可以给予补贴。中国做大飞机,甚至现在做半导体,都是这个想法,要做大的投资。此外,市场那么大,大家协同用市场化的技术,这个其实也很多,如中国的汽车、高铁和半导体等都是这么做的。最近看到深圳、南京都慢慢做一些合资的企业,背后都是有市场失灵的效果存在。但是最后应该怎样?魔鬼在细节里面,刚才我讲的只是普遍的原则,哪一种比较好,还是在细节当中。其实这个问题超出我的能力范围,我平时会看很多企业,以下是从我看企业的角度来谈一些感受,不一定是理论。

第一,谈中国的产业政策。地方政府想做大,包括新能源,包括光伏,当政府有补贴政策的时候,中国的企业就有很大的动力,包括地方政府有很大动力去做。比如说中国,很多地方都有新能源汽车的工厂,而且当这个地方有新能源汽车工厂的时候,外来企业若要在此出售新能源汽车将有很高的门槛,最后会导致重复建设。

第二,平时政府做这些事情时,很多时候都在设计,如同赌博。当需要选择某个技术时,如新能源汽车,中国政府选择了电池里面的某一种技术,但是此技术选择得正确与否是至关重要的。比如说前几年长虹赌等离子电视机,中国移动赌 GDMSA,现在来看结果显然如此。

第三,市场的力量怎么发挥作用?过去中国在汽车行业用市场化的技术,但是我们看到中国合资的汽车厂都出现了问题。一汽本身是亏钱的,需要一汽大众来补贴,我们做了那么多年的市场化技术,未必能够拿到真正好的技术,反而在另外一方面,汽车配件是谁都可以做的,特别是浙江的一些汽车配件,都慢慢做到了全球领先地位,做到50%外销,在全球设厂,这跟汽车形成了比较鲜明的对比。我还去杭州看过一些纺织企业,20年前,纺织产业的产能过剩跟今天的钢铁差不多,现在去看宁波的纺织企业,非常有竞争力。产能过剩的行业有自己的一套办法,比如说优衣库跟它们的关系就非常好,做得也不错。

我平时对整个东亚的产业链非常感兴趣,差不多每年都会去中国台湾、去韩国看产业链变化,我也去浙江看。今年台湾对大陆的出口跌了15%,为什么?因为整个中国移动设备的生产都起来了,中国手机销量都起来了。终端起来以后带动了整个产业链的发展,不一定需要政府去投资终端、投资产业链,这是我在中国电子行业看到的例子。

第四,我其实非常关心半导体行业,大家知道,中国进口前三大产品就是半导体、面板和原油。面板中国过去做了很多补贴,现在希望做一些并购。我们知道最近并购有一些问题,开始买的时候觉得可以,后来买到一些核心技术,比如说飞利浦的照明,可能会出现问题。在这个领域中国应该怎么推进,可以把半导体的行业慢慢拿过来。对于一个比较好的想法,我们未必知道它的细节怎么做,可以利用更多的市场力量,因为要靠国家基金去投、去赌、去选择技术会不可避免地扭曲投资行为。怎样更好地结合国家的力量与民营企业和市场的力量,是值得我们思考的问题。

第五章

产业政策的实践

我国关于转售价格维持的立法与执法实践

蒋传海　上海财经大学教授

产业组织政策是产业政策的重要组成部分,我想从产业组织政策——我国关于转售价格维持(RPM)的立法与执法实践谈一些想法。

首先,谈一下我国关于 RPM 立法和执法的实践。我国《反垄断法》第十四条"禁止经营者与交易相对人达成下列垄断协议:(一)固定向第三人转售商品的价格;(2)限定向第三人转售商品的最低价格;……"明确规定对固定转售价格维持和最低转售价格予以禁止。第十五条又规定了关于第十四条的七种豁免情形,其中一至五款需要经营者举证不会严重限制相关市场竞争。《反垄断法》实施以后,国内关于 RPM 的执法已经有多起,分成两种情形:司法情形和行政执法情形。司法情形主要就是"北京锐邦涌和科贸有限公司诉强生医疗公司案",锐邦公司指控上游供货商强生公司以经销合同中约定转售价格限制条款违反《反垄断法》第十四条"限定向第三人转售商品的最低价格",提起上诉并诉请赔偿经济损失 1 439.93 万元。2013 年 8 月 1 日,上海市高级人民法院终审判决锐邦公司胜诉,强生公司违反《反垄断法》

并赔偿对方经济损失53万元。行政执法情形较多,包括茅台和五粮液行政处罚案、合生元等六家乳粉行政处罚案,以及其他关于眼镜片、汽车、医药的行政处罚案等。从执法的实践来看,主要存在两大特点,一是司法情形较少,行政执法情形较多;二是在RPM行政执法案例中,几乎所有企业都接受了处罚,说明豁免条款让经营者举证RPM不会严重限制相关市场竞争比较困难。我国关于RPM的执法实践在国内外引起广泛影响,特别由于行政执法较多,且执法透明度不够,引起社会各界对于发改委执法的较大争议。

其次,从经济学理论的分析结果来看,RPM既有促进竞争又有限制竞争的效应。企业使用RPM的动机包括避免品牌内竞争、促进经销商提供服务、维持品牌质量声誉和品牌间厂商的价格合谋等。通过RPM,制造商可以诱导零售商提供更多、更好的售货服务,防止零售商对零售服务的"搭便车"行为;通过行之有效的最低RPM,可以吸引新的企业进入该行业,导致产品多样性和更加激烈的竞争;因此,RPM具有促进竞争的效应。但是RPM也可能减少品牌内竞争,消除零售价格波动,方便了制造商之间的合谋,因此,又具有限制竞争的效应。从经济学理论的分析结果来看,对RPM的执法应该按照"合理推定"原则,就是根据案件的实际情况对促进竞争的效应和限制竞争的效应进行评估。

再次,谈一下RPM国外执法的情况。在美国的早期执法案例中,RPM作为纵向控制合同被视为构成对《谢尔曼法》第一条的"本身违法"。后来随着对RPM研究的深入,理论上对RPM的效应认识比较系统和完备,因此对RPM执法产生了深刻的影响,特别是1997年,美国最高法院在审判State石油公司诉Khan案时,受大量研究纵向限制效果学术成果的影响,判决State石油公司应该根据"合理推定"原则而不是"本身违法"原则进行裁决,但是根据法庭对于该案的解释,它将继续区分纵向最高RPM和纵向最低RPM,并认为最低RPM仍然"本身违法"。我个人认为该案的判决结果对我国反垄断法的相关条文产生了深刻的影响。在2007年,美国最高法院在审判Leegin诉PSKS案时裁定纵向最低RPM也应该根据"合理推定"原则而不是"本身违法"原则进行判决。同一年,加拿大把RPM从受刑法约束改为受民法约束。因此,从国外执法的实践来看,RPM应该根据"合理推定"原则进行判决。那么在我国,固定和最低RPM也应该按"合理推定"原则进行裁决。

最后,我想谈一下我的主要观点和建议。(1)从RPM的分析理论和国外执法实践来看,RPM应该按"合理推定"原则进行裁决,但在我国行政执法较多,且执法透明度不够,因此引起较大争议。(2)"锐邦公司诉强生"是国内首例纵向垄断协议纠纷案件,该案判决明确了分析评价RPM的基本方法,其构成要件为:相关市场竞争是否充分,市场地位是否强大,实施最低转售价格维持的动机,最低转售价格维持的竞争效果。(3)在RPM行政执法案例中,几乎所有企业都接受了处罚,说明豁免条款让经营者举证RPM不会严重限制相关市场竞争比较困难,反过来也说明企业需要加大反垄断专门知识的培训。(4)企业举证应该按照以下逻辑进行:产品所在相关市场竞争非常充分,企业自身在相关市场中不具有强大的地位、不以限制市场竞争为动机,具有促进竞争和提高消费者福利的效果。

最低工资标准提高对就业正规化的影响[①]

张　军　复旦大学经济学院教授
赵　达　复旦大学经济学院博士研究生
周龙飞　复旦大学经济学院硕士研究生

问题的提出

  非正规部门在发展中国家广泛存在。这一概念最早由 Hart(1973) 提出,随后国际劳工组织将其正式定义为"城镇地区低收入、低报酬、无组织、无结构、小规模的生产或服务单位"。在中国,一般将城镇私营企业、个体经济从业人员、没有正式劳动关系的城镇国有或集体企业下岗职工归集于非正规就业范畴(姚宇,2006)。非正规部门往往生产效率低下,当非正规部门在要素市场和产品市场与正规部门形成竞争关系时,很可能造成严重的资源错配。La Porta and Shleifer(2014)研究表明,非正规部门生产率水平和

[①] 基金项目:国家社会科学基金重大项目"我国经济发展新常态的趋势性特征及政策取向研究"(批准号:15ZDA008);国家自然科学基金重点项目"推动经济发达地区产业转型升级的机制与政策研究"(批准号:71333002)。

人均附加值仅为正规部门的10%—40%和15%。张峰等(2016)发现,制造业内非正规部门的灰色竞争行为促使正规部门企业更多地转向模仿,从而削弱了全社会的独立创新能力。

对于如何推进正规化演变,吴要武(2009)认为,中国的正规化和产业升级相伴,而后者又取决于要素相对价格的变化,所以工资提升是正规化的重要推手。[①] Murphy et al.(1989a,1989b)把正规化与工资、消费相结合,将正规化视为经济体中多重均衡的相互转换。只有当产品销售额达到足够规模,可以弥补经理人正规化投资引致的固定成本时,企业才有动机进行正规化转变,而在现实中,一些发展水平较低的国家常常会陷入"非正规、低工资、低消费"的均衡之中。Magruder(2013)对Murphy et al.(1989a,1989b)的理论进行了完善,他认为,当政府大范围、高频率、大幅度地提升正规部门社会保障标准水平,且这些干预对非正规部门劳动力收入和消费产生较大正向溢出效应时,社会保障制度便有可能激发需求以弥补正规化的前期投资,促使"正规化、高工资、高消费"的均衡最终得以实现。他利用印度尼西亚数据证实了这一点,同时发现最低工资标准提高对正规化的影响会随着行业TFP和产品需求的不同而表现出较大异质性。实际上,这种创造需求以弥补前期投资的思路可以追溯至Rosenstein-Rodan(1943)的"大推进"理论[②]：如果政府对若干互为补充的行业同时进行投资,使之实现工业化,那么由此相互创造的需求将使得向工业化的转变有利可图。只不过这里用以弥补正规化前期投资的新增需求是由最低工资标准提高所导致的。

中国自20世纪90年代实行最低工资制度以来,全国范围内的最低工资标准发生了显著的提高(详见图1),但并没有文献讨论,最低工资大范围、高

[①] 墨西哥通过显著降低工资的方式来维持低水平的失业率,其结果是非正规部门迅速增长。

[②] 原始发展经济学中的"大推进"概念的核心逻辑在于：政府这一"有形之手"同时对众多行业进行投资,以创造具有较强外部溢出效应的产品需求,从而理顺微观主体内在投资激励机制,最终达到众多行业跨越工业化门槛的目的,实现了全社会范围内的帕累托改进(即弱需求、弱工业化均衡向高需求、工业化均衡的转变)。而本文所述"大推进"亦是通过政府外生建立最低工资制度,在提升了全社会消费需求的同时改变非正规部门企业投资决策,最终使得企业、居民双方均实现帕累托最优均衡(即此时需求的扩张,来自最低工资提高后居民因收入改善所增加的产品需求,而行业正规化之后带来的工资提升则会进一步带来消费需求的下一轮增加)。因此,从政府通过协调各市场主体行为,以"推进"需求提升和改善生产率,实现多重均衡间转换的角度来看,两者异曲同工。

频率、大幅度的攀升是否有利于中国正规化的推进。以往对中国最低工资的研究更多是针对其对就业和工资收入的影响。就业层面,罗小兰(2007)指出,最低工资标准与农民工(非正规就业为主)就业存在倒"U"形关系。Ni et al.(2011)认为,最低工资标准上涨对东部地区就业存在负向影响,而在中西部则表现为正向。Sun et al.(2015)证实,最低工资标准提高仅对私有、个体企业的员工就业存在负面影响。工资层面,马双等(2012)利用1998—2007年中国规模以上制造业微观企业(均为正规部门企业)数据得到,最低工资每上涨10%,制造业企业平均工资将整体上涨0.4%—0.5%。向攀等(2016)利用分位数回归证实,最低工资提升存在较大溢出效应,且执行力度越大,溢出效应越明显。孙中伟和舒玢玢(2011)发现,最低工资标准提高的出发点虽是保障低收入群体基本生活水平,但在政策执行层面却成为工资增长制度,带来的影响波及各行业的各个阶层。基于上述结果,本文初步推测:最低工资标准的大范围、高频率、大幅度提升对于各行业工资(以及由此引发的消费支出①)和两部门劳动力流动确实造成了显著冲击,有利于"正规化、高工资、高消费"均衡的实现。考虑到中国巨大的经济体量以及正规化带来了生产效率的提升,这无疑具有重要的现实意义。

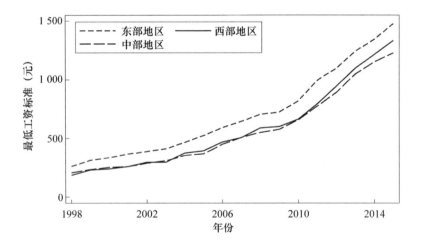

图1　1998—2015年中国三大区域最低工资标准变化情况
资料来源:各省(市)人力资源与社会保障厅(局)网站。

---

① 低收入群体边际消费倾向一般较高,因而消费刺激效应明显(详见实证部分)。

理论模型

虽然本文实证部分探讨的是劳动力就业正规化问题,但是劳动力就业正规化的根本推动力是企业的正规化。鉴于此,这里借鉴 Murphy et al. (1989a)和 Magruder(2013)的分析框架,利用一般化模型,从微观企业视角论证:假设正规部门的工人相较于非正规部门存在工资溢价,如果提高正规部门的工资水平,将可能使经济体由非正规部门生产均衡转变为正规部门生产均衡。

具体地,假设某地区居民消费 Q 种商品,他们的效用函数设定为柯布-道格拉斯形式: $U(x) = \sum_{i=1}^{Q} \ln(x_i)$,其中 x_i 表示第 i 种商品的消费数量。

供给层面,假设每一种商品仅由一个行业生产。同时,企业面临两种技术选择:一种相对落后,1 单位劳动只能生产 1 单位商品;另一种虽然较为先进,1 单位劳动可生产 $\alpha(\alpha>1)$ 单位商品,但是该类技术要求投入 F 单位前期劳动方可获得(类似专利)。基于中国既有典型化事实,本文将较难受到政府监管的企业定义为非正规部门企业,它们大多生产规模较小,数量众多,生产技术落后。[①] 同时,将易受到政府监督(如最低工资管制)的企业定义为正规部门企业,该类企业一般采用先进生产技术,规模较大,为其所在行业的唯一生产商。[②]

本文进一步将 Q 个行业细分为两类:第一类行业生产不可贸易品(如部分无法实现空间分离的服务业)[③],其产品只能被当地居民消费,此类行业在

[①] 由于非正规部门企业规模通常较小,因此带来很大监管困难,而监管松散本质上是对非正规部门的一种"隐性补贴",这使得一些企业即使技术落后,也仍能维持一定利润空间,从而免遭淘汰。

[②] 正规化企业是行业内唯一生产商是出于模型简便考虑,将某一行业内的正规化企业视为同质,并不意味着垄断。

[③] 如此归类是为了更为清晰地分析最低工资标准上涨的消费刺激与再分配效应:最低工资标准上涨一方面提高了本国消费水平(即本文所指本地需求),另一方面则通过价格提升恶化了外国消费者需求(即下文中的 E)。如果最低工资标准提高引起的消费上升全部用来购买外国产品,则不会对中国相关行业产品形成需求,从而在用工成本增加的同时,弱化了非正规部门企业正规化的动机,不利于行业正规化的转变。这也正是本文在实证部分(详见表 3)利用不能进行空间贸易的本地服务需求进行稳健性检验的原因。类似地,如果外需出现大规模下降,则对中国各行业正规化转变带来不利影响。

最初阶段均使用落后生产技术,但由于其具有采用先进技术转化为正规部门生产的潜力,因此第一类行业中的企业后续将会根据预期利润决定采用何种生产技术,此类行业占比为 η。第二类行业生产可贸易品,其产品不仅可用于本地居民消费,亦可与其他地区进行交换(如大部分制造业)。本文假定非本地居民对本地第二类行业产品的总需求为 E。进一步,这里认为第二类行业中的任何行业均只有一家正规部门企业采用先进技术生产,并受政府监督,此类行业占比为 $1-\eta$。

要素市场上,这里假定劳动力可自由流动。① 由于假设所有非正规部门企业在劳动力市场上进行完全竞争,故而非正规部门企业工资相同,此处标准化为 1。本文同时假设商品市场也是完全竞争的②,因此由非正规部门企业进行生产的行业,必然会将其商品价格设定为边际成本,即为 1。而对于已经完成正规化转变的行业而言,虽然任一行业内只有一家企业存在,但由于不存在进入壁垒,该行业产品也只能定价为 1。可以看到,由于正规部门企业劳动边际产出较高,因此其工资 w 满足:$1 \leqslant w \leqslant \alpha$。③ 鉴于正规部门生产往往意味着更高的劳动强度,因此正规部门企业只需将工资调整到恰能弥补更高劳动强度带来的效用损失即可。进一步,本文假设当地人口规模保持不变,且所有未就业者均能获得最低生活保障 β,满足 $\beta<1$。

根据柯布-道格拉斯效用函数性质,当本地居民收入为 y 时,其在每种商品上的支出均为 $\frac{y}{Q}$。如果第一类行业全部采用先进技术进行生产,则该类行业中单个企业的预期利润为:

$$\pi = \frac{y}{Q} \cdot \left(\frac{\alpha - w}{\alpha}\right) - F \cdot w \tag{1}$$

---

① 城镇地区劳动力虽未实现完全自由流动,但就服务业大量低技能劳动岗位而言(如餐厅服务员),劳动力流动壁垒很低。根据 UHS 2010—2012 年月度数据,20% 非正规部门就业者在三年内更换了至少一次工作。
② 在此设定下,非正规部门企业经济利润为 0。正规部门企业由于单位劳动生产率较高,从而在大量非正规部门企业正规化之前,经济利润为正。如此假设仅仅是为了使正规部门企业利润大于非正规部门企业,从而使得正规化有利可图,至于非正规部门企业经济利润是否真正为 0 则无关紧要。
③ 这是因为正规部门工资不可能超过劳动力带来的收益,也不可能低于劳动力从非正规部门企业获得的工资。

由于采用落后生产技术的企业利润恒为0,所以当π>0时,企业将会选择投入单位劳动力,转变为高效率的正规部门生产。

假定收入仅由工资和最低生活保障构成,当第一类行业全部实现正规化时,当地居民的收入可以表示为:

$$y = F \cdot Q \cdot \eta \cdot w + \frac{y \cdot \eta \cdot w}{\alpha} + \frac{y \cdot (1-\eta) \cdot w}{\alpha} + \frac{E \cdot w}{\alpha} + \left(L - F \cdot Q \cdot \eta - \frac{y \cdot \eta}{\alpha} - \frac{y \cdot (1-\eta)}{\alpha} - \frac{E}{\alpha}\right) \cdot \beta \quad (2)$$

从中可以求解出均衡时当地居民收入水平:

$$y = \frac{L \cdot \beta + (w-\beta) \cdot (F \cdot Q \cdot \eta + \frac{E}{\alpha})}{1 - (w-\beta) \cdot \frac{1}{\alpha}} \quad (3)$$

将(3)式代入(1)式,若转变为正规部门生产使得第一类行业有利可图,则须满足:

$$\pi = \frac{L \cdot \beta + (w-\beta) \cdot (F \cdot Q \cdot \eta + \frac{E}{\alpha})}{1 - (w-\beta) \cdot \frac{1}{\alpha}} \cdot \frac{1}{Q} \cdot \left(\frac{\alpha - w}{\alpha}\right) - F \cdot W > 0 \quad (4)$$

等价地:

$$F < \frac{1}{Q} \cdot \frac{\left[L \cdot \beta + (w-\beta) \cdot \frac{E}{\alpha}\right] \cdot (\alpha - w)}{\alpha \cdot w - w \cdot (w-\beta) \cdot (1-\eta) - \eta \cdot (w-\beta) \cdot \alpha} \quad (5)$$

另一方面,如果第一类行业均采用落后生产技术,则当地居民的收入可以表示为:

$$y = y \cdot \eta + \frac{y \cdot (1-\eta) \cdot w}{\alpha} + \frac{E \cdot w}{\alpha} + \left[L - y \cdot \eta - \frac{y \cdot (1-\eta)}{\alpha} - \frac{E}{\alpha}\right] \cdot \beta \quad (6)$$

进一步求解得到:

$$y = \frac{L \cdot \beta + (w-\beta) \cdot \frac{E}{\alpha}}{1 - (w-\beta) \cdot \frac{1-\eta}{\alpha} - (1-\beta) \cdot \eta} \quad (7)$$

将(7)式代入(1)式,如果第一类行业选择继续使用落后生产技术,则必然是因为转变为正规部门生产无法带来正的预期利润,此时:

$$F > \frac{\left[L \cdot \beta + (w-\beta) \cdot \frac{E}{\alpha}\right] \cdot (\alpha - w)}{\alpha - (w-\beta) \cdot (1-\eta) - (1-\beta) \cdot \eta \cdot \alpha} \cdot \frac{1}{Q \cdot w} \qquad (8)$$

可以看到,当固定成本 F 在某个特定范围内取值时,(5)、(8)式将会同时满足,从而第一类行业存在两种潜在均衡状态:一种是正规化、高需求和高工资,另一种是非正规化、低需求和低工资。显然,当地居民收入越高[①],则他们对产品的需求越旺盛,因此第一类行业中的企业实行正规化生产将更加有利可图,而当其中一部分企业实行正规化生产之后,又会进一步增加当地居民的工资性收入,扩大对剩余行业产品的需求,推动其正规化的转变,这正是"大推进"理论的核心思想所在。

基于以上基准模型,本文进一步引入最低工资制度。理论推演显示:在 F 取某些值时,最低工资制度的实施,将在一定程度上促使多重均衡转化为只有正规化部门存在的唯一均衡。具体地,假定政府将最低工资定为 $\bar{w}$,并满足 $w \leqslant \bar{w} \leqslant \alpha$[②],其中 w 为不存在最低工资制度情况下正规部门企业工资水平,α 为正规部门企业在利润为正的前提下所能给予的最高工资。假设所有行业中的正规部门企业都受到监管,而第一类行业在最初阶段虽然全部由非正规部门企业生产,但其中有部分行业会受到最低工资制度的影响(即溢出效应),且这部分行业在第一类行业中占比为 $\delta(0 \leqslant \delta \leqslant 1)$,该值与政府监督强度正相关。此外,由于商品售价恒为 1,一旦有行业实施高于 1 的最低工资,则该行业企业为了避免亏损,将必然转变为正规部门企业生产,在此过程中,当地居民就业、收入和消费支出都会受到影响。具体而言,最低工资制度实施后,当地居民的收入可表示为:

$$y = F \cdot Q \cdot \eta \cdot \delta \cdot \bar{w} + \frac{y \cdot \eta \cdot \delta \cdot \bar{w}}{\alpha} + y \cdot \eta \cdot (1-\delta) +$$
$$\frac{y \cdot (1-\eta) \cdot \bar{w}}{\alpha} + \frac{E \cdot \bar{w}}{\alpha} + (L - F \cdot Q \cdot \eta \cdot \delta - \frac{y \cdot \eta \cdot \delta}{\alpha}$$
$$- y \cdot \eta \cdot (1-\delta) - \frac{y \cdot (1-\eta)}{\alpha} - \frac{E}{\alpha}) \cdot \beta \qquad (9)$$

---

① 当地居民收入的增加也很可能是由于某些外在因素的推动,如最低工资标准的提高。
② 倘若 $\bar{w}$ 不满足上述条件,最低工资制度或不产生任何影响,或导致企业没有生产意愿。

由此得到:

$$y = \frac{L \cdot \beta + (\overline{w} - \beta) \cdot \left(F \cdot Q \cdot \eta \cdot \delta + \dfrac{E}{\alpha}\right)}{1 - (\overline{w} - \beta) \cdot \dfrac{\eta \cdot \delta + 1 - \eta}{\alpha} - (1 - \beta) \cdot \eta \cdot (1 - \delta)} \quad (10)$$

此时,对于第一类行业尚未实现正规化生产的企业而言,如仍然偏好落后生产技术,则满足:

$$F > \frac{1}{Q} \cdot \frac{\left(L \cdot \beta + (\overline{w} - \beta) \cdot \dfrac{E}{\alpha}\right) \cdot (\alpha - \overline{w})}{\alpha \cdot \overline{w} - \overline{w} \cdot (\overline{w} - \beta) \cdot (1 - \eta) - \eta \cdot \delta \cdot (\overline{w} - \beta) \cdot \alpha - \eta \cdot \alpha \cdot (1 - \beta) \cdot (1 - \delta) \cdot \overline{w}} \quad (11)$$

可以验证,对于 F 的某些取值,当最低工资制度执行更加严格(即 δ 接近于1),非本地居民对第二类产业商品需求 E 越旺盛,且 $\overline{w}$ 与 w 接近时,(8)式将比(11)式更易得到满足,这意味着实行最低工资制度后,第一类行业由正规部门企业生产的均衡将更有可能出现。其逻辑在于,随着最低工资标准的提高,第二类行业正规部门中的劳动者以及部分第一类行业非正规部门中的劳动者的工资收入将提高,而本地居民工资的提高必然导致其对全社会所有产品的总需求增加,进而使得第一类行业中未实行正规化生产的企业更有可能进行正规化转变。由于生产要素自由流动,劳动力将首先满足工资较高的正规部门企业的用工需求,因此,在第一类行业实现正规化生产并提高企业劳动者工资水平的同时,该类行业正规部门企业的就业人数将上升。① 由此可见,在市场协调机制未能充分发挥作用的情况下,政府部门最低工资制度的构建,有利于提高劳动者收入水平,从而刺激消费、推进企业正规化进程,而正规化的演变又进一步提升了收入和消费支出,促进了由"低收入、低消费、非正规"均衡向"高收入、高消费、正规化"均衡的帕累托改进。

---

① 由理论模型构建过程可以看出,如果非正规部门企业在成本压力下没有积极谋求正规化转变,最终破产,则产品市场正规企业市场份额将出现增加,从而有助于劳动力市场上正规部门就业比例的提高。

数据说明与模型设定

数据介绍

本文使用三类数据：一是2005—2012年四省市中国城镇家庭微观住户调查（UHS）[①]，样本省份包括辽宁、上海、四川以及广东；二是1998—2015年全国地级市层面最低工资标准；三是1998—2015年全国地级市层面部分宏观经济指标[②]。

参考胡鞍钢和马伟（2012）的方法，这里将国有经济单位职工、城镇集体经济单位职工、联营经济、股份制经济、外商和港澳台经济单位中工作职工定义为正规部门就业；同时把城镇个体或私营企业被雇者以及没有固定性职业，在所调查的月份内从事社会劳动时间超过半个月，所得报酬在当地足以维持本人生活的人员归为非正规部门就业。[③]

表1的描述性统计信息表明，2012年城镇地区非正规部门劳动者占比为45%，远高于发达国家平均水平。从人口特征看，20岁以下非正规就业的人员比例达到80%左右，而在其他年龄段则表现平稳，约为30%。按教育程度分类，除未上过学以外，随着教育水平的提高，从事非正规就业的人群占比出现显著降低，说明改善教育水平是突破部门界线的重要手段。依性别看，正规部门男性偏多，而非正规部门男性和女性大约各占1/2。无论是收入还是支出，正规部门就业者占比均高于非正规部门就业者，但支出层面差距相对较小。

[①] 一共包括52个地级市，由于部分控制变量采用的是地级市层面数据，而各省内部经济发展差异巨大，从而在横截面维度产生较大变异性，因此这里有理由认为本文实证结论具有一般代表性。

[②] 除图1外，全文所有变量均经地级市层面价格调整，为实际值，后文对此不再进行特别说明。

[③] 样本内城镇个体或私营企业被雇者的月工作时间均值为194小时，标准差为47小时，基本不符合国家日工作时间8小时的法律规定，所以本文有理由认为这些样本属于非正规企业。此外，传统意义上的大型私营企业被归类为股份制企业，属于正规部门。退一步讲，即使私营企业样本中涵盖了正规部门企业，也只会导致异质性结果被低估，这反而使本文结论有所加强。

表 1　正规、非正规部门就业者人口特征演变情况

部门		2006 年		2009 年		2012 年	
		正规	非正规	正规	非正规	正规	非正规
全样本(%)		62.70	37.30	53.81	46.19	55.00	45.00
年龄(%)	20 岁以下	20.83	79.17	23.53	76.47	16.92	83.08
	20—30 岁	70.13	29.87	66.02	33.98	67.67	32.33
	30—40 岁	73.06	26.94	68.58	31.42	69.14	30.86
	40—50 岁	72.16	27.84	68.32	31.68	68.64	31.36
	50 岁以上	77.79	22.21	71.14	28.86	71.17	28.84
受教育年限(%)	未上过学	54.55	45.45	26.92	73.08	33.33	66.67
	小学	33.85	66.15	23.56	76.44	16.39	83.61
	初中	45.06	54.94	33.03	66.97	29.85	70.15
	高中	57.87	42.13	44.81	55.19	47.20	52.80
	中专	66.21	33.79	57.12	42.88	55.32	44.68
	大学专科	78.48	21.52	70.58	29.42	68.54	31.46
	大学本科	88.55	11.45	83.15	16.85	82.58	17.42
	研究生	93.81	6.19	94.81	5.19	91.29	8.71
男性占比(%)		59.97	47.47	59.43	50.38	58.82	51.42
人均工资性收入(元)		21 848.06	9 036.82	31 209.29	16 024.78	45 668.14	26 318.63
家庭支出(元)	总支出	45 634.51	29 486.02	67 988.24	44 319.77	87 992.97	63 428.14
	消费支出	32 271.33	23 563.08	44 671.43	33 174.12	62 607.34	49 325.27
	食物	11 591.07	9 292.92	15 967.16	13 430.52	21 917.49	18 988.93
	衣着	2 953.27	1 990.38	4 220.08	2 716.88	6 166.70	4 506.63
	居住	3 148.61	2 573.09	4 379.30	3 834.10	5 153.89	4 764.67
	家庭设备用品及服务	1 774.00	1 089.93	2 694.97	1 730.43	4 392.29	3 057.87
	医疗保健	1 846.28	1 605.20	2 387.83	2 032.89	2 991.21	2 583.89
	交通和通信	5 010.28	3 173.11	7 408.14	4 604.14	10 797.67	7 980.09
	教育文化娱乐服务	4 629.29	2 950.84	5 660.30	3 527.94	8 299.03	5 545.45
	其他商品和服务	1 318.55	887.62	1 953.65	1 297.23	2 889.07	1 897.76

注：剔除了家庭中工资性收入为 0 的个体，这将导致最低工资标准对工资收入的影响存在一定程度上的高估。

资料来源：中国城镇家庭住户调查。

模型设定

由理论模型可知，最低工资标准的提高能促使部分以本地需求为主且具有技术提升空间的行业，实现由非正规化到正规化生产的结构优化。据此推理，随着最低工资标准的提高，该类行业中正规部门就业人数将出现上升，同时非正规部门就业人数将会下降。为了验证上述推论，本文建立如下

回归方程：

$$\text{Employed}_{ijt}^* = \beta_0 + \beta_1 \ln \text{MW}_{jt} + \beta_2 Z_{jt} + \beta_3 X_{ijt} + \beta_4 T + \alpha_i + \gamma_h + \varepsilon_{ijt} \tag{12}$$

$$\text{Employed}_{ijt} = \begin{cases} 1, & \text{Employed}_{ijt}^* > 0 \\ 0, & \text{Employed}_{ijt}^* \leqslant 0 \end{cases} \tag{13}$$

其中，Employed_{ijt} 为 t 年 j 地区个体 i 在两部门间的就业状态，1 代表在正规部门就业，0 代表在非正规部门就业。$\ln \text{MW}_{jt}$ 为 j 地区 t 年实际最低工资自然对数[①]；Z_{jt} 代表地级市宏观经济周期控制变量，包括市国内生产总值、市总就业人数[②]；X_{ijt} 包括 UHS 数据库中被调查个体的受教育水平[③]、年龄、性别；T 代表时间趋势用来控制整体宏观经济走势；α_i 和 γ_h 分别代表个体和行业固定效应[④]。β_1 是本文关心的变量，表示最低工资对部门间劳动力就业转换的影响。

此外，最低工资标准的提高，应首先增加本地居民工资性收入才能影响居民消费。为此本文建立如下回归方程进行验证：

$$\ln \text{Wage}_{ijt} = \beta_0 + \beta_1 \ln \text{MW}_{jt} + \beta_2 Z_{jt} + \beta_3 X_{ijt} + \beta_4 T + \alpha_i + \gamma_h + \varepsilon_{ijt} \tag{14}$$

其中 $\ln \text{Wage}_{ijt}$ 为 t 年 j 地区个体 i 实际工资自然对数，其余变量含义同(12)式。

最后，根据理论模型所提假说，居民收入提高引起的产品需求扩大是促进正规化的重要途径。因此，这里还需直接考察不同口径下支出水平对最低工资的弹性大小：

$$\ln \text{Expenditure}_{ijt} = \beta_0 + \beta_1 \ln \text{MW}_{jt} + \beta_2 Z_{it} + \beta_3 X_{ijt} + \beta_4 T + \alpha_i + \gamma_h + \varepsilon_{ijt} \tag{15}$$

其中 $\ln \text{Expenditure}_{ijt}$ 代表了 t 年 j 地区家庭 i 总支出以及各类消费支出水

[①] 值得注意的是，本文回归方程被解释变量为微观住户而非地区加总数据，对于微观住户，最低工资等宏观变量均为外生，这是微观数据的优势之一。

[②] 由于地方政府在确定最低工资标准时会考虑当地城镇居民生活费用支出、经济发展水平等因素(邸俊鹏和韩清，2015；王光新和姚先国，2014；马双等，2012；Yamada，2016)，因此控制以上变量有助于缓解内生性问题。实际上，后文实证结果显示，最低工资上涨对不同行业就业存在很大异质性，这在一定程度上说明模型不存在明显的遗漏变量问题。

[③] La Porta and Shleifer(2014)指出，受教育水平是影响个体正规化就业的不可或缺的因素。

[④] 如前所述，由于并非所有行业非正规部门都能正规化，并且各行业固定资本投入、当前已有正规化程度、行业准入等也有所不同(陈林等，2016)，因此行业固定效应的引入十分必要。

平自然对数,其余变量含义与(12)式保持一致,为表达简便,这里家庭和个人均用符号 i 来表示。

实证结果

最低工资标准与两部门就业者的工资性收入差异性

本文首先对两部门就业者的工资性收入进行简单刻画。从图 2 可以看到:第一,各地最低工资标准以及正规、非正规部门工资分布在样本期间内均有右移趋势。第二,不受最低工资约束的非正规部门离散程度更高且存在明显拖尾,导致低于最低工资标准的人群比例即使逐年下降,也仍显著高于正规部门。第三,同一年度各地正规部门就业者平均工资水平明显高于非正规部门,表明正规部门的边际劳动产出在平均意义上高于非正规部门,这与前文理论模型对于两部门生产技术的设定是一致的。

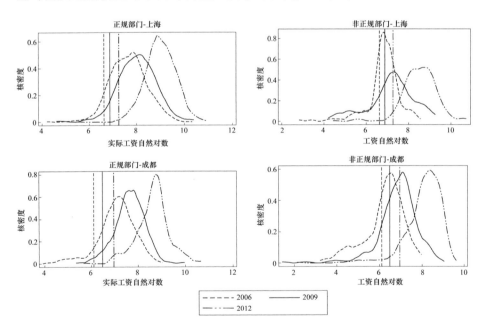

图 2　各地区最低工资标准与工资分布①

资料来源:中国城镇住户调查、各省(市)人力资源与社会保障厅(局)网站。

---

① 篇幅所限,本文只列示部分省会城市,如需了解其余城市情况可与作者联系。

最低工资标准与行业正规化演变异质性

如表 2 所示,从全样本来看,无论是 2005—2009 年还是 2010—2012 年[①],最低工资标准提高均显著地促进了就业的正规化转变,初步支持了理论推导的结论。

表 2 最低工资标准影响非正规部门就业正规化的行业异质性

产业	行业	2005—2009 年				2010—2012 年			
		估计值	标准误	边际值	标准误	估计值	标准误	边际值	标准误
全样本		2.72***	0.35	0.05***	0.01	3.28***	0.54	0.16***	0.04
第一产业	农、林、牧、渔	−23.38***	8.47	−1.01**	0.42	−3.51	8.78	−0.14	0.35
第二产业	采矿业	−9.53**	4.71	−0.02	0.01	23.39***	8.21	0.02	0.02
	制造业	−1.08	0.80	−0.00	0.00	−3.77***	−1.40	−0.00**[②]	0.00
	电力、燃气及水的生产和供应业	−2.95	3.71	−0.00	0.00	−1.84	3.37	−0.00	0.00
	建筑业	0.72	1.58	0.02	0.04	−2.20	2.66	−0.04	0.05
第三产业	交通运输、仓储和邮政业	2.36	1.82	0.01	0.01	9.08***	2.38	0.48***	0.12
	信息传输、计算机服务和软件业	7.57*	4.57	0.28*	0.18	3.87	3.21	0.26	0.22
	批发和零售业	10.81***	1.80	0.23***	0.03	5.10***	1.56	0.02**	0.00
	住宿和餐饮业	12.55***	2.82	0.37***	0.08	16.93***	3.80	0.60***	0.13
	金融业	2.37	1.90	0.00	0.00	−3.41	2.67	−0.00	0.00
	房地产业	15.64***	1.64	0.99***	0.09	−36.01***	11.16	−1.76***	0.55
	租赁和商务服务业	14.22***	3.70	0.80***	0.19	−4.05	7.02	−0.00	0.01
	科学研究	6.83	4.51	0.00	0.00	−4.49	8.157		
	水利、环境和公共设施管理业	−6.03**	3.10	−0.02	0.01	−4.05	7.02	−0.00	0.00
	居民服务和其他服务业	0.44	1.10	0.02	0.06	8.28***	1.47	0.21***	0.06
	教育	15.16***	2.63	0.09***	0.02	6.14	5.08	0.03	0.02
	卫生、社会保障和社会福利业	3.87***	1.50	0.01**	0.01	6.97**	3.49	0.00*	0.00
	文化、体育和娱乐业	14.54***	4.59	0.44***	0.11	14.48	9.90	0.41	0.29
	公共管理和社会组织	4.07***	1.31	0.00**	0.00	7.74***	2.94	0.01	0.01

注:***、**、* 分别表示在 1%、5%、10% 显著性水平上显著。
资料来源:根据中国城镇住户调查数据计算。

[①] 由于各行业需求和 TFP 增长在 2010 年前后表现出较大差异性,这里在时间上进行了区分。
[②] 实际数值为 −0.004,表格数据仅保留两位有效数字。

分行业来看,当最低工资标准提高10%时,零售业中劳动者在正规部门就业的概率在2005—2009年将提高2.3个百分点,在2010—2012年将提高0.2个百分点,与模型预测相吻合。这是因为零售业特征与模型中对于第一类行业的刻画最为相近:该行业完全不可贸易,以本地需求为主,而且零售业规模优势明显,生产效率具有很大的提升空间。① 当最低工资标准提高时,居民增加的消费支出对零售业影响较为显著,零售业可以通过向正规化转变,充分发挥规模优势抵消成本负面冲击。类似地,交通运输、仓储和邮政业,居民服务和其他服务业受最低工资大幅上涨影响,正规化趋势也愈发明显。

但我们也观察到服务业中的一些行业有"逆正规化"现象的存在。例如房地产业,随着最低工资标准的提高,该行业在2005—2009年间正规化程度明显上升,但2010年之后却出现"逆正规化"趋势。需要说明的是,这里所说的房地产业主要包括房地产开发经营、物业管理、房地产中介服务、其他房地产活动,并不包括房屋及其他建筑物的工程施工活动,因而其成本主要以人工成本为主,同时行业TFP提升空间有限。当最低工资标准提高时,其成本必然出现迅速攀升,加之2010—2012年间房地产宏观调控再次收紧,行业需求并无较大改善,为了应对利润的下滑,企业开始雇用大量临时工,导致"逆正规化"的出现,正如Liang et al.(2016)所发现,与2007年相比,2013年出现了正规部门就业的较大幅度下滑以及非正规部门就业中应急工(causal worker)就业概率的大幅增加(由21%陡增至43%)。

行业异质性内在机制探讨:量化分析

如表3所示,这里参考孙楚仁等(2013)的计量模型,考虑引入最低工资标准与特定年份、特定省份服务业细分行业TFP增速交叉项以及与本地最终消费总需求交叉项,以探究导致最低工资标准提高对就业正规化的影响存在行业异质性的因素。

---

① 分布普遍的小规模零售商店(以非正规部门为主)的盈利能力显然不如大型连锁购物中心或者连锁店(以正规部门为主)

表 3 行业 TFP 与本地市场需求对服务业非正规部门就业正规化的影响

控制变量	(1)		(2)	
	估计值	边际值	估计值	边际值
ln MW	−42.81***	0.02***	−39.40***	0.03***
	(12.10)	(0.01)	(10.50)	(0.01)
TFP_h	41.82	32.00***	43.23	26.21***
	(439.48)	(1.14)	(386)	(2.41)
Demand	−0.41	0.24***	0.14	0.19***
	(2.62)	(0.01)	(1.81)	(0.01)
ln MW * TFP_h	614.37***		432.18**	
	(236.00)		(167.07)	
ln MW * Demamd	5.02***		1.87***	
	(1.41)		(0.95)	
ln MW * TFP_h * Demamd	−70.43**		−45.80**	
	(28.14)		(18.60)	
TFP_h * Demamd	123.26**		107.29**	
	(50.32)		(35.71)	

注：(1) ***、**、* 分别表示在 1%、5%、10% 显著性水平上显著。(2) 栏利用 UHS 中具有当地支出特性的理发洗澡费、美容费支出、家教费等代替当地最终消费支出以反映本地支出水平。
资料来源：根据中国城镇住户调查数据计算，王恕立和胡宗彪(2012)，王恕立和刘军(2014)，王恕立等(2015)。

从结果来看，最低工资标准提高促进了该服务业非正规部门就业向正规化转变，同时无论是 TFP 增速还是本地最终消费支出，交叉项系数均显著为正，这说明，行业 TFP 增长越迅速，本地消费需求越旺盛，最低工资对于非正规部门就业正规化的"催化"效果越强。① 为检验结果的稳健性，将本地最终消费支出替换为家教费、理发洗澡费、美容费支出后发现，虽然交叉项系数有所降低，但依旧为正且显著不为 0。

---

① 本文并未将最低工资作为就业正规化的"主导因素"：无论是理论模型还是实证回归，本文都考虑到了消费需求(内生于经济发展水平)以及 TFP(内生于经济发展水平)对于劳动者就业正规化转变的影响。

最低工资标准与工资性收入

从表4可以看到,实际最低工资标准提高对城镇地区各阶层实际工资水平有十分显著的提升作用。其中,对正规部门就业者影响更大,且表现为"U"形,而对于非正规部门就业者则总体呈现出单调递增趋势。考虑到正规部门就业者收入水平普遍高于非正规部门就业者,而且回归分位数依据收入水平进行区别,所以最低工资提高同时拉大了部门间和部门内的就业者工资差距,不利于社会公平。

表4 最低工资对工资性收入结构的影响[①]

分位数	0.1	0.2	0.3	0.4	0.5	0.6	0.7	0.8	0.9
全样本	0.97***	0.98***	0.99***	0.97***	0.98***	0.98***	0.99***	1.00***	1.02***
	(0.04)	(0.03)	(0.02)	(0.02)	(0.02)	(0.02)	(0.02)	(0.02)	(0.03)
正规部门	1.00***	0.92***	0.91***	0.93***	0.94***	0.97***	0.97***	0.99***	1.01***
	(0.04)	(0.03)	(0.03)	(0.02)	(0.02)	(0.02)	(0.02)	(0.02)	(0.03)
非正规部门	0.43***	0.74***	0.79***	0.81***	0.85***	0.86***	0.84***	0.84***	0.85***
	(0.11)	(0.06)	(0.04)	(0.04)	(0.03)	(0.03)	(0.04)	(0.04)	(0.05)

注:***、**、*分别表示在1%、5%、10%显著性水平上显著,括号内为标准误。样本期间内全国最低工资平均水平为700元,城镇月平均收入不足2000元。如此,最低工资每提高10%(即70元),将拉动平均收入增加不到180元(假设弹性为0.85%),符合直觉。

资料来源:中国城镇家庭住户调查。

最低工资标准与家庭消费支出

依托 UHS 详尽的微观消费数据,本文核算了家庭总支出[②]以及其他八大类消费支出变化情况。表5显示,实际最低工资1%的增长会带来家庭总支出0.9%左右的增加,且非正规部门支出弹性大于正规部门。

---

① 非正规就业是由非正规部门的自我雇佣型就业和非正规形式的工资型就业组成,前者包括微型企业中的雇主和独立的个体劳动者,后者包括非正规企业的雇员和受雇于私人企业或家庭的非正规工资型劳动者,工资估计方程特指后者。

② 家庭总支出涵盖了家庭除借贷支出以外的全部实际支出。

表 5 最低工资对总支出的影响

分位数	0.1	0.2	0.3	0.4	0.5	0.6	0.7	0.8	0.9
全样本	0.95***	0.88***	0.88***	0.89***	0.89***	0.89***	0.90***	0.88***	0.91***
	(0.03)	(0.02)	(0.02)	(0.02)	(0.02)	(0.02)	(0.02)	(0.02)	(0.03)
正规部门	0.79***	0.78***	0.76***	0.80***	0.82***	0.82***	0.80***	0.81***	0.84***
	(0.03)	(0.02)	(0.02)	(0.02)	(0.02)	(0.02)	(0.02)	(0.03)	(0.04)
非正规部门	1.03***	0.97***	0.96***	0.97***	0.99***	1.00***	1.02***	1.01***	1.02***
	(0.04)	(0.03)	(0.03)	(0.03)	(0.03)	(0.03)	(0.03)	(0.03)	(0.05)

注：***、**、* 分别表示在1％、5％、10％显著性水平上显著。
资料来源：根据中国城镇家庭住户调查数据计算。

表 6 结果显示，最低工资标准每提高 10％，城镇地区家庭月实际消费支出将增加 103 元。假设中国城镇地区家庭平均人数为 3 人，则 UHS 包含了 122 381 个观测值，约 40 793 户。考虑到 UHS 抽样比例为 1％，这里匡算所得四省市食物支出增长 4.2 亿元，总消费支出增长 11.67 亿元。[①] 然而，不得不承认，本文估计只是刺激效果上限。第一，考虑到最低工资标准提高的信号作用及成本传导机制，全社会 CPI 会出现一定程度上升，从而对于那些没有工资性收入的群体如个体雇主、城镇以外广大农村地区人口、进口国内商品的外国居民形成消费抑制。第二，根据微观消费理论，边际消费倾向存在递减现象，因此当收入持续增加时，支出弹性降低，总支出相应减少。第三，弹性的估计只是切线斜率，因此当最低工资上涨 10％ 时，弹性数值的精确度将随之下降。

表 6 月最低工资提高 10％对城镇家庭各类消费支出刺激的测算

支出项目	参考弹性	家庭月均实际支出(元)	家庭支出增长金额(元)	四省市总支出(亿元)
居住	0.90	334	30	1.22
家庭设备用品及服务	1.15	182	21	0.86
医疗保健	0.16	164	3	0.12
交通和通信	1.52	475	72	2.94
教育文化娱乐服务	1.51	377	57	2.33
其他商品和服务	0.44	123	5	0.20

---

① 本文不足之处在于未能区分最低工资上涨对于消费刺激的短期和长期效应。

(续表)

支出项目	参考弹性	家庭月均实际支出(元)	家庭支出增长金额(元)	四省市总支出(亿元)
衣着	−0.23	276	−6	−0.24
食物	0.93	1 109	103	4.20

注：***、**、* 分别表示在1%、5%、10%显著性水平上显著。
资料来源：根据中国城镇住户调查数据计算。

结论与政策启示

随着2004年《最低工资规定》的实施，各地最低工资标准普遍出现大幅度抬升，角色也由基本的"保障制度"无意中变为了"工资制度"。本文认为，如果设计足够合理，那么最低工资制度作为一种协调机制能够打破"低收入、低消费、非正规化"的均衡，进而实现"高收入、高消费、正规化"的状态优化。具体而言，在满足一定条件的住宿和餐饮业、批发和零售业，最低工资制度十分显著地引起劳动力由非正规部门转移至正规部门。考虑到两部门附加值及生产率差异较大，这一举措在一定程度上加快了经济结构优化步伐，改善了资源配置效率。不过，2010—2012年，最低工资标准的提高却导致房地产业出现了"逆正规化"现象。基于理论模型的分析认为，成本增加背景下的市场需求恶化及TFP增速放缓是造成最低工资标准提高对行业影响异质性的重要原因。

基于实证结果，本文形成以下政策启示：第一，改革开放以来，为鼓励企业投资实现工业化，利润侵蚀工资现象普遍存在，中国工资长期刚性偏低，人为地压低了消费水平。中国可以通过提高最低工资水平等社会保障标准，来增加边际消费倾向较高的低收入群体收入，以达到刺激消费的目的。第二，由于2010—2012年经济增长表现远不及2005—2009年强劲，部分行业的需求有所降低，因此中国各地最低工资标准提高过快引起了部分行业的"逆正规化"趋势，考虑到2013—2016年全球经济下行压力更为明显，政府应该调低最低工资上涨幅度并降低频率。第三，本文认为以上与两点相左的结论源于这一现实：最低工资标准由各地级市制定。考虑到以上两方面情况,未来可以同时将行业因素纳入到最低工资设定体系当中,从而基于行业和地区两个维度设定最低工资标准。第四,由于最低工资标准提高对正规、非正规部门就业者不同工资阶层存在溢出效应,并且在更大程度上提高了高收入群体的实际工资收入水平,因此,政府有必要同时通过税收等其他配套政策来调节收入差距。

参考文献

Hart, K., "Informal Income Opportunities and Urban Employment in Ghana", *The Journal of Modern African Studies*, 1973, 11(1), pp. 61—89.

La Porta, R. and A. Shleifer, "Informality and development", *The Journal of Economic Perspectives*, 2014, 28(3), pp. 109—126.

Magruder, J. R., "Can Minimum Wages Cause a Big Push? Evidence from Indonesia", *Journal of Development Economics*, 2013, 100(1), pp. 48—62.

Murphy, K. M. and A. Shleifer, "Industrialization and the Big Push", *The Journal of Political Economy*, 1989, 97(5), pp. 1003—1026.

Murphy, K. M., A. Shleifer and R. Vishny, "Income Distribution, Market Size, and Industrialization", *The Quarterly Journal of Economics*, 1989, 104(3), pp. 537—564.

Ni, J., G. Wang and X. Yao, "Impact of Minimum Wages on Employment: Evidence from China", *Chinese Economy*, 2011, 44(1), pp. 18—38.

Rosenstein-Rodan, P. N., "Problems of Industrialization of Eastern and South-eastern Europe", *The Economic Journal*, 1943, 53(210/211), pp. 202—211.

Sun, W., X. Wang and X. Zhang, "Minimum Wage Effects on Employment and Working Time of Chinese Workers—Evidence Based on CHNS", *IZA Journal of Labor & Development*, 2015, 4(1), pp. 1—22.

Yamada, K., "Tracing the Impact of Large Minimum Wage Changes on Household Welfare in Indonesia", *European Economic Review*, 2016, 87, pp. 287—303.

Zhe, L., S. Appleton and L. Song, "Informal Employment in China: Trends, Patterns and Determinants of Entry", *IZA Discussion Paper No. 10139*, 2016.

陈林、罗莉娅、康妮,"行政垄断与要素价格扭曲——基于中国工业全行业数据与内生性视角的实证检验",《中国工业经济》,2016年第1期,第52—66页。

邸俊鹏、韩清,"最低工资标准提升的收入效应研究",《数量经济技术经济研究》,2015年第7期,第90—103页。

胡鞍钢、马伟,"现代中国经济社会转型:从二元结构到四元结构(1949—2009)",《清华大学学报(哲学社会科学版)》,2012年第1期,第16—29页。

罗小兰,"我国最低工资标准农民工就业效应分析——对全国、地区及行业的实证研究",《财经研究》,2007年第11期,第114—123页。

马双、张劼、朱喜,"最低工资对中国就业和工资水平的影响",《经济研究》,2012年第5期,第132—146页。

孙楚仁、张卡、章韬,"最低工资一定会减少企业的出口吗",《世界经济》,2013年第8期,第100—124页。

孙中伟、舒玢玢,"最低工资标准与农民工工资——基于珠三角的实证研究",《管理世界》,2011年第8期,第45—56页。

王光新、姚先国,"中国最低工资对就业的影响",《经济理论与经济管理》,2014年第11期,第16—31页。

王恕立、胡宗彪,"中国服务业分行业生产率变迁及异质性考察",《经济研究》,2012年第4期,第15—27页。

王恕立、刘军,"中国服务企业生产率异质性与资源再配置效应——与制造业企业相同吗?",《数量经济技术研究》,2014年第5期,第37—53页。

王恕立、滕泽伟、刘军,"中日服务业生产率变动的差异分析——基于区域及行业视角",《经济研究》,2015年第8期,第73—84页。

吴要武,"非正规就业者的未来",《经济研究》,2009年第7期,第91—106页。

向攀、赵达、谢识予,"最低工资对正规部门、非正规部门工资和就业的影响",复旦大学经济学院工作论文,2016年。

姚宇,"中国非正规就业规模与现状研究",《中国劳动经济学》,2006年第2期,第85—109页。

张峰、黄玖立、王睿,"政府管制、非正规部门与企业创新:来自制造业的实证依据",《管理世界》,2016年第2期,第95—111页。

新结构经济学视角下开发性金融研究的回顾与展望[①]

徐佳君　北京大学新结构经济学研究院助理教授

导论:作为产业政策抓手的开发性金融

谈及产业政策[②],熟识的政策工具通常聚焦于财政补贴、税收返还等政府部门直接采取的手段和方法。但这忽视了一个重要的产业政策抓手——开发性金融。虽然开发性金融在产业升级转移与经济结构调整方面发挥着不容忽视的作用,但这一产业政策的工具并不被广泛认知。

开发性金融(development financing)是指单个国家或多个国家合作通过建立具有主权信用(sovereign creditworthiness)的金融机构为特定需求者提供中长期资金,以实现国家公共政策或战略性目标为宗旨的一种金融形

[①] 本研究得到国家自然科学基金—北京大学管理科学数据中心智库项目"开发性金融与经济结构转型"(项目编号:2017KEY06)的资助。原载于《经济评论》2017 年第 3 期。

[②] 产业政策通常被定义为"政府为了影响某一经济体的经济结构而采取的措施或手段"(Stiglitz and Lin, 2013)。

式。开发性金融可以由国别、区域或多边的发展银行（development banks）来提供。常见的开发性金融机构包括国家开发银行、亚洲开发银行和世界银行。新近成立的亚洲基础设施投资银行（Asian Infrastructure Investment Bank，AIIB）和新开发银行（New Development Bank）也是开发性金融的提供渠道之一。

开发性金融机构（development finance institutions，DFIs）[①]具有准政府的属性，不仅仅是因为其在所有制的构成方面一般是国有持股（甚至是国有控股），更重要的原因在于其一般享有主权担保的待遇。主权担保并非仅仅狭义地理解为政府使用财政资金为开发性金融机构背负化解某些具体项目呆坏账的负担，而应从更广义上诠释为一旦开发性金融机构遭遇严重的信用危机，政府将提供最后的信用担保以维护债权人的利益。主权担保可以降低风险，因此可以帮助开发性金融机构以更低的成本在资本市场上融资。其准政府的属性并非意味着开发性金融机构仅仅是政府官员牟利或寻租的工具，各国开发性金融机构的实践表明，国家可以通过专项立法、要职任免、风险内控、第三方监管等多种方式确保开发性金融具备一定的运营自主性，以抵制短期的寻租腐败行为的干扰。

正是由于其准政府的属性，开发性金融机构并非效仿商业银行以追求利润或股东权益最大化为核心目标，而是在确保收支平衡或略有盈余的前提下努力实现政府（或国家联合体）所确定的推动经济社会发展的目标。

产业升级转移与经济结构调整是开发性金融机构所致力于实现的主要

---

① 开发性金融机构在所有制、资金来源、业务范围、经营方式以及政府支持的力度和方式等多个方面各有特点，但其共性在于其目标是实现公共政策的目标而非追求利润最大化。在国家开发银行商业化改制的背景下，国内学界开展了关于"开发性金融"和"政策性金融"的论争。"开发性金融"是在国家开发银行于1998年开始先后开展了三次信贷改革后提出的理念，引入国外银行的技术、方法和管理理念，以市场化运作的方式解决不良贷款率高等内部治理挑战，这些革新是对早期政府过度干预国家开发银行微观运作的改良。而以白钦先为代表的学者担忧商业化改革的步伐会导致本末倒置的后果（即商业化的营利目标胜过政策性的发展目标），反对"开发性金融是政策性金融发展的高级阶段"的提法，认为开发性金融机构应该以完成政策性发展目标作为基本宗旨，市场化运作只是手段和方式，不应以是否亏损作为衡量开发性金融机构绩效的主要标准。关于开发性金融的内涵，详见白钦先和王伟（2005）。

尽管"开发"与"发展"是同一个英文单词，但是在中文的语境下"开发"也具有先锋先导的意涵，更能体现开发性金融机构在市场培育和引导社会资本进入新兴发展领域中的作用。所以，本文采用"开发性金融"的提法。

目标之一。以国家开发银行为例,其宗旨定位于"通过开展中长期信贷与投资等金融业务,为国民经济重大中长期发展战略服务",具体包括"支持基础设施、基础产业、支柱产业(简称'两基一支')以及战略性新兴产业等重点领域发展和国家重大项目建设","支持产业转型升级",以及"拓展国际业务,服务'走出去'战略"(国家开发银行,2015)。这些"两基一支"领域大多具有公共物品的属性,投资金额大、风险高、周期长,致使商业银行和私人资本望而却步。在金融体制发展滞后的发展中国家,这类长期融资就变得更为匮乏,需要公共部门的有效介入,为产业升级和经济结构转型打下良好的基础。

然而,当前学界尚未系统地研究作为产业政策抓手的开发性金融。在约瑟夫·斯蒂格利茨(Joseph Stiglitz)和林毅夫编著的《产业政策的革命》(*The Industrial Policy Revolution*)一书中,辑录了国际经济学年会在2013年对产业政策的内涵、理论与实践的全面探讨。其中关于产业政策工具的篇章涉及开发性金融这一产业政策抓手,但仅仅限于对巴西国家开发银行(BNDES)一家开发性金融机构的历史、绩效以及其所应对发展挑战的一般性综述(Stiglitz and Lin, 2013)。

为了填补这一空白,本文将梳理国内外学界关于开发性金融在促进产业转型升级和经济结构调整方面所发挥作用的研究。首先,我们回顾了第二次世界大战后在结构主义和新自由主义的发展思潮影响下,开发性金融的发展历程及其相关的学术研究。其次,我们从有望作为第三波发展思潮的新结构经济学视角出发剖析了中国开发性金融的实践。最后,针对当前国际发展领域所面临的核心发展挑战,本文前瞻性地展望了开发性金融的三大研究议题。

二战后发展思潮影响下的开发性金融理论与实践

我们为什么需要成立开发性金融机构?回答这一本源性问题有必要追溯一下开发性金融机构的起源。工业革命起源于英国,后发国家为了加快工业化的进程亟需巨额长期资金、中长期规划和专业管理技术技能,用于支持基础设施的建设和新兴产业的发展。而传统的融资渠道往往侧重于中短期的小额信贷支持,无法完全满足加速工业化的资金需求。19世纪欧洲大陆的后发国家正在全力追赶英国,力图加快实现经济结构转型。在这一大的时代背景下,开发性金融机构的雏形便在欧洲大陆应运而生,在促进欧洲大陆快速实现工业化方面发挥了重要的作用,并成为后来日本和发展中国家成立发展银行所借鉴的对象(Cameron,1953;Diamond,1957)。

从学理上,学者从市场失灵的视角出发剖析了开发性金融机构可以解决市场自发形成的分散式银行体系所存在的弊端,包括短视主义、搭便车等问题。Dewatripont and Maskin(1995)分析了中长期项目缺乏资金支持主要是因为这些大型项目包含大量的沉没成本,需要多家银行协同融资,而协同融资可能导致在对项目的监督上存在搭便车的问题,造成对项目总体缺乏有效的监督,由此导致中长期项目无法获得充足的融资支持。为了解决搭便车问题,就需要成立协调性机构来解决(虽然作者并未明确点明这一协调机构是开发性金融机构)。de Aghion(1999)进一步分析指出自由放任的(laissez-faire)分散式银行体系既无法提供充足的长期产业融资,也无法有效地培育从事长期产业融资所需的专业人才,原因有二:首先,新产业的发展壮大需要一个较长的培育期,不可避免伴随着较大的风险,一般超出了关注短期绩效的商业银行所能承受的范围;其次,依托于长期融资的产业或基础设施项目往往需要金融机构拥有特定的专业技能人才,用于评估借贷者长期还贷的信用能力(creditworthiness),而关注短期借贷的商业银行往往没有此类专业技能人才。总而言之,单纯依托市场自发形成的金融中介无法为工业化提供充足的长期融资(long-term finance),因而需要开发性金融机构来解决克服工业化进程中基础设施和产业融资所面临风险大、周期长、协调难和专业人才短缺的挑战。

二战后国际发展领域迎来第一波发展思潮——结构主义。这一早期的发展思潮强调市场有着难以克服的缺陷,需要一个强有力的政府来加速经济发展。在大萧条时期国际贸易锐减所带来的出口悲观主义的影响下,拉美国家的学术精英呼吁发展中国家应该采取进口替代的发展战略来扶持本国制造业,抵制来自发达国家的制成品进口,以期改善初级出口品贸易条件恶化的负面影响,摆脱被发达国家剥削的境地。

在强调政府主导的第一波结构主义思潮的影响下,二战后开发性金融机构如雨后春笋般纷纷成立。除了为了满足发达国家战后重建的需求而催生的开发性金融机构——例如德国复兴信贷银行(Kreditanstalt für Wiederaufbau,KfW)和日本开发银行(Japan Development Bank,JDB)——之外,众多来自亚非拉的发展中国家纷纷获得民族解放和国家独立运动的胜利,迫切期盼加快实现工业化,纷纷宣告成立开发性金融机构。这一时期成立的开发性金融机构包括菲律宾开发银行(1947年)、土耳其工业发展银行(1950年)、巴西国家开发银行(1952年)、肯尼亚工商开发银行(1954年)、尼泊尔工业发展银行(1959年)。

尽管开发银行在二战后蓬勃兴起,但是早期学术文献关于开发性金融机构的研究却少之又少。① 为了填补这一研究空白,世界银行经济发展学院(Economic Development Institute,世界银行学院的前身)的首份研究报告(1957年)决定以"发展银行"为主题尝试系统地阐述开发性金融机构成立的理据、融资方式、政府关系、人才储备等实际运作,以便更好地理解如何才能办好开发性金融机构(Diamond,1957)。后来越来越多的研究发现,早期发展中国家的国有发展银行很容易受到政府的过度干预,结果导致资源错配、逾期债务高垒和腐败丛生等后果(Gordon,1983;Odedokun,1996)。

继结构主义之后,20世纪80年代新自由主义思潮兴起。这一思潮强调私有化、自由化和去管制化,以弥补政府失灵的不足。80年代中期,债务危机在拉美和其他发展中国家爆发。为了渡过难关,这些国家的政府被迫接受了以自由市场化为导向的一揽子"结构调整方案"(Structural Adjustment Programme),这些经济自由化的改革方案被称为"华盛顿共识"。

在强调自由市场的第二波新自由主义思潮的影响下,发展银行陷入了窘迫的境地。80年代中期债务危机爆发后,发展银行的宗旨和作用广受争议。在经济自由化思潮的影响下,发展中国家纷纷启动了发展银行的私有化进程,有些发展银行被迫关闭或清算,有些被并购到商业银行或投资银

---

① 关于早期针对发展银行从业者的实用书籍,参见 Boskey(1959)。

行。例如,许多非洲国家创办了私有开发性金融公司(Private Development Finance Corporations),马来西亚也于1995年启动发展银行的私有化进程。此外,在某些国家发展银行还担当起了私有化的顾问,推进本国中小企业的私有化进程。墨西哥的国家工业发展银行就是一个典型的例子(Bruck,1998)。

在这一时期,学术研究也发现政府失灵的情形确有发生。过度的政府干预迫使发展银行解救濒临破产的企业,陷入"预算软约束"的困境。更为糟糕的是,政府官员出于寻租的考虑将发展银行的廉价资金投入到有裙带关系的企业,而非可以实现经济社会利益的关键领域;而这些有裙带关系的企业本应可以从资本市场或商业银行那里获得所需的资金(Ades and Di Tella,1997;Claessens et al.,2008;Faccio,2006)。虽然关于发展银行的实证研究相对缺乏,但是有关国有银行的研究证实了政府失灵的存在(Dinç,2005;La Porta et al.,2002;Yeyati et al.,2004;Sapienza,2004)。

然而,实践表明,私有化并非是解决有效提供长期融资问题的妙药。商业银行和资本市场往往受制于短期绩效或短期利益的考量(Kay,2012),因而没有意愿投资到风险大、周期长的融资项目。与此同时,官方发展援助也转而投向到医疗卫生、基础教育等社会部门,削减了对基础设施的融资。结果很多发展中国家面临着越来越大的基础设施融资缺口(Foster and Briceño-Garmendia,2010)。

为了解决长期融资紧缺的困境,开发性金融机构的作用再度被国际发展界所重视。二十国集团于2013年集合了联合国发展融资办公室、世界银行、国际货币基金组织、经济合作与发展组织等多方力量,瞄准驱动长期融资,促进经济增长(G20,2013)。为了促进长期融资的增长,国际发展界重新认识到发展银行的重要性,强调其在化解风险以吸引私人资本方面的关键作用(Committee,World Bank/IMF Development,2015)。在中国的倡议和支持下,新近成立的亚洲基础设施投资银行和新开发银行的多边开发性金融机构在很大程度上是为了填补基础设施融资的缺口(Xu and Carey,2015)。

综上所述,二战后开发性金融机构伴随着主流发展思潮的演进先后经历了勃兴—衰退—复兴三个发展阶段。过度的政府干预和全盘的市场化运作似乎都没有取得预想的发展效果,导致了适得其反的后果(包括腐败低效、呆坏账、长期融资匮乏等)。可惜学界尚未对开发性金融开展系统性的研究,使得我们无法有效地回答何种条件下开发性金融机构可以有效地提供长期融资并促进产业升级,什么样的治理结构可以使开发性金融机构不会受到过度的政府干预同时确保其业务开展不单纯以营利为目的,何种情形下开发性金融机构不会压抑商业银行和资本市场的发展等基本问题。①

新结构经济学视角下中国开发性金融的实践

在回顾了二战后开发性金融的理论与实践后,我们可以发现开发性金融机构的发展历程在很大程度上受到关于如何权衡好政府与市场关系的国际发展思潮的影响。以往的政府主导论或自由市场论都有失偏颇,要么导致过度的政府干预、低效或腐败,要么导致中长期融资的匮乏、基础设施融资缺口的剧增。为了引入新的研究视角,下文将着力从作为第三波发展思潮的新结构经济学的视角出发,聚焦分析中国在开发性金融领域的实践探索。

不同于传统的国际发展思潮,新结构经济学分析强调有效市场和有为政府应该协同发力。其分析的出发点是要素禀赋(factor endowments),以此甄别具有潜在比较优势的产业(即相对要素生产成本低的产业)。其核心概念是企业的自生能力,即在开放竞争的市场中,一个正常管理的企业在没有外来保护补贴的情况下,具有获得市场上可接受的利润率的能力。在开放竞争的市场中,只有正常管理的企业所从事的产业符合当地的比较优势,企业才能在没有保护补贴的情况下获得市场可接受的利润率,也才会在没有保护补贴的情况下愿意投资这样的产业,或是愿意留在这个产业继续经营(林毅夫,2012)。值得注意的是,自生能力是个动态的概念,并非简单等

---

① 关于中国学界对开发性金融研究的探索性研究,详见白钦先和曲昭光(1993);白钦先和王伟(2005);程伟(2005);李志辉和黎维彬(2010)。

同于某一时点上企业的盈利率。在早期发展阶段,虽然企业可能会选择进入到相对要素生产成本低、具有潜在比较优势(latent comparative advantage)的产业,但是软硬基础设施的落后会导致企业承担较高的交易成本(transaction cost),以至于出现收支相抵甚至亏损的情况。换句话说,企业此时虽具备了自生能力,但尚未实现盈利能力。为了化亏损为盈利,政府需要发挥因势利导的作用,改善软硬基础设施以降低交易成本,将产业的潜在比较优势转化为竞争优势,使具备自生能力的企业实现盈利。在某些情形下,软硬基础设施的匮乏所带来的高额交易成本甚至会导致企业缺乏意愿冒险挺入具有潜在比较优势的产业。这种情形在发展中国家最为常见。比如,虽然很多非洲国家拥有廉价而丰富的劳动力资源,但是电力的匮乏和道路交通的闭塞导致它们无力将具备潜在比较优势的轻工业发展壮大,只能依赖于制成品的进口。

基于以上的分析,新结构经济学政策分析的着力点是在不同的发展阶段上如何在有为政府和有效市场之间实现合力,促进产业升级、经济结构转型。具体而言,政府或开发性金融机构如何有针对性地提供软硬基础设施以降低交易成本,并迅速形成产业集群,使得具备潜在比较优势的产业成为在国内外市场上具有竞争优势的产业。

从新结构经济学的视角出发,开发性金融机构是提供并完善软硬基础设施、化解风险、激励先行者投资新兴产业领域、克服瓶颈性制约因素实现产业技术升级的重要抓手。与发达国家相比,很多发展中国家面临着财政资金短缺而资本市场尚未成熟的挑战,无力筹集到充足的长期投资用于提供具备准公共物品属性的基础设施,由于政局和政策的不稳定性,投资风险往往被夸大,因而开发性金融的作用就变得尤为重要。

下文将从新结构经济学的视角出发剖析国家开发银行在产业转型升级和经济结构调整方面的实践。

在初期探索时期(1994—1997年),国家开发银行在政府计划指令的干预下,弥补市场失灵,填补工业化和城镇化所亟需的中长期资金。开行主要在"计委挖坑、开行种树"的框架下,为现阶段财务效益低、建设周期长、国家急需发展的"两基一支"政策性项目提供中长期资金支持(陈元,2012),政府在资金的筹措、运用和投向等方面发挥主导作用。1994年4月14日,国家开发银行作为直属国务院领导的政策性金融机构正式成立。根据国家的发展规划、生产力布局和产业政策,由国家计委、国家经贸委确定用于"两基一支"的大中型基本建设、技术改造等政策性项目及其配套工程的范围,国家开发银行负责进行项目资金配置和贷款条件的评审。其资金来源主要是发行金融债券,依靠中国人民银行的行政分摊手段,开行向商业银行发债,把居民储蓄转化为长期资金。此外,其他资金来源渠道还包括注册资本金、财政贴息资金、财政担保的建设债券等。其贷款利率由中国人民银行征求国家计委、国家经贸委、财政部和国家开发银行意见后确定(《国家开发银行史》编辑委员会,2013)。

这一时期在以"建设有中国特色政策性产业银行"目标的指引下,开行将零散、短期社会资金聚集起来投向国家重点建设项目,聚小为大、续短为长,力图以数额大、期限长的信贷支持为国民经济重大产业项目解决长期融资需求。这有助于弥补我国商业银行在长期融资领域投资不足的缺陷。在这一时期,开行独家贷款支持了三峡工程的起步,以大额资金投入到京九铁路等交通大动脉的建设,并且支持了大型粮棉基地建设。为了落实国家产业政策,开行以电力、钢铁、煤炭等领域为重点,扶持了一大批国家基础产业重点项目建成投产。为了奠定国家支柱产业的发展基础,开行响应国家的产业政策,在汽车制造、船舶工业等行业加强以技术改造为主的专项项目支持,解决资金缺口的瓶颈制约(《国家开发银行史》编辑委员会,2013)。

然而,由于政企不分、政银不分,政府的过度干预导致了呆坏账的恶果,开行积累了大量的不良资产。1997年年底,开行的资产总额为3 811亿元,中长期贷款余额3 656亿元,不良贷款额1 559亿元,不良贷款率高达42.56%。历史遗留问题是巨额不良资产产生的原因之一:开行成立之初承接了原国家六大投资公司的政策性项目,担保措施不健全,资产质量普遍较差。开行管理体制的弊端是导致呆坏账的主要原因:当时贷款项目大多依靠行政指令,难以从项目入口控制风险;贷款发放和回收也主要由商业银行代理,缺少监控资金运行和回收的手段(《国家开发银行史》编辑委员会,2013)。

概括地讲,在初期探索阶段,开行弥补了市场失灵,提供了工业化和城市化所需的大量长期融资,但是过度的政府干预导致了严重的呆坏账问题。

在改革调整时期(1998—2002年),为了化解大量存量不良贷款,开行在新一任领导陈元行长的带领下启动并深化信贷体制改革,力图建立符合市场经济要求的评审机制。为了避免权力腐败,开行增强项目审查的透明度和民主参与程度,实行评审专业化。即便政府有推荐项目的权力,但是项目立项必须经过独立委员的集体审议。在贷款上,行长没有审批权,只有否决权;换句话说,行长可以否定专家投票的结果,但不能指定必须做某一个项目。经过以评审改革为重点的运行体制改革,开行按照国际标准,全面引入市场化运作,从接受指令性项目到自主选择项目,从行政派购金融债券到市场化发债,从传统政策性项目的粗放式管理到信贷和评审的专业化民主化改革,到2002年开行的主要经营指标已经接近或达到国际一流水平(国家开发银行和中国人民大学联合课题组,2007)。

在推进市场化运作改革克服"银政一家"弊端的同时,开行并没有片面地把政府和银行推向对立面,而是积极探索如何在政府和市场之间形成合力。如同很多发展中国家的国情,中国在经济发展的早期阶段面临着市场空白、信用缺损的瓶颈性挑战。开行敏锐地把握住中国政府组织化程度高的特点,发挥地方政府的组织优势,以融资项目推进信用建设。城建融资的"芜湖模式"便是银政合作的代表,把地方政府增信与银行信贷融为一体。开行与安徽省芜湖市政府签订金融合作协议,一方面开行积极支持地方项目建设,帮助地方政府解决发展中的融资难题;另一方面地方政府发挥组织协调作用,层层有人负责,明确目标责任,落实还款措施,防范金融风险(陈元,2012)。开行与地方政府共同搭建融资平台,这一平台为政府指定的借款人,符合市场经济要求的企业法人主体。开行通过"打捆贷款"的方式,解决了过去因为自身现金流不足、难以单个操作的城建项目的融资难题。为完善贷款信用结构,地方财政做出兜底承诺,政府授权借款人以土地出让收益质押作为还款保证(《国家开发银行史》编辑委员会,2013)。进而,开行联合地方政府、有关部委和企业集团推进投融资平台建设,着力将借款人培育成健康规范的市场主体,加快政府信用孵化市场信用的过程(陈元,2012)。

概言之,开行尝试完善市场信用这一软的基础设施建设,试图在政府与市场之间寻找到发挥合力的着力点。

在深化发展时期(2003年至今),开行试图大力支持新型工业化、产业自主创新、战略性新兴产业发展、企业"走出去"等重点领域,发挥先锋先导作用,促进产业升级和结构调整。产业技术升级往往面临很大的不确定性,高风险让很多投资者望而却步,因而需要关注长期效应,让风险承担能力大的金融机构提供亟需的融资支持。以电信领域的第三代移动通信(3G)标准为例,大唐电信科技产业集团 TD-SCDMA 标准是唯一一个我国具有独立自主知识产权的技术标准,但是要将技术优势转化为产业优势,仍然需要大量的研发投入。由于3G市场的培育期较长、产业化存在一定的不确定性,商业银行对此纷纷持观望的态度。相比之下,开行认为,技术标准的产业化有助于我国移动通信产业摆脱外国标准的束缚,实现通信产业的跨越式发展。于是,开行根据技术研发的不同阶段设计了相应的股权质押和专利权质押相结合的信用结构,在推动技术产业化方面起到了示范作用(《国家开发银行史》编辑委员会,2013)。这与新结构经济学所强调的政府因势利导作用有着相似的理据,单纯依靠市场力量无法克服新兴领域的高风险,需要政府或开发性金融机构为先行者提供正向激励,以实现产业和技术的升级。

虽然开行在长期融资和信用建设等方面发挥了重要的作用,但是其运作模式仍存在亟待改善的地方。开行内部的调研发现,部分融资平台法人建设相对滞后,缺乏独立的市场定位,有的平台偿债机制较为单一,大多仅依靠政府补贴和土地出让收益等。这些融资平台的风险可能会加大地方政府的债务负担(陈元,2012)。

从新结构经济学的视角分析中国开发性金融的实践,我们发现,一方面,新结构经济学为理解开行在产业升级和经济结构调整方面提供了一个分析框架,从企业自生能力和潜在比较优势等核心概念的视角切入分析开行在提供并完善软硬基础设施、化解风险、激励先行者投资新兴产业领域、克服瓶颈性制约因素实现产业技术升级等方面的作用;另一方面,中国开发性金融的实践也为深化拓展新结构经济学提供了丰富的素材,包括开行依托政府信用培育市场信用结构等,有助于更好地拓展新结构经济学框架下有为政府和有效市场如何才能形成更好的合力的研究。

结语：展望开发性金融研究的前景

展望开发性金融研究的前景，我们可以从以下三个方面推进开发性金融的研究，以期更深入地理解何种条件下开发性金融可以成为有效的产业政策抓手：

第一，剖析经济体在不同的发展阶段所面临挑战的差异性，细化开发性金融机构的职能定位。这一研究旨在回应一个本源性问题：我们为什么需要开发性金融机构？开发性金融机构是否只是一个临时的过渡性制度安排？开发性金融机构应如何适时地做出调整以应对新的发展挑战。从新结构经济学的视角出发，处于不同的发展阶段的经济体面临着不同的瓶颈性制约因素，经济体应该发展适合其产业发展阶段的金融结构而非照搬西方发达国家的金融体系（林毅夫，2012；林毅夫和孙希芳，2008；Lin et al.，2013）。从这一视角出发，发展中国家在早期发展阶段往往面临着资本市场发育滞后而加速的工业化和城市化进程又亟需长期融资的巨大挑战，因此开发性金融机构是解决这一长期融资挑战的方案之一（国家开发银行信贷管理局、对外经济贸易大学金融学院联合课题组，2016）。这里分析的重点在于把握住不同发展阶段所面临的融资挑战的差异化，现存的融资渠道在多大程度上可以解决这些挑战，进而具体而微地阐明相比于其他的融资渠道开发性金融机构在应对这一挑战方面的比较优势是什么，是否存在挤占其他更加市场化运作的融资形态的生存发展空间的风险。需要点明的是，处于不同发展阶段的经济体拥有不同的金融结构，资本市场发育程度不同，可供选择的替代方案也不相同。因此，除了使用简约的模型来阐明开发性金融机构的价值所在，诠释性的案例分析也尤为重要，以便理清不同发展阶段开发性金融的定位及其演进的具体机制。

第二，在明晰开发性金融机构的职能定位后，我们需要深入分析其内外部的治理结构，以便明晰开发性金融机构有效发挥作用的必备条件。开行的实践表明，要实现政府和市场之间的合力并非易事。开发性金融机构的内部治理结构既需要设置"防火墙"，有效抵制不合理的行政干预，又需要确立必要的激励机制,鼓励其依托主权信用实现公共政策(而非股东利益最大化)的目标。同时,外部治理结构的作用同等重要。当前国际上尚未形成治理开发性金融机构的国际规范,由此导致有些国家简单地采用了针对商业银行的巴塞尔协议来规范开发性金融机构的运作。因为商业银行大多提供的是中短期贷款,这些用于管理商业银行的国际规则很有可能限制了发展银行提供长期融资的潜力。[①] 所以,分析的核心在于提炼出一套适合开发性金融职能定位特点的绩效指标体系,通过严谨的比较分析探究内外部治理结构与绩效表现的因果机制,以便有针对性地提出完善其内外部治理结构的政策建议。

第三,依托可靠的微观数据,剖析开发性金融在产业升级与经济结构调整方面的作用。虽然当前有的学者尝试着用宏观数据来分析开发性金融对于促进经济增长、出口和投资等的影响(李志辉和张晓明,2007;苏玮和梁士涛,2007),有的使用描述性统计或初步的案例分析来归纳开发性金融在产业发展方面的作用(鲍国良,2013;白玉虎,2009;曹亮等,2005;黄全祥,2007;国家开发银行评审三局,2007;沈财战等,2006;严华,2011),但是由于微观数据的匮乏,严谨实证研究却少之又少。为了填补研究空白,学者们可以先从解剖麻雀的典型案例入手,分析开发性金融在解决产业技术升级、新兴产业的兴起、工业园区的基础设施建设等方面发挥的作用(国家开发银行和中国人民大学联合课题组,2006,2007;国家开发银行和财政部财政科学研究所联合课题组,2010;魏维和谭波,2013;国家开发银行信贷管理局和对外经济贸易大学金融学院联合课题组,2016)。其分析的焦点可以放在开发性金融机构如何帮助企业解决了软硬基础设施匮乏导致的高额交易成本,解决外部性和协调性问题以克服先行者的挑战,让潜在比较优势发展成竞争优势,从而具备了企业自生能力,进而从更为市场化的融资渠道(比如资本市场或商业银行)获得融资支持。与此同时,我们也可以关注开发性金融机构是否误判了具备比较优势的产业,盲目投资导致了产能过剩等后果。正反两方面的案例可以帮助我们更深刻地理解开发性金融如何才能成为

[①] 关于中国开发性金融机构监管的现状与弊端,参见肖艳旻(2013)。

更有效的产业政策的抓手。在开展扎实案例研究的基础上,可以尝试将其提供中长期融资、促进经济结构转型的机制进行模型化的提炼和总结,与此同时,我们可以搜集微观数据进行大样本分析。① 一般情况下,多边开发银行(诸如世界银行、欧洲投资银行等)的透明度较高,能提供项目层面的信息,我们可以着手分析多边开发性金融机构在经济结构转型中发挥的作用。

参考文献

Ades, A. and R. Di Tella, "National Champions and Corruption: Some Unpleasant Interventionist Arithmetic", *The Economic Journal*, 1997, 107(443), pp. 1023—1042.

Boskey, S., *Problems and Practices of Development Banks*, Baltimore: Johns Hopkins University Press, 1959.

Bruck, N. "Role of Development Banks in the Twenty-First Century", *Journal of Emerging Markets*, 1998, 3(3), pp. 39—67.

Cameron, R. E., "The Crédit Mobilier and the Economic Development of Europe", *The Journal of Political Economy*, 1953, 61(6), pp. 461—488.

Claessens, S., E. Feijen and L. Laeven, "Political Connections and Preferential Access to Finance: The Role of Campaign Contributions", *Journal of Financial Economics*, 2008, 88(3), pp. 554—580.

Committee, World Bank/IMF Development, "From Billions to Trillions: Transforming Development Finance Post-2015 Financing for Development: Multilateral Development Finance", Development Committee Discussion Note, April 2, 2015.

de Aghion, B. A., "Development Banking", *Journal of Development Economics*, 1999, 58(1), pp. 83—100.

de Luna-Martínez, J. and C. L. Vicente, "Global Survey of Development Banks",

---

① 世界银行在2011年对全球90家开发性金融开展了调研,是建设开发性金融数据库的初步尝试,参见 de Luna-Martínez and Vicente (2012)。中国开发性金融促进会和北京大学国家发展研究院也选取了30家开发性金融机构,尝试搜集更为翔实的开发性金融机构的数据,参见中国开发性金融促进会和北京大学国家发展研究院联合编写组(2016)。

World Bank Policy Research Working Paper 5969, 2012.

Dewatripont, M. and E. Maskin, "Credit and Efficiency in Centralized and Decentralized Economies", *The Review of Economic Studies*, 1995, 62(4), 541—555.

Diamond, W., *Development Banks*, Baltimore and London: Johns Hopkins University Press, 1957.

Dinç, I. S. "Politicians and Banks: Political Influences on Government-Owned Banks in Emerging Markets", *Journal of Financial Economics*, 2005, 77(2), pp. 453—479.

Faccio, M., "Politically Connected Firms", *American Economic Review*, 2006, 96(1), pp. 369—386.

Foster, V. and C. Briceño-Garmendia, "Africa's Infrastructure: A Time for Transformation", The World Bank, Washington DC, 2010.

G20, "Long-Term Investment Financing for Growth and Development: Umbrella Paper", February 2013.

Gordon, D. L., "Development Finance Companies, State and Privately Owned: A Review", Staff Working Paper, Washington, D. C.: World Bank, 1983.

Kay, J., "The Kay Review of UK Equity Markets and Long-term Decision Making", July 2012.

La Porta, L., F. Lopez-De-Silanes, and A. Shleifer, "Government Ownership of Banks", *The Journal of Finance*, 2002, 57(1), pp. 265—301.

Odedokun, M. O., "International Evidence on the Effects of Directed Credit Programmes on Efficiency of Resource Allocation in Developing Countries: The Case of Development Bank Lendings", *Journal of Development Economics*, 1996, 48(2), pp. 449—460.

Sapienza, P., "The Effects of Government Ownership on Bank Lending", *Journal of Financial Economics*, 2004, 72(2), pp. 357—384.

Stiglitz, J. and J. Y. Lin, eds., *The Industrial Policy Revolution I: The Role of Government Beyond Ideology*, International Economic Association Conference Volume No. 151-I, Palgrave Macmillan, 2013.

Xu, J. and R. Carey, "The Economic and Political Geography Behind China's Emergence as an Architect of the International Development System", *Multilateral Development Banks in the 21st Century: Three Perspectives on China and the Asian Infrastructure Investment Bank，London：Overseas Development Institute，2015.

Yeyati，E. L.，A. Micco and U. Panizza，"Should the Government Be in the Banking Business? The Role of State-Owned and Development Banks"，RES Working Papers 4379，Inter-American Development Bank，2004.

《国家开发银行史》编辑委员会编，《国家开发银行史，1994—2012》，中国金融出版社，2013年。

白钦先、曲昭光，《各国政策性金融机构比较》，中国金融出版社，1993年。

白钦先、王伟，《各国开发性政策性金融体制比较》，中国金融出版社，2005年。

白玉虎，"开发性金融在中小企业信用建设中的新模式"，《山西财经大学学报》，2009年第4期，第234页。

鲍国良，"加大开发性金融支持小微力度"，《中国金融》，2013年第11期，第86页。

曹亮、游振新、刘浩、邝书俊、杨松如、张东东，"开发性金融支持'三农'模式的构建"，《金融理论与实践》，2005年第4期，第48—50页。

陈元，《政府与市场之间：开发性金融的中国探索》，中信出版社，2012年。

程伟，《开发性金融理论与实践导论》，辽宁大学出版社，2005年。

国家开发银行，"国家开发银行的使命"，《2014年度报告》，2015年。

国家开发银行和财政部财政科学研究所联合课题组，《开发性金融与健康财政的和谐发展》，经济科学出版社，2010年。

国家开发银行和中国人民大学联合课题组，《开发性金融论纲》，中国人民大学出版社，2006年。

国家开发银行和中国人民大学联合课题组，《开发性金融经典案例》，中国人民大学出版社，2007年。

国家开发银行评审三局，"开发性金融支持农村小城镇基础设施建设的探索"，《中国金融》，2007年第4期，第55页。

国家开发银行信贷管理局和对外经济贸易大学金融学院联合课题组，《制度优势与方法创新——国家开发银行中长期信贷管理方法与实践》，对外经济贸易大学出版社，2016年。

黄全祥，"开发性金融支持中小企业发展的模式、效应与风险控制——对国家开发银行支持绵阳中小企业融资的调查与思考"，《西南金融》，2007年第1期，第30—31页。

李志辉，"我国区域经济增长的开发性金融支持效应分析——基于面板数据模型的研究"，《经济与管理研究》，2007年第11期，第22—26页。

李志辉、黎维彬,《中国开发性金融理论、政策与实践》,中国金融出版社,2010年。

李志辉、张晓明,"我国区域经济增长的开发性金融支持效应分析——基于面板数据模型的研究",《经济与管理研究》,2007年第6期,第22—26页。

林毅夫,《新结构经济学:反思经济发展与政策的理论框架》,北京大学出版社,2012年。

林毅夫、孙希芳,"银行业结构与经济增长",《经济研究》,2008年第9期,第31—45页。

沈财战、冯秀清、谭颖玲、齐红霞、陈永光,"试论京津冀都市圈发展产业集群中开发性金融的作用",《城市发展研究》,2006年第11期,第107—112页。

苏玮、梁士涛,"开发性金融与我国经济发展的实证研究",《经济问题》,2007年第1期,第103—105页。

魏维、谭波,《中国银团贷款市场研究:国家开发银行银团贷款操作与实践》,中国财政经济出版社,2013年。

肖艳旻,《开发性金融法律基础研究》,经济管理出版社,2013年。

严华,"开发性金融支持产业升级的效应分析",《浙江金融》,2011年第6期,第21—24页。

中国开发性金融促进会和北京大学国家发展研究院联合编写组(张帆、徐佳君、王春来执笔),《全球开发性金融发展报告(2015)》,中信出版集团,2016年。

建章建制型产业政策的一个实例
——加工"贸易"政策

马晓野　通标标准技术服务有限公司副总裁

一般化的理解,产业政策是指那些普惠性质的政策之外,专为具体行业制定的(industry specific)经济政策。也有人提到,如果经济政策的受益方是某一些行业,而非某特定行业,这样的产业政策被称为嵌入型产业政策。还有的学者从产业政策的目的进行区分,提出了对一种支持产业的政策进行描述,喻之为建章建制型(institutional engineering)的产业政策。这三种类型产业政策的提法,是国际学者在不同的文献中分别提到过的,尚未有人进行分门别类的比较研究。

产业政策问题的讨论往往聚焦不够,讨论双方各执一端,难以相向而行。这是因为存在一些关于政府作用之类的"根本性"的争议,使得各方往往在不同的层面对产业政策问题各说各话。要进行有效率的讨论,可能还是要针对盲人摸象的局限,试着搞出一个大致的整体轮廓,再就某一部分进行重点讨论。

张五常先生说:中国经济高速发展一定是有什么的事情做对了。

比较优势？产业政策？体制优势？抑或哪些相互的合力作用才是中国经济高速发展的制度性原因？中国经济长达三十年的高速发展是很多因素所致。除了市场化的原生动力以及资源禀赋的顺势发力之外，"做对了"的政策也是因素之一。当前，政府为了改进整体上经济运行效率较低的状况，又推出新的产业政策，进行新一轮大规模的制造业再投资。与此同时，新结构经济学也在总结中国的经验以期帮助世界上其他发展中国家的经济发展。中国的产业政策成为讨论的热门话题。

对我们这些长期在实践中试图理解各种政策现象与政策的效果，并希望得到合理解答的人来说，这场产业政策的讨论也是一个整理经验事实、深化研究的契机。

新结构经济学倾向于认为有为政府应该引导、利用一国的要素禀赋。一些学者提出的观点是，政府改进自己原来不利于市场要素发挥的政策，也是应予肯定的有为政府。顺着这一思路，我觉得我们过去一些针对经济要素的、非针对特定产业（industry specific）、非设定产值目标性质的产业政策可以归为建章建制型产业政策这一类。在这里我要初步讨论的是加工贸易产业。我认为，我们在总结过去经济发展的成功经验时，这类居功至伟的政策不应被忽略。

区分产业政策类别

为了直观地把问题分类，尽量试着把产业政策问题的讨论归拢在不同的层面讨论，我们从四象限图开始。

图1中的水平线大致是行业、企业运营的成本线。低于成本线运营者一般需要政府直接补贴或者使用特定的、间接降低成本的社会政策加以扶助。例如典型的发达国家的农业政策就是突出的一类。农业政策的目的是减慢城市化浪潮冲击引致的农民进城速度。（农业补贴成本比农民不时用土豆阻断市区交通的社会经济成本要小。）这一类扶持政策的性质更多的是社会政策。

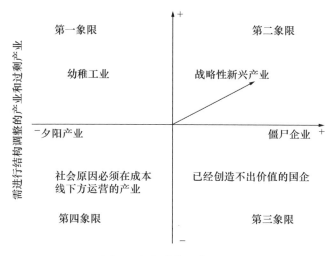

图1 产业政策四象限图

对于向左下方(第四象限)滑落的、正在失去竞争力的夕阳产业,产业扶持政策的核心目标是减缓失业对社会生活秩序带来的压力。这一类产业政策的目标并不是让失去竞争优势的产业继续挣扎着进行价值创造,而是通过产业政策扶持,帮助目标产业在一定的应对时间内主动转型,同时对原有从业人员进行再就业培训。这一类政策措施通称为临时性的"产业救济"(remedy)。

也有少数国家的夕阳产业通过科技创新达到了产业振兴,重新回到了水平线之上。譬如瑞士的纺织业和以斯沃琪为代表的低档手表。但需要说明的是,瑞士的这两个通过科技创新振兴夕阳产业的例子,政府在其中只作了引导和协调工作。这与中国的做法有很大的不同。另外还有一点必须注意到的是,在第四象限内起作用的政府的产业政策手段通常都不是直接财政补贴,而是通过进口限制等保护性产业救济手段,人为地为行业撑起一定的市场空间和利润空间。这些对内的产业政策措施的外部称谓是妨碍竞争的保护主义措施。实行这类产业政策会招致贸易伙伴的批评。

一般而言,第四象限内的产业政策措施必须逐步退出。一般情况下,在制定政策的同时就制定了退出条款(亦称日落条款,sunset clause)。因为政策制定者认为,市场经济优胜劣汰的规律最终要起作用。此外,在开放的环境下,产业扶持政策手段的外部性必将要减损国际贸易伙伴的既得利益,一国不被允许在贸易自由化的体系内长期实施保护主义措施。

与上述这两类情况不同的、较为积极的产业政策指的是,政府以吸纳产业结构调整后的冗余人员为出发点,帮助培植有发展前景的新的产业。政府还会在新的产业处于幼稚阶段的时候予以保护以防其夭折。这样的产业政策归位于第一象限。政策手段包括规定期限内的贸易保护、政府采购等。这些幼稚产业如果前景很好,且发展顺利,就会进入第二象限。长期不能挤入第二象限的幼稚产业被称为长不大的"小老树",相关的扶持政策被视为对社会资源的不当使用而受到批评。另外,如果政府对已进入第二象限的原"幼稚产业"的扶植政策不及时退出,甚至还进一步加强,就会被认为背离了产业扶持的目标,产业政策或成为妨碍市场竞争的破坏力量。

针对第二象限内产业的政策目标通常是扩大某特定产业的规模,增强其竞争力和盈利能力。这也被归为设定产业目标(industry targeting)类产业政策。它旨在通过政府政策倾斜人为改变市场竞争态势。因而,它也在WTO多边国际贸易体制体系内受到挑战。毫无疑问它也必然在拟议中的TPP、TTIP中受到更多的法律约束。

根据图 1 的描述,我主观地试着把问题收敛一些。目前讨论中国产业政策时争议较多的就是那些处于第二象限中的设定产业目标类的产业政策。中国政府在 20 世纪 90 年代实行产业扶持政策时的做法是,对那些濒临滑向第三、第四象限,和已经在内的国营企业进行大规模的"技术改造",通过对产业再投资提升国企的生存能力。而这一政策是在对一系列原有经济政策进行了局部"变形"的基础上推行的。对众多第三、第四象限内的企业,政府尽量通过技术改造、再投资等方式希望将其提升到第二象限,对已经在第二象限内的企业也施以同样的政策,希望其成为行业新星。这是中国的产业政策有别于其他国家的特点。目前各方对于中国特色的产业政策的争议,一部分是出于理念,还有一部分是因为未能达成目标的产业政策失败案例比比皆是,浪费惊人。一些持尖锐反对意见的人称之为豪赌。

在中国经济增长速度降低的现阶段,新的产业政策提出的背景是,制造业整体运营效益较低,也可以说大部分企业并没有滑落到第二、第三象限的分界线以下。换句话说,就是以进一步提升企业运营效益为目的的产业政策的目标企业,许多是在第二象限内的企业。许多讨论和质疑都是针对为第二象限内企业搞目标设定型的产业政策展开的。

我作上述区分的目的是希望讨论的各方避免将各类不同政策目标的产业政策在一起争论,这样做只能把讨论引上政府是否应该干预经济的终极问题方向上去。我认为,在那个终极问题之下,也应该可以进行一些有意义的讨论。

改革开放时期的中国特有的产业政策背景

三十年前中国开始城市经济体制改革时,整个经济是处于从计划经济向管制型经济转型、市场的作用在逐步形成的转变过程中。中国当时的产业门类,特别是能支撑经济以较高速度发展的制造业门类不齐全。相对于当时的社会需求,供给严重不足。而且,由于供给不足引致走私猖獗,因此政府相继提高了关税,管制外汇,出台了配额、进口审批等一系列行政管理措施。在这些背景下,当时的中国除了旺盛的需求外,其他各种市场要素发育不全,是一个市场机制"不灵"的市场。中国行政管理型经济特色突出,政府的作用十分强大。

在管制型经济条件下,产业的发展离不开政府的有形的手。因为除上述针对设备、关键原材料进口的各项关卡之外,政府还对所有投资项目进行审批,对银行的项目贷款进行管理。先不谈产业政策目标是如何制定和在什么条件下达到的,如要政府的某项产业政策能够落地,就必须要在上述经济管制(理)框架给定的情况下,通过一系列的政策扭曲、变形才能满足产业政策目标。而当时全方位产业规划的中心考虑是进口替代。从自力更生到进口替代是一个大的经济政策变化。这也注定了产业政策在实行的一开始就得处理内外两个市场的问题。

改革开放初期中国实行的是以进口替代为初衷的产业政策

改革开放初期制定的产业政策是与进口替代政策相互包容的。进口替代政策主要是通过设定特定产业目标来推动的。其特点是将产业发展具体描述为某些最终产品的产量,分解成数个投资项目来落实。与此相关的产业政策措施被称为产业目标设定型的支持政策(targeted industry supporting policies)。

中国的进口替代政策始于耐用消费品的进口替代,这又进一步启动了对消费品生产设备和工作母机的替代需求,进而扩展到了装备制造。后来特定产业目标式的产业政策又超越了进口替代的初衷,演进成了一场涉及了大部分制造领域的 6 000 个项目的国企产业技术改造。这一过程进行了六年,是一次空前规模的制造业产业升级。

施行方法

以政府主导的以最终产品生产数量为指标的特定产业政策的具体指标不可能很贴近市场需求。加上市场是在变化的,这两者之间的差距有时还较大。生产规模一旦确定,也较难再行调整。这也是产能过剩的根源之一。

在具体实施中,政策是通过下列方式落实的:进口替代的产业选定后,政府来确定投资项目,制定产能目标。银行负责向国企提供投资资金;国务院机电进口审查办公室批发许可证;外汇管理局批给外汇额度;海关会同财政部给予特定关税减免;上游的生产用原材料供应部门安排物料供应,水电等公用部门安排项目用项。最末项的供给方式以及外汇供应随着改革的推进,逐步改为从市场上获得。

政府主导的产业升级是在对以行政管理为主的经济运行条件进行了一系列变形的情况下才得以施行。由于在当时,许多市场要素没有发育,只能由政府主导。落实产业政策,政府先得"逢山开路、遇水搭桥",还要通过政策变形来"摸石头"探索变通方法。有些为了落实特定产业目标所作的政策变形因为更贴近市场原则,就有了在其他产业进行推广的基础。那些"做对了"的变形政策也逐步得到了推广。

中国特色产业政策实施特点及相关讨论

由于负责落实产业政策的工业经济部门习惯于计划经济的一套工作方法,政府习惯性地倾向于规划最终产品的实物指标。他们并不对生产运营的最终盈利负责。而企业的盈利空间有赖于通过限制进口撑起的价格差。

这种产业政策是在对相关的制造业进行再投资。由于是政府主导,正常的企业投资风险防范意识会放松,企业一级的投资风险防范机制也很难严格执行。

国有企业投资项目长期不执行投资资本准备金制度,这样在资金紧张的时期落实产业政策,只得将有限的投资集中投放在选定产品的总装线上,没有准备资金作延伸配套。所以许多生产设施建成后较长期没能达到设计产能。从财务角度分析,"达产"之前低开工率的运营,会加重项目的产出成本。

按照朱镕基在全国清理三角债时对三角债源头的说法,国家在进行大规模技术改造时,没有给企业垫底资金。企业在技术改造后,不得不采用拖欠上游供应商应付货款的方式维持生产。由此产生出了额外的财务成本,并且造成对商业信用环境的负面影响以及对全社会的连环债务负担。

在一轮政府主导的产业政策实施时,规划项目产能与企业根据市场销售前景进行投资时的产能算计是不一样的,规划产能往往偏大。企业经常在产能空置与库存过剩之间受煎熬,从财务方面考察,在这种情况下生产成本也相对要高于正常情况。投资规模选择的不当,会拖累项目勉强在成本线上运营。

随着市场的逐步对外开放,产业政策投资项目原有的运营环境受到了新的竞争因素的影响,销售压力增大,有的项目难以为继。

由于市场适度开放了,那种引进一款车型,卖十几年都不用换颜色的封闭市场环境变了,有的规划产品受到新产品更新换代的冲击,一建成投产就已经过时了。原打算经过升级在第二象限中多创造价值,结果很快就跌入第三象限中。

为了产业投资能交付看得见的成果,在产业技术升级的时候政府偏爱投向最终产品的总装线,是指望在整机生产线的需求拉动下,上游零部件的投产会自然跟进。这种过分偏爱生产线的投资会使投资项目长期受到零部件供应不足的羁绊。例如汽车行业从设计、零部件,到总装,再延后到配件、服务、保险、修理的各个生产链环节,总装环节是利润率最低的一环。如果先不在这一环节投资,而是在用车的零部件配套上起步,初步形成集群能力然后再投资总装线,企业集团的盈利能力要好得多。忽视上游零部件投资,投产后被迫从国外购进,以满足国内巨大的生产线需求的这种做法,又使得上游产业在挤压下长期难以进入良性发展。举一个例子,中国现在是年2 100万辆车的销售市场,如此大的市场上95%的自动变速器不是中国企业配套供应。这种状况可部分归因于未经深思熟虑的产业投资顺序安排偏好。这也使得产业政策的执行效果大打折扣。

以实物产能为目标的产业项目升级为产能过剩打下了基底。许多应该在第二象限中进一步拔高的项目,最终因为设计产能超过市场规模,较低的设备利用率导致企业生产成本非正常地高,而没能达到引领制造业整体价值创造水平的目的。

设定产品量/值目标类型的产业政策已经不合时宜

• 当前制定中国产业政策的环境已不同

与以前大规模实施以提升产品产能为主要考虑的产业政策时期相比较,目前中国的经济已经有了很大的变化。首先,中国的许多进口替代成功的产业已经转为面向出口。其次,中国已经是世界上唯一的一个制造业门类齐全的国家。另外,中国的外贸依存度突出地高,与德国一样位于世界前列。最后,中国是一个经济总量全球第二位的国家,产业问题和产业政策的外部性也更多地受到贸易伙伴的关注和制约。

一个并非不言自明的问题是,新形势下产业政策目标如何定才更合理?

延续以前的做法显然是不合适的。我们没有条件用以往的方式搞产业政策了。必须清楚认识到,合理的做法是区别情况,针对不同象限内的产业情况分别制定不同的政策目标,配合以不同的政策手段。其中最应该小心的,也是目前争议最多的问题是,应不应该以及如何对第二象限内的制造业产业制定产业目标,并提供直接的产业投资支持。

目前看来各界对产业政策的质疑有不少。仔细分析,意见主要集中在对处于第二象限内的企业,以及对整体处于二、三象限交界处的国企,是否应该投入巨资进行产业再投资。

一些熟悉工业经济数据的学者提出,过去的产业政策效果并没有在工业数据中留下什么痕迹,因此不持支持态度。国际上的一些学者对东亚典型国家产业政策执行效果的评估,也是基本中性的,即不好也不坏。

对政府主导的,受惠于产业政策投资项目扶持的有些企业反复地在去库存和产能空置两种状况之间煎熬,以及这种扩大产能方式对市场的负面影响,一些业界人士有着不良感受。

政府主导的产业政策落实,要求政府有较多的作为,这也带来了较为复杂的政商关系。这也是在当前政风状况下的道德风险多发地带。腐败多发的产业政策施行环境也是以前不曾有过的。

产能过剩与产业升级时规划的投资规模不适当直接相关。在中国当前制造业全面产能过剩、拟对供给侧进行改革的时候,产业再投资如何避开产能过剩的陷阱?这是一个不能无视的问题。①

从国际视角看,制造业高附加值的生产链必须要更深度地利用全世界最佳生产要素进行最佳资源配置。如果没能搭上这列高附加值产业链的国际快车,就只好在相对低附加值区段竞争。如果我们的制造业产业在这一轮投资的时候没有多考虑赋予其"柔性",没有预设必要的、承接全球化价值

---

① 产能过剩应问责于地方还是中央也是一个有争议的问题。中国经济政策仍实行的是自上而下的纵向原则。但是,经济及产业政策历来都有条条块块之分。垂直地按行业进行政策制定及操作被称为"条条"。"条条"是政策扶持资金投放的主要通道。经中央同意按区域制定的政策被称为"块块"。"块块"曾一度是指中央不给钱而只给政策,即中央下放投资管理权(控制权)的同时允许有限区域内的制度创新。到后来,条块体制进行了一些融合,随着中央和地方财政分权,"条块结合"逐渐模糊了一些界线。

链生产的接口,我们可能还得回到自力更生的闭环生产状态中去。这也是制定新产业政策时应予考虑的新的国际背景。制造业产业再投资的一个不可无视的问题是,是否准备让"中国制造2025"成为一个兼容、包容的开放性体系。因为这涉及跨国工业互联生产的网络开放与监管,以及适应国际制造商期望的较高标准的知识产权保护问题。

- 我们的产业政策目标应如何定

中央对产业政策的要求有一句话:产业政策要准。从目前观察到的情况来看,有关部门关心的是在已框定的战略性新兴产业内作项目/规模目标规划。初步观察,新一轮对制造业的再投资与以往的做法在很大程度上类似。

当前,中国制造业产业门类齐全是一个基本事实,更不要说制造业平均设备利用率不到70%。恰恰是制造业整体运营效率不高,全社会整体经济效率也不会高,这是中国经济发展速度下降的重要原因之一。如果在此基础上对现有产品的生产企业进行一轮新大规模的投资,增加了新的固定资本,加重了企业的财务负担,就必须得考虑争取从产品增值、产品销售价格提升中得到回报,方能补偿设备升级导致的成本增加。根据这一套逻辑观察得出的结论应该是:对处在第二象限中的产业,产业政策目标应以提高企业的价值创造能力作为首要目标。确立了这个政策目标,就有了相应的政策评估标准。如果产业政策落实过程中,出于具体的原因或困难,项目偏离了这一目标,项目就应该视为失败。

- 产业升级是对现有产业进行再投资,应遵循企业的投资规律

企业进行投资的时候最担心的是回报率的风险。风险意识贯穿在策划、实施、运营等各个环节。在这期间,重要的风险防范机制就是,企业的投资决策层保持灵活性,随时准备因应市场变化。一旦发现投资决策与市场变化脱节,必须及时采取止损行动。

过去,政府主导的产业政策一般都会落实在具体的产品产能目标上。政府工业系统管理官员负责推进项目。企业(一般会是国企)拿到资金和其他政策条件来操作具体项目。由于这三级接力的关系,操作产业升级项目的企业行为就会产生变化。企业在投资过程中的风险因素识别及控制节点

自然就会淡化了。投资项目的风险只有在建成投产之时方显露出来。从这一分析可以看出，产业政策的三段落实方式，使得产业政策项目很难按照企业投资风险控制来管理。政府主导的投资项目很难按投资规律来做，是产业升级投资无法达成提高价值创造能力目标的重要原因。

- 政府尽量远离生产性投资是历史的经验，应避免在产业升级中重蹈覆辙

政府不适合在市场竞争条件下进行生产性投资，这是付出过学费换来的经验。在改革初期尝试了不少政府投资失败的朱镕基，曾经下决心在他余下的任期内不批准政府投资生产性项目。当然，政府直接投资，与政府通过产业升级政策指导国企投资并予以支持还是有些差异的，不能一概而论。但是，生产性项目投资如果得到了政府任何形式的支持和指导，只要是影响到了具体执行企业投资风险控制机制的运作，投资项目的风险就会增加。

由此导致的产能过剩的责任，在条条块块之间很难分清。条块之间的责任之争，即使说清楚了，也不能推掉政府整体上的责任，反倒可能是条条块块共同作用，用力过猛的结果。

加工"贸易"政策是支持中国经济发展的建章建制型产业政策

新结构经济学致力于从中国经济高速发展过程中提取有益的经验，希望能帮助其他发展中国家更好地借鉴中国经验，通过推广成功经验给各国经济发展作贡献。这是一个很令人鼓舞的尝试。林毅夫教授在讨论产业门类不全需要补短板和产业门类齐全的新情况下如何设计新的产业政策的时候指出：新的形势下研究产业政策还是要依据比较优势原理。基于这个以要素禀赋为立脚点的逻辑，我们应该可以多角度地对中国近30年的经济政策开展研究，而不必一谈到产业政策就局限在设定产业目标一类政策的思路。

16年前我与清华大学出版社合作，写中国加入WTO前50年对外经济贸易政策效果评估那本小书的时候，就觉得加工贸易的规模、影响范围及其涉及的产品范围，与当初想象的利用低层次劳动力作为贸易补充的感觉相差甚远。当时这种形式的贸易就已经占中国出口的50%以上，所涉及的产

品范围越来越广,我是没有办法仅从贸易方式角度与其他的贸易政策用同样的梳理方法来处理的。它似乎是个产业问题,可又与我们常规的产业分类不搭界。于是我只能在那本书的结尾部分提了一下,加工贸易应该另行研究。在这一节的标题中,我把贸易两个字放在了引号当中,就是要表达这不是一个贸易方式问题,至少在这篇文章中我不将它当作贸易类型问题来讨论。

跳出桎梏回顾中国经济政策的发展过程,我们可以看到加工"贸易"政策应该可以视为是针对中国劳动力要素的建章建制型产业政策。一提起加工贸易,人们会倾向于觉得,那是为利用低素质熟练劳动力在低端产业设计的政策,是经济发展的一部分补充。如果认真研究中国加工贸易发展的足迹,观察它对诸多类别产品、行业的影响,我们可能会从产业升级与发展角度修正对加工贸易原有的认识。

- 加工贸易政策如何突破制度约束,锁定劳动成本优势

加工贸易政策开始于"三来一补",即来件组装、来样加工、来料加工和补偿贸易。开始的定位是通过贸易通道来利用沿海地区的富余劳动力。加工贸易政策在初期这样定位,使得它当时受到的各方面的政策阻力最小。它真正的创新之处是利用保税监管模式开辟了一个"境内关外的"自由的政策空间。在这个制度真空内,生产项目不用再受到行业审批,设备可以免税运进境内,不受进口许可证管理,其他的一些生产投入要素(劳动力、水电等)也都在市场上购得,或在境外直接解决(原材料、零部件等),海关在保税监管的时候,重点关心的是不要让保税的机器和料、件违规流入境内,以符合"境内关外"的基本原则。

丰裕的劳动力资源在保税监管的空间排除了其他种种条条块块政策的管理,与国际市场的其他生产要素接轨,后来又经过一些政策变形也与国内市场适度接轨,加工贸易产业政策在其他政策改革未到位时定向地释放了劳动力要素的活力,同时也使得劳动力大军得到了大规模在岗位培训、提高的机会,也为中国其他形式的大规模生产提供了可供学习的运营样本,同时还培养了基层和中层管理人员。一旦建章建制试水成功,各种可利用此渠道的加工产品都试探着利用这一套制度进行"升级"创新。

通过调查规章政策的演进可以看到,有了这一个起点,"三来一补贸易"演变成了保税生产。这已经跨越了当初设计时的"补充性质的贸易方式",成为一种产业形式。这一产业形式交付了全球一半以上的劳动密集型消费品类产品,长时期支撑着中国50%左右的出口,占据了对主要贸易伙伴国美国近80%的出口。而且这一产业不管发展得多大,始终没有离开劳动力这一中国经济中突出的要素资源禀赋。

- 为什么说加工贸易堪称一种产业形式

首先,这套制度设计可以随着产业的发展扩展地域空间。最初的加工贸易设计只限定在一些特定的出口加工区内(如最早期的蛇口),政策成型后就立即逐步扩大到所有经济特区,然后延展到所有的沿海开放城市。这时,保税加工已经在地域上覆盖了中国大部分工业生产聚集区域。到后来,只要是具有海关监管条件的地方,都可以通过申请,参照沿海开放城市,利用这一建制型产业政策。

其次,这一政策的初衷是锁定中国劳动力优势。在初期,是重点利用劳动力的低成本优势。但是很快,国际竞争形势起了重大变化。这一时期,制造业中的一些设备密集型、资本密集型产业在最佳经济规模方面的竞争达到了白热化。这指的是规模生产的投入要素,特别是最佳经济产出规模的设备投入这些固定成本,通过各种产出规模试验已经是个常数的时候,活成本,即人工成本,就成了价格竞争的关键因素。由于这个原因,大量的通常意义上的资本密集型、设备密集型等非劳动密集型产业,也开始瞄准中国劳动力的竞争力,利用业已成型的加工产业政策大举在中国设厂。因为加工贸易政策属于广泛适用于加工制造领域的非指定产品、非指定行业的建制性质的产业政策,它可以包容资本密集型产业,也可以包容技术密集型产业的部分生产过程。电子电器类、耐用消费品类的企业就利用加工贸易政策大规模在中国设厂。这也大大地帮助了中国制造业的产业升级。中国制造业生产门类的扩展与升级,有相当一部分是外资或绕道境外的假外资,通过加工贸易政策引进的。这一点不是政策设计者当初有意而为,也被后来大多数产业研究所忽视,至今还没有发现有人对加工贸易政策如何促进中国制造业产业升级的情况做出适当的评价。

• 加工贸易产业政策作用于产业链上对制造业产生了更广泛的影响

(1) 加工贸易吸引上游产业聚集，形成产业集群。巨型的单体加工贸易企业可以要求它们的供应商就近设厂，这有利于其加强供应链管理以提高物流的效率。它们甚至直接开辟属于自己的工业园区，造好标准工业厂房以租赁的方式提供给上游零部件供应商。配套供应齐全的产业集群就此萌发。

为了顺应这种趋势，加工贸易政策也相应地进行了调整：允许保税监管下生产的零部件转卖给另一具有保税生产资格的下家进行"深加工结转"；允许国内非加工贸易企业生产的零部件"以产顶进"替代进口。这样，没有加工贸易资质的国内企业的产品，只要是质量价格具有竞争力，就能加入国际制造业产业链中。加工贸易政策的小步调整为国内上游企业也带来了相对稳定的供货机会，产业集群进一步壮大，园区外就近设厂，要求海关延伸监管至区外的情况也很多。产业集群的效应为中国更进一步降低综合成本提供了一定的空间。

(2) 引领物流营运中心的形成，孵化了中国经济新的竞争优势。有些加工贸易产品在生产过程中会数次进出国境。加工贸易需要有大规模的运输服务来支撑。原来中国的物流成本是相对较高的，从事加工贸易还得靠更低的劳动力成本来平衡运输的总成本。一方面，中国加工贸易政策的便利化措施直接降低了运输成本中的清关部分。另一方面，加工贸易企业也进行了转型升级，由原来的OEM升级成了IDS（创新、设计及服务）、EMS（电子制造服务）等。这一类性质企业的服务项目包含了物流运送。委托方把物流运送交给加工方减少了自己的物流成本，加工方还能从物流运送中盈利，用以弥补竞争导致的加工环节利润的下降。

加工贸易产业集群的出现为物流业务向专业化发展提供了条件。加工与物流两者相互依存、互相支持，以至于发展到后来，许多大型跨国公司都把支撑亚太区运营的物流运转中心放在了中国。国际大型综合物流企业也为了满足加工贸易和其他进出口需求在华大力发展综合性物流服务。便利、规模化的物流服务是中国新形成的竞争力要素，而这一竞争要素的形成和发展是与加工贸易的蓬勃发展密不可分的。

(3) 加工贸易为原料供应商进入中国提供了市场支撑。大量的加工贸易订单、密集的加工贸易上游零部件产业集群对原料的需求又吸引了大化工等原料供应商在中国设厂。根据国际制造业产业转移的趋势分析,一些国际著名的大化工企业早在 20 世纪末就预见到 21 世纪内全球 80% 的塑料消费需求会在东亚地区。随着中国加工贸集群的兴起,他们根据就近的原则在中国设厂,既满足中国加工贸易出口的原料需求,也以此作为立足点开始进入国内市场,这样做的同时也提高了在中国工业体系中的配套能力。如果没有占中国出口 50% 左右的加工贸易的发展,这些大化工原料供应企业在华设厂的速度一定会比现在慢,规模也不会这么大。

上述(1)、(2)两点加上本节论述的原料供应商在中国设厂,三者一起形成了中国加工产业的"黏滞"作用。除非市场或政策有特别大的变化,以至于威胁到了企业的正常运营,加工产业会尽量坚守中国。

(4) 改进政策,允许保税的加工贸易产品补税进口便利了加工制造能力的本地化。起初的加工贸易政策严格要求加工后产品必须出口。理念是"两头在外"只使用中国的劳动力。后来,中国对除 20 种机电产品之外的加工贸易产品,有条件地允许补税后进入国内市场,这样就给了外向型加工企业以就近试水国内市场的机会。对这些企业而言,这实际上是一个可以大大减少新市场开发成本的拓展机会。一旦企业试水成功,初步打开市场并建立了品牌,就可以考虑大胆地甩掉加工贸易监管下经营的紧箍咒,企业可以比较不同的地区性政策优惠条件,在仔细核算综合成本收益与进口关税负担后,选择在内地另行设立非加工贸易生产厂。到后来,一个企业并行运作一个加工贸易企业和一个非加工贸易企业甚至内资企业(合资企业在国内再投资的企业为内资企业)的情况已不少见。这是中国加工产业政策的上佳效果。

(5) 产业园区建设与加工贸易集群的示范作用。谈到产业政策,有的人推崇地方兴办的产业园区,认为它要比"条条"纵向推行的产业政策成功。看起来许多地方兴办的产业园区更有生气,没有产能过剩,并把这归功于地方政府的"有作为"。张五常先生谈到的县际竞争推动中国经济发展也与这些看法相似。

认真观察,各地方成功的产业园区都形成了不同规模的产业集群。分析其成功的条件,地方政府实行的低价减免和地方税收返还当然有补偿投资成本的功用。但是,同等条件下,哪些地方先争取到了加工贸易政策,产业集群的发育就要早一些,发展速度就要快一些,后续发展也要稳一些。我的看法是,以"块块"为主发展起来的产业园区实践,如果被称为地方推行的产业政策,它在经济逻辑上与加工贸易带来的产业发展是一致的,甚至是加工贸易政策引领的结果。对两者之间的关系还可以从数据角度作进一步实证分析。我这里只是进行了经验和逻辑分析。欢迎大家挑战这一论点。

(6)加工贸易数字的缩减问题的讨论。根据现行统计看,加工贸易占总出口的比例有了一些下降。这一现象能否说明加工贸易产业政策本身遇到了问题呢?加工贸易占总出口的比例下降原因可以有多种。首先是轻工业产品中劳动力成本占比高的几大低端劳动密集类产品,在国内工资上涨压力下转移到了其他国家。这并不足为虑,因为这实际上是加工贸易产业内部合理化升级的过程。在外迁浪潮中留下来的企业,多为前面提到的那些资本密集且经济规模竞争优化后劳动力成本成为竞争优势的"关键少数"的行业。它们的外移受制于物流、产业集群和较高水平劳动力的供给能力等因素的制约,因此选择留在了中国。研究加工贸易出口统计下降时,还有一个不应忽视的原因就是,各地政府经过多年的游说使得一些加工贸易专享的政策在一定条件下有了扩散,部分地缩小了一些产业政策差距。与此同时,对外资的优惠也有所收紧。加上随着关税总体水平的下降,一般贸易进口原材料成本有所降低,而监管部门对一部分产品的保税加工不准予实行"台账"、"空转"使企业的财务成本有所增加,这些有升有降的细微变化结果导致了在一些局部地区拉近了不同生产方式之间的综合成本差异。所以,有相当一部分企业摘下了加工贸易的帽子,转为进料加工。(进口材料时即交付完关税。通常这类原料的关税负担是较轻的,地方政府提供的一些其他优惠可以抵消这部分关税以及保税加工监管带来的行政运营成本。)这样的企业在出口数量上没有实质性的变化,但是在统计上就可以由加工贸易类改归为正常贸易项下的出口。这种现象绝不是说加工贸易曾昙花一现,从政策角度解释,这正是建制型产业政策的正向作用得到了发挥、其他的政策在相互间靠拢的表现。

结语

　　新结构经济学倾向于认为有为政府应该引导一国的要素禀赋的发挥。王勇提出，政府改进自己原来不利于市场要素发挥的政策措施也是应予肯定的，属于政府"有为"的范畴。这两点使得我有兴趣重新审视、发现一些政策现象背后的经济逻辑。作为对中国的制造产业有过很大影响的这样一种特殊产业形式，加工贸易产业的发展历史有着典型的中国特色，学术界对此应该有更好的研究角度，也应该有更多的研究总结。我在进行贸易政策效果评估研究的时候，就觉得单从贸易政策框架出发来处理、总结、评价如此庞大的加工贸易经济现象是力所不逮的。16年前，我对50年中国贸易政策进行研究时留下的这一遗憾，在我头脑中长期挥之不去。

　　通过参加会议与学者们交流，我认为可以依据比较成本竞争要素原理，试着从建章建制型产业政策角度来诠释中国的加工贸易现象，而不是从纯贸易政策角度来勉强解释。加工贸易政策与那些带有计划经济胎记的、具体分解为产品/产能目标的产业政策不同，它可以被称为是针对中国劳动力充裕这一比较优势而设计的一种建章建制型产业政策。中国在大部分原有的经济管理政策不变的情况下，通过虚拟了一种非地理概念的"境内关外"的政策空间，排除了原有条块政策的桎梏，给劳动力这一经济竞争要素以发挥的空间，创新了一系列的政策条件，起到了促进中国产业升级的作用。

　　因为本人学养、条件与能力所限，我的上述研究并没有经过严格的实证检验。我无意赶时髦通过提出另类观点以博取眼球。我只是觉得没有其他的场合和更适当的时机提请大家注意，研究加工贸易产业政策在过去30年当中的建制性作用。草就此文的目的，是希望能抛砖引玉，让更多的学者参与论证与研究。最后还有一点，就是在更多的国家推广中国成功实践经验，对一些有明确可追溯的建章建制过程的、行之有效的政策开展研究总结，对其他发展中国家会更有参考价值。

结合能源环境问题谈产业政策[①]

张中祥　天津大学马寅初经济学院教授

张维迎和林毅夫两位经济学家围绕产业政策爆发了激烈争论。张维迎认为,由于人类的认知局限和激励机制的扭曲,技术和新产业是不可预见的,因此产业政策注定是失败的,主张废除一切形式的产业政策。而林毅夫则撰文反驳,强调不管是发达国家还是发展中国家,产业政策都是经济发展的必要条件。

客观地讲,纵观改革开放以来中国经济发展和产业政策实践,产业政策既有成功的案例,也有不少失败的教训。产业政策确实存在与"新常态"不相适应的地方。应对全国大面积的雾霾在中国已到了"时不我待"的地步。但是,单靠环境部门、环境政策不能从根本上解决包括雾霾在内的环境问题,必须要全社会的广泛参与,并与社会、经济、规划、产业、能源和交通等政策通盘考虑、相互协调,方能起到事半功倍的效果。

---

① 本文是根据作者在 2017 年 7 月 12—14 日于澳大利亚珀斯市举行的第 29 届澳大利亚中国经济研究学会年会"中国新常态经济增长:机遇与挑战"上所做的题为"创新、产业政策与可持续发展"的主旨演讲整理而成。作者感谢国家自然科学基金面上项目(项目批准号:71373055)的资助。文责自负。

本文具体结合能源环境问题讨论当前的产业政策,主要从政策层面展开,认为产业政策"有没有用"是伪问题,"什么时候用"和"如何用"才是真问题。中国实现"新常态"下经济增长、2030年的碳排放峰值目标、发展模式由投资驱动向创新驱动转型、雾霾的治理乃至制度的改革均需要创新发挥作用,而好的产业政策可作为驱动创新和助力可持续发展目标的手段。因此,中国需要认真评估当前的产业政策,取缔不适时宜的产业政策,通过相关的调整来使这些政策适应"新常态"的需要。

结合供给侧改革,推动生产要素合理流动

很多行业垄断,不允许民营企业加入,使资金过度流入高耗能、高污染制造业,造成制造业产能过剩,同时产生了大量本可避免的污染排放。金融危机造成整个光伏产业困境,也有有效制度供给不过关的问题。因此,结合落实中央经济工作会议,提出推进供给侧改革,抓好去产能、去库存、降成本的任务,提高供给体系质量和效率,就要打破行政性垄断,放宽准入不仅要"放小",更要"放大",鼓励竞争,减少政府不正当干预,以市场化方式而不是行政化的方式推动生产要素流向真正需要的地方,以实现改善供给、降低成本、激活社会有效需求的目标。

关于限制第二产业和发展服务业

现在国内一讲到环境问题,就提到限制第二产业,发展服务业。然而,因为服务业劳动生产率比制造业低,服务业与制造业的劳动生产率差距持续拉大,因此许多国家制造业转向服务业这一结构性转型过程中,都会伴随着经济增长结构性减速,这是一个规律性的东西。中国经济进入"新常态",在经济减速伴随劳动生产率和全要素生产率下降以及现代服务业不可能得到很大发展的情况下,不能片面限制制造业,应认识到服务业比重提高带来的负面影响,服务业比重并不是越高越好。对制造业的发展,尤其是对有有效需求的制造业,一定不能片面讲限制,但是我们希望制造业对环境影响更

小一些。

德国和中国经济之所以抵抗经济危机能力还比较好,就是因为制造业。这次经济危机也已暴露出美国工业空心化的问题。美国页岩油气技术革命导致美国石油和天然气价格大幅度下降,美国政府也在思考其产业结构,鼓励高端制造业回流。根据2014年波士顿咨询公司发布的《全球制造业成本变迁报告》,如果美国制造业的成本为100,中国则为96,这为美国高端制造业回流提供了支撑。

降成本——着力降低制度性交易成本

中国入世15年,已成为拉动世界经济增长的引擎。但中国并未完全获得彼时《中国加入世贸组织议定书》已约定好的权益,欧盟、美国和日本等经济体仍不承认中国"市场经济国家"的地位,坚持在对华反倾销调查中继续使用"替代国"做法。

即使承认中国市场经济地位,欧美也不会在面对所谓贸易不公平行为时无能为力。虽然不允许使用"替代国"价格使得反倾销调查变得困难,但WTO反倾销规定本身允许极大的裁量权。WTO规定中还包含有效的反补贴规定。中国已是反倾销、反补贴调查的首要目标国。据中国商务部统计,中国已连续21年成为全球遭遇反倾销调查最多的国家,连续10年成为反补贴调查最多的国家。可以预料,随着反倾销调查变得困难,欧美等国对中国出口产品将发起更多的反补贴调查。中国的补贴政策会变得更加引人注意,尤其是隐性补贴。只要有任何隐性的补贴,就难免会被抓住辫子。国内经常为了促进节能出台一些政策,这会被认为是一种补贴,这些明的补贴容易被抓住把柄,可是还有大量隐性的制度性成本压得企业喘不过气来。

上述中美制造业成本的微弱区别就是由于中国高企的制度性交易成本,而美国的低能源价格和低制度性成本弥补了美国的高工资成本。这也是为什么中央经济工作会议把"降成本"作为五大任务之一来抓,并要求着力降低制度性交易成本。不然中国产品在失去成本优势的同时又没有自己的独特优势,中国企业就没有竞争力,中国经济增长率就上不去。

降低企业用电成本对促进实体经济发展也至关重要。大型企业治污设施每天运行费用就在 10 万元以上,一年则高达 3 000 多万元,而相当一部分是用电成本。对污染大户来说,闲置污染防治设施一天就可以节省几万甚至十几万元。很多企业宁愿交些罚款,也不愿正常运转治理设施,环境违法成本低、守法执法成本高,环保执法的尴尬处境司空见惯。2016 年 8 月,国务院发布的降低实体经济企业成本工作方案,特别提到加快推进电力体制改革,合理降低企业用电成本,这对降低治污成本、增强环境达标率、促进实体经济发展都大有裨益。

"+互联网",而不是"互联网+"

近年来中国政府力推的"互联网+"是从互联网出发,通过与其他行业结合产生新的内容,创造新的价值。像淘宝就是典型基于互联网平台的"互联网+",淘宝本身没有自己的货,但通过整合整个零售业,带来巨大的商业利润。而对大多数传统实体经济下的企业来说,其实是如何借助互联网降低成本,开发新的产品,提供新的服务。

2016 年以来火遍京津沪大街小巷、引导绿色出行、旨在解决"最后一公里"问题的摩拜单车就是典型的"+互联网"模式。摩拜单车的基础是自己研制的自行车。但与传统自行车相比,摩拜单车对自己生产的自行车进行了重大改进,全铝车身、实心防爆轮胎、无链条设计,集成了芯片、GPS 与 SM 卡模块车锁,易于识别的独特色彩搭配外观设计等核心部件和设计方面都蕴含了技术创新。它也不同于传统自行车生产厂,摩拜制造自行车后,并不直接卖自行车,而是通过互联网手段分时段租赁,出卖自行车服务,也就是所谓的"不卖产品卖服务"。摩拜单车依靠技术、产品和组织创新,找到了解决社会效益与经济效益不匹配、阻碍公共自行车可持续发展的良方。正是由于在市场定位、产品设计、服务供给、运行流程等环节的创新做得到位,2016 年摩拜单车在进入上海之后即在极短的时间内火遍大街小巷。因此,以摩拜单车作为"+互联网"模式为例,我建议国家更多鼓励和支持以实体经济为基础的"+互联网",而不是"互联网+",让传统实体经济下的企业经营得更有效率、更有活力。

产业从东部向西部转移

随着东部沿海劳动力成本上升引发的产业从东部向西部转移，大量产业是否适合从东部向西部转移这一话题里面其实也有很多问题需要综合分析，其中就有环境的因素。许多西部地区生态脆弱，是否适合大量产业过去？另外消费仍较多地集中在东部，如果产业转移的话，还需要耗费大量能源把产品运到东部去。国家已经意识到环境和区域发展的协调问题，根据各地区的资源环境承载能力、现有开发密度和发展潜力，将国土空间划分为优先开发、重点开发、限制开发和禁止开发四类主体功能区。然而，由于涉及的因素过于复杂，主体功能区战略的实施细则以及划分和管理有关的操作问题一直没有得到解决。产业转移及其相关议题倒逼完善主体功能区制度，实现限制和禁止开发主体功能区"不开发的发展"，建立科学合理的生态补偿机制，以体现这两类开发区的生态价值，从而发挥主体功能区在促进绿色发展和协调发展中的作用。

习近平总书记指出"绿水青山就是金山银山"，这句话的关键是"就是"这二字。将自然资源变成"金山银山"涉及具体建立体现生态价值的资源有偿使用制度和生态补偿制度，这又涉及代际补偿、对公共产品定价等，不仅对政府和经济学家提出了挑战，而且建立省级政府之间生态环境区域补偿体系是推进区域污染联防联控战略的关键。目前，区域生态补偿管理有一些局部范本。局限于省内的生态补偿包括浙江省生态补偿专项资金。河南、江苏、河北的石家庄、邯郸、邢台等地区开始实施空气质量生态补偿办法，空气质量排名倒数的县区要缴纳一定罚金，对大气质量改善先进县区的补偿也属于此类。跨省的生态补偿包括横跨安徽、浙江两省的新安江流域水环境生态补偿试点。但京津冀、长三角、珠三角等跨省级行政区范围内，区域补偿管理办法没有建立或不具有操作性，只能靠行政命令手段推进区域联防联控。因此，省级政府之间生态环境区域补偿体系，应明确补偿原则、补偿主体、补偿对象、补偿方式、补偿手段，确立合理可行的区域生态补偿标准，规范补偿程序，建立严厉经济惩罚、政治问责机制，达到区域内治污资源的优化配置，有效实现区域污染联防联控。

产业发展规划和政策的协调、政出多门与监管问题

中央层面一些产业政策本身就值得商榷,不同规划之间又没有很好地协调,造成无序竞争、资源浪费、产能过剩和贸易摩擦。比如,国家力推的远离负荷中心新能源基地政策本身就值得商榷,煤炭产能过剩、新能源消纳很难说与此无关。风电发展和电网规划就协调得不好,同时,对于推动清洁能源发电、解决清洁能源跨省区消纳难问题也缺乏更为实质性的约束或者激励措施,造成严重弃风、弃电的尴尬,到现在都没有解决。考虑到清洁能源发电成本与煤电成本差距会进一步缩小,用户对清洁电力消费意识也在逐步培育过程中,可以考虑将清洁能源补贴政策由生产端移至消费端,将补贴对象由清洁电力生产者转移至清洁电力消费者,让清洁能源电力用户或者清洁能源消纳省份得到经济实惠,从心理预期上愿意使用清洁能源,从而解决清洁能源消纳难问题,进一步提高清洁能源消费占比。

太阳能光伏产业的发展规划和政策之间也有许多不协调之处。发展光伏产业本身没有错,但几乎全部依靠出口,没有培育国内市场。由于在上一轮战略新兴产业热潮中造成产能过剩,在美国、欧盟相继对中国光伏企业发起"反倾销"、"反补贴"调查后,光伏产业都曾经面临严重困境,至今依然未能完全恢复。以此为鉴,在布局绿色经济蓝图中,中国需要制定更加细致的产业发展规划和配套政策。

中央层面部分产业政策政出多门。比如,政府和社会资本合作项目(PPP),2016年10月20日财政部公布的《政府和社会资本合作项目财政管理暂行办法》和2016年10月27日国家发改委发布的《传统基础设施领域实施政府和社会资本合作项目工作导则》透露出财政部和国家发改委的具体分工,财政部统筹PPP公共服务领域,而国家发改委则统筹PPP传统基础设施领域。因为公共服务和基础设施不能完全切割开来,很多公共服务是依托于基础设施才得以提供的,无法明确到底属于财政部还是发改委管辖范围,财政部和发改委两套PPP项目操作细则引市场担忧。2017年7月21日由国务院法制办牵头起草的《基础设施和公共服务领域政府和社会资本

合作条例(征求意见稿)》公开向社会征求意见,在部委协调管理方面不把基础设施和公共服务分开,而是在项目生命周期内让各部委分工协调,可以避免"政出多门"。然而,虽然"分工不分治"是一大进步,但是没有明确的分工,为未来部委在实际操作中出现冲突和矛盾埋下了隐患。

针对新能源汽车,工信部主抓油耗管理,财政部推出积分制,而国家发改委主张碳配额制,这种政出多门的新能源汽车系列产业政策调整大大增加了企业的管理成本。另外,新能源车骗补问题严重。根据财政部 2016 年 9 月公布的对新能源汽车推广应用补助资金专项检查通报,2009—2015 年中央财政对新能源汽车推广应用累计补助 334.35 亿元。72 家车企 76 374 辆车骗补金额达到 92.7 亿元,占获补新能源汽车的 19% 和中央补贴的 27.7%。

比如骗补的重灾区"6—8 米纯电动客车"这一领域,在 2013—2015 年的补助标准中,每辆车中央给予 30 万元的补贴;地方政府也会按比例以 0.5∶1 至 1∶1 不等相应配套。这样一来,企业销售一辆 6—8 米纯电动客车,最多可获得高达 60 万元的补助。根据上述财政部通报,包括苏州金龙在内的 5 家问题企业,共骗取 10.1 亿元的补助。这么高的骗补额,一方面说明新能源汽车的补助标准过高,另一方面也与补助仅与电动客车车身长度有关,而没有考虑其他关键技术指标,如单位质量耗能、纯电动续航里程等。因此,为了避免"低质骗补"的情况,政府在纯电动客车的补贴上,除了长度以外,补助标准还应考虑单位质量耗能、纯电动续航里程等关键技术指标,同时还要监管补助执行情况。

煤炭行业去产能、控产量,不分煤矿,全部实施 276 个工作日。2016 年前三季度钢铁、煤炭去产能完成全年目标的 80% 以上,但大量长期停产或闲置的产能被列入其中,去产能的实际效果要弱于数据进度显示的。据中国联合钢铁网调研,剔除了宝钢、武钢后,24 个省市宣布炼铁和炼钢去产能目标分别为 4 035 万吨和 8 180 万吨,其中长期停产或闲置产能占比超过一半,分别为 62% 和 71%,而且在 24 个省市中,有 14 个省压缩的炼钢产能全部为长期停产或闲置产能。

不过,新能源汽车骗补并不是支持产业政策"有没有用"之争哪一方,而是反映了即使像鼓励新能源汽车和煤炭行业去产能等这些具有良好初衷和目的的产业政策也需要监管以及如何补、如何去产能这些政策设计问题。

"走出去"政策

中国政府实施"走出去"政策帮助国有企业,包括国有石油公司,拓展国际业务。政府通过国开行这样的政策性银行不遗余力地支持中国国有企业在海外进行油气兼并和收购,把外汇储备从低收益的金融工具转向收益率较高的资产。

作为关系国家安全命脉的能源企业,响应国家"走出去"战略,是一条应由之路。能源企业"走出去"不仅关系企业自身利益,更是国家的战略选择。中国能源企业"走出去"会面临更多挑战,包括外部环境的复杂性和不确定性以及对其模式的质疑。首先,中国能源企业要充分认识油企海外并购和投资的战略风险。在石油企业的并购实践中并不存在风险与收益的正相关关系,反而出现了高风险、低收益的"风险—收益"悖论,这正好契合了中国石油企业"走出去"的发展现状。其次,中国国有能源企业的性质以及经营的模式在一定程度上影响了海外投资的进展,也将会对其参与实施"一带一路"项目带来各种具体的困难与风险。中国国有能源企业尤其是央企在对外投资的过程中,由于政企不分,在海外投资过程中经常遇到阻碍,东道国在进行国家安全审查的时候,会认定企业投资行为为国家行为,因此央企在对外投资过程中经常遭遇各种掣肘。比如,2016年8月,澳大利亚财政部以国家安全为由,拒绝了中国国家电网公司和香港长江基建集团有限公司拟获得新南威尔士州电网公司(Ausgrid)50.4%权益的99年租赁权的投资申请。

与此同时,国企发展思路尤其是经营模式也引发一些问题。长期以来,在对外投资过程中经常以为搞定了东道国政府就解决了一切问题,中国企业只关注"政府许可",而非民间的"社会许可",企业在海外投资过程中由于没能处理好与当地居民的关系,最终导致投资项目搁浅或运行不顺畅,吃了大亏。例如,中石油在中缅油气管道项目上的确在履行社会责任上花费了巨额"真金白银",但却并未在缅甸收到预期效果。究其原因是管道沿线地区需要帮助,但中石油在公益项目中仅是出资方,具体实施则交由缅甸方面来做,导致学校、医院建在了远离项目途经地的其他城市,而深受项目影响的地区,却未得到应有的实惠。这些问题,如果不能妥善应对,都将会对中国企业参与实施"一带一路"项目带来各种具体困难与风险。

因此,中国企业要"走出去、走得远",需要在具体操作运营上下功夫,谋求长远发展。首先,在布局谋划、项目可行性研究上就不能马虎,应当认真对待。在项目可行性研究和尽职调查上的粗线条,是一些央企的通病,中缅石油管道项目也不例外。对一个跨境商业项目而言,强调战略意义,并不等同于可无视商业逻辑。否则,这种项目必然丧失可持续发展的基础。其次,为避免央企直接投资带来的政治障碍等问题,可考虑设立海外能源投资公司负责运营海外项目,比如开展国际油气股权投资等。除此之外,还可考虑利用海外能源基金向具有资源潜力和偿贷能力的资源国提供贷款,支持中国企业海外能源投资。另外,中国企业也应该改变以往不重视劳工法和环境法规、过于依赖政府官员的"上层路线",转而大力加强"下层路线"的探索和培育,学习国外文化和市场经验,雇用到当地优秀人才,真正实现文化融合,从理念到方式上适应国际规则。毕竟,在交易成功以后,企业的整合和管理还面临着许多复杂问题。当今世界70%的企业并购后并没有能实现期望的商业价值,而且70%的并购失败直接或间接起因于并购后的整合过程。中国企业和具有国际竞争力的西方跨国公司相比,在综合实力上仍存在不小的差距,单打独斗、参与国际顶级并购的能力还不强,在项目收购成功以后,中国企业也尚不具备独立管理资产的经验和能力。因此对致力海外发展的中国企业而言,应与西方大公司在竞争中寻找共同点,在合作中取长补短,最终实现双赢甚至多赢,不失为迅速缩小中国企业和国际跨国公司的差距,并尽快成长为具有国际竞争力的大企业集团的一条捷径。

据商务部统计,2014年中国对外直接投资首次突破千亿美元,达到1029亿美元。2015年中国对外直接投资更是创下1456.7亿美元的历史最高纪录,跃居全球第二,占全球的份额也由2002年的0.4%上升到2015年的9.9%。2015年中国实际使用外资1356亿美元,成为净资本输出国。中国正在从"中国制造"向"中国投资"转变。现在,尤其是在能源资源领域,中国企业在高风险国家有大量的投资和资产。这种状况正在挑战中国长期执行的互不干涉外交政策。笔者认为这一政策的确需要再斟酌,也许到了与时俱进、需要政府重新审视的时候了。世人总是在说美国是世界警察,这不足为奇,因为美国有大量的海外投资需要维护和保护。作为美国投资人利益代表的美国政府,岂能不为维护美国人的利益而行动?而中国政府如果仍然维持现行的互不干涉的外交政策的话,自己的企业在政治不稳定的国家和地区的巨额投资面临很大的风险,有可能就打水漂了。这对国家、对中国投资者都将是难以挽回的损失。

中国物联网产业政策研究综述

肖　龙　中国人民大学经济学院博士研究生
侯景新　中国人民大学经济学院教授
肖叶甜　西藏大学经济与管理学院本科生

引言

　　自全球经济危机爆发后经济逐步回暖以来,各国开始思考未来经济的发展,特别是在科技创新领域。毋庸置疑,同信息科技产业密切相关的物联网产业成为各国关注的热点,甚至可以说,物联网已成为未来科技创新中拥有无限潜力的核心领域。

　　物联网的概念最先在比尔·盖茨于1995年撰写的《未来之路》一书中被提出,但受当时条件的约束,并未很快引起社会重视。对于物联网最原始的定义是"物物相连的互联网"(the internet of things)。此后,很多组织与机构针对物联网这一原始定义进行了扩展。1999年,麻省理工学院针对物联网的定义开展了进一步的界定工作,提出物联网是通过射频识别(RFID)等信息传感技术将物同互联网进行连接,以实现智能化识别与管理的虚实结合的网络。国际电信联盟在2005年的信息社会世界峰会上发布了《ITU互联网报告2005:物联网》,正式将物联网界定为借助射频识别、红外感应器、全球定位系统、激光扫描仪等传感设备,按照固定的协议将物与互联网进行对接,并通过信息交换与通信实现智能化识别、定位、跟踪、监控和管理的网络。在我国,有关部门针对物联网的概念也进行过界定。工信部电信研究院指出物联网是对互联网与通信网的延伸和拓展,是出于对物理世界的实时控制、精确管理与科学决策的目的,运用感知技术和智能装置对物理世界进行感知识别,并借助网络传输互联,进行计算、处理与知识挖掘,实现人物、物物信息交换和链接的互联网。可见,目前对于物联网的界定尚未形成统一认识,各主体均存在自己不同的理解。但是,根据各种界定可以知道物联网具有两个基本特征:第一,互联网仍然是物联网的基础与核心;第二,物联网是对互联网的延伸,即基于传感技术将用户端扩展到物,并实现人物、物物之间信息交换与通信的互联网。

在我国发展物联网产业具有重要的战略意义,且对于当前粗放型发展理念的转变来说是很有必要的。物联网产业被称作下一个万亿级的产业,是对当前信息产业的继承和发展,其作为继计算机与互联网之后的第三次信息产业浪潮的主角,正在成为发达国家竞相布局的战略制高点。毫无疑问,物联网是推动我国立于世界技术创新前列的一次战略性机遇。国务院总理温家宝于2009年作了《让科技引领中国可持续发展》的报告,其中明确强调了物联网等关键技术对于我国产业升级的"发动机"作用,这说明物联网产业已上升到了国家未来发展的战略位置。目前,物联网产业在全球范围内尚处于起步阶段,发达国家与地区仍在抓紧布局,以期在新一轮的产业重新洗牌竞争中抢占先机。就全球情况来看,美国较早开始了物联网技术的研究和应用,且在物联网发展领域中抢占了先导位置。德国、法国、澳大利亚、日本、韩国、新加坡等国也正针对物联网经济在加紧部署发展战略,以推进建设步伐。同以上发达国家相比,我国物联网产业虽然起步晚,但特别重视物联网的研究与应用,且取得了很大的发展,尤其在传感领域走在了世界前列。有关数据显示,近几年我国物联网产业以年均30%的综合增长率取得了高速发展,且2015年实现了5 800亿元的市场规模,同比增长

18.46%,物联网产业的发展速度已远超全国 GDP 的整体增长水平。

在全国范围内发展物联网产业与技术对于我国具有重要的意义,我国在该领域中也具有较强的政策、环境、产业条件与优势,且借助这些条件与优势已取得了很多重要的成果与成绩,在全球物联网产业竞争中抢得了一席之地,成为引领全球物联网产业发展的几个主要国家之一。但是,我国的物联网产业发展还存在很多不容忽视的问题,例如产业政策缺乏针对性、产业规划粗放、产业应用不足。因此,为了解决或缓解这些问题带给我国物联网产业发展的困难与障碍,以指导我国物联网产业未来的发展,我们开始了本文的撰写。本文通过梳理我国学术界在物联网产业政策方面的研究与实践成果,以评价我国在该领域研究中的先进和不足之处,并找出未来我国学术界在物联网产业政策理论与实践领域中的研究方向,为我国的物联网产业发展提供借鉴。本文余下部分包括四个方面:首先,针对我国物联网产业政策的理论研究文献进行综述,主要梳理内涵与具体政策方面的理论研究成果;其次,针对我国物联网产业政策的具体实践情况及效果研究进行梳理;最后,在研究展望部分对现有研究的先进与不足之处进行述评,并指出我国物联网产业政策领域未来的研究工作与活动方向。

物联网产业政策的理论研究

物联网产业政策的界定

- 定义

出于推动产业进步与发展的目的,政府一般会基于所制定的目标与规划,借助一定的政策措施来实现对企业行为的引导和规范,从而完成既定的发展目标。公共管理学中,政策被普遍认为是一系列政策工具的组合形成体,并将政策定义为实现具体目标或解决社会问题的方法与手段。根据该定义可知,政府政策是狭义上的政策,而广义上的政策应该泛指所有实现目标达成与问题解决的方法手段。目前,我国学术界与实践界并不存在对于物联网产业政策的明确定义,相关的研究与探讨活动也很少。因此,本文按照公共管理学对于一般政策的界定,将物联网产业政策定义为解决物联网产业问题与实现物联网产业具体目标的方法和手段。狭义上的物联网产业政策指政府政策,广义上的物联网产业政策则泛指各界提出的问题解决与目标实现的方法及手段。

• 分类

对于政府已经推行和实施过的产业政策,学术界的分类研究成果表明政府在新兴产业(包括物联网)方面出台的政策按照不同的标准可以分为不同的类型。按照出台主体,可划分为中央政府政策与地方政府政策;按照政策目标,可划分为扶持政策、税收优惠政策与财政政策等;按照政策形式,可划分为扩散导向型政策与任务导向型政策;按照视角层面,可划分为直接或间接支持研究机构或公司发展信息技术的微观政策与针对具有产业发展前景的重要领域实施的国家计划的宏观政策;按照主要内容,可划分为支持技术研究与开发的科技政策和支持技术进行产业化的产业政策。若将政府政策落实到具体政策工具层面,又可进一步进行细分。例如,可将技术创新政策工具按照环境面、供给面与需求面划分为三大类。环境面的政策工具包括租税制度、产权保护与公平交易法等法律制度层面的政策;供给面的政策工具涉及政府向技术、财务、人力等领域内供给技术的政策;需求面的政策工具表现在政府的需求方面,例如政府面向市场的采购政策。

很多学者与实践者从规范研究的视角对政府应该推行的产业政策亦进行过分类研究。例如政策工具方面,根据目标可分为学习、象征与劝告、能力提升、激励等四类政策工具。赵筱媛等指出科技政策工具涉及基本、综合与战略三个层面。具体到物联网产业政策的分类上,姚建军博士提到物联网产业政策涉及产业结构政策、产业组织政策与产业技术创新政策等。

可见,目前对于政策的分类并不存在一个公认的统一标准,学者与实践者们主要根据自身的需要、研究目的与研究所涉及的内容对政策、产业政策或物联网产业政策进行有针对性、有目的性的划分。

物联网产业政策的功能

物联网产业政策的功能即针对物联网产业发展提出的各类政策对于目标实现与问题解决所存在的主要作用与效用。目前,我国针对物联网产业政策的功能进行的研究活动及成果奇缺。通过梳理已有研究文献与实践成果,发现仅范鹏飞、张学礼和张敏(2013)在其合作撰写的"政策如何为物联网产业发展服务"一文中对物联网产业政策的主要功能进行过系统的阐述,并指出物联网产业政策的功能主要包括导向功能、拉动功能、刺激功能、杠杆功能与孵化功能等五个方面。因此,本小节主要按照范鹏飞等学者的阐述逻辑与研究成果针对物联网产业政策的功能进行梳理和总结。

• 导向功能

物联网产业政策的导向功能强调的是其对于企业、研发机构、公众的指引作用。物联网产业政策的导向功能的实现,具体可以从以下三个方面入手。第一,政府应制定和公布相应的物联网产业发展战略与规划,指引产业链上各主体开展前期研究活动与工作;第二,提供立法与政策保障,制定行业国家标准,保证战略与规划的顺利实施;第三,加强政策激励,给予相关主体不同的财政或税收优惠政策,以引导其正确参与物联网产业发展活动。

• 拉动功能

产业政策应具备拉动物联网产业乃至整体经济发展的功能。在物联网产业发展初期,大量的技术与资金是不可或缺的,因而针对物联网的产业政策需倾向于财政资金投入、税收减免推动与有效投融资手段等方面,通过在这些方面出台有效的政策解除投资者与用户等主体的后顾之忧,从而实现物联网产业的顺利发展。

• 刺激功能

刺激功能强调了产业政策对于原本不太强烈的物联网产业发展与技术创新欲望的激励效用。为了实现物联网产业政策的刺激功能与作用,需要国家或政府加紧制定和出台同物联网产业息息相关的基础布局规划、运营模式、技术标准与财政税收补贴等方面的基本政策,并通过有效的实施充分发挥这些政策的作用。

• 杠杆功能

物联网产业政策的杠杆功能则是通过具体的投融资手段进行体现的,杠杆功能强调需吸收运用广大的社会资金来实现国家物联网产业的发展。例如,政府可以通过改进资金投入方式,实现投资主体多元化,鼓励物联网企业上市融资,从而实现运用全社会的资金来发展物联网产业的目标。

- 孵化功能

物联网产业政策还具有孵化的功能,即引导物联网创意与技术顺利实现实际应用目标的作用。政府以技术升级为目标的政策对于引导新技术创新,加速新设备与新技术的试用和推广具有重要作用。

物联网产业政策的制定

战略性新兴产业(包括物联网产业)具有准公共性、外部性与高风险性的特征,这些特征的存在导致战略性新兴产业在其发展进程中不可避免地会出现市场失灵的情况。因此,针对战略性新兴产业的特殊政府政策就变得不可或缺了,政府特殊的产业政策对于合理调节、规范与制约战略性新兴产业演进过程中出现的市场失灵现象具有重要作用。物联网产业政策的制定是一个复杂的过程,需要反复进行多个步骤才能形成合理可行的产业政策。在物联网产业政策制定研究领域,现有研究主要针对其制定特点、制定环境要求、制定流程等进行了探讨。

在物联网产业政策制定的特点方面,史俊等(2015)以物联网产业为例对战略性新兴产业政策的制定特点进行了归纳总结,指出物联网产业政策制定的特点主要涉及三个方面:第一,政府制定产业政策的难度很大。主要是因为物联网是一个新兴事物,虽然欧美发达国家已取得了很多经验,但一般关键的技术与经验是不向国外出口的,从而我国缺乏学习的机会,只能自己摸索。第二,我国物联网产业政策同各产业发展阶段是紧密联系的,物联网产业发展一般会经历技术研发、产业化基础建设与市场化推广三个阶段,而这三个阶段在我国并非无缝连接,因而不利于有效产业政策的及时制定。第三,物联网产业政策的制定信息提供者众多,涉及企业、大学、政府支持的研究机构等,因而在产业政策制定过程中容易忽视某些主体的作用。

在物联网产业政策制定的环境方面,卢涛和周寄中(2011)强调了外部环境对于我国物联网产业政策制定的重要影响,并指出政府制定产业政策时应重视良好外部环境的创造。续合元(2013)分析解读了我国在全局部署与重点区域部署中出台的一系列政府规划、通知与纲要文件,认为我国发展物联网产业以及制定物联网产业政策已经具备了良好的宏观环境。刘文昌等(2013)则分析了我国2012年的主要宏观经济指标,发现我国在GDP、CPI、城市固定资产投资方面存在局部下降情况,而通货膨胀率有所上升,并基于此背景提出我国应及时出台相应的物联网产业政策,以缓解这些现象与问题。

在物联网产业政策的制定流程方面,现有研究主要探讨了需注意的事项、影响制定的因素等。政策制定需要实现了解和把握具体的技术路线与现实应用的可行性,且应注意物联网产业中具体行动者的能力与意愿。田志龙和史俊(2015)探讨了新兴产业政策的制定过程,指出互动是政府制定宏观政策的基石,政府在新兴产业政策制定的过程中应该考虑各主体的参与和互动。已有的针对物联网产业政策制定流程的研究多从公共管理学与管理学的视角进行。例如,郭巍青和涂峰(2009)将物联网产业政策的制定流程细分为问题辨别、信息收集、初步方案制订、决策与实施等步骤。而管理学角度多通过探讨政府与企业的关系来研究政府政策的制定流程,且其目的更多地是借助企业策略影响政府政策决策。

物联网产业的具体政策研究

根据规范研究与实证研究的不同,学术界提出的应该怎么做的政策建议或者对策举措属于规范研究,而政府已出台的政策以及学术界针对这些已出台政策的研究则属于实证研究。本文统一针对物联网产业具体政策研究的成果和文献进行综述,并不按照规范与实证的不同范畴进行划分。此外,因为学术界与实践界并不存在公认的统一的物联网产业政策分类标准,所以本文根据我国已存在的物联网产业政策的具体内容,并综合其目的与功能进行划分。通过梳理已有研究文献和实践成果,可知我国目前已有的物联网产业政策可以被划分为财政货币政策、激励扶持政策、环境保障政策、结构组织政策以及国外政策借鉴五类。

财政货币政策

财政货币政策涉及财政政策与货币政策两个方面,强调的是政府通过财政与货币手段来支持物联网产业发展的政策方法。已有的财政政策主要包括政府财政补贴、政府采购、税收政策及其他政府财政扶持政策;而货币政策方面则主要探讨了金融政策。财政政策方面,杜小玲和叶晗堃(2012)探讨了财政补贴政策对于物联网关键技术研究与开发的关键资金支持作用。黄卫东和岳中刚(2011)指出物联网技术的产业化应用的推动离不开政府的财政政策,特别是其中的政府采购政策,因此需要创新政府采购机制,从需求侧支持物联网产业的发展。高青(2014)则强调了税收优惠、用电优惠等相关配套政府政策对于物联网基础设施建设与完善的功能。货币政策中的金融政策方面,已有实践成果与研究文献主要探讨了有效的政府金融政策在拓宽融资渠道、创新风险投资机制、增加资金投入、产业基金建设、引导社会资本、降低成本等方面的作用,并指出政府应该重视从这些方面加强政策建设力度。此外,国家政策性较强的物联网产业领域内的金融政策也是学者与实践者们研究的重要方向,例如开发性金融政策、农村物联网产业金融政策等。

激励扶持政策

激励扶持政策主要体现在技术创新激励与战略、规划、制度扶持等两个方面,国内在该领域的研究活动也基本围绕这两个方面展开。技术创新激励政策又可按照引进创新与自主创新的不同进行细分。激励政策方面,钱吴永等(2014)探讨了物联网产业技术创新平台的动力机制、协同机制与创新机制,指出政府技术创新激励政策体系应该有助于物联网产业技术创新平台的建设和发展。孙改平(2014)强调了引进技术与创新和自主创新双方面的重要性,并指出应该出台有效的政策保障物联网技术引进创新与自主创新同时进行。此外,借助激励政策推动我国物联网产业的人才引进与培养工作也是我国学术研究的一个重要领域。扶持政策方面,马飞等(2012)探讨了全国性统一规划对于我国物联网产业的规范作用,指出全国性规划等顶层设计的出台有利于防止各省市在产业集群方面的无序竞争。乔海曙和谢璐芳(2011)则分析了我国当前各省"分而治之"的现状,指出国家统一规划具有汇聚政策、资金、人才、创新的重要作用,进一步强调了统一规划的重要全局性地位。刘锦和顾加强(2013)通过分析我国物联网的发展现状,指出了基于产业战略对物联网的发展方向、重点研究领域、关键性技术做出明确规范的必要性。

环境保障政策

环境保障政策是指政府出台的各类政策应以为物联网产业发展提供环境保障为目的。目前我国学术界存在的政策建议主要从出台标准、突破条块分割、实现区域或企业间协作与共享、营造法律环境、引导实际应用、推动人才开发等方面强调了政府在物联网产业政策制定中应该扮演的角色。例如,陈云等(2010)提出全国统一的技术标准与协议是发展物联网产业的先行条件,并指出国家与政府应出台相关政策以突破条块分割现状,实现区域与企业之间的协作和资源共享。韩朝胜(2015)强调了物联网产业发展宏观环境营造的重要性,并建议政府应从法律法规、引导应用与人才开发等方面入手,为我国物联网产业的发展奠定良好的环境基础。马飞等(2012)则指出出台相关政策推动创新性产业集权、通过国际合作引进人才与技术以及促进产学研联合等对我国物联网产业发展的环境保障功能。

结构组织政策

物联网产业结构组织政策亦可细分为结构政策与组织政策。结构政策是指政府应按照市场需求选择符合各地区技术、资金与资源等条件的主要物联网产业环节以形成产业链,并合理协调产业链上各环节的平衡发展。很多学者针对产业结构政策进行了细致深入的研究。例如,通过物联网产业结构政策推动产业联盟的建设、协同创新发展、主导企业的打造、产业体系的构建与产业链的完善等。物联网产业组织政策是指借助政府的力量打造一批研究开发、拓展应用推动组织机构,以引领促进我国物联网产业的高速、协调与可持续发展。例如,政府出台相关的政策引导设立物联网相关的技术研究小组、产业发展促进小组、发展规划小组,通过与专家、企业、科研机构进行商讨来预测物联网产业发展趋势,从而达到合理配置市场要素、引领产业健康发展的目的。

国外政策借鉴

分析国外的物联网产业政策,并为我国提供经验借鉴的研究也是我国在物联网产业政策领域探讨的一个方向。针对国外物联网产业政策的研究国家是有限制的,主要以发达国家的政策经验为主,例如欧盟、美国、日本、韩国等。俞阳(2013)探讨了欧盟的物联网产业政策,指出其在出台物联网广泛应用的政策、制定发展战略、建设法律体系框架、展开公众咨询等方面是我国学习的对象。纪玉山和苏美文(2014)对比分析了各发达国家的产业发展政策,提出我国在物联网产业政策的制定方面,需以关键技术的研发与基础设施的建设为关注点和出发点,并强调了政府支持政策的重要性。周拴龙(2014)通过研究美国的物联网产业政策,指出了资金投入、物联网应用、大型企业培育、核心人才的培养与引进,以及产业发展环境营造等政策的重要性。朱荪远(2015)则通过梳理韩国的物联网产业推进政策,认为我国在物联网产业政策建设与实施中,应强化产业主体作用,通过官民合作释放聚合能量以推动新型或融合技术与服务的生成。

物联网产业政策的实践研究

中共十八大提出要坚持走中国特色新型工业化、信息化、城镇化与农业现代化道路。但是,四化的发展不能各自为营,而须实现四化之间的有效融合,才可推动我国整体经济与社会的发展。无疑,若要实现工业化同信息化的融合,则发展物联网是必然途径。2009年,国务院总理温家宝在无锡视察时,提出了"感知中国"的理念,并在全国范围内引发了对物联网产业发展的重视。此后,国家与政府开始提倡在全国范围内实现物联网整体发展的部署,并出台了一系列相应的产业政策以为物联网产业发展实践作支撑。本节拟从我国政府已颁布出台的物联网产业政策情况、存在的问题、造成问题的原因以及学者们提出的相应对策建议等方面进行文献梳理,以述评我国物联网产业政策的实践研究情况。

政策实践现状

早在20世纪90年代物联网的理念刚提出之时,我国尽管未明确提出发展物联网的战略,但当时就已开始了相似理念的研究与应用试点。例如,1993年我国启动的金卡工程于2004年率先将物联网RFID的应用列为重点工作;1999年中科院开展了传感网研究活动。在相关的国家政策文件方面,2006年发布的《国家中长期科学和技术发展规划纲要(2006—2020)》指导并推动了我国传感器产业的快速发展;2008年则发布了《信息产业科技发展"十一五"计划和2020年中长期规划(纲要)》,其中强调了完整物联网产业链建设的重要性与主要目标。进入2010年以后,我国物联网产业进入全新发展阶段,相关的产业政策也层出不穷,为物联网产业发展奠定了坚实的政策基础。2010年,物联网发展问题被明确写入《中共中央关于制定国民经济和社会发展第十二个五年规划的建议》与《国务院关于加快培育和发展战略性新兴产业的决定》当中,从而我国物联网的发展问题上升到了党与中央政府的政策层面。此后,我国物联网产业获得的政策扶持力度不断加大,多项支撑政策与方案得到了落实。2011年4月,财政部与工信部联合建立物联网专项基金,为我国物联网产业的发展提供了资金支持。2012年2月,工信部正式出台《物联网"十二五"发展规划》,明确了我国物联网产业未来发展的方向;2012年6月,国家发改委发布《关于组织实施2012年物联网技术研发及产业化专项的通知》,其中着重指出要通过应用示范工程的建设与关键核心技术的开发来为物联网产业发展提供有效支撑。2013年2月,国务院发布《关于推进物联网有序健康发展的指导意见》,明确了我国物联网产业发展的指导思想、基本原则、发展目标、重点任务与保障措施,其中还提出了一系列财政税收扶持政策,对于壮大我国物联网企业具有重要意义。此外,2013年还出台了《物联网发展专项行动计划》《国务院关于促进信息消费扩大内需的若干意见》《国家发展改革委关于组织开展2014—2016年国家物联网重大应用示范工程区域试点工作的通知》,2013年物联网产业政策的四箭连发为我国物联网产业的发展建设立下了汗马功劳。2014年,国家发改委为物联网等战略性新兴产业出台的激励政策以完善产业宏观发展环境为抓手,加快了对物联网等战略性新兴产业的松绑速度。以上是近年我国中央政府层面所开展的物联网产业政策实践情况。在中央政府政策的大力支持下,我国物联网产业取得了惊人的成绩,2010—2012年我国物联网产业的规模实现了从2 018.4亿元向3 651.1亿元的跳跃,2015年更是实现了5 800亿元的大幅度跨越。另外,我国各省市地方政府亦进行了诸多政策实践活动。例如,2010年杭州市制定并实施了《杭州市物联网产业发展规划(2010—2015)》,着手为企业搭建研发平台,以推动企业间的战略合作。此外,杭州市财政还提供1 000万元作为物联网产业的发展资金,在一系列产业政策的引导下,促成了杭州市物联网产业的良性发展。

政策困境及原因

因为政策效应具有难测度的特性,国内针对物联网产业政策实践效果的研究范围非常有限。目前,已有的物联网产业政策实践效果研究主要集中在财政补贴、税收优惠与金融支持等三个财政货币政策方面,主要是因为这三类政策具有可统计的数据。财政补贴政策方面,何家凤(2012)通过分析我国物联网上市公司年报的面板数据,发现政府针对物联网上市公司的财政补贴对于企业融资能力、研发投入与产出贡献具有明显的政策导向性影响,但尚未形成能促进绩效放大的杠杆效应。此外,财政补贴政策还呈现出了低效运行的情况。基于实证研究,何家凤提出了以下几点原因:第一,存在边缘企业"搭便车"分抢政府财政补贴蛋糕的现象;第二,监管机制不完善,补贴未发放到正确对象;第三,科研成果转化为产出效益存在时滞;第四,财政补贴未能给予投资者一个有效的信号提示。税收优惠政策方面,因现有税收政策缺少对物联网产品消费环节和创新示范区的政策支持,从而不利于拉动产业发展和促进产业集聚。朱延等(2010)提出,物联网涉及行业广,确定税收优惠对象困难;优惠政策多且杂,存在物联网企业交叉享受多项优惠政策的现象。由于以上两点原因的存在,导致我国面向物联网产业的税收优惠政策进入了作用发挥的瓶颈阶段。詹正华(2011)认为,税收优惠政策体系无法认定出创新产业,因而不能作用到物联网产业中的关键环节,且难以发挥自动调节功能,其前置条件甚至限制了政策作用的发挥。此外,我国面向物联网产业科研活动、项目、从业人员的税收优惠政策缺乏,且因为现行物联网产业税收负担沉重、财税政策内容不完整,从而进一步制约了我国物联网产业的可持续发展。金融政策方面,宿杨(2015)通过研究我国农村物联网产业的金融政策,发现国家金融政策因存在不连续性而导致了农业物联网产业融资失败的问题。

政策完善对策

通过分析我国物联网产业政策的实践情况与效果,以及其存在的问题和原因,学者与实践者们提出了一系列有针对性的政策问题与困境应对之策,但多基于宏观视角做出。例如,财政补贴政策方面,应借助物联网产业战略,充分发挥补贴政策的乘数效应和导向功能;加强监管,合理确定补贴规模与期限。税收政策方面,应制定有效的、有针对性的税收优惠政策,强化税收调控功能,做好税收政策的宣传与服务工作;扩大政策适用范围,构建产业保护与激励并重的财税体系;出台有利于物联网人才引进与培养,以及能支持产业园区建设的税收政策;加大法律法规建设力度,明确税收倾斜目的与内容、税收优惠方法,并分阶段地开展税收优惠支持。金融政策方面,则应拓宽技术创新融资渠道,推动物联网产业可持续发展;完善适用于风险投资、股权融资、民间融资、国外资本,以及新型银企关系发挥作用的金融政策体系。

研究展望

本文收集整理了我国关于物联网产业政策的研究与实践探讨文献,发现国内在该领域的研究成果多集中在2010—2015年这一期间内,这反映出国内的学术研究趋势基本同国家对物联网产业的重视阶段相吻合的特点。2010年后,国家与地方政府出台了一系列扶持物联网产业发展的重要政策,意味着我国进入发展物联网的新阶段,从而也带动了国内研究物联网产业政策的浪潮。作为第三次信息技术革命，物联网技术及其产业发展受到了世界各国的瞩目，主要发达国家与地区已将其上升至了国家战略高度。我国也不例外，进入21世纪以后，就将物联网产业置于战略性新兴产业行列，并加大力度开始发展。然而，当前我国的物联网产业整体发展情况尚处于起步阶段，呈现出了关键核心技术有待继续突破、商业发展模式尚不清晰、产业应用正在试点的特征。因此，这些现实情况造成我国支撑物联网产业发展的政策出台工作也表现出了在摸索中前进的特点。基于这些背景与情况，本文通过梳理述评我国物联网产业政策的相关理论与实践研究，以为国家和政府在未来政策的制定与完善工作中提供借鉴，明确方向。

截至当前，我国学术界针对物联网产业政策的理论与实践研究已取得了一定的成绩。理论方面，对物联网产业政策的定义、分类、功能特征，物联网产业政策制定的特点、环境与过程，以及物联网产业的具体政策均有探讨。实践方面，则针对我国已出台的一系列物联网产业政策的政策效果、问题及原因进行了诸多的研究，并提出了一些可行的对策与政策建议。虽然物联网产业政策理论与实践两方面均有学者进行过研究，但两个领域内部的研究活动都有自己的侧重。通过文献梳理，可以发现我国学术界在物联网产业政策领域的研究主要集中在两个领域：第一，理论研究方面，侧重于物联网产业政策或政策工具的分类研究；第二，实践应用研究方面，倾向于借助一定的方法（例如，内容分析法、定量分析法等）来总结已出台政策的文本内容，且以财政货币政策当中的补贴政策、税收政策、金融政策等为主要研究对象。毋庸置疑，我国学术界对于物联网产业政策的研究宽度与广度均达到了一定的水平，且取得了很多对于产业发展、政府管理与未来研究具有重要指导意义的成果。但是，也不可否认，现有的整体研究情况仍然是存在不足与缺憾的，为了我国物联网产业的进一步发展，还有待于学者们继续在物联网产业政策领域埋头耕耘，以新的更加先进的成果与理念来弥补当前该领域学术研究的瑕疵之处。为此，我们接下来将根据前文文献梳理的主要情况，说明当前我国物联网产业政策研究的一些明显的不足之处，并指出我国在该领域未来的研究方向，以供后续研究者们作为参考，也希望能为我国的政策制定者与实施者们提供借鉴。

第一，理论内容多沿用国外研究，缺少具有鲜明本土特色的理论。国内对于物联网产业政策的理论研究多基于国外已有的研究进行拓展，例如对物联网产业政策的定义、制定特征、制定过程的探讨等方面，多从国外的已有研究出发，结合国内的特殊情况进行分析探讨。在国内，原生态的理论是很缺乏的，且具有本土特色的物联网产业政策理论体系尚未被构筑起来。此外，在理论研究方面探讨得也不够全面，偏向于对物联网产业政策的分类研究。因此，探讨本土理论与构筑全面的理论体系值得物联网产业政策研究者们继续开展研究活动。

第二，现有政策研究分类标准缺位，不利于统一研究活动的开展。在前文的文献梳理过程中，可以发现国内针对物联网产业政策分类进行的研究均带有研究者自身的主观意愿，多按照研究者自身的研究需要与便利做出，从而引致不能全面研究到所有产业政策类型的不良后果。当然，出现这种情况也有该领域的客观原因。因此，虽然无法形成唯一的分类标准，但若能在物联网产业政策分类标准方面达成一些共识，例如按照政策目标、内容、形式、出台主体等划分出具体的物联网产业政策类型的话，对于未来的研究无疑是很有帮助的。

第三，政策制定研究沿用通用的公共政策制定方法，缺乏针对性。我国对于物联网产业政策制定的研究主要借鉴了公共管理学领域政策制定的基本思想和方法，表现为将一般政策的制定特点、方法与流程生搬硬套于物联网产业政策制定之中的特点，而缺乏有针对性的、以物联网产业特征为核心的政策制定研究，这不利于指导政策制定者出台合理有效的物联网产业政策，从而会影响到政策出台后的实施过程，最终不利于我国物联网产业的长远与可持续发展。因此，从物联网产业具体情况出发开展政策制定研究活动是当务之急。

第四，政策实践研究以财政货币政策为主，不能反映出整体政策效果。目前，我国学术界主要针对物联网产业的财政货币政策的实践进行了研究，虽然其他的政策实践研究也有涉及，但也基本从财政货币政策视角出发。例如，探讨基于税收优惠的激励政策或扶持政策等。当然，学术界出现这种情况有其特殊理由，但若能"雨露均沾"地对除财政货币政策以外的其他物联网产业政策的实践效果进行探讨的话,对于我国物联网产业的健康成长与发展将会很有帮助。因此,未来该领域的研究活动可以朝这个方向多靠拢。

第五,针对政策的完善对策偏宏观,缺乏微观视角的改良建议。我国学者与政策实践者们针对政府出台的现有政策实施情况进行了大量的研究,特别是针对可通过数量方法来进行实证研究的财政货币政策,已开展了很多深入与广泛的分析,且基于这些政策的实施效果及存在的问题与原因提出了一系列政策完善建议。这些对策多从宏观战略的视角做出,虽然方便了国家与政府对已有政策进行改良,但因为缺乏微观基础(例如,未充分考虑到企业等主体的需求与特征),从而改良后的政策是否真的有效还是一个值得探讨的问题。因此,在政策完善对策研究中深入考虑微观因素,也是很重要的。

第六,现有研究多侧重于管理学与公共管理学领域,学科视角单一。物联网原本是一个技术性很强的理工科研究领域,因而其产业政策研究也应多考虑理工科的做法与理论思想。但是,我国目前针对物联网产业政策的研究活动主要集中在管理学与公共管理学领域中,基本基于这两个学科的视角进行,这很容易造成所制定的政策与物联网产业本身的需求不一致的问题。因此,从多学科视角加大对物联网产业政策的研究是很有必要的,特别是从理工科等同物联网产业更紧密的学科视角,或者多学科综合的视角。

参考文献

Cantner U. and A. Pyka, "Classifying Technology Policy from an Evolutionary", *Research Policy*, 2001, 30(5), pp. 759—775.

Rothwell R. and W. Zegveld, *Industrial Innovation and Public Policy: Preparing for the 1980s and 1990s*, London: Frances Printer, 1981.

Schneider, A. and H. Ingram, "Behavioral Assumptions of Policy Tools", *Journal of Politics*, 1990, 52(2), pp. 513—522.

陈云、张华、张益平,"关于我国物联网产业发展的思考与建议",《科技管理研究》,

2010 年第 20 期，第 103—106 页。

杜小玲、叶晗堃，"我国物联网产业化优势及其可持续发展的政策探讨"，《当代经济》，2012 年第 11 期，第 71 页。

范鹏飞、张学礼、张敏，"政策如何为物联网产业发展服务"，《中国电信业》，2013 年第 2 期，第 46—49 页。

高青，"陕西省物联网产业发展政策及对策研究"，《物联网技术》，2014 年第 12 期，第 84—85 页。

郭巍青、涂峰，"重新建构政策过程：基于政策网络的视角"，《中山大学学报（社会科学版）》，2009 年第 3 期，第 161—168 页。

韩朝胜，"我国物联网发展存在的问题及对策"，《当代经济》，2015 年第 23 期，第 4—5 页。

何家凤，"我国物联网产业财政补贴政策效用研究——基于上市公司的经验数据"，《中央财经大学学报》，2012 年第 9 期，第 12—16 页。

黄卫东、岳中刚，"物联网核心技术链演进及其产业政策研究"，《中国人民大学学报》，2011 年第 4 期，第 47—53 页。

纪玉山、苏美文，"物联网战略的国际经验及其对我国产业发展的政策启示"，《理论探讨》，2014 年第 3 期，第 73—76 页。

刘锦、顾加强，"我国物联网现状及发展策略"，《企业经济》，2013 年第 4 期，第 114—117 页。

刘文昌、吕红霞、李晓楠，"我国物联网产业环境分析"，《辽宁工业大学学报（社会科学版）》，2013 年第 6 期，第 13—15 页。

卢涛、周寄中，"我国物联网产业的创新系统多要素联动研究"，《中国软科学》，2011 年第 3 期，第 33—45 页。

马飞、王小建、王炼，"低碳环境下物联网产业发展的影响因素及对策研究"，《情报科学》，2012 年第 9 期，第 1366—1370 页。

钱吴永、李晓钟、王育红，"物联网产业技术创新平台架构与运行机制研究"，《科技进步与对策》，2014 年第 9 期，第 66—70 页。

乔海曙、谢璐芳，"物联网产业突破发展研究"，《经济问题探索》，2011 年第 9 期，第 95—98 页。

史俊、田志龙、谢青，"政府如何制定战略性新兴产业政策——以物联网产业为例"，《中国科技论坛》，2015 年第 1 期，第 11—16 页。

宿杨,"农村物联网产业发展的融资对策",《宏观经济管理》,2015年第12期,第62—65页。

孙改平,"我国物联网产业发展现状与对策研究",《物流技术》,2014年第8期,第19—21页。

田志龙、史俊,"互动导向的新兴产业政策决策过程研究",《科研管理》,2015年第5期,第139—148页。

田志龙、史俊、田博文、陈小洪、马骏,"新兴产业政策决策过程中的不确定性管理研究——互联网产业的宏观决策过程的案例",《管理学报》,2015年第2期,第187—197页。

我国物联网行业市场规模及国际竞争力分析,http://www.eepw.com.cn/article/201605/291178.htm。

续合元,"物联网的最新发展动态",《电信网技术》,2013年第8期,第40—42页。

姚建军,《中国物联网产业政策研究》,中国科学院大学论文,2014年。

俞阳,"欧盟物联网政策措施及发展现状",《全球科技经济瞭望》,2013年第7期,第25—31页。

詹梦皎、詹正华,"我国物联网产业发展中税收政策的定位与选择研究",《特区经济》,2011年第12期,第143—145页。

詹正华,"支持'物联网'建设发展的税收政策研究",《税务与经济》,2011年第1期,第70—75页。

赵筱媛、苏竣,"基于政策工具的公共科技政策分析框架研究",《科学学研究》,2007年第1期,第52—56页。

周拴龙,"美国物联网政策及对我国的启示",《现代商贸工业》,2014年第16期,第61—63页。

朱荪远,"韩国最新物联网产业推进政策举措",《全球科技经济瞭望》,2015年第1期,第11—17页。

朱延、沈义林、王加龙,"探索支持物联网产业发展税收优惠政策的研究",《江苏科技信息》,2010年第10期,第12—14页。

产业政策与长三角区域协调发展研究
——从长三角城市群形成、崛起的角度

熊世伟　上海市经济和信息化委员会综合规划处副研究员
杨　政　上海市经济和信息化委员会综合规划处助理研究员

区域产业政策和城市群发展的综述

产业政策作为干预和调节区域产业经济活动的重要手段，无论是发达市场经济国家还是新兴市场化国家，在利用产业政策促进城市群发展和区域协调方面都采取过具体举措。长三角城市群的概念兴起于20世纪80年代长三角经济区的建设实践，虽经历了计划经济的趋同化发展阶段，但经过改革开放后长三角城市功能的重新定位调整，长三角城市群的城市网络也经历了从发展到停滞再到崛起的过程。其中，产业政策对长三角城市群的形成、发展所起的作用，是不容忽视的重要推动力量。

产业政策促进城市群成长的理论综述

20世纪30年代，欧美学者针对多个城市密集于某经济发达地区的状

况,提出"组合城市"、"城市集聚区"、"城市群"等概念。学界一般认为这一研究起源于法国地理学家戈特曼,其对欧美城市群问题进行了开创性的研究。Kunzmann and Wegener(1991)结合经济全球化和区域经济一体化背景下跨国网络化体系的研究,认为大城市带实际上是产业空间整合的产物,其作为新的地域空间组织形式,将占据全球经济的核心位置。我国学术界于20世纪80年代开始对城市群问题的研究,主要包括地理学界、经济学界以及城市规划部门。周玲强(2000)指出同一都市圈中各地应"功能性质互补,经济上相互依存,社会发展趋同"。吴传清和李浩(2003)详细分析了西欧城市群、美国城市群、日本城市群的发展情况,总结了各都市群的空间结构、发展规律和发展趋势。陈秀山(2005)在《中国区域经济问题研究》中介绍了经济学意义上的"都市圈"。指出区域一体化的共性障碍是行政体制分割,有效推进都市圈的经济社会一体化仍需制定一体化发展规划,构筑一体化共同市场,订立有约束的统一公约和法规,组织半官方的协调仲裁委员会。陶希东(2005)指出行政区经济是中国跨省都市圈经济的制度瓶颈,进一步提出跨省都市圈经济整合的新思路,即跨省区域治理。张兆安(2006)在《大都市圈与区域经济一体化》中强调,在经济全球化的大背景下,大都市圈正成为区域经济一体化的一种基本模式。唐茂华(2006)指出城市间是一种"积极紧张"和"相互适应"的对等结网关系。由此可见,以城市圈域为特征的全球城市体系的新格局逐渐形成,并成为全球经济联系的重要节点。而产业政策属于一种公共物品。在计划经济体制下,中央政府统一制定产业政策,地方政府只能在具体执行过程中因地制宜,适当调整。而在市场经济条件下,中央政府侧重于全局性的宏观调控,地方政府在中观、微观层次的区域产业政策制定与执行方面自主权更大。地方政府既可以通过对区域产业政策的掌握,突出区域产业发展重点,推动地方经济社会发展,较容易满足地方社会经济的需要,又能够间接地扩大预算,进而掌握更多的经济资源。总之,城市群的崛起带动了经济圈的形成和发展,城市群是区域城市化和城市区域化的重要表现,其作为全新的国家参与全球竞争与国际分工的基本地域单元,是跨区域地方关系整合的依托形式和过渡阶段,而区域产业政策对地方关系协调有推动作用。

产业政策与世界著名都市圈崛起的实证分析

二战以后,伴随着工业化和城市化的高速发展,大城市地域的空间组织形式发生了很大的变化,相继出现了以大城市为核心的都市圈。世界各地崛起了东京、大阪、纽约、伦敦和巴黎等世界级的五大都市圈。国外城市发展史表明,以大城市为中心的都市圈经济是城市发展的主要模式,是国家经济发展的主体,本文主要选取了纽约和东京都市圈作为研究对象。

- 纽约都市圈的形成与产业政策

纽约都市圈的跨区域管理是一种非政府组织形式的管理体制,区域政府通过协商共同建立的功能单一的特别区或专门协调机构,旨在实现区域之间的资源共享,并对地方政府行政管理的不足进行补充。

(1)纽约—新泽西州联合成立港务局。早在1921年,纽约和新泽西州就联合成立了港务局,由两个州的州长和12名委员组成,主要管理和协调整个区域内大部分交通运输设施,纽约—新泽西港是美国东海岸最大的港口,其独特的区位优势不仅加快了公路、铁路等交通网络的形成,还促进了纽约都市圈经济的发展。不光是对基础设施进行投资建设,还在设施建设的改革方面起了关键作用,并对其长期发展进行了资本支持。港务局在州际大桥和机场等基础设施建设上起到了难以替代的作用,使地上网络中心和港口取得一定发展,并且加快了铁路交通网的构建,把哈德逊河—曼哈顿铁路扩展成为铁路交通系统。

(2)制定跨区域的城市规划。纽约区域规划协会(RPA)成立于1929年,主要针对纽约都市圈的发展,对建设发挥了指导性的作用。自成立至今,协会已进行了三次大规模区域规划,通过规划的完善落地,纽约都市圈逐渐发展壮大为世界五大都市圈之一。第一次规划提出了十项政策和城区的"再中心化"方案,对都市圈整体性的规划具有重要意义。但因为历史环境与制度限制,纽约都市圈"再中心化"理念的实施效果不佳,与预期的目标仍有差距。二战后,由于汽车普及,城市开始以低密度的方式向城郊蔓延,纽约都市圈形成了一种"铺开的城市"局面,成为当时富有"美国特色"的都市圈发展方式。这种特色的发展方式存在很大的缺陷,如增加了通勤者的通勤时间与路程,城市之间联系不紧密,有被隔离倾向。对此,纽约区域规划协会十分重视,再一次对都市圈进行了规划。1968年,纽约区域规划协会对此现象进行第二次规划,着重明确"铺开的城市"的概念,强调了都市圈的"再集聚",并将旧城复兴与大交通网络的重建作为规划的核心,同时还提出了与区域规划相关的五项基本原则。到了20世纪70年代后,纽约都市圈出现了"逆城市化",大量人口从城市核心区迁至郊区,导致了纽约等中心城市核心地位下降、城市土地未能充分利用等现象。1996年,纽约区域规划协会对都市圈进行了第三次规划,对基础设施、社会、环境与劳动力进行新的投资,并提出"经济—能源—环境"(Economy-Energy-Environment,3E)标准来评价都市圈的生活质量。同时为了提高生活质量,纽约区域规划协会还提出了五个"战役",以确保"3E"标准的更有效实施。

- 东京都市圈的发展与产业政策

东京都市圈自成立之初,就确立了以"分散、均衡、协调"为目的的"多核心理论",并建立了区域协调管理机制和相应的政府机构,用以处理都市圈出现的相关问题,其主要包括以下几个方面:

(1)完善的法律保障体系。包括大都市圈规划和建设发展在内的一切活动,均以法律为依据。东京都市圈的建设就是得益于法律的保障体系。为了推动东京大都市圈的建设,保证其跨区域政府的权威性,日本政府专门出台保护东京都市圈政府行使权力的法律法规,尤其是颁布的多部法律法规和五次首都圈规划对东京都市圈的发展起到重要作用,包括1956年颁布的《首都圈整备法》、1966年出台的《首都圈近郊绿地保护法》以及1986年制定的《多极分散型国土形成促进法》等。这些法律法规保障了都市圈建设规划的顺利和都市圈协调管理的统一。在东京都市圈的发展过程中,政府还根据发展阶段的不同,及时调整、完善相应的法律体系和首都圈规划,以适应都市圈经济的发展。随着五次首都圈规划的进行,《首都圈整备法》在制定后经过了多次修改调整。这一系列法律法规的完善,不仅在国家政府层面上促进了东京都市圈内部城市的协调发展,还加快了东京都市圈区域的合理布局,更重要的是将东京都市圈的发展纳入法制轨道,促使其依法有序地建设和管理大都市地区。

(2)政府直接的推动与协调。东京都市圈作为一个由若干个行政区构成的大都市圈,在完善的法律体系保障外,日本政府建立了具有权威性的协调机构,并形成了一种跨区域的协调机制。东京都市圈成立了都市圈整备局,隶属于国土综合开发厅,负责都市圈的规划和建设。整备局作为政府的协调组织,主要职责是协调东京都市圈与调整局和土地局等其他政府机构的关系。此外,东京都市圈还专门成立了由地方政府领导人、企业家、大学教授等具有社会影响力的人物组成的都市圈整备委员会。该整备委员会还组建了规划部,由大学教授和企业负责,这充分体现了在都市圈建设中,地方政府、企业、学者之间的分工协作。"官商学一体化"的战略思想促进了东京都市圈的快速发展,而都市圈整备局和整备委员会的成立也体现了日本政府对东京都市圈建设的重视。

(3)科学合理的规划引导。都市圈建设必须建立在科学、合理、长远的城市规划基础上,才能更具国际性。前文所述,都市圈共经历了五次规划调整,其每一次规划都是在不同背景下进行的,包括政治、经济、社会、文化、历史等诸多因素。日本政府从 20 世纪 50 年代制定都市圈规划开始,到 20 世纪末共完成五次规划,具体可以分为三个阶段:第一次规划基本确立都市圈区划模式;第二、第三次在全国明确确立都市圈区划和管理模式;第四、第五次着力于推进都市圈之间的合理分工,改变了东京"一极集中"的区域空间结构。

长三角城市群协调发展的瓶颈分析

长江三角洲城市群的发展经历了三个阶段,现在包括上海、江苏、浙江和安徽部分地级市,面积 21.17 万平方公里,2014 年地区生产总值 12.67 万亿元,总人口 1.5 亿人,分别约占全国的 2.2%、18.5%、11.0%。长三角城市群是中国参与国际竞争的重要平台、经济社会发展的重要引擎,是长江经济带的引领发展区,是中国城镇化基础最好的地区之一。但在过去的城市化发展阶段也存在着一定的问题和瓶颈。

长江三角洲城市群的演进历程

第一阶段：建设上海经济区阶段。长三角城市群的概念兴起于20世纪80年代。早在1982年年底，国务院发出通知，决定成立上海经济区，这是"长三角"经济圈的最早雏形。当时长三角的界定包括了上海、南京、宁波、苏州和杭州。随着改革开放和经济发展，长三角经济圈的概念也曾逐步扩展到五省一市，即上海、江苏、浙江、安徽、福建和江西，后来又逐渐演变成为以上海为中心的大都市圈，包括了上海市、江苏省和浙江省的共15个核心城市。上海经济区的划分是为了鼓励横向联合，搞区域经济协作，以打破"条块分割"所带来的弊端，但缺乏有效的资源配置顶层机制，使五省一市的协调额外困难，最终日渐式微。

第二阶段：浦东开发开放阶段。上海在20世纪80年代经历了非常明显的经济退潮，同时也拖累了整个长三角地区在中国经济版图中的地位。80年代末90年代初，上海在总结了前十年有关改革开放的经验教训的基础上，提出了以浦东开发开放为突破口、浦东浦西联动、加速上海改革开放的战略思路，上报中央政府审批通过后，进而引发了以浦东开发开放为契机的长江三角洲区域经济一体化的第二次浪潮。浦东开发开放使得上海再度崛起，并再一次确立了长江三角洲、长江流域中心城市的地位，上海经济发展从长期低于全国平均水平一跃成为增长领先地区，1992年以来，上海一直保持着两位数的经济增长率。长江三角洲在中国经济中的核心地位也由此得到巩固和加强。

第三阶段：深度融入国际化阶段。2001年中国加入WTO后，长三角区域经济发展的外部环境出现了重大变化。跨国公司的大举进驻、全球经济一体化的浪潮也推动着区域经济一体化和联动发展。长三角作为我国人口密集、文化昌盛、商业基础坚固、经济发达的地区，成为跨国公司在华投资的首选之地。世界500强企业有超过400家落户了长三角。跨国公司不仅带来了先进的管理模式，也给长三角原本各自为政的企业和市场带来了巨大的挑战和冲击。

2003年8月15日，"长江三角洲城市经济协调会第四次会议"接纳江苏省和浙江省的部分城市进入协调会,奠定了城市群的范围和基础。在2008年《国务院关于进一步推进长江三角洲地区改革开放和经济社会发展的指导意见》中,长江三角洲地区包括上海市、江苏省和浙江省"两省一市"全境,区域面积21.17万平方公里。2010年国家制定的《长江三角洲地区区域规划》以上海市和江苏省的南京、苏州、无锡、常州、镇江、扬州、泰州、南通,浙江省的杭州、宁波、湖州、嘉兴、绍兴、舟山、台州16个城市为核心,统筹两省一市发展,辐射泛长三角地区。长三角区域的经济一体化日益显现。2016年国家颁布的《长江三角洲城市群发展规划》将长三角地区扩大为三省一市,包括上海市,江苏省的南京、无锡、常州、苏州、南通、盐城、扬州、镇江、泰州,浙江省的杭州、宁波、嘉兴、湖州、绍兴、金华、舟山、台州,安徽省的合肥、芜湖、马鞍山、铜陵、安庆、滁州、池州、宣城共26个城市。

长江三角洲城市群发展中存在的问题

2016年颁布的《长江三角洲城市群发展规划》提出,长三角城市群要建设面向全球、辐射亚太、引领全国的世界级城市群,建成最具经济活力的资源配置中心、具有全球影响力的科技创新高地、全球重要的现代服务业和先进制造业中心、亚太地区重要国际门户、全国新一轮改革开放排头兵、美丽中国建设示范区,但在实际发展过程中仍有一些问题不容忽视。

• 协同机制不健全

(1) 政策协调机制不完善。一是对一些重大事项仅靠三省一市自身协调并不能很好地解决问题,缺乏国家层面的统一协调领导。二是目前的协调机制和平台较为松散,大多一年只召开一到两次会议,缺少负责推进政策协调的专业机构,负责日常工作运转。三是专题合作项目缺乏明确监督考核推进机制,难以取得实质性突破。

(2) 立法内容规范不一致。一是各地立法内容的不协调和冲突较为明显,更多注重地区利益,缺乏整体考虑。二是在行政许可、行政处罚等设置方面标准不一致,难以在全局对接。三是法律效力等级差别,在一处属于地方性法规,而在另一处则可能是政府规章,在其他地方又可能只是政府规范性文件。

（3）区域资源支持不充足。人才、环境、财政、交通、旅游、社保等经济和社会的许多方面在长三角地区协调发展过程中都不可或缺，涉及的问题领域广、难度大，需要各地贡献出更多资源支持长三角协同发展。

- 市场作用不显著

从长三角地区发展的历史进程来看，这里一直是我国市场化、城市化发展较为深入的区域，随着资本、技术和劳动力的涌入，突破行政区划的地理阻隔，推动技术、资本、商品和劳动力等生产要素在区域内流动，分工合作也逐渐发展为产业和产品分工，最终向产业链分工发展，这已经成为长三角区域经济一体化的主要动力。外资、国有、民营等各种所有制企业都发展得十分迅速，并且都有典型模式，从而形成了一种面向国际市场的外向型经济。但是长三角区域政府在创造经济环境、更好地引导市场机制协同治理方面的约束性和效率不高，单纯使用市场手段或者行政措施已经难以实现资源配置的最优化，这是因为在社会资源的配置过程中既发现了市场的失效，也存在着行政干预的失效。

- 社会参与不充分

区域协调治理主要有政府合作形式、市场机制和社会机制三种途径。政府合作通常是针对跨区域的共同问题采取项目合作形式；对于跨区域共同关注的问题，政府难以亲力亲为，可通过激发、引导市场力量，以合同协定等形式，向第三方组织购买服务的方式，用市场合作途径来解决；面对"政府失灵"和"市场失灵"同时出现的跨区域公共产品，采用非政府组织合作的形式，并要求内部组织成员协调一致，其性质是非政府的，利用跨区行业协会，优化行业资源，协调长三角区域内竞争。同时，由于行业协会在相关标准、质量检测和资格认证方面的专业性，与政府各部门间合作相比效率更高，协调成本也更低。但也存在一定的问题，比如注册地的平衡、跨区行业协会的限制、缺乏制度创新的能力等。

- 产业政策趋同

区域产业政策作为地方政府间竞争的一个重要组成部分成为关注点，产业政策的趋同也已经成为一种普遍现象。但也要注意，产业政策的趋同不等于细节完全一样，也不等于在实际操作过程中的复制。在实际过程中，有一些产业政策得不到有效执行,或者在操作过程中偏离原来政策设定的方向。这主要是因为现有职权分工不明确,硬性约束还未完全建立,需要中央和地方切实做好分权改革工作,营造市场环境,促进资源的优化配置,进而成为示范试点对象,反作用于区域经济和国家宏观经济的发展与稳定。

产业政策促进长三角区域协调发展的对策建议

结合长三角城市群规划和现有发展瓶颈问题,发挥上海中心城市作用,推进长三角城市群在扩大开放方面借助产业政策的作用,大力吸引外资,扩大服务业对外开放,促进长三角区域协调发展。

• 强化宏观协调

强化树立大局意识和整体规划,统筹谋划发展布局,做好区域和各地城市的宏观规划布局,做好对接和落实工作。具体来说:一是要合理分析和判断热门产业及行业的未来发展趋势,及时预判发展规模,提前策划,设置基本的准入条件;二是要合理布局,在选择区域和地方主导产业时一定要充分论证,既避免重复布局又避免盲目上马;三是根据国家宏观指导的相关产业政策,及时调整修订区域发展规划,做到有进有退。

• 发挥市场作用

建立多种形式的合作,推进区域经济一体化。打破"以邻为壑"的区域经济地理边界和行政壁垒,从产业链、创新链等市场化角度出发,推动产业结构调整优化,加强区域合作,消除限制人流、物流、信息流合理流动的因素,建立一个统一的大市场,发挥各地资源禀赋,互补短板,盘活现有资产,充分发挥金融市场作用,使区域经济不断优化和扩展,形成化解产业趋同成因的自动调节体系。

• 创新政府管理

深化"简政放权、放管结合、优化服务"改革,实施负面清单管理,规范审批事项,简化审批流程,探索符合产业创新的政府服务体制,统筹政府社会各方的服务资源,提供覆盖企业全生命周期的服务功能,构建全方位无缝隙的服务平台,创新企业服务方式及内容,充分利用新媒体等手段为企业提供动态及时服务。通过有形之手的合理协调,使区域经济的运行更加合理有序,以尽量消除区域产业政策趋同的不利影响。

• 完善产业政策

区域产业政策除包括需要发展的主导产业政策外,还应包括配套的产业政策条件,加强科技成果转移转化、产业化等扶持政策的衔接配套,加强财政、产业、投资、科技等创新政策、规划引领和改革举措的综合运用。深化供给侧结构性改革,促进劳动力、资本、土地、技术等生产要素优化配置,扩大有效供给,提高供给结构适应性和灵活性。

结束语

产业政策对区域协调发展的作用,目前仍是社会各界争论的热点话题,尚未有统一的共识。从发达国家城市群形成、发展的经验来看,在市场经济条件下,纽约和东京都市圈是在市场机制的作用下,伴随着日本和美国在全球经济中的崛起,顺应工业化和城市化的历史进程以及特定的地理条件形成和发展起来的。进入 21 世纪以来,我国深度融入世界经济体系,在经济全球化、区域一体化的大背景下,长三角城市群的发展和成长是一种必然的趋势。关键是要借鉴国外的经验,利用产业政策等手段,针对长三角区域发展中存在的问题和瓶颈,根据国家规划布局和未来城市群发展趋势,提出促进长三角区域协调发展的对策措施。

参考文献

Kunzmann, K. R. and M. Wegener, *The Attern of Urbanization in Western Europe*, Ekistics, 1991.

陈秀山、徐瑛,"中国区域差距影响因素的实证研究",《中国社会科学》,2004 年第 5 期,第 117—129 页。

陈秀山主编,《中国区域经济问题研究》,商务印书馆,2005 年。

顾朝林、于涛方、张敏、张成、张晓明、陈璐、汪淳,"长江三角洲城市群空间规划",《城市与区域规划研究》,2009 年第 3 期,第 39—66 页。

黄彬,"通过行政区管理体制改革促进城市群结构优化——以长江三角洲城市群为例",《经济社会体制比较》,2015年第4期,第100—107页。

靖学青,"西方国家大都市区组织管理模式——兼论长江三角洲城市群发展协调管理机构的创建",《社会科学》,2002年第12期,第22—25页。

刘惠敏,"长江三角洲城市群综合承载力的时空分异研究",《中国软科学》,2011年第10期,第114—122页。

彭震伟、唐伟成、张立、张璞玉,"长江三角洲城市群发展演变及其总体发展思路",《上海城市规划》,2014年第1期,第7—12页。

沈惊宏,《改革开放以来泛长江三角洲空间结构演变研究》,南京师范大学论文,2013年。

宋建波、武春友,"城市化与生态环境协调发展评价研究——以长江三角洲城市群为例",《中国软科学》,2010年第2期,第78—87页。

孙峰,《经济全球化背景下我国城市群次核心城市发展研究》,中共中央党校论文,2010年。

唐茂华,"城市群发展的新趋势及其启示",《晋阳学刊》,2006年第1期,第43—47页。

陶希东,"跨省区域治理:中国跨省都市圈经济整合的新思路",《地理科学》,2005年第5期,第529—535页。

吴传清、李浩,"关于中国城市群发展问题的探讨",《经济前沿》,2003年第2期,第29—31页。

向云波、徐长乐、彭秀芬,"长江三角洲城市群循环经济发展水平的空间格局分析",《长江流域资源与环境》,2008年第5期,第661—666页。

徐梦洁、陈黎、林庶民、王慧,"行政区划调整与城市群空间分形特征的变化研究——以长江三角洲为例",《经济地理》,2011年第6期,第940—946页。

张攀,《长江三角洲城市群整合发展研究》,华东师范大学论文,2008年。

张祥建、唐炎华、徐晋,"长江三角洲城市群空间结构演化的产业机理",《经济理论与经济管理》,2003年第10期,第65—69页。

张晓兰,《东京和纽约都市圈演化机制与发展模式分析》,吉林大学论文,2010年。

张兆安,《大都市圈与区域经济一体化:兼论长江三角洲区域经济一体化》,上海财经大学出版社,2006年。

赵勇,《区域一体化视角下的城市群形成机理研究》,西北大学论文,2009年。

周玲强,"长江三角洲国际性城市群发展战略研究",《浙江大学学报(理学版)》,2000年第2期,第201—204页。

朱元秀,《现代化视角下长三角地区转型发展研究》,华东师范大学论文,2013年。

观点讨论

孙明春　博海资本有限公司首席经济学家：我现在是做投资的，对产业政策从学术理论、政策层面所做的研究不多。在市场上，我们更多地是产业政策的接受者。我们关注的问题是，一个产业政策出来以后有可能会对哪些行业的哪些企业产生哪些影响，尤其是对企业的估值会有什么影响。

长三角地区产业发展的情况告诉我们，在产业政策上，也许还是要让市场发挥在资源配置中的决定性作用。长三角地区的产业发展起到了很好的领军作用、榜样作用。为什么这么讲呢？我们知道，现在市场投资者比较关注的一个问题是怎样解决产能过剩的问题。我们看到很多行业的产能过剩已经有很多年了，但不知为什么就是减不掉过剩产能，结果政府需要出行政性措施，比如说2016年以来在钢铁和煤炭行业强制去产能。强制减产后，我们发现钢材和煤炭的价格就起来了。比如最近要求煤炭企业限产，一年要求只生产276天（以往正常情况下每年工作330天），限产以后焦煤价格就开始上涨，没想到国内焦煤价格上涨后，我们就开始从国外进口焦煤（因为国外价格更便宜）。这个政策显然是行政化的，虽然短期对减产有效果，但却带来很多副作用，出现了事与愿违的现象。

我不大了解上海产业结构的成功转型具体是怎么实现的，但似乎没那么多行政强制措施。也许我们做学术研究的人可以从长三角地区，尤其是上海产业结构的成功转型，来研究一下产业政策如何退出的问题。比如我心目中的假设就是，也许在长三角地区，市场机制在产业结构的调整中得到了更充分的发挥，令夕阳产业的退出比较及时和彻底。

我只是提出一个观点来抛砖引玉。来之前我曾专门阅读了这次会议的有关论文,其中绝大部分是讲如何用产业政策来支持和鼓励某些行业的发展,或者去验证类似扶持政策的效果,但是,对于某个行业发展到一定程度以后产业政策怎么退出似乎没有太多研究。这也许是需要研究的一个理论课题。举一个最极端的例子,产能过剩的行业。我们都知道产能过剩,但这么多年下来为什么没办法把过剩产能减下去?我们除了出台产业政策来扶持新兴产业之外,是否考虑过以往扶持的、过时的新兴产业的退出问题?比如说,我们现在有些产能过剩的产业,倒回去10年、15年,曾经都是被扶持、被鼓励的战略新兴行业,如太阳能、风能设备、LED等。这些行业现在都是产能过剩的,我们是否出台了基于市场的、有良好有效的激励机制的鼓励退出政策?中央和地方政府是否没有让市场发挥作用,或者是产业政策里有哪些方面可能做得不够?从理论上讲,如果我们要推出鼓励企业退出的产业政策的话,应该如何设计政策及相关的制度安排呢?

我更多地是提出问题,并没有答案。我先停到这儿了,听一下大家的想法。

张春　上海交通大学高级金融学院教授:国家发改委最近批了四个城市群的规划,当然还有京津冀、珠三角等也在酝酿中。我们首先要思考一下,为什么要搞城市群?我觉得这个需要深入研究一下,然后才能说怎么样做。原来国家的行政构架在哪里出问题了?为什么要推新的构架?我有一些不太成熟的思考,和大家分享一下。我觉得最主要的问题,涉及中国这三十多年国家的行政架构和干部的绩效考评及激励模式,现行的架构和模式越来越不适合经济进一步发展的需求了,所以这个方面需要有大的改革。

过去这三十多年改革开放,政府把一部分权力下放给了省、自治区和直辖市,然后让下面去竞争,按照GDP增长率来"论功行赏"。所以干部拼命搞GDP,通过各种各样的途径招商引资,利用地方的财政、地方的金融资源,通过国企,一切都是为了提高本地区的GDP。这在一定程度上解释了为什么产能过剩解决不了的问题:大家朝着一个目标去做,没有分工,导致了重复建设。例如地方要发展,没有自己的炼钢厂不行,所以每个地方都要搞一个炼钢厂,很多地方都搞金融中心,因为有了金融资源,才可以做大GDP。

所以这是国家的组织架构和绩效评估体系造成的一些问题，这些问题现在越来越严重。早期GDP比较低的时候，至少在二十多年前，这是很好的体系，但是最近十几年这个问题越来越严重，我觉得这就是我们要做调整的原因，比如说在长三角内，上海和安徽都用一样的方法拼GDP肯定不合适，上海现在走高端路线，地也越来越少，房价越来越贵。如果国家还按照和安徽一样的政策，比如说要保证耕地必须超过百分之多少，这肯定是不合适的，上海肯定需要更多的土地。这就可能要求不同省市之间的统筹、分工，甚至是相互交易。

我想至少有两个解决办法，一个是简单的办法：一省三市变成一个大区，统一起来，也就是把原来小的三十多个省市变成7个大区或者10个大区，这在一定程度上能够解决一些问题。刚才讲的问题，在大区里面更容易协调解决。但是结构变大了以后，内部可能还是要分成多块授权的，还会有跟原来一样需要协调的问题，所以不一定是解决问题的办法，当然短期尝试一下也可以。

美国有50个州，中国现在是三十几个省、直辖市和自治区，中国已经比美国少了。美国为什么在一定程度上这个问题解决得比较好？其实它的每个州有自己的权力，除了有一些基本宪法之类的东西不能够违背以外，其他很多事项都有权自己决定。所以我觉得第二种办法，或者说根本的解决办法，就是放权。放权还不够，还要准许各个省自己交易一些下放的权力。比如说国家可以继续维持耕地保障制度。国家要保证耕地的总量，我们可以理解，因为中国不能够靠人家的粮食来过活，要有自己的粮食保障。比如说保证耕地85%，但是可以让上海和安徽交易一下各自自由支配的15%，这样上海就可以多用一些耕地。可能还要设计一个交易机制，当然这个很复杂，但是以后肯定是要做的。刚才大家讲的协调其实也是这回事，各个省市的讨价还价是一个互利的交易。权要逐步放下来，中央二十多个部委的各项权力要一项项考虑，哪些该下放，哪些还是需要国家来掌控？哪些先放，哪些后放？没下放的能不能交易？权力下放的同时，还要考虑干部怎么来评价，绩效怎么来考核，这是更大的问题。这些是不是不能完全由中央来评价，是否还要考虑由老百姓评价、GDP增长率评价或者其他评价指标？我觉得这些问题一定要解决。刚才大家讲了很多创新,创新其实也是市场驱动的,如果还是由上级政府来考核,我觉得很难有创新。

第二个方案怎么来做呢?我还没有完全想清楚,可能也没有人完全想清楚,这么大一个国家要怎样把原来的很多权力一项一项下放,有些还让省市自己交易,最终可能走到跟美国比较接近的比较完全的市场机制。当然美国也不是都好,有些权力不一定完全放下去。所以有一个尺度问题,我提出这些问题是希望中国的经济学家,尤其是年轻的经济学家,能够帮助中国来研究和解决这些问题。我希望政府多听一听我们民间的智库,包括高校中做这方面研究的学者的建议。

左学金　上海社会科学院研究员:我国经济正在转型,从工业化向后工业化转,从原来的传统要素驱动向技术进步和创新驱动转。一个重要的问题是,产业政策要不要转?我国过去的产业政策已经不能适应现在创新的要求,选择产业不应该是产业政策的重点。过去的产业政策实际上主要是招商引资,把要素集中在一起搞工业项目,我们有廉价的劳动力、廉价的土地、廉价的环境,因此增长很快。但是在创新阶段,政府最重要的是要把创新体制的基础打好。

历史上有两种类型的产业政策,一种是日本早期的产业政策,选择优先发展的产业,日本选择了重化工业,并在金融和财政上给予了大量的支持。美国的相关政策可以叫产业政策,也可以叫竞争政策,它的重点是鼓励研发和创新,鼓励公平竞争。美国的大企业日子不一定好过,因为很容易成为大家攻击和反垄断调查的目标,就像早期的微软一样。但美国的基础教育做得很好,12年公立教育全部免费,中学生想做实验,高校的实验室可以让他用,这种环境是非常鼓励创新的。

这两种产业政策过去也有争论,到底是美国的好,还是日本的好?早期很难分出高下,但是20世纪90年代以来比较明确了,因为美国的产业创新远远胜过日本。一个国家的经济变得越来越复杂,复杂的程度使政府根本没有充分的信息来判断未来产业的发展方向。政府缺少信息,信息在企业家那里,甚至企业家之间也有不同判断。真正的创新是我们都不知道的,如果大家都知道了那就不是创新了。亚洲的创新有一个缺点,就是很少有突破范式的创新,苹果做的手机,华为、小米也做了,我们家电产量很大,但是哪个家电是我们先做的呢？互联网、智能手机,有很多东西是突破范式的,这些东西没有诞生在亚洲,日本也好,韩国也好,都是跟着人家走,但是未来真正的创新不是范式之内的创新,而是要突破范式的。真正引领世界的是突破范式的创新,这些创新不是我们目前的产业政策能够做到的。我们国家过去抓产业已经抓得太多了。如果做政策调整,重点要关注基础性的东西,包括基础教育、基础研究和基础设施。基础设施包括硬的与软的基础设施,前者包括交通、通信、能源等,后者包括法治、制度、营商环境等。当真正把这些东西抓好时,我国的创新是有很大潜力的。对长三角地区的协调发展来说,一个重要问题是每个地方政府都要抓自己的产业,结果就是整个长三角难以协调合作。关键是要淡化行政边界,至少在长三角范围内确保市场准入、要素流动等市场制度的一体化。每个地方有不同的优势,如果要素能够比较自由地流动,自然会形成要素在某些空间内的集聚。我们现在应该反思我们的产业政策,应该推动产业政策转型,使相关政策能更好地适应经济转型和创新的需要。

第六章

产业政策未来的发展

关于产业政策的若干理论问题

平新乔　北京大学经济学院教授

关于产业政策,我有两个问题:第一,有不少研究者提出目前的产业政策应强调竞争政策,可问题在于,竞争还需要政策?这本身就是个悖论。为什么现在还需要政策来实现竞争?放开竞争就是了。第二,如果确实有竞争政策,那么,竞争政策是不是本来意义上的产业政策?这就涉及了产业政策的概念。在这篇论文里,我就产业政策做一点定义和分析,然后讨论产业政策选择与比较优势之间的关系。

产业与产业结构

现在不少研究者关于产业政策的讨论都涉及具体的产业政策,在讨论哪些产业政策是应该的,哪些产业政策是不应该的,哪些是成功的,哪些是失败的。这些关于具体的产业政策的研究也很重要,但是,我认为,在产业政策上,还是有许多基本的理论问题没搞清,经济学界、政府决策界对于产业政策上的很多问题没有辩论清楚。当下中国理论界关于产业政策的争论实际上涉及一些大的方向性的问题,关系到经济政策的导向。

美国是没有产业经济学这个学科的,但有产业组织。产业经济学这个学科欧洲有、日本有。我在美国学的是产业组织,主要研究产业中的垄断和竞争、规则和反垄断等问题。

为了研究产业政策,首先要界定什么是产业政策。而研究产业政策的前提是,企业和产业需要界定清楚,产业要定义清楚,产业结构也要定义清楚。什么是产业?产业与企业之间是什么关系?产业是企业的集合,但不是企业个数的简单之和。企业相当于一个家庭,产业相当于一个种族、一个村庄。产业应该是这样一个定义,应该是一个社会组织。这个组织不光是企业之和,还有公共品,生产同样产品的企业汇在一起,它们会形成一种文化或者形成一种共识,或是形成一种有文字的或者没有文字的规则。生产同样产品的企业还是有一些隐性规则的,这些规则是这个部门共同的文化和共享的公共品,是共同的社会资产。这要界定清楚。

产业是企业集合的一种组织,产业就可能是一层决策主体。像计划经济下的各个产业部门,如轻工业部、石油部,等等,那样的产业组织是具有直接配置资源的权力的。眼下,中国教育部就是一个产业决策主体,它的"985"项目、"双一流"项目,会直接影响中国高校的学科发展,从而影响中国产业结构的形成和变化。产业也可以是像行业协会那样的组织;在产业协会这样的形式下,产业还是一种决策主体。现在国际上有欧佩克那样的石油生产和输出组织,我们国内还有电力协会那样的产业组织,尽管不像家庭、企业、政府决策主体那样对于资源配置有直接的支配权,但是仍然影响着资源配置。

就算没有部门、协会这样的组织形式,产业作为企业的集合,无形中也会形成一些共识和规范。这些共识和规范会约束企业行为,从而影响产业规模和产业结构。有产业政策和没有产业政策对于产业内的企业来说是有区分的。如果没有产业政策,企业就要直接对市场价格做出反应。有了产业政策,隔了产业这个围墙,企业就有可能间接对市场价格做出反应。产业是企业的城堡,天然具有保护企业的作用。当然,企业在大多数场合是应该对于市场价格变化和其他变化直接做出反应的,但是有时产业形成的隔离墙,对于企业降低风险是有帮助的。产业政策对于产业内企业的保护作用是不能否认的,这是基本理论问题。

在研究产业政策与产业结构调整的关系之前,需要定义产业结构。什么是产业结构?它是指产业之间的结构与产业内子部门之间的结构。产业结构可以有不同的度量,大体上说有两种:一是产品之间的结构,就是不同产品在数量上呈现出来的比例,这是一种水平层面上的产品结构,它归根结底是由消费结构决定的,在市场经济条件下,这种产业结构应该是由市场机制决定的。我们说哪个部门或者产业过剩了,哪里短缺了,直接的表现形态就是产品数量上的结构不合理。这是一种产业结构的表现形式。

产业结构的第二种表现形式是生产不同产品的生产能力之间的结构。产业结构不同于产品结构,它的深刻之处在于,产业结构强调要不断地再生产出某种产品结构的能力结构,也就是说,产业结构是强调一种动态的稳定状态,一定有其相对固定不变的意义,它更强调纵向的、进化过程中的强健性。这就好比是人的成长发育过程中要达到一种成熟的形态,一旦达到了,就可以持续地提供服务。从这第二种意义的表现形式来说,产业结构好比是一个熔炉,一旦建成,就可以不断地将生产要素投进去,生产出不同比例的产品来。产业的能力结构又主要分为人力结构和资本设备结构,而能力的炼成是需要培育的。市场当然是基本的产业培育机制,但是在能力的培育过程中,政府并不是无为的,政府培育产业能力的手段就是产业政策。

广义的产业政策

产业政策有广义的产业政策和狭义的产业政策之分,我先讲广义的产业政策。

什么叫广义的产业政策呢?凡是跟产业有关系的国家政策都是产业政策。跟产业发展、产业规划、产业结构变化有关系的、有影响的政策都叫产业政策。这个定义对于市场经济国家和发展中国家,都是适用的。不过,跟产业有关系的政策就很多了,大体上有七类:

第一类是科技创新的国家政策,主要面向四个单位:一是学校,培养人才;二是科学院,承担国家基础科学的创新任务;三是医学单位,直接关系到人民健康和人类未来发展的能力；四是航空航天单位，涉及国家防御能力和未来发展能力。这四个单位肯定与产业发展有关系。

第二类是与学习能力的提升有关系的支持，这里的学习是指企业、个人、政府与各种机构的学习。学习能力跟教育还是有区分的，学习能力包括企业的培训政策、在岗培训，包括不经过学校的学习，影响这种学习过程的政策也是产业政策的一个重要方面。

第三类是有目的的产业支持政策。政府通过产业政策（比如并购重组政策），可以影响公司的治理结构，影响企业的发展战略。比如《中国制造2025》就有一系列产业目录和产品目录，甚至包含许多具体项目、配套的资金支持和政策优惠等。

第四类是与绩效评估和竞争，也就是与人力和企业能力的更新换代有联系的产业政策。像对大学老师的考核，对企业绩效的评估，也是产业政策。比如，要关掉什么样的钢厂，要关掉什么样的煤矿，首先会对产业内的企业绩效进行评估。政府会经常提出各种产业标准，比如汽车排污标准。标准的设立和更新，就是重要的产业政策。

第五类是关于激励机制的产业政策。激励机制不光是给奖励、给工资，更重要的是价格和税收政策，国家在哪些地方提价了，哪些地方减税了，都会影响产业布局和产业结构。

第六类是选择性的机制，也就是反垄断、反托拉斯。再比如，贫困地区的企业要不要上市，对于贫困地区的企业上市要不要优先？这些都是选择性的机制。

第七类关系到信息流通和沟通。比如，对于互联网企业做金融放不放开？放开到什么程度？在什么程度上实施信息隔离？在什么环节允许信息分享？这些都会对人们的经济活动产生深远的影响，对企业的投资、创业的选择发生根本性的影响。

大致地讲，跟产业有关系的政策都可以包含在广义的产业政策里面。这还没有包括所有的贸易政策。其实贸易政策、关税政策也是产业政策，因为它与产业有关系。只要是与产业发展有关系的政策，广义地讲都叫产业政策。我认为，广义的产业政策在当今世界上所有国家的政府都在实施，只是做的程度和方式有所不同而已。

即使在美国,2016年的国家网络制造创业计划也是如此,而且确定了一些具体的关键技术的创造平台,这应该属于产业政策里面的。但是我要说明,知识这个东西是怎么创造出来的？这个过程不能让市场调节,也不能让政府调节。知识创造以前,政府可以加大投入,比如政府给北大每年拨20个亿,让你创造就可以了。需要航天,需要导弹,需要大航母,政府可以提一个方向,可以提供宽松的环境,这属于产业政策。对科技进步的奖励也是产业政策,这类产业政策就是到了全世界最发达的市场国家,也还是需要的。我认为政府对于研发的一般性支持和拨款,是属于广义的产业政策。而广义的产业政策是任何国家都要实施的。

我强调知识创造这个东西,它是不确定的。市场只能做确定的权利交易,不确定的东西如果进行市场交易,很可能就把这个事情给毁了。像自创这个领域,很多东西不要让市场去做。技术做出来以后,看到成果了,可以界定,比如专利和技术成果就可以由市场交易。市场只能做界定的事。不确定的东西,市场可以有预期,预期也可以交易,这种市场交易的主要功能是为不确定的研发提供融资。但是市场机制目前还不能进入知识创造过程。在知识创造这个层面,政府广义的产业政策还是非常重要的,甚至是决定性的。

狭义的产业政策

现在讨论狭义的产业政策。我认为,张维迎、林毅夫讨论的,日本和东亚一些国家和地区所强调的产业政策,都是狭义的产业政策。

什么叫狭义的产业政策呢？世界第一以外的国家尤其是发展中国家政府所实施的,对国家、企业个人的知识积累和能力积累有影响的产业政策,才是狭义的产业政策。这种产业政策的特征是,帮助国家、企业和产业成长,它影响的不是企业之间的水平关系,而是企业和产业垂直的、动态的发展之间的关系。这种产业政策的影响力不是静态的,而是动态的；不是着眼于短期,而是注重企业、产业、民族和国家长远的前景。我要让你今年比去年好,明年比今年好,就是让你稳健地赶超,让你赶超当中不但不要影响人民的福利,而且还要让全体社会成员分享发展的成果。

拉美的、东亚的,包括我们国家这三十多年来实行的产业政策,我认为都是狭义的产业政策,它的特征是让你的知识、能力、资本得到积累,企业、产业能力和国家的竞争力得到提升。一些 OECD 国家,尤其是其中的欧洲国家,所实施的产业政策也属于狭义的产业政策。

除了位于世界第一的、达到了领先地位的国家以外,一个国家在没有达到领先地位之前,在赶超过程中都要实行这个政策。这种狭义的产业政策在发展过程中是跨不过去的,这是林毅夫坚持的、我们也需要研究的产业政策。这种狭义的产业政策包括贸易保护、政府投资、国家补贴、政府资助、金融支持等,这才是我们当前在争论的产业政策。

狭义的产业政策主要有四类:第一类是对赶超过程中关键技术项目研发的支持;第二类是贸易保护;第三类是国家有具体产业发展项目的支持,有目标的支持;第四类是国家整体协同抵抗外部风险,当然美国政府也需要帮助产业抵抗外部风险,所以,这部分产业政策实际上是发展中国家和发达国家都需要的,是属于广义的产业政策。但是在发展过程中,政府在健康、金融发展、基础网络上面的投资,如果服从于赶超战略,就应该属于狭义的产业政策。所以,第一、第四两个方面是能突破我这个狭义产业政策的定义的,但是我如果加上了"服从于赶超战略"的限定词,我的定义就涵盖完整了。

美国到目前为止,并没有产业经济学,但是有产业组织理论,产业研发的理论是产业组织理论里面的一块,但不用产业政策这个叫法。美国尽管也有规划,也有各种各样的基金在做这件事,但是没有赶超国家这样大的力度。

但是,实施狭义的产业政策,实际上是以非市场的方式或者反市场的方式来影响产业的成长和发育,影响产业结构的形成和变化调整。我认为按狭义的产业政策本身的定义,一般是反市场的,至少也是非市场的。产业政策,包括影响产业结构变化的种种政策,其实是一种机制。它的定位是反古典经济学的,亚当·斯密开创了一个强调市场配置机制的学派,他批评的就是 18 世纪英国当时实行的产业政策。斯密著名的"看不见的手"的论断的提出，不是在《国富论》的前两篇里，前两篇是阐述价值理论和资本理论的，斯密是在《国富论》的下卷批评英国当时的产业政策时，才明确提出"看不见的手"这一经济学的经典论断的。延续到今天，俄罗斯、日本也是走产业政策这条路。20世纪80年代有一本书很有名，叫《日本和俄国的现代化》，就是讲狭义的产业政策在后起的资本主义国家赶超过程中的作用。这是产业政策的起源。因此，尽管产业政策和市场机制是对立的，但是，这两个对立面在国家成长、经济发展、市场成长和发育过程中是可以统一起来的。英国在17—18世纪、法国在17世纪中期到18世纪中期，都运用过产业政策来支持其世界市场的扩张，日本、德国和一些后起的市场经济国家也运用产业政策来支持市场体系的发育和扩张。到市场发育到比较成熟的地步，古典经济学就兴起了，而古典经济学是批评产业政策的。

我们国家目前的产业政策目录，包括《中国制造2025》的规划，以及我们要鼓励发展的产业目录、产品目录背后具体的金融、财政、土地、税收、进出口贸易等配套政策跟当年普鲁士德国的李斯特是一致的。尤其在赶超国家当中，是有其意义的，但是确实有它的副作用。张维迎之所以对其提出批评，是因为实施过程当中，它的计划经济色彩很浓。我认为这个方向性应该淡出，国家成熟了，发展了，这种产业政策就应该慢慢淡出。有些狭义的产业政策的实施必要性，是来源于市场机制在实现发展中国家的赶超目标时出现的失灵，但是我们的确还要看到另一个方面，即由于实行狭义的产业政策，会压抑市场竞争机制的发育，造成产业保护本身的恶性循环。比如，政府保护某一个产业，结果保护了落后，导致进一步保护，陷入"保护陷阱"；产业政策的确有可能导致"产业政策陷阱"。

我们刚刚做了关于贸易的研究，发现里面猫腻很多。比如关税方面、配额方面的指标分配方面，这里面就有交易。大国企有很多指标，用不完，就会转让给民营企业用。我们发现同样一个指标，国有企业总是用不完，民营企业总是需要用。发展经济学有一个基本的规律，只要是产业保护，一定有寻租。有人会利用这个套利，这就会带来腐败问题。十八大以来的反腐工作对产业政策的公平性是一个推动。但是，如果产业公平了，原来的狭义产业政策也就被取消了。因此，市场化方向与狭义的产业政策是对立的。我们的市场竞争政策实际上就是产业政策的退出。

狭义的产业政策是否有必要

这个问题实际上关系到政府、市场和产业政策的关系。我认为,既然在赶超过程中要实行狭义的产业政策,就不能否认政府在产业政策中的作用。我个人认为在发展过程中,在赶超过程中,狭义的产业政策还有必要实行。张维迎对于产业政策的批评是比较极端的,除了张维迎,有不少的同行朋友也不同意林毅夫教授的观点,他们主张让市场搞就完了,中国的经济问题主要就是激励机制问题,而解决激励机制的最佳方式就是市场。我从三个方面来论证狭义的产业政策和政府实施这种产业政策的必要性。

第一,中国产业竞争力提高的过程当中,光有激励是不够的。因为如果在产业成长过程中,只依靠企业的投入和对企业的激励,那么国家成长就还是欠缺的。国家成长同时需要政府投入,需要公共资本,需要社会资本。光靠企业自己做,不一定能够实现这个目标,还需要政府,需要有目标的、有导向的产业政策和政府项目,来实现赶超目标。

第二,光依靠市场来完成经济发展,这是以市场配置资源的效率为基础的观点。但是实际上,效率有三个标准,一个是资源配置的标准,一个是创新效率,一个是增长效率。一个产业政策支持的科研项目,一旦上市,很可能会破产。一个基础科研项目,开始时市场是无法定价的,光讲市场配置是不够的。但是这些科研项目可能会带来增长效率和创新效率。这是不能否定政府作用的第二个原因。

第三,如果在发展过程中,没有产业保护,没有政府的产业政策,让企业单枪匹马应对国际市场风险,企业会死掉,所以需要产业政策保护。

但是,我对以比较优势为基础来选择优势产业的主张是持怀疑态度的。我同意这样的观点,即讲相对优势,是我自己跟自己比;而讲绝对优势,是我跟人家比。我做了研究,发现中国 2004 年把出口权给了企业以后,这个企业有没有比较优势,在什么地方有比较优势,在什么产品上有比较优势,企业比政府要明白,也就是企业会识别出自己的比较优势。给了企业贸易自主权以后,企业就会充分运用自我认识能力去显示自己的优势。中国的比较优势在2004年以后从出口贸易来讲,比以前成长了很大一块。所以,比较优势不是国家说了算的,政府也可以讲比较优势,但是一般条件下,政府是不如企业清楚的,政府顶多只是一个事后诸葛亮。这一点上面,如果一个国家的产业结构选择要以比较优势为基础,并且由政府来选择,我是持怀疑态度的。

发展主义的岔路口
——产业政策治理的政治经济学

顾　昕　浙江大学公共管理学院教授

　　林毅夫和张维迎的产业政策之争,引发了中国经济学界和公共政策学界的大辩论。张维迎力主废除一切形式的产业政策,而林毅夫则力辩产业政策不可或缺。产业政策之争之重要,被媒体定位为"一场关乎中国前途的辩论"(杨军,2016),堪称新世纪的"问题与主义之争"。

　　这场争论所涉及的问题繁多,但其核心议题——政府与市场的关系以及政府职能的定位,不仅是经济学的永恒论题之一,也是发展政治学和发展社会学关注的核心论题之一。围绕这一问题,争论的主线是两大意识形态,即自由主义与发展主义。

　　自由主义,或者说市场自由主义,一直是主流经济学所尊奉的意识形态,而发展主义则是发展政治学和发展社会学研究领域的重中之重,理论建构和经验研究色彩斑斓,其核心是为政府主导型发展模式提供学理依据。然而,发展主义的发展本身历经波折,今天也正处在转型的岔路口。为此,本文从九个方面梳理发展主义的理据,讨论产业政策治理所涉及的政治经济因素。

产业政策的确无所不在,但产业政策到底行不行?

产业政策废除论可否废除

除非认可无政府主义,否则产业政策废除论在现实世界中是不切实际的,这一点不仅适用于发展中世界的赶超型国家,也适用于发达世界的领先型国家。相对来说,发达国家的产业政策尽管规模并不浩大,却更加有效,也更加合理(Buigues and Sekkat,2009)。即使在产业政策很少上头条的美国,产业政策的施为,无论是在联邦政府,还是在地方政府(Eisinger,1990),都如影随形(Mazzucato,2014)。

承认产业政策无所不在、难以废除,只是基于现实的考量,并不表明产业政策一定有理、有用、有利。很多人认为产业政策别国搞得,为何中国搞不得。但事实性的存在,并不能证明"废除论"不成立,只是表明"废除论"不切合实际而已。黑格尔有句名言:存在就是合理的。但反过来的一句话也是有道理的,即并非存在的就是合理的;否则,普天之下一切形式的改革都可以废除了。

要论证产业政策的必要性,需要比"无所不在论"或"别人都搞论"更强的理据。詹姆斯·罗宾逊(James Robinson)说:"我们有充分理由从经济学理论中得出结论:产业政策可以是社会所需要的,并有可能促进经济增长和发展。"(罗宾逊,2016)"必要论"的理据,说一千道一万,就四个字"市场失灵"。众所周知,新古典综合派承认的两大市场失灵,即外部性和公共物品,与产业政策的必要性有关。

特别值得注意的是,作为政府积极干预主义的倡导者,约瑟夫·斯蒂格里茨(Joseph Stiglitz)直接论及了产业政策在经济学理论中的依据,最为关键的是在知识的创新、扩散和发展上的市场失灵。一方面,新兴产业的发展以及已有产业的升级都同创新有关,而新知识的产生和传播都具有公共物品的特征,创新过程本身也充斥着市场失灵,这就为产业政策的必要性提供了理论基础;另一方面,政府在产业政策施行的方式方面也有必要进行创新,最为关键的是如何辨识产业发展中的新市场失灵,并找到适当的方法来弥补并矫正市场失灵(Stiglitz,2002)。

很多学者认为,即便产业政策有必要,也只能局限于模仿型产业和竞争性产业,断不能在创新型产业有所作为。创新型产业的勃兴,只能依赖于企业家在市场机制的激励下所进行的发明和创新,并通过"创造性破坏"的过程推进经济发展。政府断不可能慧眼识珠,能在新事物尚未创造出来之时于泯泯众生中挑出创新者。但实际上,即便是在纯粹意义上的创新型产业,政府固然不可能辨别出创新者,这并不意味着政府不应该基于一定的产业范围而制定出特殊的政策,以鼓励创新。产业政策与创新政策的融合,确为国际学界前沿的一个探索领域(Bianchi and Labory,2006)①。

新自由主义的有限政府职能论,在中国依然是空谷足音

林毅夫倡导"有为政府论",而张维迎则捍卫"有限政府论"。依我之见,"有限政府论"的睿识,才是"有为政府论"的根基。有为政府的重中之重,正在于保障权利(尤其是产权)、捍卫契约、维护稳定(包括宏观经济稳定)、提供公共物品、促进社会公平。政府在这若干领域发挥积极的作用,才是有为政府的核心要义。如此这般的政府职能,正是新自由主义界定的。

在发展政治学和发展社会学领域,不少学者在高举反对新古典主义的大旗之时,对市场力量和市场机制的积极作用也不免颇有质疑(Weiss and Hobson,1995)。林毅夫并非如此,他认同"有效市场论"。中国经济三十多年的腾飞,真正的秘诀就在于市场力量从政府的捆绑中逐渐摆脱出来。在这一点上,我对批判"市场化"之见不以为然。市场机制在中国远未发育成熟。正如文贯中所说,中国市场化不是过了,而是十分不足(文贯中,2016)。

市场机制发育成长的核心在于制度建设,而制度建设虽有非政府力量推动,但归根结底必为政府之功。市场制度建设的要害在去行政化,但去行政化却只能通过行政力量的施为方能成就。我称之为"去行政化吊诡"或

---

① 本书收录了多篇论文,讨论了与产业政策相关的科学政策、技术政策和创新政策。

"去行政化悖论"。行政力量无所不在,维护稳定作为其施政重点并不为奇,但其施政者是否有足够的动力在权利保障、契约维护、公共物品提供和社会公平促进上积极有为,却大有可思虑之处。

有限政府论的精髓在于,任何政府的能力都是有限的,无论是认知能力还是财政能力,因此必须有所不为才能有所为。当今中国,在权利保障、契约维护、公共物品提供和社会公平促进(尤其是社会保障)这四大领域,政府施为既不积极也未有为的情形依然比比皆是,在此情况下,着力推动政府在产业政策上积极有为,从公共资源最优配置的角度来考虑,极有可能并不是最优的。

产业政策是否有用并非伪命题

产业政策是否有用,是产业政策之争的基础性话题之一。当然,探究这个问题,不能采用"三七开"或"二八开"的评论方式。产业政策失败的案例俯拾皆是,而成功的案例却寥若晨星。但从逻辑上讲,即便可以断定产业政策的案例少数成功、多数失败,也不能判定产业政策无用。

有用与否,需要对每一个貌似成功的案例进行分析。无论采用定性还是采用定量的分析方法,都要将产业政策与产业发展之间的相关关系和因果关系分辨清楚。可是,要做到这一点,知易行难。1997 年,斯蒂格利茨和尤素福主编了《东亚奇迹的反思》一书,全书绝大多数章节引述了很多技术性研究成果,强烈怀疑产业政策的有用性,但斯蒂格利茨在总结性一章中,却对这些技术性研究成果大加质疑(Stiglitz and Yusuf, 2001)。由此看来,就产业政策有用论来说,学界的实证研究努力依然需要淬炼。

厘清产业政策的边界依然重要

产业政策拥簇们的"产业政策"与质疑者们所质疑的"产业政策",常常并不是一回事。前者常常将政府实施知识产权保护、扶持基础科学研究也视为产业政策,但这些作为是因为创新和科研具有社会效益,即经济学家所谓的"正外部性",实属新自由主义者也认可的政府职能。田国强等学者就质疑林毅夫对产业政策的界定过宽。①

当然,任何定义给出的边界都有一定的宽度,从而导致"不同事物"的重叠。不过,在论述"有为政府"之时明确政府有为的边界,并从分析的角度将科技政策、创新政策和产业政策加以区分,依然是必要的。

从挑选赢家到提供服务,产业政策的施政选择需要改变。

"挑选赢家论"的确是可以废除的

林毅夫之论的基础是新结构经济学,其探索重点放在如何依据比较优势理论来甄别具有增长潜力的产业,把国际上通行的"挑选赢家"变成了"挑选冠军"(林毅夫,2012)。但这一探索重点的选择大可商榷。

这一商榷不仅在国内学界发生,也在国际发展学界展开。2009年,在英国《发展政策评论》学刊的组织下,剑桥大学的韩裔学者张夏准(Ha-Joon Chang)与林毅夫就产业政策是否应该基于比较优势理论曾展开一场辩论。张夏准是批判新自由主义的急先锋,也是发展型政府以及产业政策的坚定支持者,但他不认为"挑选赢家"的要领在于精通比较优势理论,因为依照比较优势理论,朴正熙只能致力于泡菜产业的发展,绝不会大力推进电子、汽车、造船和钢铁业(Lin and Chang, 2009);林毅夫也同意不能依照静态的比较优势理论来"挑选赢家",但他最后的结论主要是既要基于既有比较优势又要超越既有要素禀赋的辩证之论(林毅夫,2012)。

发展经济学大师罗德里克认可林毅夫的不可或缺论,对新结构经济学高度重视产业政策积极作用的取向,曾大加赞扬,但他对林毅夫在甄别比较优势方面下苦功明确表示不解。在罗德里克看来,无论采取何种版本的比较优势理论,都无法为产业政策的施政提供任何指南。

其实,"挑选赢家论"更大的危害,在于将产业政策的主政者和实施者想象为诸葛孔明再世。这一点在发展政治学和发展社会学中的"发展型政府"

---

① 参见腾讯原子智库的报道:http://finance.qq.com/original/yzxs/LTPK.html。

学派中表现得尤为明显。依照此派理论,发展型政府具有很强的"国家自主性",即与社会利益集团保持一定的距离,选贤与能,聘用有才能、有操守的专业人士组成经济官僚机构,独立自主地制定出具有前瞻性的发展战略(Woo-Cumings,1999);进而,发展型政府还有能力故意"把价格搞错",从而将有限的资源引导到能够促进整个经济体长远发展的战略性产业之中(Amsden,1989)。

后来,发展主义学者自己也不大相信他们塑造的全知全能、至真至善的领航员,于是改口强调发展型政府的制度性特征不仅在于国家自主性,而且还在于是否存在制度化的管道可以让政府将其发展战略与政策渗透并落实到社会和企业之中,即所谓"嵌入型自主性"(Evans,1995)。通俗地说,孔明不仅要高高在上,羽扇纶巾,而且也要接地气,能深入基层,将其战略思想落到实处。窃以为,果真如此则已经不再是诸葛再世,而是观音显灵了。

发展主义者为有效产业政策的背书实在是过于炫目了。在这一点上,自由主义者张维迎之论实属洞见,即产业政策基本上是政府豪赌,而成功的产业政策只不过是一时的手气。发展主义者林毅夫强调政府施政无论如何都应该基于既有的和潜在的比较优势,这一点与扬长避短的日常智慧别无二致,这固然不错,但与"挑选赢家"没有必然关联。"挑选赢家"只是发展主义的事后诸葛亮之分析,并不能作为产业政策施为的秘诀。

政府应从挑选赢家改为提供服务

在有限有为政府论的基础上,政府在产业政策上的施政选择需要转型,从挑选赢家改为提供服务,帮助市场主体提升能力。不少发展型政府的弘扬者,包括以提出"嵌入型自主性"而闻名于发展政治学和社会学界的埃文斯,都用"能力建设"替代了"挑选赢家",成为发展主义的新关键词(Evans,2014)。

著名经济学家斯蒂格里茨与其合作者们合创的知识社会论,是产业政策的最新经济学理论,值得发展主义的各派学者一探究竟。斯蒂格里茨等发现,产业发展也好,创新升级也罢,最为关键的共同之处在于知识开发、知识积累和知识传播,在这三个方面,单纯依靠市场机制的运作,无法达成社会最优,需要非市场机制加以协助。因此,产业政策的关键并不在于"挑选赢家",而是在促进知识社会的成长上施展积极作为(Stiglitz and Greenwald,2014)。

这里有两点需要澄清:第一,非市场机制既包括行政机制,也包括社群机制。斯蒂格里茨等新凯恩斯主义者对于积极政府干预主义的热推,完全忽略了社群机制的重要性,而社群机制无论是在林毅夫还是在张维迎的论述中,基本上也没有什么位置。

第二,即便是发挥行政机制的积极作用,政府政策工具的选择,或者说产业政策最优施政模式的选择,也至关重要。当然,或许并不存在产业政策有效施政的唯一最优模式,有效与否完全要看政策工具与约束条件的组合。政策工具研究近年来已经成为公共管理学界公共治理领域中的一大热点(Salamon,2002)。这意味着研究产业政策的有效施为不是经济学家的专属领地,政治学家、社会学家和公共管理学者都有施展所为的空间和必要。

因此,产业政策是否必要是一个伪命题,真问题是产业政策的施政在何种条件下以何种方式才会有效。林张引发的产业政策之争,是否能将中国学界的努力引向此类真的问题,而不是仅仅陷入意识形态的口水战,这倒是值得继续瞩目的焦点。

产业政策的公共治理至关重要

任何公共政策的施政是否有效,除了政策工具的选择之外,治理体制的良善与否也非常关键。无论是在政策决策、实施环节,还是在评估环节,善治的体制要素离不开参与、公开、公正、透明。无论政策决策多么前瞻,无论政策工具多么优良,无论政策实施多么干脆,离开了善治,缺乏了独立第三方的专业评估和社会媒体的犀利监督,权力的诱惑绝对难免暗箱操作,其结果也绝对难免寻租腐败。在产业政策领域,"跑部钱进"式的施政注定会失败。

产业政策必要的理据在于市场失灵的存在,而在这里,市场失灵的根源在于产业发展的正外部性。可是,市场失灵的种类很多,产业政策的决策需要在微观(企业)和中观(行业)层次上精准识别市场失灵,实施需要精准选择市场失灵矫正工具,评估需要精准评价市场失灵矫正效果。百分之百精准是不可能的,但要接近精准,需要有良好的治理体制,其中通过社群机制的完善,将行业内外经济行动者的参与制度化,同时将政策绩效的评估透明化,非常关键。

除了社群机制,行政机制的改善,尤其是公共预算制度的改革,无论是对产业政策的有效决策还是对产业政策的适时退出,都至关重要。

无论是林毅夫还是张维迎,都认识到产业政策所带来的寻租风险,只不过两者的风险管理之道大为不同。前者颇有"明知山有虎,偏向虎山行"的豪气,而后者则有釜底抽薪的勇气,以图断绝寻租的财源。在这里,豪气和勇气都不重要,重要的是,既然产业政策不得不为,那么如何通过公共治理的改善,尽量降低产业政策施政的寻租风险,才是现实之路。

产业政策与竞争政策和创新政策相互融合

经济增长理论顶级大师阿吉翁提示我们,将产业政策与竞争政策割裂开来,或视之为相互替代的关系,乃旧时之见。一方面,产业政策只有在竞争的环境中才能发挥其应有的效力,那种将产业政策操作成某些关系户之提款机的行为,自然会鸡飞蛋打;另一方面,产业政策与竞争政策需要贯通,或者说,让产业政策发挥竞争政策之效,才是产业政策本身的创新之道(Aghion,2014)。阿吉翁与其团队还基于中国企业的数据,通过计量分析发现,产业政策仅在具有竞争性的产业中或者旨在维持或促进竞争的情况下促进了企业生产率的增长,而促进竞争的产业政策是面向某个产业中所有企业的分散型扶助政策,或鼓励新企业和更高效企业的政策措施(Aghion et al.,2015)。

当然,需要再次强调,要让产业政策施政于竞争环境,张维迎的众多市场化之见值得重视。唯有夯实有效市场的制度基础,竞争性的产业发展环境方能形成。但在这里,强化竞争并不止是产业政策之外的市场竞争环境问题,更是产业政策决策与实施本身的治理问题。

除了竞争政策,产业政策与创新政策的融合也至关重要,这一点在主流的发展主义者当中有所忽略。

有为政府之道在于增强市场,而非驾驭市场,更不是取代市场

发展型政府的传统理论,强调政府的作用在于扮演领航员的角色,驾驭市场(Wade,2000)。但林毅夫提出,产业政策成功的药方在于政府是一种"因势利导型政府",并非越俎代庖取代市场去决定一个经济体应该发展什么产业,也不是驾驭市场,而是和企业共同决定产业的发展方向。这是新结构经济学的一个基本立场。

然而,立场归立场。新结构经济学的一部分探索却是在"挑选赢家"和"提供服务"之间摇摆。无论何种施为,必定有所选择,自是常情。关键不在于是否进行选择,而在于政府施为的取向,是当领航员还是当服务生(顾昕,2014)。

值得注意的是,在新一轮产业政策争论中,林毅夫与时俱进,开始远离"挑选冠军",将论述重心转向"提供服务"。在与我的电邮交流之中,林教授专门说明,他的因势利导型政府,绝非计划体制附体,其实只是比新自由主义政府更有为,但又比发展主义政府更有限。对其学理,林教授进一步解释说:

> 持发展型政府观点的学者,通常是以结构主义为其立论基础;持有限型政府观点的学者,通常是以不涉及结构变迁的新自由主义为立论基础;我主张的因势利导型政府是以新结构经济学为立论基础。发展型政府和因势利导型政府都主张政府在产业升级上的有为,但结构主义认为产业可以外生选定,而新结构经济学主张产业结构内生于要素禀赋结构,这是我与张夏准及罗伯特·韦德观点的核心差异和争论所在。有限政府论所主张的保护产权等,因势利导型政府也是主张的,所不同的是有限政府论者认为产业升级和技术创新只能由企业家来做,

政府在这方面的参与只会起反作用;新结构经济学也承认企业家的作用,但政府必须因势利导帮助企业家解决产业升级和技术创新中必然存在的外部性和协调问题,这也是我和张维迎争论的核心问题。在新结构经济学中,因为外部性和协调问题的性质因发展阶段及产业而不同,新结构经济学试图从产业、技术内生性方面去研究在实践上可以遵循的原则和发挥作用的方式。总的来讲,发展型政府的作用范围大于因势利导型政府,因势利导型政府的作用大于有限型政府。①

从学理上看,在新古典主义的基础上开拓新结构主义,从而在捍卫既有新自由主义基本原则的基础上超越,的确是一条可行的学术创新之路。在这条学术之路上,林毅夫与其团队对产业政策最优决策和实施的创造性探索,值得期待。在此,作为旁观者,我发现,行为经济学大师泰勒(Richard Thaler,又译塞勒)和新行为主义法学家桑斯坦(Cass Sunstein,又译孙斯坦)所揭橥的政府助推之道,是因势利导型政府理念的另一个思想源泉(泰勒和桑斯坦,2015)。

助推之道的基本理念是,由于市场失灵和社群失灵(或称社会失灵,两位新行为主义大师也很少分析这种失灵)无所不在,行政力量的积极施为不可或缺,但依然要取有限、简化之势。然而,传统型的积极政府干预主义并没有秉持有限政府之道,反而将行政力量的蛮荒之力发挥出来,挤压甚至摧毁了市场机制和社群机制的施展空间。因此,我主张,唯有有限的有为政府,才能让政府的公共政策和调控监管有利于社会经济的发展。

简言之,政府任何有为的施为必须满足两条原则,即增强市场和增强社会。市场增强型政府(market-augmenting government)是著名政治经济学家曼瑟·奥尔森在遗著《权力与繁荣》中提出的一个重要概念,并认为国家兴衰的奥秘在于政府的性质,即当政府致力于强化市场机制运作之时,国家的繁荣才有可靠的保障(Olson,2000)。后来,青木昌彦等学者在对日本和东亚经济发展模式进行分析时同样指出,笼统地强调政府主导对于经济发

---

① 引自林毅夫与我的电邮通信,已征得林教授的许可。

展的积极作用并没有多少学理价值，更重要的是需要辨清，那些最终发挥了积极作用的政府，都是市场增进型政府（market-enhancing government），而产业政策以增进市场的方式施为，才是最重要的（青木昌彦等，1998）。

现在来看，产业政策之争所引发的"学术互撕"，正在孕育出学术探索的新种子。在林毅夫教授那里，有为政府正与有效市场相融合。在我所憧憬的世界中，有为政府的理念将与有限政府的思想相融合。在现实世界中，难耐驾驭市场、干预社会之冲动的政府，在何种条件下会缩回急功近利且时常走火入魔之手，这倒是政治经济学应该加以深入研究的课题。

如上所述，归根结底，无论是著名经济学家奥尔森临终前提出的"市场增强型政府"的想法，还是青木昌彦等提出的"市场增进型政府"的概念，以及我希望强调的"社会增强型政府"，必须在经济学、政治学和社会学中找到新的理论基础。这意味着，政府干预是否必要的问题其实并不是真正的问题，真正的问题在于政府如何干预，或者说，政府干预能否以顺应甚至强化市场机制——社群机制，而不是以破坏、扭曲甚至取代市场机制——社群机制的方式来进行。斯蒂格里茨、罗德里克、林毅夫、张夏准等海内外学者所高扬的积极政府干预主义，只有在参透有为政府的有限之道之后，才能在推进社会经济发展中发挥积极的作用。

参考文献

Alice Amsden, *Asia's Next Giant: South Korea and Late Industrialization*, New York: Oxford University Press, 1989.

Joseph E. Stiglitz and Bruce C. Greenwald, *Creating a Learning Society: A New Approach to Growth, Development, and Social Progress*, New York: Columbia University Press, 2014.

Joseph E. Stiglitz and Shahid Yusuf (eds.), *Rethinking the East Asian Miracle*, New York: Oxford University Press, 2001.

Joseph Stiglitz, "Development Policies in a World of Globalization", presented at the seminar "New International Trends for Economic Development" on the occasion of the fiftieth anniversary of the Brazilian Economic and Social Development Bank (BNDES), Rio Janeiro, September 12—13, 2002.

Justin Lin and Ha-Joon Chang, "Should Industrial Policy in Developing Countries Conform to Comparative Advantage or Defy It? A Debate Between Justin Lin and Ha-Joon Chang", *Development Policy Review*, Vol. 27, No. 5 (2009), pp. 483—502.

Lester M. Salamon (ed.), *The Tools of Government*, New York: Oxford University Press, 2002.

Linda Weiss and John M. Hobson, *States and Economic Development: A Comparative Historical Analysis*, Cambridge: Polity Press, 1995.

Mancur Olson, *Power and Prosperity: Outgrowing Communist and Capitalist Dictatorships*. New York: Oxford University Press, 2000.

Mariana Mazzucato, *The Entrepreneurial State: Debunking Public vs. Private Myths in Risk and Innovation*, revised edition, London and New York: Anthem Press, 2014.

Meredith Woo-Cumings (ed.), *The Developmental State*, Ithaca: Cornell University Press, 1999.

Patrizio Bianchi and Sandrine Labory, *International Handbook on Industrial Policy*. Northampton, MA.: Edward Elgar Publishing, Inc., 2006.

Peter B. Evans, *Embedded Autonomy: States and Industrial Transformation*, Princeton: Princeton University Press, 1995.

Peter Eisinger, "Do the American States Do Industrial Policy?", *British Journal of Political Science*, Vol. 20, No. 4 (1990), pp. 509—535.

Peter Evans, "The Korean Experience and the Twenty-first-Century Transition to a Capability-Enhancing Developmental State," in Ilcheong Yi, Thandika Mkandawire (eds.), *Learning from the South Korean Developmental Success: Effective Developmental Cooperation and Synergistic Institutions and Policies*, Basingstoke: Palgrave Macmillan, 2014, pp. 31—53.

Philippe Aghion, "Commentary: The Case for Industrial Policy", in Stiglitz and Greenwald (2014).

Philippe Aghion, Jing Cai, Mathias Dewatripont, Luosha Du, Ann Harrison, Patrick Legros, "Industrial Policy and Competition", *American Economic Journal: Macroeconomics, Vol. 7, No. 4 (2015), pp. 1—32.

Pierre-André Buigues and Khalid Sekkat, *Industrial Policy in Europe, Japan and the USA: Amounts, Mechanisms and Effectiveness*, Basingstoke: Palgrave Macmillan, 2009.

Robert Wade, *Governing the Market: Economic Theory and the Role of Government in East Asian Industrialization*, revised edition, Princeton: Princeton University Press, 2000. (中译本:罗伯特·韦德,《驾驭市场:经济理论和东亚工业化中政府的作用》,吕行建、沈泽芬译,企业管理出版社,1994年。)

顾昕,"从领航员到服务生:政府主导型发展模式中的政府职能转型",《学习与探索》,2014年第9期,第58—62页。

顾昕,"发展主义的发展:政府主导型发展模式的理论探索",《河北学刊》,2014年第3期,第93—98页。

顾昕,"政府主导型发展模式的调适与转型",《东岳论丛》,2014年第10期,第5—11页。

理查德·泰勒、卡斯·桑斯坦,《助推:如何做出有关健康、财富与幸福的最佳决策》,刘宁译,中信出版社,2015年。

林毅夫,《新结构经济学:反思经济发展与政策的理论框架》,北京大学出版社,2012年。

青木昌彦、金滢基、奥野-藤原正宽主编,《政府在东亚经济发展中的作用——比较制度分析》,中国经济出版社,1998年。

文贯中,"中国市场化不是过了,而是十分不足",《第一财经日报》,2016年10月25日。

杨军:"林毅夫张维迎之争引发的思考",《南风窗》,2016年第21期。

詹姆斯·罗宾逊,"产业政策和发展:政治经济学视角",《比较》,2016年第1辑,第75页。

观点讨论

华民　复旦大学经济学院教授：政府可以搞宏观经济政策，宏观经济政策是用来稳定经济增长的，政府也可以搞产业政策，产业政策影响资源配置和市场效率，但是最近十年来大家都发现政府喜欢产业政策，不喜欢宏观经济政策。原因是产业政策可以寻租，所以十年后的今天，产业政策频繁出击。不管什么样的政策都要实现经济增长，不能推动经济增长的政策一定是不好的政策。2004年以来中国产业政策频出导致增长衰退，具体讲是紧缩出口和去工业化，导致的后果是资源错配、报酬递减和收入分配差距扩大。去工业化带来投资结构变化，生产性市场投资一直下降，为了保证GDP，政府出手，中央政府做基建，地方政府做房地产，大力发展服务业，同时制造业没落，导致收入差距扩大。所以收入差距扩大是经济结构变化造成的，缩小差距靠的是找到一个促进经济增长的结构，不能总是靠再分配和再平衡。

产业没了，靠什么推动经济增长？那就是房地产。房地产成为中国经济增长的主要动力，此时流动性就没有了，货币供应量不断增加。就业结构也发生了变化，东部、中部和西部制造业人口都在下降，工人涌向建筑工地、服务业。服务业一分为二，高端的做银行，低端的做物流，并不创造真实财富。工人在工地上搬砖头，在马路上搬包裹，在银行里面搬货币，无人在制造产品，这是很可怕的事情。同时，整体人力资源质量在下降。不做制造，学习效应就不存在了，目前民工二代与民工一代不能比，民工一代在工厂里面工作以后，回家可以办企业，民工二代搬完包裹后什么都做不了。人力资源的动态均衡就没有了。结构错配还会导致报酬递减，三个产业部门中服务业的全要素生产率是最低的。目前中国的经济增长基本不创造就业机会,城市和乡村的基尼系数增大,所以没有制造就没有公平的收入分配,老百姓享受经济增长最好的途径就是参与制造,而不是靠转移支付。

这十几来年,我国的经济政策基本上就是产业政策、结构调整和产业升级。但是为什么产业升级做不了?我认为有三个约束:第一,知识存量不够。从人类历史上的创新分布来看,美国的创新率是最高的,科学成就方面英国第一,美国第二,而我们的知识存量是不够的。第二,禀赋与制度约束导致市场不匹配,从而制约了产业结构调整。我们现在花了很大的力气调产品结构,调产业结构,但是我们不调整劳动力市场和金融市场。劳动力市场的禀赋没有变,缺乏职业教育就没有工匠精神。我们说要有创新精神,要做高科技,但是工科在哪儿?工科搞不上去的原因是没有投入,麻省理工学院一个实验室每年平均一亿美元的研发投入,相当于整个复旦大学一年的预算。所以没有职业教育,没有工科,还要大学扩招,全部是文科生,毕业出来就搞金融,这样不可能有经济增长。劳动力市场、产品市场与金融市场是一个体系,产业政策不是调一个产品的结构、调一个产业的结构就可以做到的。

从微观角度来讲,为什么做不了产业升级创新呢?企业的投入产出函数告诉我们,产品还没出来之前需要先雇人,而且雇全世界最好的人,付最高的工资,在美国靠天使、靠风投,而我们只有一个抵押的信贷系统。如果要到资本市场上市,全是政府政策、审批制度,所以创新投入的现金预付约束在微观企业层面无法突破。从产出角度来讲,知识产权得不到保护,企业家的回报太低。所以从宏观到微观,从存量到流量,中国要调的不是产业结构,要做的不是产业升级,中国要改变的是禀赋,是知识产权保护。

最后,谈一下面向未来的产业政策。第一,是资源配置的方法与方向,到底是政府还是市场?第二,是互联网还是实体经济?互联网是信息化时代的工具体系,和机械化时代的流水线是一样的,不可能成为产业发展的主导,福特的一条汽车流水线可以进入家庭吗?不能,只有汽车可以进入家庭,互联网是工具体系而不是最终品,不可能带领中国经济走向繁荣,一定是产业加互联网。互联网可以帮助我们突破信息元素。

第六章 产业政策未来的发展

石磊　复旦大学经济学院教授：我们发现一个很有趣的问题，一旦发现市场出现很多令我们不满意的现象，尤其是政府不满意的时候，就怀疑市场的有效性，就想到了产业政策；当负的外部性产生的时候，找不到成本的承担者，也想到了产业政策，想到了规制和管制；当我们发现某些产业发展不足，同时又希望其发展充分的时候，又想到了产业政策；当我们发现有些地区应该发展得更快，但事实上却发展得很慢的时候，还是想到产业政策。这个问题的意义在哪儿？我们考虑产业政策的有效性、必要性，恐怕还是要有一个标准，而不是说这个产业没有达到政府所期望的目标水平，就一定要动用政府扶持性的、补贴性的政策。根据这个思路，可以把产业政策分成三大类。尤其是在市场经济下讨论的产业政策跟在改革以前讨论的产业政策的口径、任务、目标都不一样，衡量效果的方法也不一样。这三大类，一是产业组织政策；二是产业结构政策；三是产业空间政策。在中国这样一个很特别的市场经济运行状态下面，这三类政策都有它的特殊意义。如果要优化第一类产业政策的工具，我想提出以下几个方面供大家进一步思考：

第一，放松和改善准入条件，盘活资本存量。盘活存量这个概念是2015年年底提出来的，几个月做下来效果也不错，但是如果我们没有一个稳定的理论支持，这个政策可能都是短期的，想到就做，想不到就忘，这个人就做，换一个人就不做，我们担心这样的情况会恶化公众的预期。在预期恶化的情况下只关注当下的事情，会把很多事情做乱。

第二，政策工具需要改善的是，政府规制应更多地集中于信用和品质监管，防止过于频繁地使用规制措施。即使制定一项规制，最后你会发现市场竞争机制是有效的，规制是不起作用的，这是我观察到的1984年日本国铁私有化以后出现的变化情况。本来担心在没有规制的情况下，私有化可能导致垄断，而铁路交通又是刚需，可能使公众利益受损，结果若干年以后发现，制定的规制价格从来没有达到，因此放弃了对它的管制。这说明过多的管制一定会导致市场效率下降。但是有些管制手段改进之后，很多企业不按照国家给定的标准做，向公众出售伪劣的产品，这些都违背了广义的信用基础。真正需要实施管制的是以下两方面：一个是品质，一个是信用。

第三，完善和严格执行反不公平竞争法和反垄断法。我们国内没有反托拉斯法，但是反托拉斯法的条款及其有效性评价的标准与国内所讲的不一样。我们加入世贸组织之后，可以把反托拉斯法看作是一个上位法，国内的维护市场公平竞争的法律应该服从这个共同遵守的法律。其中就涉及用什么样的产业政策确保市场公平竞争的问题。

第四，一是要全面实施特殊品牌产品的原产地保护。这个不是垄断，是为了确保产品的质量。有些产品不是在这个地方生产就不是这种品质。最典型的例子是杭州的西湖龙井，声誉大跌的原因是它几乎变成了一个假茶的概念，所以价格上不去。对此，杭州市政府是有责任的，行业协会是有责任的，企业受损，公众受损，没有一方得益，一定是帕累托最差，这个情况就值得我们关注。所以，针对这种情形我们要完善产业组织政策。二是在产业结构政策方面，需要降低和改善大宗产品种植业的价格补贴，矫正价格扭曲。农产品的国际价格与国内市场价格倒挂，其中的一个重要原因就是用补贴鼓励了低效率，用补贴鼓励每一个分散的农户都去种粮，这是错误的。有人提出辩驳理由，认为不让农民种粮他就没有收入，难道一定让他种粮他才有收入吗？我们是否可以用别的方式？补贴了这些年之后，农民并没有致富，没有哪个国家靠补贴能够把产业发展起来的。所以，我们需要回过头来好好总结。我们需要研究究竟补贴的效率如何，从行业上去做一些细致的研究将非常有价值。三是中央和省、地、县四级财政需要各自承担一定程度的农业安全、农业生态保护和基础设施投资的责任。可以说是对三中全会关于各自承担投资责任的进一步细化，但是到目前为止没有具体的配套措施。产业政策在这里也有所体现。四是要加快普及先进农业技术，把价格补贴的资金转变为基层新农村建设的专项教育资金，让农民有更多的专业化农业知识，有很好的物流和市场销售知识，比简单的农产品价格补贴效率高得多。五是要设立国家扶贫开发银行，提高扶贫资金配置和使用效率。扶贫资金在今后几年当中规模会日益扩大，因为要实现全民小康，关键是扶贫的问题。如果扶贫的资金按计划拨，最后拨到哪里去了则很难说。我们是否可以把它信用化？信用化是专项的，是政策性的银行，不是商业银行，有信用管理和信用安全的问题，总比财政基金直接下拨不知去向要好很多。

六是要义无反顾地减税。我认为更应该是结构性减税,甚至是总量减税。因为47.4%的企业综合税负太高,挤走了很多国内投资,这一做法并不明智,否则讲供给侧改革,至少在税制上就很难令人信服。七是要缩短专利保护的长度。尽管其宽度、高度的问题我还没有考虑清楚,可以去研究,但是专利保护的长度过长,这是个大问题。据初步了解,高校系统中不少于60%的专利是死专利、沉睡的专利。以上就是我对产业结构政策的看法。

张杰　中国人民大学经济学院教授: 这个主题是我非常感兴趣的,也是我一直坚持的,无论是从学术的角度还是从实践观察的角度,我的确有话要说。这么多年我在北京,用业余时间写文章,参与各种部里或者市里的产业政策政府项目专家组的评审大约有几百次,对产业政策有四点体会。

第一,政府和市场的边界完全是混乱的,很多项目的评审,无论是从逻辑角度还是从政策扶持角度来看都存在大量问题。以我以前评过的北京市的一个几十亿的稳增长项目为例,它是把企业按增长率排序,很多政府的这种简单的计划经济思维方式并没有本质性的改变,到底该怎样去干预经济是各级政府不愿思考的问题。

第二,现有的产业政策和整个经济发展的目标存在很大的背离。比如京津冀的改革,政府扶持的项目与北京市的定位是有背离的。

第三,整个项目的评审过程中之所以会演化出这种路径依赖模式,一个重要的原因就是政府的能力跟产业政策目标的变化是不匹配的,并且在短时间内很难改变。比如说经信委下面有很多处,包括多文化产业处等,一个处只有三五个人,要管几百个项目,经常是用最简单的方法来判别,同时也没有能力去考察,没有动力去甄别。

第四,政府在路径依赖和利益固化下形成的产业政策面临两点改革和突破。第一是事前、事中、事后的预算和考评体系。项目的评审过程中通过引进第三方的评审机构,如会计师事务所和专家组,评审事前项目立项有无依据,事后是否达到目标,预算法实施的核心是想弥补这一点缺陷。第二是政府、市场引导基金的推进。政府引导基金的目的是把政府和市场相结合,由于部门利益太大,使得这个改革推进了三年无果。目前,这两个项目面临很大的困局和障碍，也是我们政府能够有所创新和突破之处。

朱天　中欧国际工商学院教授：我想就产业政策的研究提出几个问题。第一个问题是，如何定义产业？因为产业可以分得很细，也可以定义得很广。在做理论模型的时候，所谓产业政策最终都会落实到产品层面。例如，对自主制造的高端半导体产品的支持，应该是属于产业政策。产业政策究竟是要支持或者抑制某一个产业，还是某一个或几个特定的产品和技术呢？

第二个问题是，什么叫产业政策？刚才几位发言者讲到所谓功能性和选择性产业政策的区分。这只是一个角度。给定是选择性的政策，如何去支持或抑制某个产业或者产品呢？通常可能会想到直接的补贴/税收政策。但贸易政策也会影响到国内产业的发展。譬如对外国企业可以要求必须以合资的方式进入，要求用技术换市场，要求一定比例的配件实现本土化。不同的政策效果和效率都不一样。所以究竟什么才叫产业政策并不是一目了然的。

第三个问题是，产业政策的目标是什么？我们自然想到的可能是如何实现产业升级的目标。但是，很多时候，一个国家的产业政策更多地是在考虑利益分配，考虑如何保护既得利益。例如，日本和一些欧洲国家对农产品、农业的保护就属于这样的例子。一个地方政府对落后的、过剩产能的保护也是同样的道理。所以，现实中的产业政策并不都以增加社会福祉为目的。

第四个问题是，谁的产业政策？或者说哪一级政府的产业政策？在研究产业政策时区分国家层面与地方层面的产业政策非常重要。中国这么大一个国家，跟小国家不一样，新加坡或者牙买加这样的小国家，无论是鼓励什么产业，都不大可能影响世界市场的价格，也不大可能造成全球产业的过剩。如果全中国都去支持某一个产业，例如光伏产业，就可能很危险了。中国一个县级政府随便搞一个什么产业，都不会出太大问题，但如果各级地方政府都去复制国家层面的产业政策，那不是太危险了吗？所以在中国讨论产业政策的时候，一定要区分国家层面、省级层面和县市层面的产业政策。我感觉，如果国家层面要支持某些产品和技术开发，问题也许不大，但也许不应该有行业层面的政策。到了地方政府,则可以放开一些,由地方根据本地的情况去支持或者抑制某个产业,国家没有必要再给什么额外的政策支持。

第五个问题是,虽然产业政策在学术界仍然争议很大,为什么大多数的政府,尤其是地方政府事实上都在自觉不自觉地实施这样或那样的产业政策?目前经济学家还在争论产业政策究竟是好是坏,至于哪些产业政策是好的、哪些是坏的,更是没有定论。但有意思的是,不管经济学家怎么看,大多数的政府都是产业政策的积极支持者。所以,我们不仅要研究要不要产业政策或者要什么样的产业政策,还要研究为什么大多数政府会去实施这样或那样的产业政策。

第六个问题是,究竟产业政策在经济发展中的作用有多大?总体上来看,多数经济学家似乎不是特别看好这个事情。有不少人将东亚经济发展的原因归功于强势政府积极干预市场,有效地实施了正确的产业政策。问题是,世界上一百多个发展中国家,为什么偏偏就东亚这几个国家和地区搞对了产业政策?这个可能性有多大?如果说在缺乏足够的产业政策的理论和经验研究的基础上,东亚几个经济体几十年来都无师自通,同时搞对了产业政策,那为什么别的国家都那么笨呢?别的发展中国家都迫切需要我们总结经验去指导它们的经济发展吗?我们不要那么自大,我觉得有必要做一个全球性的比较,认真研究各个国家发展产业的政策,看看究竟为什么同样搞产业政策,有些国家似乎成功了,多数国家却不那么成功。我就是提出一些问题跟大家分享,希望能够一起去探讨。

王勇　北京大学新结构经济学研究院副教授:产业知识是非常复杂的课题,横跨很多方面,我个人认为未来的产业政策可以在以下三点上多下些功夫,进行更深入的研究。

第一,以前的产业政策很多可能是从产业组织理论的角度,是单个产业的分析,但是现在很重要的是需要有动态的一般均衡的视角,放在经济增长和结构转型的框架之内,不仅有制造业内部从劳动力密集型产业向资本密集型产业的升级,也有制造业向服务业的结构转型,而且这些不同产业之间不是独立的，而是有一个投入产出表之间的联系，有些是可贸易的，有些是不可贸易的。我最近跟林老师做的一个课题是从结构转型和产业升级的角度看中等收入陷阱，中国在中等收入阶段，从结构转型的角度上看主要是制造业向服务业的转型，服务业是一个异质性很强的行业，如果我们把服务业分成三类，分别为上游的生产型服务业、消费型服务业和社会型服务业。假如我们先把社会型的服务业拿开不讲，就上游的生产型服务业来讲，包括金融、电信，还有其他的一些关键性服务，也还是存在很多垄断的，这样一个上游的关键性服务业的进入壁垒有可能对中等收入国家形成瓶颈。从低收入往中等收入过渡的过程中进行生产的基本都是基础性的制造业，那个时候可能对上游的生产型服务业要求并不是很高，所以那个时候生产型服务业不发达并不构成瓶颈，而到了中等收入的时候就有可能产生瓶颈效应。我认为现在的产业升级应该在动态增长的结构转型框架里面做。中国服务业大家都觉得重要，2012年服务业就业比重超过其他行业，成为最大的就业部门，可是我们对服务业了解得还是太少，所以有必要了解服务业的产业政策。

第二，从前面嘉宾的讨论得到一些启发，比如政治经济学中的机制问题，我们现在讲到很多中国的产能过剩和创新等一系列问题，需要了解中国的特殊之处。例如赵昌文部长提到的，政府部门的权力很明确，责任很模糊。我觉得这是非常好的概括，这个问题直接导致了产能过剩的问题和最后的政策评估问题，怎么样把这些内容在研究中更好地体现出来，形成理论模型，需要我们去思考。此外，在这个过程当中怎样做跨国比较，比如与印度、苏联、越南以及发达国家的产能利用率之间的差异。包括在考虑"僵尸企业"等问题时，尽管已经有很多说法，但是更希望能看到有好的、正规的模型并配以严谨的实证检验对其机制给予清晰的论证，以及对定量影响有明确的结论。

第三，这两天的会议中谈论得比较多的是创新和人力资本，但新结构经济学对这两个问题的强调还比较少，可能在低收入阶段的时候这个问题还没有那么重要，但是从中等收入过渡到高收入时，则需要对其作用进行思考。在这个过程中，有些产业已经非常接近世界前沿了，有些产业我们想要买技术，别国不一定能卖给我们。有时越想接近新技术，市场可能越不是竞争性的，在这个过程中需要考虑的是中国怎样从原来的投资驱动的增长模型向创新驱动的增长模型转变。因为经济结构是从制造业转向服务业，很多服务业需要创新的思想，此时需要与政策体制联系在一起，需要更自由的思路，而不是像以前一样有非常明确的路线直接对其进行投资。所以，我认为创新和人力资本这两点在从中等收入到高收入过程中的作用是值得我们进一步研究的。